Nibel

Übersetzt von Felix Genzmer

Anmerkungen und Nachwort
von Bernhard Sowinski

Philipp Reclam jun. Stuttgart

Umschlagabbildung: Der Anfang des *Nibelungenliedes*
in der Handschrift C.

Universal-Bibliothek Nr. 642
Alle Rechte vorbehalten
© 1965, 1992 Philipp Reclam jun. GmbH & Co., Stuttgart
Um einen Anhang erweiterte Ausgabe 1992
Gesamtherstellung: Reclam, Ditzingen. Printed in Germany 1999
RECLAM und UNIVERSAL-BIBLIOTHEK sind eingetragene Marken
der Philipp Reclam jun. GmbH & Co., Stuttgart
ISBN 3-15-000642-2

Das Nibelungenlied

Erstes Abenteuer

Wie Kriemhild bei den Burgunden aufwuchs

Uns sind in alten Mären   Wunder viel gesagt
von Helden, reich an Ehren,   von Kühnheit unverzagt,
von Freude und Festlichkeiten,   von Weinen und von Klagen,
von kühner Recken Streiten   mögt ihr nun Wunder hören sagen.

Es erwuchs in Burgunden   ein edles Mägdelein,
daß in allen Landen   kein schöneres mochte sein:
Kriemhild war sie geheißen;   sie ward ein schönes Weib.
Um sie mußten der Degen   viel verlieren Leben und Leib.

Geliebt zu werden ziemte   der minniglichen Maid.
Viel Recken sie begehrten;   keinem war sie leid.
Schön ohne Maßen,   so war ihr schmucker Leib.
Der Jungfrau edle Sitten   wären eine Zier für jedes Weib.

Sie pflegten drei Könige,   edel und reich:
Gunther und Gernot,   denen keiner gleich,
und Giselher, der junge,   ein ausgewählter Degen.
Die Maid war ihre Schwester;   die Fürsten hatten sie zu pflegen.

Ute ihre Mutter,   die reiche Herrin, hieß.
Ihr Vater, der hieß Dankrat,   der das Erbe hinterließ
nach seines Lebens Ende,   an Kraft ein mächtiger Mann,
der auch in seiner Jugend   großer Ehren viel gewann.

Die Herren waren milde,   von Herkunft hochgeboren,
maßlos kühn an Kräften,   die Recken auserkoren,
dort bei den Burgunden;   so war ihr Land genannt.
Sie wirkten starke Wunder   später noch in Etzels Land.

A 1–5, B 1–5, 7, C 1–5

Zu Worms an dem Rheine   sie saßen in ihrer Kraft.
Aus ihren Landen diente   viel stolze Ritterschaft
in rühmlichen Ehren   all ihres Lebens Zeit.   [Streit.
Voll Jammers später sie starben   durch zweier edler Frauen

Die drei Könige waren,   wie ich gegeben an,
hohes Heldenmutes.   Ihnen waren untertan
auch die besten Recken,   von denen man gesagt,
starke und vielkühne,   in scharfen Kämpfen unverzagt.

Das war von Tronje Hagen   und auch der Bruder sein,
Dankwart, der gar schnelle,   von Metz Herr Ortwein,
die beiden Markgrafen,   Gere und Ekkewart,
Volker von Alzei,   in allen Kräften wohl bewahrt.

Rumolt war Küchenmeister,   ein auserwählter Degen,
Sindold und Hunold;   die alle mußten pflegen
des Hofes und der Ehren,   den Königen untertan.   [kann.
Sie hatten noch manchen Recken,   den ich nimmer nennen

Dankwart war der Marschall.   Da war der Neffe sein
Truchseß des Königs: von Metz Herr Ortwein.
Sindold, der war Mundschenk,   ein auserwählter Degen;
Kämmerer war Hunold.   Sie konnten hoher Ehren pflegen.

Von des Hofes Glanze   und ihrer großen Kraft,
von ihrer hohen Würde   und ihrer Ritterschaft,
die die Herren da übten   in Freuden all ihr Leben,
davon könnte euch wahrlich   niemand volle Kunde geben.

In diesen hohen Ehren   träumte Kriemhilden,
wie sie zöge einen Falken,   einen starken, schönen, wilden,
den ihr zwei Aare erkrallten: da sie das mußte sehn,
ihr konnt auf dieser Erde   nie ein größer Leid geschehn.

A 6, 8–13, B 6, 8–13, C 6–12

Den Traum sie da sagte   ihrer Mutter Uten.
Die konnte nicht besser   deuten ihn der guten:
»Der Falke, den du ziehest,   das ist ein edler Mann.
Ihn wolle Gott behüten;   sonst ist es bald um ihn getan.«

»Was sagt ihr vom Manne,   vielliebe Mutter mein?
Ohne Reckenminne,   so will ich immer sein.
So schön will ich bleiben   bis an meinen Tod,
daß ich von Mannesminne   nie gewinnen möge Not.«

»Lehn ab es nicht so gänzlich«,   die Mutter sprach also;
»sollst du je auf Erden   von Herzen werden froh,
das ist von Mannesminne.   Du wirst ein schönes Weib,
wenn Gott dir bescheret   noch eines guten Ritters Leib.«

»Dies Wort in Ruhe bleibe,   Herrin mein, fürwahr!
Es ist an manchem Weibe   oft schon worden klar,
wie Liebe mit Leide   am Ende lohnen kann.
Ich muß sie meiden beide;   so ficht kein Mißgeschick mich an.«

Kriemhild hielt im Mute   von Minne frei den Sinn.
Sie lebte, die viel gute,   manchen Tag dahin,
so daß sie niemand wußte,   den sie wünschte zum Mann,
bis sie doch mit Ehren   einen kühnen Ritter gewann.

Das war derselbe Falke,   den sie im Traume sah,
den ihr gedeutet die Mutter.   Wie rächte sie es da
an ihren nächsten Magen,   die ihn geschlagen tot!
Durch des einen Sterben   kam mancher Mutter Kind in Not.

Zweites Abenteuer

Wie Sigfrid erzogen ward

Da wuchs in den Niederlanden   eines reichen Königs Kind,
sein Vater, der hieß Sigmund,   seine Mutter Sigelind,
in einer reichen Feste,   weithin wohlbekannt,
drunten an dem Rheine;   Santen war sie genannt.

Ich sag euch von dem Degen,   wie so schön er ward.
Er blieb vor jeder Schande   immer wohl bewahrt.
Ruhmreich und kräftig   ward bald der kühne Mann.
Hei, was an hohen Ehren   auf dieser Erde er gewann!

Sigfrid war geheißen   der schnelle Degen gut.
Er erprobte viele Reiche   in kraftbeherztem Mut.
Seines Leibes Stärke   bracht ihn in manches Land.
Hei, was an schnellen Degen   er bei den Burgunden fand!

Bevor der kühne Degen   erwachsen war zum Mann,
da hatt er solche Wunder   mit seiner Hand getan,
davon in aller Zukunft   man singen mag und sagen,
daß wir von dem verschweigen   müssen viel in diesen Tagen.

In seinen besten Zeiten,   zu seinen jungen Tagen,
mochte man viele Wunder   von Sigfrid schon sagen,
wie Ehren ihm erwuchsen,   wie schön ward sein Leib.
Drum dachte sein in Minne   manches anmutige Weib.

Man erzog ihn mit der Sorgfalt,   die ziemt dem edeln Mann;
durch sein eignes Wesen   viel Tugend er gewann.
So ward er zur Zierde   für seines Vaters Land,
daß man in allen Dingen   wahrhaft herrlich ihn erfand.

A 20–24, B 20–23, C 19–23

Er war nun erwachsen   und zu Hof zu gehn bereit.
Die Leute sahn ihn gerne;   manche Frau und manche Maid
wünschten, daß sein Wille   ihn immer zöge dahin.
Ihm waren hold gar viele;   das spürte wohl des Degens Sinn.

Nie ließ ohne Obhut   man reiten ihn als Kind.
Ihn ließ mit Kleidern zieren   seine Mutter Sigelind.
Sein pflegten auch die Weisen,   denen Ehre wohlbekannt.
Drum mochte er wohl erwerben   beides: die Leute wie das Land.

Nun war er reif an Kräften,   daß er Waffen trug;
was dazu er brauchte,   das hatte er genug.
Schon sann er zu werben   um manches schöne Weib.
Die dachten wohl mit Ehren   an des kühnen Sigfrids Leib.

Da ward von König Sigmund   den Mannen kund gemacht,
er hätte mit lieben Freunden   ein hohes Fest bedacht.
Die Kunde man da brachte   in andrer Könige Land.
Den Fremden und den Freunden   gab er Roß und Gewand.

Wen man finden konnte,   der Ritter sollte sein,
von Art seiner Magen,   die Edelknaben fein,
den lud man nach dem Lande   zu der Festlichkeit,   [Zeit.
daß mit dem jungen König   das Schwert er nähme zur selben

Von dem hohen Feste   konnte man Wunder sagen,
Sigmund und Sigelind   mochten davon tragen
viel Ehre durch Geschenke,   die verteilte ihre Hand.
Drum sah man viele Fremden   zu ihnen reiten durch das Land.

Vierhundert Schwertdegen   sollten gekleidet sein
mit dem jungen König.   Manch schönes Mägdelein
war rastlos am Werke;   sie waren ihm alle hold.
Viele edeln Steine   legten die Frauen in das Gold.

A 25–31, B 24–30, C 24–29

Die wollten sie mit Borten   auf die Gewande nähn
den stolzen Schwertdegen;   das mußte so geschehn.
Der Wirt ließ Sitze bauen   für manchen kühnen Mann
zu einer Sonnenwende,   bei der die Festlichkeit begann.

Da ging zu einem Münster   so mancher schmucke Knecht
und mancher edle Ritter.   Die Alten taten recht,
daß sie den Jungen dienten,   wie man ihnen einst getan;
sie hatten ihre Kurzweil   und auch viel Freude daran.

Gott man da zu Ehren   eine Messe sang.
Mit Macht von den Leuten   da jeder vorwärtsdrang,
wie sie zu Rittern wurden   nach Ritterbrauch gemacht
mit also hohen Ehren,   daß nie man schaute mehr an Pracht.

Sie eilten, wo sie fanden   gesattelt Rosse viel
in dem Hofe Sigmunds;   da gabs ein Ritterspiel,
daß man ertosen hörte   Palas und Saal.
Die hochgemuten Degen   erhoben mächtigen Schall.

Von Alten und von Jungen   man hörte manchen Stoß;
es ward vom Schäftebrechen   das Getöse groß.
Splitter sah man fliegen   bis zum Palas hinan;
von mancher Recken Hände   ward voll Eifers dies getan.

Der Wirt gebot es zu lassen.   Man führte die Rosse fort.
Nun sah man auch zerbrochen   viel starke Schilde dort,
viele edeln Steine   gestreut auf das Feld
von lichten Schildes Spangen;   die hatte da ein Stoß zerschellt.

Da gingen des Wirtes Gäste,   wo man sie sitzen hieß.
Von vieler edeln Speise   Ermattung sie verließ,
vom allerbesten Weine,   den man in Fülle trug.
Den Fremden und Bekannten   bot man Ehre da genug.

A 32–38, B 31–37, C 30–36

Soviel auch bei Kurzweil   den Tag sie brachten zu,
viele fahrenden Leute   kamen nicht zur Ruh.
Sie dienten um die Gaben,   die man da reichlich fand.
Drum ward ihr Lob zur Zierde   König Sigmunds ganzem Land.

Der Fürst hieß verleihen   Sigfrid, dem jungen Mann,
Lande und Burgen,   wie einst er selbst getan.
Seinen Schwertgenossen   gab viel seine Hand.
Da freute sie die Reise,   daß sie gekommen in das Land.

Die Festlichkeit währte   bis an den siebenten Tag.
Siglind, der reichen,   von Alters ob es lag,
um des Sohnes willen   zu verteilen rotes Gold.
Sie konnte es wohl verdienen,   daß ihm die Leute waren hold.

Gar wenig man an armen   Fahrenden da fand:
Rosse und Kleider   verschleudert ihre Hand,
als hätten sie zu leben   nur eines Tages Zeit.
Man sah bei Ingesinde   nie größre Freigebigkeit.

Mit preislichen Ehren   schloß die Festlichkeit.
Mächtige Herren hörte   man sagen nach der Zeit,
daß sie den Jungen wollten   haben zu ihrem Herrn.
Sigfrid, dem gar schmucken,   lag solches Begehren fern.

So lange beide lebten,   Sigmund und Sigelind,
nicht wollte die Krone tragen   ihr geliebtes Kind.
Doch wollt er Herr werden   aller Gewalt im Land,
die irgend furchtbar dünkte   den Degen kühn und vielgewandt.

Ihn durfte niemand schelten,   seit er die Waffen nahm.
Zur Ruhe kam gar selten   der Recke lobesam.
Es suchte nichts als Streiten   seine starke Hand.
Die ward zu allen Zeiten   in fremden Reichen wohlbekannt.

A 39–44, B 38–43, C 37–43

Drittes Abenteuer

Wie Sigfrid nach Worms kam

Den Herren traf da selten   irgendein Herzeleid.
Er vernahm die Kunde,   daß eine so schöne Maid
bei den Burgunden wäre,   wie man nur wünschen kann,
von der er noch viele Freuden   und viel Mühsal auch gewann.

Von ihrer stolzen Schönheit   ging die Kunde weit;
und auch ihr Hochgemüte   zu der gleichen Zeit
hatte bei der Jungfrau   so mancher Held erkannt.
Das lockte viele Degen   hin in König Gunthers Land.

So viele um ihre Minne   man auch werben sah,
Kriemhild in ihrem Sinne   selber nie geschah,
daß sie jemand wollte   haben zum trauten Mann.
Noch fremd geblieben war ihr,   dem bald sie wurde untertan.

Da sann auf hohe Minne   der Siglinde Kind.
Aller andern Werben,   das ging in den Wind.
Er mochte wohl verdienen   schöner Frauen Leib.
Bald ward die edle Kriemhild   des kühnen Helden Sigfrid Weib.

Ihm rieten seine Magen   und auch manch andrer Mann,
wenn auf stete Minne   sich richtete sein Plan,
daß er eine wählte,   die an Rang gleich ihm käme.
Da sprach der edle Sigfrid: »Kriemhild alsdann ich nehme,

die edele Jungfrau   aus Burgundenland
in ihrer großen Schönheit.   Das ist mir wohlbekannt,
kein Kaiser sei so mächtig;   hätt er ein Weib im Sinn,
ihm zu minnen ziemte   diese reiche Königin.«

A 45–50, B 44–49, C 44–49

Diese Märe hörte   da König Sigmund.
Davon sprachen seine Leute.   Dadurch ward ihm kund
der Willen seines Sohnes.   Das war ihm bitter leid,
daß er werben wollte   um diese herrliche Maid.

So vernahm es auch die Mutter,   die edle Sigelind.
Sie mußte schwere Sorge   haben um ihr Kind:
sie meint ihn zu verlieren   durch Gunthers Heeresbann.
Die Werbung man dem Degen   sehr zu widerraten begann.

Da sprach der starke Sigfrid: »Viellieber Vater mein,
ohn aller Frauen Minne   wollte ich immer sein,
ich würbe denn, wo mein Herze   innige Liebe hat.«
Was man auch reden mochte,   es gab dawider keinen Rat.

»Willst du davon nicht lassen«,   der König sprach also,
»so bin ich deines Willens   doch im Innern froh
und will zum Ziel dir helfen,   wie ichs am besten kann.
Doch hat der König Gunther   gar manchen übermütigen Mann.

Wenns niemand anders wäre   als Hagen, der Degen;
der weiß voll Übermutes   der Hoffahrt zu pflegen,
so daß ich sehr befürchte,   daß es uns werde leid.
Solche Mär erzählt man   von den Recken weit und breit.«

»Wie kann uns das hindern?«   hub da Sigfrid an.
»Was ich nicht in Freundschaft   von ihnen erbitten kann,
das mag mit ihren Kräften   erwerben meine Hand;
ich trau mich zu erzwingen   beides, Leute und Land.«

»Die Rede ist mir schmerzlich«,   sprach König Sigmund;
»denn wenn diese Märe   am Rheine würde kund,
dann dürftest du nimmer   reiten in das Land:
Gunther und Gernot,   die sind mir lange bekannt.

A 51–57, B 50–56, C 50–56

Mit Gewalt erwerben   kann niemand die Maid«,
sprach der König Sigmund.   »Da weiß ich wohl Bescheid.
Wollen wir aber mit Recken   reiten in das Land,
unsern besten Freunden   gebe ich die Fahrt bekannt.«

»So ist mir nicht zumute«,   sprach da Sigfrid,
»daß mir Recken sollen   zum Rheine folgen mit,
wohl auf einer Heerfahrt;   das wäre mir gar leid,
sollt ich so erzwingen   diese herrliche Maid.

So soll sie erwerben   allein meine Hand:
Ich will mit zwölf Gefährten   in König Gunthers Land;
dazu sollt Ihr mir helfen,   Vater Sigmund.«
Da gab man seinen Degen   zu Kleidern Stoff, grau und bunt.

Da vernahm auch diese Kunde   seine Mutter Sigelind.
Sie begann zu trauern   um ihr liebes Kind.
Sie war in schwerer Sorge   vor König Gunthers Heer.
Die Königin, die edle,   darüber weinte sie sehr.

Da kam der Herr Sigfrid,   wo die Frau er sah,
hin zu seiner Mutter.   Gütig sprach er da:
»Um meinetwillen sollt Ihr   nimmer weinen, Frau:
sorglos jeden Helden   zu bestehn ich mich getrau.

Doch helfet mir zur Reise   nach Burgundenland,
daß ich mit meinen Recken   habe solch Gewand,
wie es so stolze Helden   in Ehren mögen tragen.
Dank dafür will ich   Euch von Herzen immer sagen.«

»Willst du davon nicht lassen«,   sprach Frau Sigelind,
»so helf ich dir zur Reise,   mein einziges Kind,
mit der besten Kleidung,   die je ein Ritter trug,
dir und deinen Gefährten;   ihr sollt von allem haben genug.«

A 58–64, B 57–63, C 57–63

Da neigte sich ihr mit Züchten   der vielkühne Mann.
Er sprach: »Zur Fahrt will ich   niemand nehmen an
außer zwölf Gefährten,   prächtig anzusehn.
Ich will gern versuchen,   wie es um Kriemhild möge stehn.«

Da saßen schöne Frauen   den Tag und die Nacht;
wenig war auf Muße   eine von ihnen bedacht,
bis sie gefertigt hatten   Sigfrids Kleiderstaat.
Der wollte für seine Ausfahrt   weiter haben keinen Rat.

Sein Vater gab zur Zierde   ein ritterlich Gewand,
darin er reiten sollte   zum Burgundenland.
Ihre lichten Brünnen,   die waren auch bereit,
und ihre festen Helme;   ihre Schilde waren schön und breit.

So kam für ihre Ausfahrt   die Zeit nun heran.
Wie es ihnen ergehen würde,   zu sorgen man begann,
ob sie wieder kommen   würden in ihr Land.
Da belud man für die Degen   Pferde mit Waffen und Gewand.

Schön waren die Rosse,   das Reitzeug golden rot.
Dünkte sich jemand höher,   das wäre keine Not,
als Sigfrid es wäre   und auch seine Mannen.
Urlaub er begehrte,   zu reiten nun nach Worms von dannen.

Den gewährten traurig   König und Königin.
Er tröstete sie beide   mit minniglichem Sinn.
Er sprach: »Um meinetwillen   traget keine Pein!
Um mein Leben sollt Ihr   immer ohne Sorge sein.«

Trauer schuf es den Recken;   es weinte manche Maid.
Mich dünkt, daß im Herzen   sie ahnten das Leid,
daß ihnen viele Freunde   darum lägen tot.
Sie hatten Grund zur Klage;   das schuf ihnen einstmals Not.

A 65–71, B 64–70, C 64–70

Am siebenten Morgen   zu Worms auf den Strand
ritten nun die Kühnen.   All ihr Gewand
war von rotem Golde;   geziert ihr Reitzeug war.
Die Rosse gingen in Ordnung   in des Herren Sigfrids Schar.

Neu waren ihre Schilde, stark sowie breit,
und licht ihre Helme,   als mit dem Geleit
Sigfrid zu Hofe   ritt in Gunthers Land.
Man schaute an Helden   nie so herrliches Gewand.

Die Schwertspitzen reichten   nieder auf den Sporn;
sie führten scharfe Speere,   die Ritter auserkorn.
Sigfrid führte einen   wohl zwei Spannen breit,
der mit seinen Schneiden   gar gefährlich war im Streit.

Goldrote Zäume   hielt ihre Hand;
mit seidnen Brustriemen   kamen sie in das Land.
Das Volk allenthalben   sie anzustaunen begann.
Gunthers Mannen liefen   viele zu ihnen da heran.

Die hochgemuten Recken,   Ritter sowie Knecht,
eilten ihnen entgegen –   sie taten, wie es recht –
und empfingen die Gäste   in ihrer Herren Land;
sie nahmen ihnen die Rosse   und die Schilde von der Hand.

Zu dem Stall man wollte   die Rosse führen fort.
Doch Sigfrid sprach, der starke,   zu den Helden dieses Wort:
»Laßt uns noch die Pferde   eine Weile stehn!
Das ist meine Absicht: wir wollen bald von hinnen gehn.

Man soll auch unsre Schilde   davon nimmer tragen.
Wo ich den König finde,   kann mir das jemand sagen,
Gunther, den reichen,   aus Burgundenland?«
Da sagte es ihm einer,   dem genau es war bekannt.

A 72–78, B 71–77, C 71–77

»Wollt Ihr den König finden,   das kann wohl geschehn:
in jenem weiten Saale   hab ich ihn gesehn
unter seinen Degen.   Wollt Ihr gehn hinan,
so könnt Ihr bei ihm finden   manchen auserwählten Mann.«

Inzwischen auch dem König   gebracht die Kunde war,
auf seinem Hofe wäre   eine wackre Ritterschar,
die lichte Brünnen trüge   und herrliches Gewand.
Sie kannte noch niemand   in der Burgunden Land.

Den König nahm es wunder,   woher gekommen an
die herrlichen Recken,   so glänzend angetan
und mit so schönen Schilden,   neu sowie breit.   [leid.
Daß niemand es sagen konnte,   das tat dem König Gunther

Antwort gab ein Recke,   der hieß Ortwein –
stark sowie mutig   mochte er wohl sein –:
»Wenn wir sie nicht erkennen,   so sollt Ihr holen gehn
meinen Oheim Hagen;   den wollen wir sie lassen sehn.

Ihm sind kund die Reiche   und alles fremde Land.
Kann er sie erkennen,   so gibt ers uns bekannt.«
Ihn ließ der König holen   mit den Mannen sein.
Züchtiglich trat er   am Hofe vor dem König ein.

Was der Herrscher wolle,   so fragte da Hagen.
»Es sind zu meinem Hause   gekommen fremde Degen,
die niemand hier kennet;   habt im fremden Land
Ihr sie schon gesehen,   so gebt es, Hagen, uns bekannt!«

»Das tu fürwahr ich gerne.«   Zum Fenster trat er da;
mit prüfendem Blicke   er auf die Gäste sah.
Wohl gefiel ihm ihr Geräte   und auch ihr Gewand;
doch waren sie ihm fremde   in der Burgunden Land.

A 79–85, B 78–84, C 78–84

Er sprach, woher auch kämen   die Recken an den Rhein,
sie möchten Fürsten selber   oder Fürstenboten sein.
»So schön sind ihre Rosse,   ihre Kleider sind so gut.
Woher sie auch geritten,   sie haben einen hohen Mut.«

Also sprach da Hagen: »Soweit ichs sagen mag,
sah ich auch nimmer Sigfrid   bis auf diesen Tag,
so will ich doch glauben,   wie es damit auch geht,
daß er es ist, der Recke,   der dort so herrlich vor uns steht.

Er bringet uns Märe   her in dieses Land:
die kühnen Nibelungen   schlug des Helden Hand,
die reichen Königssöhne   Schilbung und Nibelung;
er wirkte große Wunder   mit seines starken Armes Schwung.

Als der Held alleine   ohn alle Hilfe ritt,
fand er vor einem Berge –   so teilte man mir mit –
beim Nibelungenhorte   manchen kühnen Mann.
Sie waren ihm noch fremde,   bis er die Kunde dort gewann.

Der Hort König Nibelungs,   der wurde da getragen
aus einem hohlen Berge.   Nun hört Wunder sagen,
wie ihn teilen wollten   die Nibelungen dann!
Das sah der Degen Sigfrid.   Der Held zu wundern sich begann.

Er kam so nahe ihnen,   daß er die Recken sah
und ihn auch die Degen.   Einer sagte da:
›Hier kommt der starke Sigfrid,   der Held aus Niederland.‹
Viel seltsame Dinge   er bei den Nibelungen fand.

Den Recken wohl empfingen   Schilbung und Nibelung,
Einmütig baten   die edeln Fürsten jung,
den Schatz ihnen zu teilen,   den vielkühnen Mann.
Sie baten ihn so lange;   und er gelobte es alsdann.

A 86–92, B 85–91, C 85–91

Er sah viel edle Steine,   wie wir hörten sagen –
hundert Lastwagen   könnten es nicht tragen –,
noch mehr des roten Goldes   von Nibelungenland.
Das sollte alles teilen   des vielkühnen Sigfrids Hand.

Sie gaben ihm zum Lohne   König Nibelungs Schwert.
Doch ward der Dienst ihnen   gar übel gewährt,
den ihnen da leisten sollte   der vielkühne Mann:
er bracht es nicht zustande.   Da griffen sie den Helden an.

Den Schatz mußte er liegen   lassen ungeteilt.
Der beiden Könige Mannen   kamen zum Kampf geeilt.
Mit ihres Vaters Schwerte,   das Balmung war genannt,
erstritt von ihnen der Kühne   den Hort und das Nibelungenland.

Sie hatten da als kühne   Freunde zwölf Mann,
die stark wie Riesen waren.   Was focht ihn das an?
Die schlug alsbald im Zorne   Sigfrids starke Hand;
und siebenhundert Recken   bezwang aus Nibelungenland

er mit dem guten Schwerte,   geheißen Balmung.
In ihrem starken Schrecken   gar manche Recken jung,
den vor dem Schwert sie hatten   und vor dem kühnen Mann,
das Land mit den Burgen   machten sie ihm untertan.

Dazu die reichen Könige,   die schlug er beide tot.
Durch Alberich kam er   darauf in große Not:
seine Herrn wollt schleunig   rächen seine Hand,
bevor die große Stärke   er an Sigfrid erkannt.

Da konnt ihn nicht bestehen   der kräftige Zwerg.
Wie die wilden Löwen   liefen sie an den Berg,
wo er die Tarnkappe   Albrich abgewann.
Da ward der Herr des Hortes   Sigfrid, der vielkühne Mann.

A 93–98, B 92–97, C 92–97

Die da gewagt zu kämpfen,   die lagen alle erschlagen.
Den Schatz ließ alsbald er   hinbringen und tragen,
woher Niblungs Mannen   zuvor ihn gebracht.
Alberich, der starke,   ward zum Kämmerer gemacht.

Er mußt ihm Eide schwören.   Er diente ihm als Knecht;
jeder Art Dienste   leistet' er ihm recht.«
So sprach Hagen von Tronje: »Das hat er getan.
Also große Kräfte   nie ein Recke noch gewann.

Noch eine Mär weiß ich;   die ist mir wohl bekannt:
Einen Linddrachen   erschlug des Helden Hand.
Dann badet' er in dem Blute.   So ward dem Recken wert
die Haut von solcher Härte,   daß keine Waffe sie versehrt.

Nun sollen wir den Helden   empfangen desto baß,
daß wir uns nicht zuziehn   seinen starken Haß.
Er ist so kühnes Sinnes;   man soll hold ihm nahn.
Er hat mit seinen Kräften   so manches Wunder schon getan.«

Da sprach der reiche König: »Du sprichst, mein ich, wahr.
Nun sieh, wie heldenmäßig   er steht vor Streitgefahr,
er und seine Degen,   der wunderkühne Mann.
Wir wollen ihm entgegen   hinuntergehn und ihn empfahn.«

»Das mögt Ihr«, sprach Hagen;   »Ehre ziemt ihm schon:
er ist von hoher Abkunft,   eines reichen Königs Sohn,
er steht so da, der hehre;   mich dünkt – das wisse Christ! –
daß es nichts kleines wäre,   darum er hergeritten ist.«

Da sprach der Herr des Landes: »So sei er uns willkommen!
Er ist kühn und edel;   das hab ich wohl vernommen.
Das soll er auch genießen   im Burgundenland.«
Da ging der König Gunther   hin, wo Sigfrid er fand.

Der Fürst und seine Recken   empfingen so den Gast,
daß mit hohen Ehren   begann seine Rast.
Drum neigte sich ihnen   der Vielkühne da.
Züchtiglich stehen   vor seinen Recken man ihn sah.

»Mich wundert«, sprach der König, zu seinem Gast gewandt,
»von wannen Ihr, edler Sigfrid,   kommt in unser Land,
oder was Ihr begehret   zu Worms an dem Rhein?«   ⌈sein.
Da sprach der Gast zum König: »Das soll Euch unverhohlen

Mir ward gesagt die Märe   in meines Vaters Land,
daß hier bei Euch wären –   das hätt ich gern erkannt –
die allerkühnsten Recken –   so hab ichs oft vernommen –
die je gewann ein König;   darum bin ich hergekommen.

Auch hörte ich Euch selber   Mannheit zugestehn,
so daß man keinen kühnern   König je gesehn.
Das rühmen viel die Leute   in diesem ganzen Land.
So will ich nimmer ruhen,   bis ich es selber habe erkannt.

Ich bin auch ein Recke   und soll die Krone tragen.
Ich will das gern erreichen,   daß sie von mir sagen,
daß mit Recht ich hatte   die Leute wie das Land.
Dafür sei meine Ehre   und auch mein Haupt gesetzt zum Pfand.

Seid Ihr nun so tapfer,   wie Euch die Kunde zeiht,
so frag ich nicht, ob es jemand   sei lieb oder leid.
Ich will von Euch erzwingen,   was Euch gehöret an;
Land sowie Burgen,   das soll mir werden untertan.«

Den König nahm es wunder   und sein Volk umher,
als er vernommen hatte   des Helden Begehr,
daß er die Absicht hätte,   zu nehmen ihm sein Land.
Das hörten seine Degen;   da wurden sie gar zornentbrannt.

A 104–110, B 105–111, C 105–111

»Wie hätt ich das verdienet«,   sprach Gunther, der Degen,
»dem mein Vater lange   in Ehren obgelegen,
daß wirs verlieren sollten   ob jemandes Kraft?
Wir ließen übel sehen,   daß wir auch pflegen Ritterschaft.«

»Ich will davon nicht lassen«, sprach der kühne Mann.
»Mag sein, daß durch deine Kräfte   Friede das Land gewann;
ich will sein nun walten   und auch des Erbes mein.
Doch gewinnt es deine Stärke,   so soll es dir untertänig sein.

Dein Land und auch das meine   sollen gleichviel wiegen:
wer von uns beiden   den andern kann besiegen,
dem soll es alles dienen,   die Leute und auch das Land.«
Dawider schnell alleine   der Herr Gernot Worte fand.

»Wir wollen es nicht vollbringen«,   sprach da Gernot,
»daß wir Lande erzwingen,   darum jemand tot
läge von Reckenhänden.   Wir haben ein reiches Land,
das dient uns mit Rechten   und niemand besser zugewandt.«

In grimmigem Zorne   da standen die Freunde sein;
da war auch darunter   von Metz Herr Ortwein.
Der sprach: »Diese Sühne   ist mir von Herzen leid;
wider Euch hat Sigfrid   unverdient erhoben Streit.

Ob Ihr und Eure Brüder   auch hättet keine Wehr
und ob er auch führte   ein großes Königsheer,
ich wollte wohl erstreiten,   daß der kühne Mann
den Übermut, den großen,   wohl mit Rechten gäbe dran.«

Darob grimmig zürnte   der Held aus Niederland:
»Vermessen nicht erhebe   wider mich die Hand!
Ich bin ein reicher König,   du eines Königs Mann.   ⌈an.«
Dir ziemt es nicht zum Streite   wider meinesgleichen zu treten

A 111–117, B 112–118, C 112–118

Nach Schwertern rief da eifrig   von Metz Herr Ortwein.
Er mochte Hagens von Tronje   Neffe wahrlich sein.
Daß der so lang geschwiegen,   das war dem König leid.
Eingriff da aber Gernot,   der Recke kühn und kampfbereit.

Er sagte zu Ortwein: »Halt dein Zürnen an!
Uns hat der Herr Sigfrid   solches noch nicht getan.
Wir können es wohl noch schlichten   in Güte, das ist mein Rat,
und ihn zum Freunde haben.   Das ist die rühmlichere Tat.«

Antwort gab da Hagen: »Es mag uns sein zum Leid
und allen andern Degen,   daß er ritt zum Streit
jemals her zum Rheine.   Er hätt es lassen sollen.
Ihm hätten meine Herren   solch ein Leid nicht antun wollen.«

Da sprach aber Sigfrid,   der kraftvolle Held:
»Wenn Euch, was ich gesprochen,   Herr Hagen, mißfällt,
so will ich lassen sehen,   daß die Hände mein
werden gar gewaltig   bei den Burgunden sein.«

»Das denke ich zu wenden«,   sprach da Gernot.
Allen seinen Degen   zu reden er verbot
etwas Übermütiges,   was ihm ware leid.
Da gedachte auch Sigfrid   an die gar herrliche Maid.

»Was ziemt uns zu streiten?«   sprach weiter Gernot.
»Wenn darob nun Helden   müssen liegen tot,
wir hätten wenig Ehre,   täten wir es schon.«
Darauf gab ihm Antwort   Sigfrid, König Sigmunds Sohn.

»Warum wartet Hagen   und auch Ortwein,
daß er ablehnt zu kämpfen   mit den Freunden sein,
deren er so viele   hier zu Lande hat?«
Sie mußten die Rede meiden;   das war Gernots Wille und Rat.

»Ihr sollt uns sein willkommen«,   sprach Giselher, das Kind,
»und Eure Heergesellen,   die mit Euch gekommen sind.
Wir wollen gern Euch dienen,   ich und die Magen mein.«
Da hieß man den Gästen   schenken König Gunthers Wein.

Da sprach der Herr des Landes: »Was uns gehöret an,
erbittet Ihrs mit Ehren,   das sei Euch untertan,
und sei mit Euch geteilet,   Leben und Gut.«
Da ward dem Herren Sigfrid   ein wenig sanfter zumut.

Da ließ man sie behalten   all ihr Wehrgewand
und gab ihnen Herberge,   die beste, die man fand,
allen Knappen Sigfrids   ein gut Gemach allda.
Den Gast fortan man gerne   bei den Burgunden sah.

Man bot ihnen große Ehre   danach manche Tage:
tausendfach vermehren   müßt ich, was ich sage.
Das hat verdient seine Stärke;   ihr sollt wohl wissen das.
Man sah wohl selten jemand,   der wider ihn empfunden Haß.

Der Kurzweil sich beflissen   die Herrscher und ihre Mannen;
stets war er der Beste,   was sie auch begannen.
Gleichtun konnt ihm niemand: so groß war seine Kraft,
ob den Stein sie warfen   oder schleuderten den Schaft.

Wenn so vor den Frauen   nach höfischem Brauch
die wackeren Ritter   der Kurzweil pflegten auch,
da sah man immer gerne   den Helden aus Niederland.
Er hatt auf hohe Minne   seine Sinne gewandt.

Alsbald an dem Hofe   fragten die schönen Fraun,
wer sei der fremde Recke,   so stolz anzuschaun:
»Sein Wuchs ist so herrlich,   gar reich sein Gewand.«
Da sprachen ihrer viele: »Das ist der König aus Niederland.«

A 125–130, B 126–131, C 126–132

Was man beginnen mochte,   dazu war er bereit.
Er trug in seinem Herzen   eine minnigliche Maid
und einzig ihn die Jungfrau,   die nimmer er geschaut.
Sie sprach im geheimen   von ihm gar vieles lieb und traut.

Wann immer auf dem Hofe   die Jugend das Spiel begann,
Ritter sowie Knappen,   so schaut es eifrig an
Kriemhild durch die Fenster,   die Königin hehr.
Keine Kurzweil brauchte   zu solchen Zeiten sie mehr.

Wüßt er, daß ihn schaute,   die er im Herzen trug,
davon hätt er Kurzweil   immerdar genug.
Könnt auch er sie schauen,   glauben ihr mirs könnt:
ihm wäre auf dieser Erde   nie ein besser Los gegönnt.

Wenn er bei den Recken   auf dem Hofe stand,
wie es noch jetzt die Leute   zur Kurzweil tun im Land,
so stand da so minnig   der Siglinde Kind,
daß ihm in Herzensliebe   manche Frau war wohlgesinnt.

Auch er dacht zuweilen: Wie soll das geschehn,
daß ich die edle Jungfrau   könnte mit Augen sehn,
die ich von Herzen minne,   wie ichs lang getan?
Sie ist mir gar fremde.   Drum muß ich traurig sein fortan.

Wenn die mächtigen Fürsten   ritten in das Reich,
so mußten stets die Ritter   mit ihnen allzugleich.
Mit diesen ritt auch Sigfrid.   Das war den Frauen leid.
Er hatte durch hohe Minne   viel Beschwerde allezeit.

So wohnt er bei den Herren –   das ist gewißlich wahr –
in König Gunthers Lande   ein volles Jahr,
da er die Minnigliche   die ganze Zeit nicht sah,
durch die einst viele Liebe   und auch viel Leides ihm geschah.

A 131–137, B 132–138, C 133–139

Viertes Abenteuer

Wie Sigfrid mit den Sachsen stritt

Da kam fremde Nachricht   in König Gunthers Land
durch Boten, die von ferne   man dorthin gesandt
von unbekannten Recken,   die erfüllt von Haß.
Als sie die Mär vernahmen,   leid war ihnen von Herzen das.

Die will ich euch nennen: es waren Lüdeger
aus dem Sachsenlande,   ein mächtiger König hehr,
dazu vom Dänenlande   der König Lüdegast.
Dessen Freunde gern trugen   jeder Unterstützung Last.

Ihre Boten waren kommen   zum Burgundenland;
dessen Widersacher   hatten sie hingesandt.
Man fragte nach ihren Wünschen   die unbekannte Schar;
dann brachte man sie eilend   zu Hof, wo der König war.

Da sprach der König Gunther: »Nun seid mir willkommen!
Wer euch hierhergesendet,   hab ich noch nicht vernommen.
Das möget ihr hören lassen«,   sprach der Ritter gut.
Da zagten sie gar heftig   vor des grimmen Gunthers Mut.

»Wollt Ihr uns, König, erlauben,   daß wir die Botschaft sagen,
die wir Euch nun bringen,   so wollen wirs vortragen.
Wir nennen die Herren,   die uns hergesandt:
Lüdegast und Lüdeger,   die wollen heimsuchen dies Land.

Ihr habt deren Haß erworben,   Ihr könnt glauben das.
Wider Euch hegen   die Recken grimmen Haß.
Sie planen eine Heerfahrt   nach Worms an den Rhein.
Ihnen folgen viele Recken.   Daran soll Euch kein Zweifel sein.

A 138–143, B 139–144, C 140–145

Binnen zwölf Wochen   soll die Fahrt geschehn.
Habt Ihr gute Freunde,   laßt bald sie es ersehn,
daß sie Euch schirmen helfen   die Burgen und Euer Land!
Sie werden hier zerhauen   manches schmucken Schildes Rand.

Oder wollt Ihr verhandeln,   so legt dieses dar!
Dann reitet nicht so nahe   ihre starke Schar
nach Worms an dem Rheine   zu Euerm Herzeleid,
davon verderben müßte   manch guter Ritter hier im Streit.«

»Verzieht nun eine Weile«,   der edle König sprach,
»bis ich es erwogen!   Ich künde es euch danach.
Hab ich getreue Mannen,   denen will ichs vortragen:
so wichtige Botschaft   muß ich meinen Freunden sagen.«

Dem König war die Botschaft   Leides genug;
die Kunde im geheimen   im Herzen er trug.
Er ließ Hagen holen.   Auch andere er entbot.
Er hieß alsbald auch gehen   zu Hofe hin zu Gernot.

Da kamen nun die Besten   zu ihm, die man fand.
Er sprach: »Heimsuchen   will man unser Land
mit starken Heerscharen.   Das laßt euch werden leid!
Ohne Verschulden will man   wider uns erheben Streit.«

»Dem wehren wir mit Schwertern«,   sprach da Gernot.
»Dann stirbt, wem es beschieden;   der soll liegen tot.
Darob will ich vergessen   nie der Ehre mein.
Unsere Widersacher   sollen uns willkommen sein.«

Da sprach der starke Hagen: »Das dünkt mich nicht gut.
Lüdegast und Lüdeger   sind erfüllt von Übermut.
Wir können das Heer nicht sammeln   in so wenigen Tagen«,
sprach der kühne Recke.   »Drum müßt Ihr Sigfrid dieses sagen.«

A 144–150, B 145–151, C 146–152

Herberge den Boten   in der Stadt man wies.
Waren sie auch Feinde,   gut zu verpflegen hieß
sie Gunther, der reiche –   das war wohlgetan –,
bis er fände die Freunde,   die zur Hilfe zögen heran.

Dem König seine Sorgen   schufen jedoch viel Leid.
Da sah ihn in Trauer   der Degen tatbereit,
der nicht wissen konnte,   was ihm wäre geschehn.
Da bat er den König,   des Kummers Grund ihm zu gestehn.

»Mich wundert es gar schmerzlich«,   sprach da Sigfrid,
»wie Ihr so habt verändert   die fröhliche Sitt,
die Ihr mit uns nun lange   mochtet seither pflegen.«
Drauf antwortet ihm Gunther,   der gar stattliche Degen:

»Nicht mag ich allen Leuten   von dem Schweren sagen,
das ich muß im Geheimen   in meinem Herzen tragen.
Doch soll man wahren Freunden   klagen die Herzensnot.«
Da ward Sigfrids Farbe   beides, bleich bald und rot.

Er sprach zu dem König: »Empfanget meinen Eid!
Ich will Euch wenden helfen   all Euer Leid.
Wollt Ihr Freunde suchen,   so will ich einer sein.
Ich denke es zu vollbringen   in Ehren bis zum Ende mein.«

»Nun lohn Euch Gott, Herr Sigfrid!   Die Rede dünkt mich gut.
Selbst wenn mir Eure Stärke   nimmer helfen tut,
ich freue mich doch der Kunde,   daß Ihr mir seid so hold.
Sollt ichs noch erleben,   ich wohl es Euch vergelten wollt.

Ich will Euch hören lassen,   warum ich traurig bin:
durch Boten meiner Feinde   vernahm das mein Sinn,
daß sie heimsuchen wollen   mit einem Heer mich hie.
Solches taten Degen   uns in diesem Land noch nie.«

A 151–157, B 152–158, C 153–159

»Das achtet nur geringe«,   sprach da Sigfrid,
»und sänftigt Euern Kummer.   Tut, was ich bitt,
laßt mich Euch erwerben   Ehre und auch Gewinn,
eh daß Eure Feinde   kommen zu diesem Lande hin!

Wenn Eure starken Feinde   zur Hilfe hätten wohl
dreißigtausend Recken,   ich sie bestehen soll,
hätt ich deren tausend,   Ihr könnt vertrauen mir.«   [dir.«
Da sprach der König Gunther: »Das will ich stets vergelten

»Lasset mir drum folgen   von Euch tausend Mann,
da ich von den meinen   nicht mehr stellen kann
als nur zwölf Degen!   So schirm ich Euer Land.
Euch soll immer dienen   fortan in Treuen Sigfrids Hand.

Dazu helfe uns Hagen   und auch Ortwein,
Dankwart und Sindold,   die werten Recken dein;
auch soll mit uns reiten   Volker, der kühne Mann;
der soll die Fahne tragen: niemand besser als er es kann.

Nun laßt die Boten reiten   wieder in ihr Land!
Daß sie uns bald da sähen,   das gebe man ihnen bekannt,
so daß unsere Städte   Frieden haben fortan!«
Da hieß der König entbieten   jeden Magen und jeden Mann.

Lüdegers Gesandte   zu Hofe kamen so.
Daß sie nach Hause sollten,   deß waren sie gar froh.
Da bot ihnen reiche Gaben   Gunther, der König gut,
und verhieß ihnen Geleite.   Da ward ihnen freudig der Mut.

»Nun sagt«, sprach da Gunther,   »dieses den Feinden mein:
sie sollten mit ihrer Ausfahrt   daheim lieber sein!
Doch wollen sie heimsuchen   mich hier in meinem Land,
es zerrönnen denn meine Freunde,   ihnen wird dann Mühsal
                                                    bekannt.«

A 158–164, B 159–165, C 160–166

Den Boten reiche Gaben   man zu Handen trug:
davon hieß ihnen geben   der reiche König genug.
Die durften nicht verschmähen   Lüdegers Mannen.
Urlaub sie dann nahmen   und zogen wohlgemut von dannen.

Als die Boten waren   nach Dänemark gekommen
und der König Lüdegast   dieses hatte vernommen,
was sie am Rhein geredet;   als er erhielt Bescheid,
sein Übermut, der starke,   ward ihm ohne Maßen leid.

Man sagte ihm, sie hätten   manchen Kühnen bei sich stehn;
darunter hätte einen   bei Gunther man gesehn,
der sei geheißen Sigfrid,   der Held aus Niederland.
Leid war es Lüdegaste,   da er die Kunde recht erkannt.

Da die vom Dänenlande   solches hörten melden,
da mühten sie noch mehr sich,   zu sammeln ihre Helden,
so daß der König Lüdegast   an Magen und Mann
wohl zwanzigtausend Degen   zu der Heerfahrt gewann.

Da sammelte auch aus Sachsen   der König Lüdeger,
bis sie vierzigtausend   hatten und noch mehr,
mit denen sie reiten wollten   in König Gunthers Land.
Dort hatten in der Heimat   die drei Könige ausgesandt

zu den Burgunden   und wackerer Mannen mehr,
die zum Krieg sie wollten   führen in ihrem Heer.
Sie eilten, sich zu rüsten.   Das schuf manche Not;
darob mußten Degen   später schauen viel den Tod.

Sie rüsteten sich zur Reise.   Als die Fahrt begann,
die Fahne ward anbefohlen   Volker, dem kühnen Mann,
da sie ziehen wollten   bei Worms übern Rhein.
Hagen, der starke,   der sollte Scharmeister sein.

A 165–171, B 166–172, C 167–173

Mit ihnen ritt Sindold   und auch Hunold,
die wohl verdienen mochten   reicher Könige Gold,
Dankwart, der schnelle,   und auch Ortwein;
die mochten wohl mit Ehren   bei dem Heereszuge sein.

»Herr König, bleibt zu Hause«,   sprach da Sigfrid,
»da mir Eure Recken   sollen folgen mit!
Weilet bei den Frauen   und habt guten Mut!
Ich will Euch wohl behüten   beides, Ehre so wie Gut.

Die Euch heimsuchen wollen   nach Worms an dem Rhein,
das will ich wohl verhüten;   es soll ihr Schade sein:
wir wollen ihnen reiten   so weit in ihr Land,
daß der Übermut ihnen   sei bald in Sorge umgewandt.«

Vom Rheine sie durch Hessen   mit den Helden ritten
gegen das Land der Sachsen.   Da ward bald gestritten.
Mit Raub und mit Brande   verheerten sie das Land,
daß es beiden Fürsten   bald mit Schmerzen ward bekannt.

An die Mark sie kamen.   Die Knechte rückten an.
Sigfrid, der vielstarke,   zu fragen da begann:
»Wer soll das Gesinde   uns wohl hüten hie?«
Es ward fürwahr in Sachsen   zu größerm Leid geritten nie.

Sie sprachen: »Die Unerfahrenen   laßt hüten auf den Wegen
den vielkühnen Marschall!   Er ist ein schneller Degen.
Wir büßen um so weniger   durch Lüdeger dann ein.
Lassen wir ihn und Ortwein   bei der Nachhut darum sein!«

»Selber will ich reiten«,   sprach Sigfrid, der Degen,
»und will wider die Feinde   der Warte pflegen,
bis ichs recht erkenne,   wo die Recken sind.«
Da ward bald gewaffnet   der schönen Siglinde Kind.

A 172–178, B 173–179, C 174–180

Das Heer befahl er Hagen,   als er ausritt dann,
und mit ihm Gernot,   der vielkühne Mann.
Dann ritt allein von dannen   er in der Sachsen Land,
wo die rechte Kunde   wohl mit Ehren bald er fand.

Er sah das Heer, das große,   dort liegen auf der Mark;
wider seine Mannschaft   war es überstark.
Es waren wohl vierzigtausend   oder noch mehr.
Der Held hohen Mutes   sah mit Freuden dieses Heer.

Da hatt sich auch ein Recke   aus der Feinde Schar
begeben auf die Warte,   der wohlbewaffnet war.
Den sah der Herr Sigfrid   und ihn der kühne Mann.
Jeder auf den andern   mit Zorn zu blicken da begann.

Ich sag euch, wie er geheißen,   der auf Wache stand –
einen lichten Schild aus Golde,   den trug seine Hand.
Es war der König Lüdegast;   der hielt des Heeres Hut.
Der vieledle Fremdling   zeigte gar herrlichen Mut.

Nun hatte auch Herr Lüdegast   als Feind ihn sich erkorn.
Den Rossen stachelten beide   die Flanken mit dem Sporn.
Sie senkten auf die Schilde   die Schäfte mit ihrer Kraft.
Das hat dem hehren König   große Mühsal verschafft.

Gespornt die Rosse trugen   die Könige geschwind
gewaltig wider einander,   als trüge sie ein Wind.
Mit dem Zaum sie sie wandten   gar ritterlich sodann.
Mit dem Schwert es erprobte   jeder grimmig starke Mann.

Daß das Feld erschallte,   schlug da Sigfrid los:
es sprühten aus dem Helme   wie von Bränden groß
heißen Feuers Funken   von des Helden Hand.
Da stritt gar gewaltig   der edle Herr aus Niederland.

A 179–185, B 180–186, C 181–187

Da schlug auch ihm Lüdegast   gar manchen starken Hieb,
daß die Spur beider Stärke   auf den Schildern blieb.
Das hatten da vernommen   von den Seinen dreißig Mann.
Ehe sie zu Hilfe kamen,   den Sieg Sigfrid da gewann

durch drei starke Wunden,   die er dem König schlug,
durch die lichte Brünne –   die waren gut genug.
Das Schwert mit seinen Schneiden   hieb aus Wunden Blut.
Da ward dem König Lüdegast   nun gar traurig der Mut.

Er bat um sein Leben   und bot ihm sein Land
und sagte ihm, er wäre   Lüdegast genannt.
Da kamen seine Recken.   Sie hatten wohl gesehn,
was da zwischen beiden   auf der Warte war geschehn.

Da er ihn von dannen führte,   da ward er angerannt
von jenen dreißig Recken.   Da wehrte Sigfrids Hand
seinen reichen Geisel   mit heftigen Schlägen.
Noch mehr Schaden tat dann   Sigfrid, der auserwählte Degen.

Die dreißig er zu Tode   da wahrlich alle schlug.
Nur einen ließ er leben.   Der ritt schnell genug
und sagte ihnen die Kunde,   was hier wäre geschehn;
auch konnte man die Wahrheit   an seinem roten Helme sehn.

Dänemarks Kriegern   ward es grimmig leid,
daß ihr Herrscher gefangen,   als ihnen ward der Bescheid.
Lüdeger man es sagte: zu toben er begann
aus übergroßem Zorne.   Ihm war Leid angetan.

Lüdegast, der reiche,   ward da gebracht
zu Gunthers Gefolgschaft   durch Sigfrids Übermacht.
Er übergab ihn Hagen,   der kühne Recke gut.
Als der vernahm die Kunde,   da ward ihm fröhlich zumut.

A 186–192, B 187–193, C 188–194

Er hieß die Burgunden   die Fahne binden an.
»Nun wohl auch«, sprach Sigfrid,   »hier wird noch mehr getan.
Eh der Tag sich neiget,   wenn ich am Leben bleib,
trauert im Sachsenlande   manches guten Recken Weib.

Ihr Helden von dem Rheine,   nun nehmet es wahr:
ich kann euch wohl geleiten   zu Lüdegers Schar.
Da seht ihr Helme zerhauen   von guter Helden Hand,
eh wir uns wieder wenden   hin zum Burgundenland.«

Zu den Rossen eilte Gernot   und die ihm untertan.
Volker, der kühne,   die Fahne hob alsdann,
der vielstarke Fiedler;   da ritt er vor der Schar.
Da waren auch die Gefährten   herrlich kampfgerüstet fürwahr.

Sie führten nicht mehr Krieger   denn eintausend Mann,
dazu noch zwölf Recken.   Zu stieben da begann
der Staub auf der Straße.   Sie ritten über Land.
Man sah von ihnen glänzen   manchen schmucken Schildesrand.

Dann waren auch die Sachsen   mit ihrem Heer gekommen
mit wohlgeschärften Schwertern,   wie wir es vernommen.
Die Schwerter schnitten kräftig   in der Recken Hand.
Da wollten sie den Fremden   die Städte wehren und das Land.

Der Fürsten Scharmeister   das Heer da führte an.
Da war auch Sigfrid kommen   mit seinen Degen heran,
die er mitgeführet   aus dem Niederland.   [Rand.
An diesem Tage ward blutig   im Kampfe manches Schildes

Sindold und Hunold   und auch Gernot
schlugen in dem Streite   gar manchen Helden tot,
eh sie es recht erprobet,   der Kühnheit zu vertraun;
das mußten noch beweinen   gar manche wackeren Fraun.

A 193–199, B 194–200, C 195–201

Volker und Hagen   und auch Ortwein,
die löschten im Streite   gar manches Helmes Schein
mit fließendem Blute,   kühn in der Schlacht.
Da ward auch von Dankwart   manche Heldentat vollbracht.

Die Dänen erprobten   gar wohl ihre Hand.
Vom Anprall hörte man tönen   manchen Schildesrand
und auch von scharfen Schwertern,   damit man Wunden schlug.
Die streitkühnen Sachsen   taten Schaden da genug.

Jedoch die Burgunden   drangen vor im Streit.
Von ihnen ward geschlagen   manche Wunde weit.
Da sah man über Sättel   fließen das Blut.
So warben um die Ehre   diese Ritter kühn und gut.

Man hörte laut erschallen   in der Helden Hand
ihre scharfen Waffen,   da die von Niederland
ihrem Herrn nachdrängten   in die dichte Schar.
Ritterlich sie kamen   mitsamt Sigfrid fürwahr.

Denen von dem Rheine   folgte niemand nach.
Man konnte fließen sehen   den blutigen Bach
durch die lichten Helme   von Sigfrids starker Hand,
bis er König Lüdeger   vor seinen Heergesellen fand.

Dreimal hin und wieder   vordrang er da
bis an des Heeres Ende.   Nun war auch Hagen nah;
der half ihm wohl erfüllen,   was erstrebt sein Mut,
an diesem Tage starben   durch sie gar viele Ritter gut.

Als der starke Lüdeger   Sigfrid nun fand,
und daß er so kräftig   schwang in seiner Hand
die wundscharfe Waffe   und ihrer viel erschlug,
darüber ward der König   vor Leide zornig genug.

A 200–206, B 201–207, C 202–208

Da gabs ein scharf Gedränge   und lauten Schwerterklang,
als beider Gefolge   wider einander drang.
Da erprobten die beiden   Recken schärfer sich ⌈grimmiglich.
Die Scharen begannen zu weichen.   Da erhob sich Haß gar

Dem Herrscher der Sachsen   ward gesagt Bescheid,
sein Bruder sei gefangen;   das schuf ihm herbes Leid.
Nicht wußt er, daß der Sieger   war Siglindes Kind;
man zieh dessen Gernot.   Doch bald erkannt er es geschwind.

Solche Schläge gab es   von Lüdegers Schwert,
daß unterm Sattel Sigfrids   strauchelte das Pferd;
doch erhob es sich wieder.   Der kühne Sigfrid
in diesem Kampfessturme   auf gefährliche Weise stritt.

Da half ihm wohl Hagen   und auch Gernot,
Ortwein und Volker –   da lagen viele tot –,
Sindold und Hunold,   jeder ein kühner Mann,
um die manche Fraue   großen Schaden da gewann.

Im Kampfe untrennbar   waren die Fürsten hehr.
Da sah man über die Helme   fliegen manchen Speer
durch die lichten Schilde   von der Degen Hand.
Man sah gefärbt von Blute   manches schmucken Schildes Rand.

In dem starken Sturme   schwang sich mancher Mann
nieder von dem Rosse.   Einander stürmten an
Sigfrid, der kühne,   und auch Lüdeger.
Da stritten wohl um Ehre   die beiden Helden kühn und hehr.

Der Schildbeschlag des Königs   flog weg durch Sigfrids Hand.
Sieg zu gewinnen dachte   der Held aus Niederland
über die kühnen Sachsen.   Die hatten Ungemach.
Hei, was an lichten Ringen   der schnelle Dankwart zerbrach.

A 207–213, B 208–214, C 209–215

Da hatte König Lüdeger   auf dem Schild erkannt
gemalt eine Krone   vor Sigfrids Hand.
Nun sah er, daß es wäre   der hochgemute Mann.
Der Held zu seinen Freunden   da laut zu rufen begann:

»Gebt es auf zu kämpfen,   wer mein Mage und Mann,
da ich Sigmunds Erben   vor mir sehen kann!
Von Niederland den Starken   hab ich hier erkannt,
ihn hat der üble Teufel   zu uns Sachsen hergesandt.«

Da senkte man die Fahnen   in dem Kampfe nieder.
Frieden er begehrte.   Den gewährte man ihm wieder.
Doch mußt er Geisel werden   in König Gunthers Land.
Dazu hatt ihn gezwungen   des kühnen Sigfrids starke Hand.

Einmütig ließen   sie da ab vom Streit.
Viel durchschlagne Helme   und auch Schilde breit
aus der Hand sie legten,   so viel man deren fand;
die trugen blutige Farbe   durch der Burgunden Hand.

Die fingen, wen sie wollten: sie hatten die Gewalt.
Da ließen der Herr Gernot   und Hagen legen alsbald
die Wunden auf die Bahre.   Sie führten mit sich dann
an stattlichen Gefangnen   nach Burgund fünfhundert Mann.

Die sieglosen Recken   nach Dänemark ritten.
Es hatten auch die Sachsen   so tapfer nicht gestritten,
daß man Lob ihnen zollte; drum waren sie verzagt.
Da wurden die Gefallnen   von ihren Freunden sehr beklagt.

Die Saumtiere trugen   die Waffen an den Rhein.
Es hatte wohl gefochten   mit den Recken sein
Sigfrid, der starke,   er hatte es gut getan.
Das mußt ihm zugestehen   aus Gunthers Heere jedermann.

A 214–220, B 215–221, C 216–222

Zurück nach Worms sandte   Boten Gernot.
Daheim in seinem Lande   den Freunden er entbot,
wie es ihm gelungen wäre   und den Freunden sein.
Es hatten die Vielkühnen   wohl erhöht der Ehren Schein.

Ihre Knappen eilten   und brachten den Bescheid.
Da freuten sich die Schönen,   die vorher trugen Leid,
hocherfreut ob der Kunde,   die zu ihnen gekommen.
Da ward edler Frauen   eifriges Fragen vernommen,

wie der reichen Könige   Mannen es geglückt.
Da ward einer der Boten   zu Kriemhild geschickt.
Das geschah gar heimlich: sie durfte nicht fragen laut;
denn einer war darunter,   der ihrem Herzen lieb und traut.

Da sie den Boten kommen   zur Kemenate sah,
Kriemhild, die vielschöne,   freundlich sprach sie da:
»Sag an frohe Kunde,   so geb ich dir mein Gold!
Tust du es ohne Trügen,   so will ich stets dir bleiben hold.

Wie schied aus dem Kampfe   mein Bruder Gernot
und meine andern Gefreundten?   Blieb ihrer mancher tot?
Und wer tat das Beste?   Das sollst du mir sagen.«
So sprach der biderbe Bote: »Wir hatten nirgends einen Zagen.

Doch zuvorderst im Streite   ritt niemand so scharf,
vieledle Königstochter,   wenn ichs Euch sagen darf,
als der vielkühne Fremde   aus dem Niederland.
In dem Kampf vollbrachte   große Wunder Sigfrids Hand.

Was die Recken alle   in dem Kampf getan,
Dankwart und Hagen,   manch edler Königsmann,
wie ehrenvoll sie stritten,   das ist doch ein Wind
wider den starken Sigfrid,   König Sigmundes Kind.

A 221–227, B 222–228, C 223–229

Sie haben in dem Kampfe   der Helden viel geschlagen.
Doch könnte Euch die Taten   niemand völlig sagen,
die Sigfrid vollbrachte,   ritt er in den Streit.
Den Fraun an ihren Gesippen   schuf er grimmiges Leid.

Tod mußte beklagen   gar manches Helden Braut.
Seine Schläge man hörte   auf den Helmen also laut,
daß aus den Wunden strömte   das fließende Blut.
Er ist in jeder Tugend   ein Ritter tapfer und gut.

Da hat auch viel geleistet   von Metz Ortwein:
wen er konnt erlangen   mit dem Schwerte sein,
der mußte wund da liegen   oder meistens tot.
Doch schuf Euer Bruder   die allergrößeste Not,

die in Kampfesstürmen   konnte je geschehn.
Man muß den Auserwählten   die Wahrheit zugestehn:
die stolzen Burgunden   bestanden so die Fahrt,
daß sie vor jeder Schande   die Ehre haben wohl bewahrt.

Man sah von ihren Händen   manchen Sattel leer,
als das Feld hallte   von ihren Hieben schwer.
Die Recken von dem Rheine,   die haben so gestritten,
daß ihre Feinde   besser hätten den Kampf vermieden.

Auch die kühnen Tronjer,   die schufen großes Leid,
als mit Heereskräften   man sie traf im Streit.
Da schlug manchen zu Tode   des kühnen Hagens Hand.
Viel wäre davon zu sagen   hier im Burgundenland.

Sindold und Hunold   in Gernots Heeresbann
und Volker, der kühne,   haben so viel getan,
daß Lüdeger es immer   wird bleiben leid,
daß er meine Herren   vom Rheine gerufen zum Streit.

A 228–234, B 229–235, C 230–236

Das allerschärfste Streiten,   das irgendwo geschah,
vom ersten bis zum letzten,   das jemand sah,
das hat gern gefochten   Sigfrids starke Hand.
Er bringt reiche Geiseln   her in König Gunthers Land.

Die zwang mit seinen Kräften   der wackere Mann,
so daß der König Lüdegast   Schaden viel gewann,
und auch von den Sachsen   der König Lüdeger.
Nun hört von meiner Botschaft,   vieledle Königin, noch mehr!

Die hat gefangen beide   Sigfrids starke Hand.
Nie wurden soviel Geiseln   gebracht in dieses Land,
als durch seine Verdienste   kamen an den Rhein.«
Ihr konnte diese Kunde   nicht willkommener sein.

»Man bringt an Gesunden   fünfhundert oder mehr
und auch an Todwunden,   wisset, Fraue hehr,
wohl achtzig blutige Bahren   her in unser Land.
Die meisten streckte nieder   des kühnen Sigfrids starke Hand.

Die vordem uns vermessen   Kampf ansagten am Rhein,
die müssen nun Gefangne   König Gunthers sein.
Die bringt man mit Freuden   her in unser Land.«
Da erblüht ihre Farbe,   da diese Botschaft ihr gesandt.

Es ward ihr lichtes Antlitz   vor Liebe rosenrot,
da mit Freude war geschieden   aus der großen Not
der minnigliche Recke,   Sigfrid, der kühne Mann.
Freude ob der Gefreundten   sie mit Rechten auch gewann.

Da sprach die Minnigliche: »Du gabst mir Gutes bekannt.
Dafür sollst du haben   zum Lohn ein reich Gewand,
und zehn Mark von Golde   man dir zahlen soll.«
So mag man solche Botschaft   reichen Frauen bringen wohl.

A 235–241, B 236–242, C 237–243

Man gab ihm zum Lohne   das Gold und auch das Kleid.
Da trat an die Fenster   manche schöne Maid;
Sie schauten auf die Straße.   Reiten man da fand
viele Hochgemuten   in der Burgunden Land.

Da sah man Unverletzte;   der Wunden Schar da kam.
Sie konnten Grüße der Freunde   hören ohne Scham.
Der König seinen Gästen   freudig entgegenritt.
Sein übergroßer Kummer,   zu Ende war es damit.

Da empfing er wohl die Seinen   und die Fremden auch,
wie dem reichen König   geziemte solcher Brauch,
gütig ihnen zu danken,   die zu ihm gekommen,
daß sie Sieg mit Ehren   im Kampfe hatten genommen.

Gunther bat, die Kunde   von seinen Freunden zu sagen,
wer auf der Heerfahrt   wäre tot und erschlagen.
Da hatt er nur verloren   im ganzen sechzig Mann,
die man beklagen mußte,   wie man um Helden stets getan.

Die Unversehrten brachten   zerhauen manchen Rand,
und manche Helme zerschroten   in König Gunthers Land.
Sie stiegen von den Rossen   ab vor dem Saal
zu freundlichem Empfange;   man hörte fröhlichen Schall.

Zur Herberge brachte   die Wegmüden man.
Der König seinen Gästen   viel zu danken begann.
Er hieß die Wunden pflegen   und schaffen das Gemach,
wie es seiner Tugend   gegen Feinde auch entsprach.

Zu Lüdeger sprach er: »Nun seid mir willkommen!
Durch Eure Schuld hab ich   Schaden viel genommen.
Der wird mir entgolten,   wenn mirs gelingen kann.
Gott lohne meinen Freunden!   Sie haben großen Dienst mir
                                                           getan.«

A 242–248, B 243–249, C 244–250

»Ihr könnt ihnen gerne danken«,   sprach König Lüdeger;
»so hohe Geiseln   gewann kein König mehr.
Für würdigen Gewahrsam   bieten wir reiches Gut,
damit Ihr nun in Gnaden   an mir und meinen Freunden tut.«

»Ihr könnt euch«,   sprach der König,   »frei bewegen hier.
Doch daß meine Feinde   nicht entweichen mir,
dafür begehr ich Bürgen,   daß aus meinem Land,   [Hand.
sie fliehn nicht ohne Frieden.«   Das gelobte ihm der beiden

Man brachte sie zur Ruhe   in guter Herberge da.
Die Verwundeten gar sorglich   gebettet man da sah.
Man schenkte den Gesunden   Met und guten Wein.
Da konnte das Gefolge   nimmer fröhlicher sein.

Die zerhaunen Schilde   in den Gewahrsam man trug.
Blutiger Sättel   gabs da auch genug;
die hieß man verbergen: so weinten nicht die Fraun.
Gar wehrmüde war da   mancher Ritter anzuschaun.

Der König sorgte eifrig   für seiner Gäste Wohl.
An Fremden und Bekannten   ward das Land da voll.
Wer schwer verletzt, den ließ man   gütig verpflegen.
Gering war geworden   da der Übermut der Degen.

Wer in Heilkunst bewandert,   dem bot man reichen Sold,
Silber ohne Waage,   dazu das lichte Gold,
daß sie die Helden heilten   nach des Streites Not.
Dazu große Gaben   der König seinen Gästen bot.

Wem wieder nach Hause   zur Heimfahrt stand der Mut,
den bat er, noch zu bleiben,   wie man mit Freunden tut.
Wie dem Gefolge er lohne,   ging der König zu Rat:
sie hatten seinen Willen   in Ehren erfüllt durch ihre Tat.

A 249–255, B 250–256, C 251–257

Da sprach der König Gernot: »Laßt sie fort alsdann.
Über sechs Wochen,   sei ihnen kundgetan,
daß sie zu einem Feste   kommen wieder her.
Dann ist mancher geheilet,   der nun liegt verwundet schwer.«

Da begehrt auch Urlaub   der Held von Niederland.
Als dem König Gunther   sein Wille ward bekannt,
bat er minniglich ihn   zu ändern seinen Plan.
Wär es nicht um Kriemhild,   er hätte nimmer dies getan.

Dazu war zu reich er,   daß er nähme Sold.
Er hätt es wohl verdienet: der König war ihm hold
und alle seine Magen: die hatten wohl gesehn,
was durch seine Kräfte   in dem Kampfe war geschehn.

Um der Schönen willen   zu bleiben er gedacht,
die so gern er sähe.   Da ward es so gemacht
ganz nach seinem Wunsche.   Sie ward ihm wohlbekannt.
Dereinst ritt er fröhlich   heim in seines Vaters Land.

Der Fürst ließ alle Zeiten   Ritterspiele pflegen.
Das tat dann frohen Willens   so mancher junge Degen.
Auch ließ er Sitze bauen   bei Worms an dem Strand
für die, die kommen sollten   zu ihm ins Burgundenland.

Zu den selben Zeiten   da sie sollten kommen,
da hatte die Frau Kriemhild   die Kunde wohl vernommen,
er plane Festlichkeiten   für Mage und Mann.
Da ward mit großem Eifer   von schönen Frauen viel getan.

Mit Kleidern und mit Bändern,   die sie da wollten tragen.
Ute, die reiche,   hörte die Kunde sagen
von den stolzen Degen,   die da sollten kommen.
Da ward aus seinen Hüllen   manches gute Kleid genommen.

A 256–262, B 257–263, C 258–264

Ihrem Kinde zuliebe   ließ sie schneiden manches Kleid,
womit sich da zierte   manche Frau und manche Maid
und viele junge Recken   aus Burgundenland.
Da ward auch vielen Fremden   bereitet herrliches Gewand.

Fünftes Abenteuer

Wie Sigfrid Kriemhild zum ersten Male sah

Man sah sie nun alltäglich   reiten an den Rhein,
die bei den Festlichkeiten   gerne wollten sein,
die den Königen zuliebe   kamen in das Land.
Man gab da ihrer vielen   beides, Roß und Gewand.

Da war auch das Gestühle   für alle wohl bereit,
die höchsten und die besten,   wie man uns gab Bescheid:
zweiunddreißig Fürsten   da zum Festgelag.   [Tag.
Da schmückte sich voll Eifers   gar manche Jungfrau für den

Da war auch gar geschäftig   Giselher, das Kind:
die Fremden und ihre Magen,   gar gütig gesinnt,
empfingen er und Gernot   und beider Mannen da.
Sie begrüßten die Degen,   wie es in Ehren stets geschah.

Die goldfarbnen Sättel   brachten sie ins Land,
die gezierten Schilde   und herrlich Gewand
dem König zuliebe   für die Festlichkeit.
Mancher wunde Kranke   war zur Freude da bereit.

Die in den Betten lagen   und litten an Wunden und Not,
die mußten es vergessen,   wie bitter sei der Tod;
die Siechen und die Kranken   gab man auf zu beklagen.
Sie freuten sich der Kunde   von der Festlichkeiten Tagen,

wie sie leben wollten   da beim Festesmahl.
Wonnen ohne Maßen,   der Freuden Überzahl
hatten all die Leute,   so viel man ihrer fand.
Da hob sich große Freude   über Gunthers ganzes Land.

An einem Pfingstmorgen   sah man sie gehn hinan,
wonniglich gekleidet,   so manchen kühnen Mann,
fünftausend oder mehr noch   da zur Festlichkeit.
Hohen Ruhm erwarben   die Burgunden allezeit.

Der König hatt im Sinne   – er hatt es wohl erkannt –,
wie von ganzem Herzen   der Held von Niederland
seine Schwester liebte,   die man nie ihn sehen ließ,
deren große Schönheit   vor allen Jungfraun jeder pries.

Er sprach: »Nun rate jeder,   Mage mein und Mann,
wie das Fest so rühmlich   gestaltet werden kann,
daß man uns nicht schelte   je nach dieser Zeit.
Jeder sei zu rühmen   uns für unser Werk bereit.«

Aus Metz da sagte   der Degen Ortwein:
»Soll voller Ehren   die Festlichkeit sein,
so laßt bei dieser Feier   die schönen Frauen sehn,
denen so viele Ehren   in Burgundenland geschehn.

Was wäre Mannes Wonne,   was freut er sich zu schaun,
wärens nicht schöne Maiden   und herrliche Fraun?
Lasset Eure Schwester   zu Euerm Feste gehn!«
Der Rat war zur Freude   so manchem Degen geschehn.

»Das will ich gern befolgen.«   Der König sprach also.
Alle, die es erfuhren,   waren von Herzen froh.
Man sagte es auch Frau Uten   und ihrer Tochter schön,
daß sie mit ihren Jungfraun   hin zum Feste sollte gehn.

A 269–274, B 270–275, C 271–277

Da ward aus den Truhen   gesucht manch gut Gewand,
so viel man in den Hüllen   an glänzender Kleidung fand.
An Borten und Ringen   war da viel bereit.
Minniglich sich schmückte   da manche herrliche Maid.

Gar mancher junge Recke   richtete drauf den Mut,
daß er anzuschauen   schiene den Frauen gut,
weil dafür er nähme   keines Königs Land.
Sie sahen die mit Freuden,   die ihnen vordem nie bekannt.

Da wies der reiche König   seine Schwester an,
daß ihr folgen sollten   wohl hundert Mann,
ihr und seiner Mutter,   das Schwert in der Hand.
Dies war das Hofgefolge   aus der Burgunden Land.

Ute, die reiche,   die sah man mit ihr kommen;
sie hatte schöne Frauen   sich zum Geleit genommen.
Hundert oder mehr noch,   geziert mit reichem Kleid. ⌈Maid.
Nun ging auch mit Kriemhild   gar manche wohlgeschmückte

Aus einer Kemenate   man alle kommen sah;
ein eifriges Schauen   der Recken gab es da,
die die Hoffnung hatten,   es könnte das geschehn,
daß sie Kriemhilde   voller Freude könnten sehn.

Nun kam die Minnigliche,   wie das Morgenrot
scheint aus trüben Wolken.   Da schied von jeder Not,
wer sie trug im Herzen,   so lange es auch geschehn:
er sah die Minnigliche   nun gar herrlich vor ihm stehn.

Von ihrem Kleide strahlte   so mancher Edelstein;
ihre rosige Farbe   gab minniglichen Schein.
Was jemand wünschen mochte,   er mußte doch gestehn,
daß er auf dieser Erde   etwas Schöneres nie gesehn.

A 275–281, B 276–282, C 278–284

Wie der lichte Vollmond   vor den Sternen steht,
dessen Schein so lauter   durch die Wolken geht,
dem stand sie nun gleichend   vor mancher Fraue gut;
da ward wohl gehoben   den schmucken Helden der Mut.

Die reichen Kammerherren,   die sah man vor ihr gehn.
Die hochgemuten Degen   ließen das nicht geschehn,
sie drängten, da sie sahen   die minnigliche Maid.
Sigfrid, dem edeln,   schuf es beides, Freude und Leid.

Er dacht in seinem Mute: Wie stellt ich das wohl dar,
daß ich dich minnen sollte,   wie meine Hoffnung war?
Sollt ich dich aber missen,   so wär ich lieber tot.
Er fühlt um ihretwillen   heimlich Freude sowie Not.

So minniglich stand Sigfrid,   von Kriemhild getrennt,
als wäre er entworfen   auf ein Pergament
durch guter Meister Künste;   man mußte zugestehn,
man hätte noch nirgends   so schmucken Helden je gesehn.

Die mit Kriemhild gingen,   die hießen allerwegen
weichen die Männer;   dem folgten viele Degen.
Stolz im Herzen tragend,   erfreute sie Seele und Leib.
In Züchten sah man gehen   so manches herrliche Weib.

Da sprach von Burgunden   der Herr Gernot:
»Der Euch seine Dienste   so liebevoll bot,
Gunther, lieber Bruder,   lohn ihm seine Treu
vor allen diesen Degen!   Den Rat ich nimmermehr bereu.

Heiße nun Sigfrid,   König Sigmunds Sohn,
zu Kriemhilden gehen!   Das wäre der rechte Lohn.
Die Recken niemals grüßte,   ihn begrüßen soll,
damit den schmucken Degen   als Freund wir gewinnen wohl.«

A 282–288, B 283–289, C 285–291

Hin gingen Gunthers Mannen,   wo man den Recken fand.
Sie sagten es dem König   aus dem Niederland:
»Erlaubt hat Euch der Herrscher,   Ihr sollt zu Hofe gehn.
Seine Schwester Euch begrüße;   das ist zu Ehren Euch geschehn.«

Durch diese Botschaft wurde   der Degen hoch erfreut.
Er fühlte im Gemüte   Freude ohne Leid,
daß der Wonniglichen   Anblick er gewann.
In minniglicher Tugend   begrüßte Sigfrid sie sodann.

Als sie den Hochgemuten   vor sich stehen sah,
erblühte ihre Farbe.   Die schöne Maid sprach da:
»Willkommen seid, Herr Sigfrid,   edler Ritter gut!«
Da ward ihm von dem Gruße   gar erhoben sein Mut.

Er neigte sich in Züchten;   sie faßt ihn an der Hand.
Wie minniglich zu schauen,   der Recke bei ihr stand!
Mit liebevollen Blicken   sahn sie einander an,
der Herr und die Fraue;   doch ward es heimlich nur getan.

Ob ihr zärtlich wurde   gedrückt die weiße Hand
in herzlieber Minne,   das ist mir unbekannt.
Doch kann ich auch nicht glauben,   daß es unterblieb.
Sie ließ es klar erkennen,   daß er ihr war von Herzen lieb.

Zu des Sommers Zeiten   und in des Maien Tagen
konnt er in seinem Herzen   nimmermehr wohl tragen
an minniglichen Freuden,   als er da gewann,
da die ihm ging so nahe,   die zu erwerben Sigfrid sann.

Da dachte mancher Recke: Wäre mir so geschehn,
daß ich Hand in Hand mit ihr ginge,   wie ichs bei ihm gesehn,
oder bei ihr läge,   das nähme ich freudig hin.
Es diente noch kein Recke   besser einer Königin.

A 289–295, B 290–296, C 292–298

Von welcher Könige Landen   ein Gast auch war gekommen,
die haben einmütig   die beiden wahrgenommen;
ihr ward erlaubt zu küssen   den stattlichen Mann.
Ihm ward in seinem Leben   noch nie so Liebes angetan.

Von Dänemark der König   sprach da zur Stund:
»Wegen des hohen Grußes   liegt mancher Degen wund –
des muß ich wohl gedenken –   von Sigfrids starker Hand.
Gott gebe, daß nie wieder   er komme in mein Fürstenland!«

Das Volk hieß allenthalben   man weichen von den Wegen
vor der minnigen Frauen.   So manchen kühnen Degen
sah man in Züchten   mit ihr zu Hofe gehn.
Da ward von ihr geschieden   dieser Recke ausersehn.

Dann ging man zu dem Münster.   Ihr folgte manches Weib.
Da war so gezieret   Kriemhildens Leib,
daß von hohen Wünschen   mancher ging verloren.
Sie war zur Augenweide   vielen Recken da geboren.

Kaum konnte er erwarten,   daß man die Messe sang.
Er mochte in seiner Sälde   immer sagen Dank,
daß die ihm so gewogen,   die er im Herzen trug.
Doch war auch er der Schönen   nach Gebühren hold genug.

Als sie kam aus dem Münster,   wie man ihn schon eher gesehn,
schaute man ihn in Freundschaft   hin zu Kriemhild gehn.
Da begann ihm zu danken   die vielschöne Maid,
daß er vor ihren Magen   so herrlich gefochten im Streit.

»Nun lohn Euch Gott, Herr Sigfrid«,   sprach das schöne Kind,
»daß Ihr es habt verdienet,   daß hold Euch alle sind,
wie sie fürwahr es schuldig,   wie ich sie hör gestehn.«
Minniglich begann er   da Frau Kriemhild anzusehn.

A 296–302, B 297–303, C 299–305

»Ich will Euch immer dienen«,   also sprach der Degen;
»mein Haupt will ich nimmer   eher zur Ruhe legen,
bis ich verdient die Hulde,   da mir liegt daran.
Um Eurer Huld, Frau Kriemhild,   ist eifrig alles dies getan.«

Innerhalb zwölf Tagen,   so oft ein Tag verstrich,
sah man bei dem Recken   die Maid wonniglich,
wenn sie zu Hofe sollte   zu den Fürsten gehn.
Die Ehre war dem Degen   aus großer Liebe geschehn.

Freude und Wonne   und mächtigen Schall
hörte man da täglich   vor König Gunthers Saal,
draußen und drinnen   von manchem kühnen Mann.
Ortwein sowie Hagen   große Taten da begann.

Was man beginnen sollte,   sie waren stets bereit
mit ihren vollen Kräften,   die Helden froh im Streit.
So wurden den Gästen   die Recken wohl bekannt.
Sie wurden eine Zierde   für König Gunthers ganzes Land.

Die vordem wund gelegen,   man nun gehen sah.
Kampfspiel wollten sie üben   mit Gunthers Recken da:
sich schirmen mit den Schilden   und werfen oft den Schaft.
Dazu verhalf ihnen mancher.   Sie hatten mächtige Kraft.

Bei dem Feste ließ sie   der König verpflegen
mit der besten Speise.   Er war allerwegen
entgangen jedem Tadel,   den je ein Fürst gesehn.
Man sah ihn in Freundschaft   hin zu seinen Gästen gehn.

Er sprach: »Ihr guten Degen,   ehe ihr von uns geht,
nehmet meine Gaben!   Darauf mein Sinnen steht,
euch immerdar zu dienen.   Verschmäht nicht mein Gut!
Ich will es mit euch teilen,   willig ist dazu mein Mut.«

A 303–309, B 304–310, C 306–312

Die vom Dänenlande   sprachen kurzerhand:
»Eh wir wieder reiten   heim in unser Land,
begehren wir Versöhnung   und geben reiches Gut   [tut.«
und gewähren Euch die Sicherheit,   wie Ihr es immer wünschen

Von seinen Wunden war da. Lüdegast geheilt;
der Herrscher der Sachsen   gesund bei Gunther weilt'.
Etliche Toten   ließen sie im Land.
Da ging der König Gunther   dorthin, wo er Sigfrid fand.

Er sprach zu dem Degen:. »Nun ratet, was zu tun!
Unsere Widersacher   wollen scheiden nun.
Dauernde Versöhnung   begehren sie von mir.
Nun rat mir, kühner Degen,   was da richtig scheinet dir.

Was mir die Helden bieten,   das will ich dir sagen:
was fünfhundert Rosse   an Golde können tragen,
das tragen sie mir gerne   für ihre Freiheit an.«
Da sprach der Herr Sigfrid: »Übel wäre das getan.

Ihr sollt sie beide ledig   von hinnen lassen ziehn.
Und daß die Recken beide   sich wahren fürderhin,
daß sie nie wieder führen   ein Heer in Euer Land,
dafür laßt Euch Sicherheit   geben durch der Herren Hand!«

»Dem Rate will ich folgen.«   Sie gingen fort alsdann.
Seinen Feinden wurde   dieses kund getan,
ihr Gold begehre niemand,   das sie geboten eh;
daheim ihre lieben Freunde   um die Heermüden fühlten Weh.

Gefüllt mit Schätzen viele   Schilde man trug.
Er verteilte ohne Waage   seinen Freunden genug,
an Mark wohl fünfhundert   und etlichen noch mehr.
Gernot riet das Gunther,   dieser Degen kühn und hehr.

A 310–316, B 311–317, C 313–319

Urlaub nahmen sie alle,   die scheiden wollten dann.
Da sah man die Recken   zu Kriemhild gehen hinan
und auch, wo Frau Ute,   die Königin, weilt'.
Noch nie wurde Degen   ein beßrer Urlaub erteilt.

Leer die Herbergen wurden,   da sie von dannen ritten.
Daheim aber blieben   mit ritterlichen Sitten
der König und seine Magen,   so mancher edle Mann;
die sah man alle Tage   zu Frau Kriemhild gehen hinan.

Urlaub wollt auch nehmen   Sigfrid, der Recke gut:
er hoffte nicht zu erreichen,   worauf ging sein Mut.
Der König hörte das sagen,   daß er wollte ziehn.
Giselher, der junge,   begann dringend zu bitten ihn.

»Wohin wollt Ihr nun reiten,   vieledler Sigfrid?
Bleibet bei den Degen –   tut, worum ich Euch bitt! –
bei Gunther, dem König,   und auch bei seiner Schar!
Hier sind viel schöne Frauen;   die läßt man gern Euch sehn
                                                fürwahr.«

Da sprach der starke Sigfrid: »Die Rosse lasset stehn!
Ich wollt von hinnen reiten;   das soll nun nicht geschehn.
Tragt auch fort die Schilde!   Ich wollte in mein Land.
Das hat nun Herr Giselher   mit großer Treue abgewandt.«

So blieb der kühne Recke   den Freunden zuliebe dort;
er hatte in seinem Leben   an keinem andern Ort
sich so wohl gefühlet.   Denn nunmehr das geschah,
daß er, sooft er wollte,   die schöne Kriemhilde sah.

Wegen ihrer hohen Schönheit   der Degen da blieb.
Mit so mancher Kurzweil   man die Zeit vertrieb.
Daß ihn zwang die Minne,   das schuf ihm viele Not.
Darum dereinst der Kühne   lag zu großem Jammer tot.

A 317–323, B 318–324, C 320–326

Da erhob sich neue   Märe übern Rhein.
Es sagten zu dem König   die höchsten Magen sein,
warum er nicht zur Ehe   sich nähme ein Weib.
Da sprach der reiche König: »Nicht lange mehr ich ledig bleib.

Drum will ich mich bedenken,   wo ich die nehmen soll,
die mir und meinem Reiche   zur Frau geziemte wohl
an Adel und an Schönheit,   der geb ich meine Hand,
wenn ich die rechte finde.   Das soll euch werden wohlbekannt.«

Sechstes Abenteuer

Wie Gunther gen Island zu Brünhild fuhr

Es war eine Königin   gesessen überm Meer;
eine, die ihr gliche,   fände man wohl schwer:
schön war sie über die Maßen,   gewaltig ihre Kraft;
sie warf mit schnellen Degen   um die Minne den Schaft.

Den Stein warf sie ferne,   danach sie weithin sprang
Wer auf sie richten wollte   seine Wünsche frank,
drei Spiele mußt er gewinnen   mit der Frau, hochgeboren;
verlor er auch nur eines,   so hatte er das Leben verloren.

Die Königin hatte   sehr oft das schon getan.
Da vernahm es an dem Rheine   ein Ritter wohlgetan;
der richtete seine Sinne   auf das herrliche Weib.
Darum mußten der Helden   viel verlieren Leben und Leib.

Als sie eines Tages saßen,   der König und seine Schar,
auf mancherlei Art sie ermaßen,   was dafür und dawider war,
welche ihr Herrscher sollte   bitten um ihre Hand,
die zur Frau er wollte   und die geziemen würde dem Land.

A 324–327, B 325–328, C 327–332

Da sprach der Vogt vom Rheine: »Ich will nieder zur See
hin zu Brünhilde, was mir auch gescheh.
Um ihrer Schönheit willen wage ich Leben und Leib.
Die will ich gerne verlieren; Brünhild werde denn mein Weib.«

»Dem muß ich widerraten«, sprach da Sigfrid.
»Es macht ihre Sitte gefährlich solchen Schritt.
Wer wirbt um ihre Minne, dem kommt es hoch zu stehn.
Das mögt Ihr für die Reise aus meinem Rate wohl ersehn.«

Da sprach der König Gunther: »Nie ward geboren ein Weib,
so stark und so kühn auch, daß ich ihren Leib,
im Streit nicht bezwänge mit meiner eignen Hand.« ⌈kannt.
»Schweigt!« sprach da Sigfrid. »Euch ist ihre Stärke nicht be-

Und wären ihrer viere, die könnten nicht bestehn
vor ihrem grimmen Zorne; den Wunsch laßt Euch vergehn!
Das rat ich Euch in Treuen. Wollt Ihr nicht liegen tot,
so laßt durch ihre Minne Euch bringen nimmermehr in Not!«

»Sie sei so stark sie wolle, ich lasse die Reise nicht
hin zu Brünhilde. Was mir auch geschieht,
um ihrer Schönheit willen muß gewagt es sein,
ob Gott es mir gewähret, daß sie mir folget an den Rhein.«

»So will ich Euch wohl raten«, sprach da Hagen,
»daß Ihr Sigfrid bittet, mit Euch zu tragen
die starke Beschwerde. Mein Rat dahin geht,
da es ihm so bekannt ist, wie es um Brünhilde steht.«

Er sprach: »Willst du mir helfen, Degen Sigfrid,
die Minnige zu erwerben? Tust du, worum ich bitt,
und wird mir zur Trauten das herrliche Weib,
so will nach deinem Willen ich wagen Ehre und Leib.«

A 328–331, B 329–332, C 333–338

Zur Antwort gab da Sigfrid: »So wie es steht mit mir,
gibst du mir deine Schwester,   so will ich helfen dir,
die schöne Kriemhilde,   die Königstochter hehr;
keinen Lohn begehr ich   für meine Hilfe dann mehr.«

»Das gelobe ich«, sprach Gunther,   »Sigfrid, dir in die Hand.
Kommt die schöne Brünhild   her in dieses Land,
so will ich dir zum Weibe   meine Schwester geben,
so magst du mit der Schönen   immerdar in Freuden leben.«

Sie schwuren darauf Eide,   die beiden Recken hehr.
Doch schuf es ihnen Mühe   bei weitem noch mehr,
ehe sie die Wohlgezierte   brachten an den Rhein.
Drum mußten die Vielkühnen   noch in starker Sorge sein.

Von manchem wilden Zwergen   habe ich hören sagen,
es sei in hohlen Bergen   und zum Schirm zu tragen,
was Tarnkappe heißet,   von wunderbarer Art:
wer sie hat an seinem Körper,   der solle sein gar wohlbewahrt

vor Hieben und vor Stichen.   Ihn könne auch niemand sehn,
wenn er darein gehüllet.   Aber hören und spähn
könne er nach seinem Willen,   obwohl ihn niemand sieht.
Er sei auch viel stärker,   teilt uns dies Abenteuer mit.

Mit sich führte Sigfrid   die Tarnkappe dann,
die der kühne Degen   mit großer Mühe gewann
einst von einem Zwerge;   der hieß Alberich.
Da rüsteten die kühnen   Recken zu der Ausfahrt sich.

Wenn der kühne Sigfrid   die Tarnkappe trug,
dann hat er in der Hülle   Kräfte genug:
zwölf Männer Stärke   zu seinem eignen Leib.
Er gewann mit großen Listen   das gar herrliche Weib.

A 332–336, B 333–337, C 339–345

Auch war diese Tarnhaut   also getan,
daß in ihr wirken konnte   ein jeglicher Mann,
was er selbst begehrte,   so daß ihn niemand sah.
So gewann er Brünhild,   wodurch ihm Leides einst geschah.

»Du sollst mir sagen, Sigfrid,   eh unsere Fahrt ergeh,
wie wir mit vollen Ehren   kommen über See.
Sollen wir Ritter führen   in Brünhildes Land?
Zweitausend Degen,   danach wird leicht nun ausgesandt.«

»So viel«, sprach Sigfrid,   »an Volk wir führen hin,
die Königin heget   so grimmigen Sinn,
die müßten alle sterben   durch ihren Übermut.
Ich will Euch besser raten,   Degen tapfer und gut.

Wir müssen in Reckenweise   fahren hinab den Rhein;
die will ich Euch nennen,   die bei uns sollen sein:
mit uns zwein noch zweie,   sonst keiner auf See.
So gewinnen wir die Fraue,   wie es auch danach ergeh.

Der Gefährten seid Ihr einer,   der andre will ich sein,
Hagen sei der dritte –   so mögen wir wohl gedeihn.
Dankwart sei der vierte,   der vielkühne Mann;   ⌠an.«
so mögen wohl zweitausend   im Kampf uns nimmer greifen

»Die Kunde wüßt ich gerne«,   der König sprach also,
»eh wir von hinnen scheiden;   darüber wär ich froh,
was für Kleidung wir sollen   vor Brünhilde tragen,
die uns da wohl gezieme,   das müßt Ihr mir alsbald nun sagen.«

»Die besten Gewande,   die man jemals fand,
trägt man zu allen Zeiten   in Brünhildes Land.
Drum müssen wir reiche Kleidung   vor der Fraue tragen,
die uns nicht Schande mache,   hört man davon die Nachricht
                                                          sagen.«

A 337–341, B 338–344, C 346–352

Da sprach der gute Degen: »Ausgehe selbst ich dann
zu meiner lieben Mutter,   ob ich erreichen kann,
daß ihre schönen Mägde   uns rüsten unser Kleid,
das wir mit Ehren tragen   vor der herrlichen Maid.«

Hagen von Tronje sagte   mit herrlichen Sitten:
»Was wollt Ihr Eure Mutter   um solche Dienste bitten?
Laßt Eure Schwester hören,   worauf geht unser Mut!
So kunstreich ist die Schöne,   daß die Kleider werden gut.«

Da entbot er seine Schwester,   daß er sie wollte sehn,
und auch der Herr Sigfrid.   Eh daß dies geschehn,
legte an die Schöne   ein gar schmuckes Kleid;
daß sie sie sehen wollten,   war sie froh und gern bereit.

Geschmückt war ihr Gesinde,   wie ihr zu es kam.
Die Fürsten kamen beide.   Da sie das vernahm,
erhob sie sich vom Sitze.   In Züchten sie da ging,
als sie den edlen Fremdling   und ihren Bruder auch empfing.

»Willkommen sei, mein Bruder,   und der Gefährte dein!
Die Kunde wüßt ich gerne«,   sprach das Mägdelein,
»was Ihr wollt erreichen,   da Ihr zu Hofe kommt.
Das laßt mich beide hören,   was Euch Hochgemuten frommt!«

Da sprach der reiche König: »Frau, ich will Euch sagen:
wir müssen große Sorge   bei hohem Mute tragen;
wir wollen zu Hofe reiten   fern in fremdes Land.
Wir müssen zu der Reise   haben prächtiges Gewand.«

»Nun setzt Euch, lieber Bruder«,   sprach das Königskind,
»laßt mich die Kunde hören,   wer die Frauen sind,
die Ihr begehrt zur Minne   in anderer Fürsten Land!«
Die Auserwählten beide   nahm die Maid da bei der Hand.

A 342–346, B 345–351, C 353–359

Da ging sie mit den Degen,   wo sie selber saß.
Prächtige Polster –   ihr sollt glauben das –
bei ihr allenthalben   auf dem Boden lagen.
Bei der Fraue konnte   es den Helden wohl behagen.

Gar liebliche Blicke   und minnigliches Sehn,
das mochte zwischen beiden   da gar viel geschehn:
er trug sie in dem Herzen,   sie war ihm Leben und Leib.
Durch treuen Dienst erwarb ers,   daß sie doch später ward sein
                                                                    Weib.

Da sprach der König Gunther: »Vieledle Schwester mein,
ohne deine Hilfe   könnte es nimmer sein:
wir wollen zu Wettspielen   ziehn in Brünhilds Land.
Da brauchen wir zum Tragen   vor den Frauen herrliches
                                                                    Gewand.«

Da sprach die Königstochter: »Viellieber Bruder mein,
was ich von meiner Seite   Euch kann zur Hilfe sein,
des sollt Ihr inne werden,   daß ich dazu bereit;
versagt es Euch eine andre,   das wäre Kriemhilden leid.

Ihr sollt mich, edle Ritter,   nicht in Sorgen bitten;
Ihr könnt mir gebieten   mit hochgemuten Sitten:
was Euch gefalle,   dazu bin ich bereit
und tu es guten Willens«,   sprach die herrliche Maid.

»Wir wollen, liebe Schwester,   tragen ein gut Gewand.
Das soll bereiten helfen   Eure weiße Hand.
Das fertigen Eure Mägde,   daß es uns prächtig steht,
da mich für diese Reise   niemand anders sonst berät.«

Die Jungfrau da sagte: »Ich will Euch gern es sagen,
ich habe da Seide.   Nun lasset her uns tragen
Gestein auf den Schilden!   So machen wir jedes Kleid,
daß Ihr es tragt mit Ehren   vor der herrlichen Maid.«

A 347–349, B 352–358, C 360–366

»Wer sind die Gefährten«,   sprach die Königin,
»die mit Euch gekleidet   zu Hofe sollen ziehn?«
»Das bin ich und Sigfrid   und meiner Degen zwei,
Dankwart und Hagen;   die sind auf dieser Fahrt dabei.

Nun merket, liebe Schwester,   recht, was wir sagen:
daß wir vier Gefährten   tragen an vier Tagen
je zweierlei Kleider   und also gut Gewand,
daß wir ohne Schande   verlassen können Brünhilds Land.«

Das gelobte sie den Recken.   Die Herren schieden dann.
Da rief von ihren Jungfraun   dreißig Maide heran
aus ihrer Kemenate   Kriemhild, die Königin.
Die Wohlgeschickten hatten   für die Kunst einen rechten Sinn.

Allerhand Seide   und weiß wie der Schnee
aus Zazamank, dem Lande,   grün wie der Klee,
da hinein legten sie Steine.   Es ward manch gutes Kleid.
Zuschnitt es Kriemhild,   die gar minnigliche Maid.

Von fremder Fische Häuten   Bezüge wohlgetan,
zu schauen wert den Leuten,   soviel man deren gewann,
die deckte man mit Seide,   Gold war aufgetragen.   ⌈sagen.
Man konnte große Wunder   von der glänzenden Kleidung

Aus dem Land Marokko   und auch aus Libia
die allerbeste Seide,   die man jemals sah
Königssippen tragen,   die hatte sie genug.
Die Frau ließ wohl erkennen,   daß Hulde sie im Herzen trug.

Weil zu der Hofreise   sie hatten so begehrt,
die Hermelinpelze   dünkten sie wenig wert;
Seide lag da oben,   gar schwarz anzusehn,
wie sie schnellen Degen   mag zu Festlichkeiten stehn.

A 350–356, B 359–365, C 367–373

Aus arabischer Seide   glänzte mancher Stein.
Die Mühe der Frauen,   die war nimmer klein.
In sechs Wochen fertig   war dann jedes Kleid.
Da waren auch die Waffen   für die guten Recken bereit.

Als sie gerüstet waren,   war ihnen auf dem Rhein
fleißig auch gezimmert   ein starkes Schifflein,
das sie tragen sollte   nieder auf die See.
Den schönen Jungfrauen   schuf da ihre Arbeit Weh.

Da sagte man den Recken,   ihnen sei gemacht,
die sie da tragen sollten,   die prächtige Tracht.
Was die Helden begehrten,   das war nun bereit.
Da wollten sie am Rheine   weilen nicht noch lange Zeit.

Nach den Heergesellen   ward da bald gesandt,
ob sie schauen wollten   ihr neues Gewand,
ob es den Helden wäre   zu kurz nicht, noch zu lang.
Den Frauen dafür sie sagten   von Herzen den schuldigen Dank.

Von wem sie immer kamen,   der mußte es gestehn,
er hätte auf dieser Erde   Schöneres nie gesehn.
Das mochten sie gerne   da bei Hofe tragen.
Von besserer Heldenkleidung   wüßte niemand euch zu sagen.

Dank da gar eifrig   wurde ihr gesagt.
Urlaub erbaten   die Helden unverzagt;
in ritterlichen Züchten   taten die Helden das.
Drum wurden lichte Augen   vom Weinen trübe und naß.

Sie sprach: »Viellieber Bruder,   ändert Euern Plan
und werbt um eine andre!   Das hieße ich wohlgetan;
wo Ihr nicht wagen müsset   so sehr Leben und Leib!
Ihr könnt näher finden   auch manches wohlgeborne Weib.«

A 357–361, B 366–372, C 374–380

Mich dünkt, ihnen sagt ihr Herze   ihr künftiges Ungemach.
Sie weinten alle zusammen,   was auch jemand sprach.
Auf ihrer Brust der Goldschmuck   ward von Tränen fahl;
die rannen ihnen reichlich   von den Augen zu Tal.

Sie sagte: »Herr Sigfrid,   laßt Euch empfohlen sein
in Treue und in Gnade   den lieben Bruder mein,
daß nichts ihm Schaden bringe   in Brünhildens Land!«
Das gelobte der Vielkühne   der Frau Kriemhild in die Hand.

Da sprach der kühne Degen: »So lang mein Leben währt,
bleibet von allen Sorgen,   Fraue, unbeschwert!
Gesund ich ihn Euch bringe   zurück an den Rhein.
Das glaubet bei meinem Leibe!«   Ihm dankte das schöne
                                                Mägdelein.

Ihre goldroten Schilde,   die trug man an den Strand
und brachte zu dem Schiffe   all ihr Gewand.
Die Rosse ließ man bringen.   Sie wollten fahren dann.
Manche schöne Fraue   bitter zu weinen da begann.

Da stand an dem Fenster   manch minnigliches Kind.
Das Schiff mit dem Segel   trieb ein frischer Wind.
Die stolzen Heergesellen   waren auf dem Rhein.   [sein?«
Da sprach der König Gunther: »Wer soll nun Schiffsmeister

Da sprach der starke Sigfrid: »Ich kann Euch auf der Flut
wohl von hinnen führen.   Das wisset, Helden gut!
Die rechten Wasserstraßen,   die sind mir wohlbekannt.«
Mit Freuden sie da schieden   aus der Burgunden Land.

Der König von Niederlanden   die Ruderstange nahm.
Vom Gestade begann zu schieben   der Held lobesam.
Gunther, der kühne,   selbst ein Ruder schlug.
Sie entfernten sich vom Lande   und waren fröhlich auch genug.

A 362–368, B 373–379, C 381–387

Sie hatten reiche Speise,   dazu auch besten Wein,
den man irgend finden   konnte an dem Rhein.
Dankwart, Hagens Bruder,   der saß und zog
an einem starken Ruder;   sein Mut war über die Maßen hoch.

Die starken Segeltaue   straffte der Wind mit Macht.
Sie fuhren viele Meilen,   bevor es wurde Nacht.
Mit Freuden sie da kamen   auf die hohe See.
Ihre starke Arbeit   schuf einst den Hochgemuten Weh.

Binnen zwölf Tagen,   wie wir hören sagen,
hatten sie die Winde   weit hinfort getragen
nach dem Isensteine   zu Brünhildes Land.
Das war Hagen von Tronje   noch mitnichten bekannt.

Siebentes Abenteuer

Wie Gunther mit seinen Gefährten nach Island kam

Da der König Gunther   die vielen Burgen sah
und auch die weiten Marken,   gar bald sprach er da:
»Saget mir, Freund Sigfrid,   ist Euch das bekannt,
wessen sind die Burgen   und auch das herrliche Land?

Ich hab in meinem Leben,   das muß ich gestehn,
so wohlgebaute Burgen   nimmermehr gesehn
in irgendeinem Lande,   wie man hier sie schaut.
Ein Mächtiger ist es gewesen,   der diese hier hat gebaut.«

Antwort gab da Sigfrid: »Es ist mir wohlbekannt:
Frau Brünhild gehören   Leute und Land
und Isenstein, die Feste,   wie Ihr von mir gehört.
Schöner Frauen Anblick   wird Euch heute noch gewährt.

A 369–373, B 380–384, C 388–393

Ich will Euch Helden raten,   habt alle diesen Mut,
daß wir dasselbe sagen!   So dünkt es mich gut.
Wenn wir noch heute   zu Brünhilde gehn,
so müssen wir mit Sorgfalt   vor der Königin stehn.

Wenn wir die Minnigliche   und ihr Gefolge sehn,
so sollt Ihr auf einer   Behauptung bestehn:
Gunther sei mein Herrscher   und ich sein höriger Mann;
wir können unsere Absicht   sicherlich erreichen dann.«

Bereit dazu sie waren,   wie er sie geloben hieß;
keiner übermütig   von der Rede ließ.
Sie sprachen, wie er wollte –   zum Vorteil es geschah –,
als der König Gunther   die schöne Brünhilde sah.

»Solches ich nicht sage   um deinen Wunsch allein,
nur um Kriemhilds willen,   das schöne Mägdelein.
Die gilt mir wie die Seele   und wie mein eigner Leib;
ich will es gern verdienen,   daß sie werde mein Weib.«

Während sie so sprachen,   war ihr Schiff so nah
zur Burg herangekommen,   daß der König sah
oben in den Fenstern   gar manche schöne Maid.
Da begann zu fragen   der Recke kühn voll Freudigkeit:

»Saget mir, Freund Sigfrid,   auf die Frage mein:
kennet Ihr die Frauen   und auch die Mägdelein,
die dort herniederschauen   zu uns auf die Flut?
Sie zeigen durch ihr Gebaren,   daß sie haben hohen Mut.«

Da sprach der kühne Sigfrid: »Ihr mögt von hier aus spähn,
heimlichen Sinnes,   und sollt mir dann gestehn,
welche Ihr nehmen wolltet,   hättet Ihr die Wahl.«
»Das tu ich«, sprach Gunther,   der kühne Recke allzumal.

A 374–379, B 385–391, C 394–400

»Von ihnen sehe ich eine   in jenem Fenster stehn
in schneeweißer Kleidung;   die ist so wunderschön,
die wollen meine Augen.   Wohlgetan ist ihr Leib;
wenn die Wahl ich hätte,   sie müßte werden mein Weib.«

»Die hat recht erkoren   deiner Augen Schein:
es ist die starke Brünhild,   das schöne Mägdelein,
die dein Herze minnet,   dein Leib und auch dein Mut.«
All ihr Gebaren,   das dünkte König Gunther gut.

Die Königin hieß da   von den Fenstern gehn
die minniglichen Maide: sie sollten da nicht stehn
zum Anblick für die Fremden.   Sie folgten unverwandt.
Was da die Frauen taten,   das ist uns weiter auch bekannt.

Für die Unbekannten   zierten sie ihren Leib,
wie es übt als Sitte   jedes wackre Weib.
An die engen Fenster   traten sie heran,
wo sie die Recken sahen;   das wurde heimlich getan.

Ihrer vier nur waren,   die da kamen an Land:
Sigfrid, der starke,   zog ein Roß an der Hand.
Das sahen durch die Fenster   die minniglichen Fraun.
Da war für König Gunther   eine große Ehre zu schaun.

Sigfrid hielt am Zaume   das stattliche Roß,
das gute und schöne,   stark und groß,
bis der König Gunther   in dem Sattel saß.
Also dient ihm Sigfrid,   was er doch später ganz vergaß.

Er holte auch das seine   von dem Schiffe dann.
Solche Dienste hatte   selten er getan,
daß er je den Bügel   gehalten Helden mehr.
Das sahen durch die Fenster   die Frauen schön sowie hehr.

A 380–383, B 392–398, C 401–407

In derselben Weise   den Rittern freudenreich
von schneeweißer Farbe   waren völlig gleich
die Rosse und die Kleider.   Ihrer Schilde Rand
leuchtete gar prächtig   den edeln Männern von der Hand.

Auf schön gezierten Sätteln   mit Brustriemen schmal
herrlich ritten die Helden   vor Brünhildens Saal.
Daran hingen Glöcklein   aus lichtem Golde rot.
Sie kamen zu dem Lande,   wie ihre Tapferkeit gebot,

mit Speeren, neu geschliffen,   und wohlgeschmiedetem
das bis auf die Sporen   reichte den Helden wert.   [Schwert,
Das führten die Vielkühnen,   scharf, dazu auch breit.
Das alles sah Brünhild,   die gar minnigliche Maid.

Mit ihnen zusammen kamen   Dankwart auch und Hagen.
Nun hört diese Kunde,   wie die beiden Degen
von rabenschwarzer Farbe   trugen ein reich Gewand.
Gute und schöne Schilde,   große und breite, hielt ihre Hand.

Man sah sie Steine tragen   aus Libia, dem Land,
die funkeln man schaute,   bewegte sich ihr Gewand.
Sie ließen unbehütet   ihr Schifflein auf der Flut.
So ritten zu der Feste,   die Helden tapfer und gut.

Sechsundachtzig Türme   drinnen stehn sie sahn,
drei weite Pfalzen   und einen Saal wohlgetan
aus edelm Marmelsteine,   grün wie das Gras,
darin die starke Brünhild   mit ihrem Ingesinde saß.

Das Tor ward aufgeschlossen,   die Burg aufgetan.
Brünhildes Mannen   eilten da heran
und empfingen wohl die Kühnen   in ihrer Herrin Land.
Man nahm in Hut die Rosse   und ihre Schilde von der Hand.

A 384–389, B 399–405, C 408–414

Ein Kämmerer sprach da: »Gebt uns Euer Schwert
und auch die lichte Brünne!« »Das wird Euch verwehrt«,
sprach Hagen, der kühne. »Wir wollen sie selber tragen.«
Da begann ihm Sigfrid rechten Bescheid zu sagen.

»In dieser Burg ist es üblich, das will ich Euch sagen,
daß keiner der Gäste darf hier Waffen tragen.
Gebt sie in Verwahrung! Das ist wohlgetan.«
Sehr ungern tat dieses Hagen, König Gunthers Mann.

Man schenkte ein den Gästen und sorgte für ihre Ruh.
Gar manchen schnellen Degen sah man dem Hofe zu
in fürstlichem Gewande allenthalben gehn.
Eifrig ward von allen nach den kühnen Helden da gesehn.

Da gab man Brünhilde die Nachricht bekannt,
es seien fremde Recken gekommen in das Land
in reichen Gewanden, geschifft über die Flut.
Da begann zu fragen diese Jungfrau schön und gut.

»Ihr sollt mich wissen lassen«, sprach die Königin,
»welche fremde Recken zu uns gefahren hin,
die in meiner Feste so herrlich hier stehn,
und aus welchem Grunde der Helden Reise sei geschehn.«

Da sprach der Mannen einer: »Herrin, ich muß gestehn,
daß ich ihrer keinen bisher habe gesehn.
Doch einer ist darunter, der Sigfrids Aussehn hat.
Ihr sollt ihn wohl empfangen. Das ist in Treuen mein Rat.

Der andre der Gesellen ist rühmlich und hehr;
wenn die Macht er hätte, ein König wäre der,
möchte er sie haben, ob Fürstenlanden weit.
Man sieht ihn bei den andern stehn in rechter Herrlichkeit.

A 390–394, B 406–412, C 415–421

Der dritte der Gesellen,   der zeigt finstern Sinn
und ist doch schönen Aussehns,   reiche Königin.
Furchtbare Blicke   er so viele tut.
Er hat in seinem Wesen,   glaub ich, grimmigen Mut.

Der der Jüngste ist darunter,   so lieblich dünkt er mich,
in jungfräulichen Züchten   seh ich so minniglich
in edeler Haltung   den reichen Degen stehn.
Wir müßten es alle fürchten,   wäre ihm ein Leid geschehn.

So freundlich der Zucht er pfleget,   so schön auch ist sein Leib;
er könnte wohl weinen machen   manches wackere Weib,
begönne er zu zürnen. So ist seine Gestalt;
er ist in jeder Tugend   ein Held von kühner Gewalt.«

Da sprach die Königstochter: »Nun bringt mir mein Gewand!
Ist der starke Sigfrid   gekommen in mein Land
um meiner Minne willen,   es geht ihm an den Leib,
so sehr ich ihn nicht fürchte,   daß ich würde sein Weib.«

Die Königin legte   bald an ein schmuckes Kleid.
Es folgte ihren Schritten   gar manche schöne Maid,
wohl hundert oder drüber;   geziert war ihr Leib.
Die Gäste wollten schauen   gar manches minnigliche Weib.

Mit ihnen gingen Recken   da aus Island,
Brünhildens Degen,   das Schwert in der Hand,
fünfhundert oder drüber;   das war den Gästen leid.
Aufstanden von den Sitzen   die Helden kühn und wohl bereit.

Als die Königstochter   Sigfrid nun sah,
züchtig die Jungfrau   zu dem Recken sagte da:
»Seid willkommen, Sigfrid,   hier in diesem Land!
Weswegen Ihr gekommen,   gerne hätt ich das erkannt.«

A 395–398, B 413–419, C 422–428

»Dank für Eure Gnade,   Frau Brünhild,
daß Ihr mich geruht zu grüßen,   Fürstentochter mild,
vor diesem kühnen Recken,   der vor mir stehet hier.
Denn mein Herr ist dieser,   die Ehre nicht gebühret mir.

Vom Rhein ist er geboren;   das gibt er dir bekannt.
Er hat um deinetwillen   besucht dieses Land.
Er will dich gerne minnen,   was auch die Folge sei.   [frei.
Nun bedenke dich beizeiten!   Mein Herr gibt nimmermehr dich

Er ist geheißen Gunther   und ist ein König hehr.
Erwirbt er deine Minne,   so begehrt er nichts mehr.
Er gebot mir herzufahren,   der Recke edler Art.
Hätt ichs verweigern dürfen,   ich unterließe gern die Fahrt.«

Sie sprach: »Ist dein Herr er   und bist du sein Mann,
die Spiele, die ich bestimme,   wagt er sich daran
und gewinnt er die Meisterschaft,   so minne ich seinen Leib.
Wenn nicht, muß er sterben,   statt daß ich werde sein Weib.«

Hagen sprach da von Tronje: »Fraue, laßt uns sehn
Eure starken Spiele!   Ehe Ihr mögt bestehn
Gunther, meinen Herrscher,   da müßt es übel sein.
Er wird wohl noch gewinnen   ein so schönes Mägdelein.«

»Den Stein soll er werfen   und springen danach,
den Speer mit mir schleudern.   Bedenket Euch gemach
und übereilt es nimmer!«   Sprach das schöne Weib: [Leib.«
»Gebrichts ihm nur an einem,   es gehet Euch an Leben und

Sigfrid, der schnelle,   zu dem König trat.
Ganz nach seinem Willen   zu reden er ihn bat
mit der starken Brünhild: es könnt ihm nichts geschehn.
»Anders wird es enden;   ihr Übermut soll ihr vergehn.«

A 399–405, B 420–426, C 429–435

Da sprach der König Gunther: »Königin hehr,
teilt mit, was Ihr gebietet!   Und wäre es auch noch mehr,
das bestünd ich alles gerne   um Euern schönen Leib.
Mein Haupt will ich wagen,   damit Ihr werdet mein Weib.«

Als da seine Rede   vernahm die Königin,
ließ sie das Spiel beeilen,   wie es ihr passend schien.
Auch ließ sie sich bringen   alsbald ihr Streitgewand:
eine starke Brünne   und einen guten Schildesrand.

Ein Waffenhemd aus Seide   legte an die Maid,
das durchschneiden konnte   keine Waffe im Streit.
Von Stoffen aus Libia   war es wohl gemacht.
Man sah daran glänzen   lichtgewirkter Borten Pracht.

Inzwischen ward den Recken   die Drohung wohl bewußt.
Dankwart und Hagen hatten   verloren alle Lust:
wie es dem König ginge,   sorgte sich ihr Mut.
Sie dachten: unsre Reise   tut uns Recken nimmer gut.

Derweil hatte Sigfrid,   der Held ritterlich,
ehe es jemand bemerkte,   zum Schiff begeben sich,
wo er die Tarnkappe   verborgen liegen fand.
Hinein schlüpft er eilend.   Da ward von niemand er erkannt.

Zurück eilte er wieder.   Da fand er Recken viel,
als Brünhild bekannt gab   nun ihr hohes Spiel.
Dann ging er hin gar heimlich;   man ließ es geschehn,
so daß niemand von allen,   die da waren, ihn gesehn.

Der Ring war bezeichnet;   da sollte das Spiel geschehn
vor vielen kühnen Recken,   die es sollten sehn,
mehr als siebenhundert;   die sah man Waffen tragen.
Wer das Spiel gewönne,   das sollten diese Helden sagen.

A 406–412, B 427–433, C 436–442

Da war gekommen Brünhild,   die man gewaffnet fand,
als ob sie streiten wollte   um aller Könige Land.
Sie trug auf der Seide   viel Goldstäbchen fein.
Ihre minnige Farbe   gab drunter herrlichen Schein.

Dann kam auch ihr Gesinde.   Die trugen unverwandt
aus allrotem Golde   einen lichten Schildesrand
mit stahlharten Spangen,   gewaltig groß und breit;
damit wollte führen   das Kampfspiel die hehre Maid.

Der Fürstin Schildfessel   war eine Borte fein,
grün wie Gras drauf glänzte   edeles Gestein;
das strahlte mannigfaltig   im Schimmer gleich dem Gold.
Gar teuer mußt es verdienen,   wer die Fraue minnen wollt.

Der Schild hatt unterm Buckel,   wie man uns gesagt,
wohl dreier Spannen Dicke,   den tragen sollte die Magd.
Von Stahl und auch von Golde   war er stark genug,
den von ihren Kämmerern   selbst die Vierzahl mühsam trug.

Als der starke Hagen   den Schild da tragen sah,
der Recke von Tronje   voll Unmut sagte da:
»Wie nun, König Gunther?   Um Leben gehts und Leib;
die Ihr begehrt zu minnen,   die ist fürwahr des Teufels Weib.«

Hört von ihren Kleidern!   Sie hatte deren genug:
Von Azagaug aus Seide   einen Waffenrock sie trug,
gar köstlich und gar edel,   so daß hellen Schein
von der schönen Brünhild   gab mancher herrliche Stein.

Dann trug man hin der Fraue,   groß und dazu schwer,
den allzeit sie geschleudert,   einen mächtigen Ger,
scharf und ungefüge,   lang sowie breit,
der an seinen Kanten   gar gefährlich schnitt im Streit.

A 413–418, B 434–440, C 443–449

Von des Gers Gewichte   höret Wunder sagen!
Mit viertehalb Maßen   war er beschlagen.
Ihn trugen hin zu Brünhild   mit Mühe drei Mann.
Gunther, der vielkühne,   schwer zu sorgen da begann.

Er dacht in seinem Sinne: wie soll das ergehn?
Der Teufel aus der Hölle,   wie könnt er da bestehn?
Wäre ich da lebend   wieder an dem Rhein,
sie dürfte hier gar lange   meiner Minne ledig sein.

Ihm schufen seine Sorgen,   das wisset, Leid genug,
herbei alle Waffen   für ihn allein man trug.
Da ward der reiche König   gewaffnet wohl zum Streit.
Beinahe ward verwandelt   Hagen da der Mut vor Leid.

Da sprach von den Burgunden   der kühne Dankwart:
»Mich muß immer reuen   zum Hofe diese Fahrt.
Wir hießen immer Recken;   gehts uns an den Leib,
soll uns in diesem Lande   nun verderben solch ein Weib?

Mich kränkt das gar schmerzlich,   daß ich kam in dieses Land.
Ja, hatt mein Bruder Hagen   die Waffen in der Hand
und auch ich die meinen,   so möchte sanfter fürwahr
in ihrem Übermute   auftreten Brünhilds Schar.

Das sag ich euch in Wahrheit: sie müßten sich bescheiden;
und hätt ich auch beschworen   den Frieden mit tausend Eiden,
eh daß ich sterben sähe   den lieben Herren mein,
ihr Leben müßte lassen   das vielschöne Mägdelein.

Wir würden in Freiheit   räumen dieses Land,
ich und mein Bruder Hagen.   Hätten wir das Gewand,
des wir in Not bedürfen,   und unsere Schwerter gut,
so würde wohl besänftigt   der Fraue starker Übermut.«

A 419–422, B 441–446, C 450–456

Die Königin es hörte,   was Dankwart sagte da.
Mit lächelndem Munde   sie über die Achsel sah:
»Dünkt er sich so tapfer,   so bringet ihr Gewand!
Und ihre scharfen Waffen   gebt den Recken in die Hand!

Mir gilt das nicht anders,   wenn sie bewaffnet sind,
als ob sie bloß dastünden«,   sprach das Königskind.
»Ich fürchte niemandes Stärke,   der mir ward bekannt,
ich getraue mich zu bestehen   im Streit wohl jedes Helden
                                                    Hand.«
Da sie die Schwerter erhielten,   wie die Frau gebot,
da wurde vor Freude   der kühne Dankwart rot.
»Laßt spielen, was sie wollen!«   sprach der Recke wert.
»Gunther ist unbezwungen,   da wir nun haben unser Schwert.«

Brünhildes Stärke   zeigte sich nicht klein.
Man trug in den Ring ihr   einen runden Marmelstein,
groß und ungefüge,   gewaltig und schwer.
Zwölf kühne Helden trugen   mühsam nur der Frau ihn her.

Den warf sie alle Zeiten,   wie sie den Ger verschoß.
Der Burgunden Sorge   wurde übergroß.
»Wehe«, sprach da Hagen,   »ist die dem König traut?
Sie sollte in der Hölle   sein des übeln Teufels Braut!«

An ihren weißen Armen   sie die Ärmel wand
und schickte sich an, zu fassen   den Schild mit der Hand.
Den Ger schwang sie nach oben.   Der Kampfbeginn war das.
Gunther und Sigfrid   waren besorgt um Brünhilds Haß.

Wär ihm der starke Sigfrid   nicht rasch zu Hilfe gekommen,
so hätte sie dem König   das Leben wohl genommen.
Hinzu trat er gar heimlich   und rührte seine Hand.
Gunther ob seiner Künste   in großer Sorge sich befand.

A 423–428, B 447–452, C 457–463

Wer hat mich da berühret?　dachte der kühne Mann.
Er schaute allenthalben;　doch traf er niemand an.
Der sprach: »Ich bin es, Sigfrid,　der liebe Helfer dein.
Ohne Sorge sollst du　vor dieser Königin nun sein.

Den Schild gib in die Hand mir　und laß mich ihn tragen!
Und merke meine Lehre,　die du mich hörest sagen:
du habe die Gebärde!　Das Werk vollbringe ich.«
Als dieses er vernommen,　in Trost der König faßte sich.

»Verhehl nun meine Künste!　Das ist uns beiden gut.
Die Königin vermag dann　ihren starken Übermut
an dir nicht zu vollbringen,　darauf ihr Wille geht.　[steht!«
Nun sieh, wie furchterweckend　vor dir sie in dem Ringe

Da warf mit allen Kräften　die vielstarke Maid
den Ger nach dem Schilde,　mächtig und breit.
Den trug an seinem Arme　der Siglinde Kind.
Feuer sprang aus dem Stahle,　als ob da wehete ein Wind.

Des starken Speeres Schneide　so den Schild durchdrang,
daß lohendes Feuer　aus den Ringen sprang,
vom Wurf strauchelten beide,　die Recken auserkoren:
betäubt waren so stark sie,　daß sie das Leben fast verloren.

Sigfrid, dem Vielkühnen,　aus dem Munde schoß das Blut.
Doch schnell sprang auf er wieder.　Dann nahm der Recke gut
den Ger, den sie geschleudert　ihm durch des Schildes Rand.
Den warf zurück ihr wieder　seine kraftgewaltige Hand.

Er dachte: ich will nicht treffen　das schöne Mägdelein.
Er kehrte des Geres Spitze　hinter den Rücken sein.
Mit der Speerstange　warf der kühne Mann
auf sie mit solchen Kräften,　daß sie zu straucheln begann.

A 429–432, B 453–459, C 464–470

Feuer stob aus dem Stahle,   als triebe es ein Wind.
Den Wurf tat mit Kräften   der Sigelinde Kind.
Sie konnte nicht bestehen   den Wurf mit ihrer Kraft.
Das hätte König Gunther   fürwahr nimmer geschafft.

Brünhild, die schöne,   auf gar eilend sprang.
»Gunther, edler Ritter,   für den Wurf habe Dank!«
Sie wähnte, daß er es hätte   mit seiner Kraft getan.
Ihr war heimlich begegnet   ein viel stärkerer Mann.

Dann ging sie hin geschwinde,   zornig war ihr Mut.
Den Stein hob empor sie,   die edle Jungfrau gut.
Sie warf mit allen Kräften   ihn weit aus der Hand
Nachsprang sie dann dem Wurfe,   daß laut erklang ihr Gewand.

Der Stein war gefallen   wohl zwölf Klafter weit.
Doch übertraf im Sprunge   den Wurf die edle Maid.
Wo der Stein gelegen,   ging da Sigfrid hin.
Berühren tat ihn Gunther;   doch warf der edle Recke ihn.

Sigfrid war ja tapfer,   dazu stark und lang.
Den Stein warf er weiter,   dazu er weiter sprang.
Das war ein großes Wunder   und kunstvoll genug,
daß er bei dem Sprunge   den König Gunther auch noch trug.

Der Sprung, der war vollführet;   der Stein, er lag da.
Dennoch keinen andern   als Gunther man sah.
Brünhild, die schöne,   ward vor Zorne rot,
Sigfrid hatte bewahret   König Gunther vor dem Tod.

Zu ihrem Ingesinde   sprach die Fürstin da,
da sie am Rand des Ringes   gesund den Helden sah:
»Sogleich tretet näher,   wer mein Mage und Mann!
Ihr sollt dem König Gunther   alle werden untertan.«

A 433–438, B 460–466, C 471–477

Da legten die Kühnen   die Waffen aus der Hand.
Es neigte sich zu Füßen   aus Burgundenland
Gunther, dem reichen,   mancher kühne Mann.
Sie wähnten, die Spiele   hätt er mit seiner Kraft getan.

Er grüßte sie in Minne;   denn er war tugendsam.
Die liebliche Jungfrau   an der Hand ihn nahm.
Sie erlaubt ihm, daß er sollte   haben die Gewalt.
Drob freute sich da Hagen,   der als kühn und verwegen galt.

Sie bat den edeln Ritter,   mit ihr zu gehen fort
in den weiten Palas,   viel Mannen waren dort.
In Ehrfurcht man dem Degen   besten Dienst entbot;
durch Sigfrids Kräfte waren   sie gekommen aus der Not.

Sigfrid, der schnelle,   war wohl klug genug,
so daß die Tarnkappe   zum Versteck er wieder trug.
Dann kam zurück er wieder,   wo manche Fraue saß.
Er sprach zu dem König   und tat ganz unbefangen das:

»Was wartet Ihr, mein Herrscher,   wann beginnt das Spiel,
dazu Euch entboten   die Königin so viel?
Nun lasset das uns schauen,   wie dies werde getan!«
Als ob er nichts gesehen,   stellte sich der listige Mann.

Die Königin sprach da: »Wie ist das geschehn,
daß Ihr habt, Herr Sigfrid,   die Spiele nicht gesehn,
die hier hat gewonnen   König Gunthers Hand?«
Antwort gab da Hagen,   der Held aus Burgundenland:

»Als Ihr also schmerzlich   betrübt uns den Mut,
da war bei dem Schiffe   Sigfrid, der Degen gut,
wie der Held vom Rheine   das Spiel mit Euch gewann.
Drum ist es ihm unbekannt«,   sprach da König Gunthers Mann.

A 439–442, B 467–473, C 478–484

»Wohl mir ob der Kunde«,   sprach Sigfrid, der Degen,
»daß Euer Hochmut   also ist erlegen,
daß ein so Kühner lebet,   der Euer Meister möchte sein.
Nun sollt Ihr, edle Jungfrau,   von hier uns folgen an den Rhein.«

Die Königin sprach da: »Das kann noch nicht sein.
Es müssen erst erfahren   die Magen und Mannen mein.
So leicht kann ich wahrlich   nicht verlassen mein Land.
Meinen hohen Gefreundten   muß es werden erst bekannt.«

Boten hieß sie reiten   allenthalben alsdann:
sie sandte zu ihren Gefreundten,   jedem Magen und Mann;
die bot sie bald zu kommen   zu Hof nach Island
und gebot, allen zu geben   reiches, herrliches Gewand.

Sie ritten alle Tage   zur Burg der Königin
vom Morgen bis zum Abend   scharenweise hin.
»Ja doch«, sprach Hagen;   »was erreichten wir?   ⌠hier,
Wir erwarten uns zum Schaden   der schönen Brünhild Mannen

wenn in solcher Stärke   sie kommen in das Land;
Brünhildes Wille   ist uns unbekannt.
Wenn sie also zürnet,   daß wir wären verloren,
so ist die edle Jungfrau   zum großen Unheil uns geboren.«

Da sprach der edle Sigfrid: »Dem will ich widerstehn.
Was euch Sorgen schaffet,   das laß ich nicht geschehn.
Ich will euch Hilfe bringen   her in dieses Land
von auserwählten Degen,   die euch bisher noch unbekannt.

Ihr sollt nach mir nicht fragen.   Ich will von hinnen fahren.
Gott möge eure Ehre   derweil wohl bewahren!
Gar bald kehr ich wieder   und bringe euch tausend Mann
der allerbesten Degen,   von denen jemand Kunde gewann.«

A 443–449, B 474–480, C 485–491

»So bleibet nur nicht zu lange!« der König sprach also.
»Wir sind ob Eurer Hilfe aus rechtem Grunde froh.«
Er sprach: »Ich kehre wieder in wenigen Tagen.
Daß Ihr mich ausgesendet, das sollt Ihr Brünhilde sagen.«

Achtes Abenteuer

Wie Sigfrid zu den Nibelungen, seinen Recken, fuhr

Sigfrid, der kühne, von dannen ging zum Strand
in seiner Tarnkappe, wo er das Schifflein fand.
Hinein begab sich heimlich König Sigmunds Kind.
Er führt es also schleunig, als ob es triebe der Wind.

Den Schiffer sah doch niemand, so schnell dahin es schoß
durch Sigfrides Stärke; die war also groß.
Man glaubte, daß es triebe ein wunderstarker Wind.
Nein: es führte Sigfrid, der schönen Sigelinde Kind.

Nach Verlauf eines Tages und nach einer Nacht
kam er zu einem Lande von gewaltiger Pracht;
das hieß Zu den Nibelungen und stand in seinem Bann.
Das Land und die Burgen, das war ihm alles untertan.

Der Held fuhr alleine zu einem Werder breit.
Das Schiff vertäute eilend der Ritter tatbereit.
Er ging zu einem Berge, wo er eine Stadt erblickt.
Er suchte Herberge, wie sichs für Reisemüde schickt.

Da kam er an die Pforte. Verschlossen war sie gut.
Sie wahrten ihre Ehre, wie man noch heute tut.
Ans Tor begann zu pochen der unbekannte Mann.
Das war wohl behütet. Da traf innerhalb er an

A 450–455, B 481–486, C 492–497

einen Ungefügen;   der pflegte der Hut.
Bei ihm zu allen Zeiten   lag eine Waffe gut.
Der sprach: »Wer ists,   der pochet von außen an das Tor?«
Da verstellte seine Stimme   der kühne Sigfrid davor.

Er sprach: »Ich bin ein Ritter.   Schließet auf die Tür!
Sonst erzürne ich gar manchen   noch heute dafür,
der gern in Ruhe läge   und hätte sein Gemach.«
Da zürnte der Pförtner,   als Sigfrid also zu ihm sprach.

Nun hatte der kühne Riese   die Waffe an sich genommen;
den Helm hatt er gar schleunig   auf sein Haupt bekommen.
Den Schild zückte er eilend;   das Tor auf er schwang.
Wie voller Grimme   er da gegen Sigfrid sprang!

Wie er zu wecken wagte   manchen kühnen Mann!
Da wurden schnelle Schläge   von seiner Hand getan.
Da mußte sich schirmen   der herrliche Gast:
Der Pförtner zerschlug ihm   sein Schildgespänge nun in Hast

mit einer Eisenstange;   die schuf dem Helden Not.
Da mußte schon fürchten   Sigfrid den Tod,
als der grimme Pförtner   so rasend auf ihn schlug.
Dafür war ihm gewogen   Sigfrid, sein Herr, genug.

Die Burg scholl, da sie gingen   aufeinander los.
Ihre Kräfte waren   über die Maßen groß.
Er bezwang den Pförtner,   indem er ihn band.
Davon erklang die Kunde   über alles Nibelungenland.

Da hörte das grimme Streiten   fernhin aus dem Berg
Alberich, der starke,   der tapfere Zwerg.
Gar bald war er gewaffnet.   Hin lief er, wo er fand
den edelen Fremden.   Der war ihnen beiden unbekannt.

A 456–462, B 487–493, C 498–504

Alberich war grimmig,   dazu auch stark genug.
Helm und Panzerringe   auf dem Leibe er trug
und eine schwere Geißel   von Gold in seiner Hand.
Damit lief er eilend   hin, wo Sigfrid er fand.

Sieben schwere Knöpfe,   die hingen vorn daran,
womit er vor der Linken   den Schild dem kühnen Mann
schlug mit solchem Grimme,   daß der zerbrach ihm fast.
Drum kam in große Sorge   da der wackere Gast.

Die Schutzwehr von der Linken   er zerbrochen schwang;
weg warf er da eilig   seine Waffe, die war lang.
Seinen Kämmerer wollte   er nicht schlagen tot;
er schonte seine Leute,   wie seine Tugend ihm gebot.

Mit seinen starken Händen   griff er Alberich an.
Da faßt er bei dem Barte   den altersgrauen Mann.
Er zog ihn so gewaltig,   daß laut schrie der Zwerg.
Gar wehe tat dem Alberich   da des jungen Helden Werk.

Laut rief der Kühne: »Lasset mir das Leben!
Dürft ich mich zu eigen   einem Recken geben,
als dem ich geschworen,   ich wär ihm untertan;
ich dient Euch, bis ich stürbe«, sprach der wohlbedachte Mann.

Den Alberich band er   wie den Riesen eh.
Sigfrids Kraft dem Zwerge   tat da gar weh.
Da fragte ihn dieser: »Wie seid Ihr genannt?«   [bekannt.«
Er sprach: »Ich bin es, Sigfrid;   ich glaubt, ich wär Euch wohl-

»Wohl mir der Kunde!«   sprach da der Zwerg.
»Nun hab ich wohl erfahren   dieses ritterliche Werk,
daß Ihr mit vollem Rechte   des Landes Herrscher seid.
Da Ihr mich geschonet,   folge ich Euch allezeit.«

A 463–469, B 494–500, C 505–511

Da sprach der kühne Sigfrid: »Macht Euch auf geschwind
und bringt mir von den Recken   die besten, die da sind,
tausend Nibelungen,   daß die mich hier sehn!«
Was er mit allen wollte,   das hört ihn niemand gestehn.

Alberich und den Riesen   beide los er band.
Hinlief jener eilend,   wo er die Recken fand.
Er weckt voll großen Eifers   gar manchen kühnen Mann.
Er sprach:»Wohlauf, ihr Helden,   ihr sollt dem Sigfrid jetzt
                                                    nahn!«
Sie sprangen aus den Betten   und waren gleich bereit.
Tausend schnelle Degen   taten an ihr Kleid.
Sie kamen, wo Sigfrid   stehen sie sahn.
Da gabs ein schönes Grüßen;   das ward mit Ehrfurcht getan.

Viel Kerzen wurden entzündet;   man schenkt ihnen lautern
Daß sie so bald gekommen,   sagt er ihnen Dank.   [Trank.
Er sprach:»Ihr sollt von hinnen   mit mir über die Flut.«
Allbereit da fand er   die Degen tapfer und gut.

Wohl dreitausend Recken,   die waren schnell gekommen.
Aus denen wurden tausend   der besten da genommen.
Denen brachte man Helme   und auch ihr Kampfgewand,
da er sie führen wollte   in der Brünhilde Land.

»Hört, ihr guten Ritter,   was ich euch jetzt sage!
Ein jeder reiche Kleidung   dort bei Hofe trage,
da wir sehen werden   manch minnigliches Weib!
Deshalb sollt ihr zieren   mit schmucker Tracht euern Leib.«

Da spricht ein Unerfahrner: »Das muß wohl Lüge sein.
Wie sollen so viel Ritter   beieinander wohl gedeihn?
Wo nehmen sie die Speise?   Wo nehmen sie die Gewande?
Sie könntens nicht vollbringen;   und dienten ihnen dreißig
                                                    Lande.«

A 470–475, B 501–506, C 512–518

So reich, wie ihr vernommen,   war Sigfrid dort.
Das Königreich ihm diente   und der Nibelungen Hort.
Davon gab seinen Degen   er völlig genug.
Doch ward er nicht kleiner,   so viel Gut man von ihm trug.

Früh an einem Morgen   erhoben sie sich dann.
Was an schnellen Gefährten   Sigfrid da gewann!
Sie führten gute Rosse   und herrliches Gewand.
Ritterlich sie kamen   in der Brünhilde Land.

Da stand an dem Fenster   manch minnigliches Kind.
Die Königin da sagte: »Weiß jemand, wer die sind,
die uns entgegenkommen   so fern über die See?
Sie führen reiche Segel;   die sind weißer als der Schnee.«

Da sprach der Vogt vom Rheine: »Meine Mannen sind dies,
die ich auf der Reise   hier nahebei verließ.
Gesandt hab ich zu ihnen,   Frau, die sind gekommen.«
Die herrlichen Gäste   wurden eifrig wahrgenommen.

Da sah man Sigfrid stehen   auf eines Schiffes Bug
in herrlichen Kleidern   Ihm folgten Mannen genug.
Die Königin sprach da: »Herr König, Ihr sollt mir sagen:
soll ich die Gäste empfangen   oder des Grußes mich ent-
                                              schlagen?«

»Ihr sollt ihnen entgegen«,   sprach er, »in Züchten gehn,
wie gern wir sie sahen,   daß sie das wohl verstehn.«
Die Königin tat da,   wie ihr der König riet.
Sigfrid bei dem Gruße   sie von den andern unterschied.

Man schuf ihnen Herberge   willig alsogleich.
Da waren so viele Gäste   gekommen in das Reich,
daß sich allenthalben   drängten ihre Scharen.
Da wollten die Vielkühnen   zu den Burgunden fahren.

A 476–481, B 507–512, C 519–525

Die Königin ließ da   verteilen kurzerhand
Gold sowie Silber,   manch Roß auch und Gewand,
Fremden und Bekannten,   gar manchem werten Mann,
was nach ihres Vaters   Tod als Erbe sie gewann.

Sie ließ auch sagen den Recken   vom Rhein also hehr,
daß sie von den Schätzen nähmen,   minder oder mehr,
daß sie es mit sich führten   zum Burgundenland.
Da gab ihr Antwort Hagen,   hohen Mutes unverwandt:

»Vieledle Königin,   nehmt dieses zum Bescheid:
es hat der König vom Rheine   Gold und manches Kleid,
so viel davon zu geben.   Wir haben guten Rat   [staat.«
daß wir von hier nicht nehmen   Euer Gold und Euern Kleider-

»Nein; doch mir zuliebe«,   sprach sie zu dem Herrn,
»will davon mit ich führen   zwanzig Schreine gern
voll Gold und auch voll Seide,   das verschenke meine Hand,
wenn über See ich gekommen   in des König Gunthers Land.«

Die Königin sprach dann: »Wem laß ich all mein Land?
Das soll nun hier bestimmen   unser beider Hand.«
Da sprach der edle König: »Laßt kommen den herbei,
der Euch dazu gefalle!   Zum Landvogt der bestellet sei.«

Ihrer nächsten Magen einen   die Frau bei sich sah;
der war ihr Mutterbruder;   zu ihm sprach sie da:
»Nun laßt Euch anbefohlen   Burgen sein und Land,
bis das Recht hier weise   König Gunthers eigne Hand!«

Aus dem Gesinde wählte   sie dann tausend Mann,
die mit ihr zum Rheine   fahren sollten alsdann,
zu jenen tausend Recken   aus Nibelungenland.
Sie rüsteten sich zur Reise.   Man sah sie reiten an den Strand.

A 487–488, 490–491, B 519–520, 522–524, C 526–532

Sie führte mit von dannen   sechsundachtzig Fraun,
dazu wohl hundert Mägde;   die waren schön zu schaun.
Sie säumten da nicht länger   und kamen rasch heran.
Die sie daheim ließen,   ach, welch ein Klagen da begann!

In tugendreichen Züchten   räumten sie ihr Land.
Sie küßte die Gefreundten,   die sie bei sich fand.
Mit gutem Abschiede   kamen sie auf See.
Zu ihrem Vaterlande   kam die Fraue nimmermeh.

Auf der Seefahrt hörte   man allerhand Spiel.
Kurzweil jeder Weise   hatten sie da viel.
Auf kam zu der Reise   ein rechter Wasserwind.
Sie fuhren von dem Lande   und waren alle frohgesinnt.

Doch wollte sie den König   nicht minnen auf der Fahrt.
Ihre Kurzweil wurde   für das Haus aufgespart
zu Worms in der Feste,   für die Hochzeit sein,
da die Freudenreichen   mit ihren Recken zogen ein.

Neuntes Abenteuer

Wie Sigfrid nach Worms gesandt ward

Da sie gefahren waren   volle neun Tage,
da sprach der kühne Hagen: »Nun merket, was ich sage!
Ihr säumet mit der Kunde   nach Worms an den Rhein;
Eure Boten sollten   bei den Burgunden schon sein.«

Da sprach der König Gunther: »Ihr habt gar recht gesagt.
Nun rüstet Euch zur Reise,   Ritter unverzagt,
da ich zu dieser Stunde   niemand nennen kann,
der dorthin reiten könnte!«   Da sprach der hochgemute Mann:

A 492–497, B 525–530, C 533–538

»Wisset, Herr, mein lieber,   ich bin kein Bote gut,
ich will Euch einen weisen,   der es doch gerne tut:
Sigfrid, dem kühnen,   sollt Ihr es nicht versagen.
Eurer Schwester zuliebe   wagt er es nimmer abzuschlagen.«

Er sandte zu dem Recken;   der Herr kam sogleich;
er sprach: »Da wir nahen   heimwärts meinem Reich,
müßte ich Botschaft senden   der lieben Schwester mein
und auch meiner Mutter,   daß wir nun wieder nahn dem Rhein.

Drum bitt ich Euch, Herr Sigfrid,   daß Ihr die Reise tut.
An Euch und mir es vergelte   die edle Jungfrau gut
und allen meinen Freunden,   den Recken freudebereit.«
Da sprach der kühne Sigfrid: »Zur Fahrt für Euch bin ich bereit.

Gebietet, was Ihr wollet!   Verweigert wird es nicht.
Der Minniglichen bringe   ich gerne Bericht.
Wie sollt ich auf die verzichten,   von der mein Herze voll?
Was Ihr für sie gebietet,   alles das geschehen soll.«

»Sagt meiner Mutter   und auch der Schwester mein:
wir können ob dieser Reise   hohes Mutes sein!
Laßt wissen meine Brüder,   wie geworben wir!
Auch unsre andern Freunde   sollen hören diese Kunde hier.

Kriemhild und meiner Mutter   sollt Ihrs nicht verschweigen,
daß ich mich ihr mit Brünhild   in Diensten wolle neigen
und all ihrem Gesinde   und jedem, der mein Mann;
wonach gestrebt mein Herze,   wie wohl ich alles das gewann!

Und sagt auch meinen Brüdern   und den Gefreundten mein,
daß sie mit großem Eifer   dazu gerüstet sei'n.
Man gebe allen Degen   die Kunde wohl bekannt:
eine große Hochzeit   mit Brünhild halte ich im Land.

A 498–504, B 531–539, C 539–545

Und saget meiner Schwester,   damit sie das vernommen,
ich sei mit meinen Gästen   nun an Land gekommen,
daß eifrig sie empfänge   die Geliebte mein.
Dafür will immerdar ich   in Treuen ihr zu Diensten sein.«

Da der vielkühne Recke   Urlaub von ihm nahm
und auch von Brünhilde,   der Ritter lobesam
ritt in großer Freude   nach Worms an den Rhein.
Es konnte in allen Landen   wohl kein beßrer Bote sein.

Mit vierundzwanzig Recken   er nach Worms da ritt;
ohne den König kam er.   Als man das teilte mit,
litt das ganze Gefolge   in Jammer da Not:
sie fürchteten, daß ihr Herrscher   dort geblieben wäre tot.

Abstiegen die Boten;   gar hoch stand ihr Mut.
Eilend kamen beide,   die jungen Könige gut,
und alles Hofgesinde.   Doch Gernot sprach da,
weil er seinen Bruder   nicht bei dem kühnen Sigfrid sah:

»Willkommen, edler Ritter!   Ihr sollt uns hören lassen,
wo Ihr meinen Bruder,   den König, habt verlassen!
Brünhildes Stärke   hat ihn uns genommen.
Dann ist durch hohe Minne   großer Schaden uns gekommen.«

»Euch beiden edlen Recken   und allen Magen sein
entbietet seine Hulde   der Heergeselle mein.
Ich verließ ihn in Gesundheit.   Er hat mich abgesandt
als Boten mit der Nachricht,   daß ich Euch gäbe die bekannt.

Ihr sollt nun dies bedenken,   wie das bald gescheh,
daß ich Eure Mutter   und Eure Schwester seh.
Die will ich hören lassen   was ihnen hat bestellt
Gunther, der edle König,   dessen Ehre glänzt in aller Welt.«

A 505–511, B 540–546, C 546–552

Da sprach der junge Giselher: »Geht zu ihnen hinan!
Da habt Ihr meiner Mutter   viel Liebes angetan.
Sie ist in schwerer Sorge   um den Bruder mein.
Sie sehn Euch beide gerne.   Drum sollt ohne Furcht Ihr sein.«

Da sprach der kühne Sigfrid: »Was ich ihnen dienen kann,
das soll gutes Willens   in Treue sein getan.
Wer sagt es nun den Frauen,   daß ich dorthin will gehn?«
»Das tu ich«, sprach da Giselher,   der wackre Degen ausersehn!

Der stolze, kühne Recke   zu seiner Mutter sprach
und auch zu seiner Schwester   in beider Frauen Gemach:
»Zu uns ist Sigfrid kommen,   der Held aus Niederland.
Ihn hat mein Bruder Gunther   vom Rheine her zu uns gesandt.

Er bringt uns die Kunde,   wie es um den König steht.
Nun sollt Ihr ihm erlauben,   daß er zu Hofe geht.
Er bringt die rechte Kunde   her von Island.«
Noch war den edeln Frauen   da große Sorge bekannt.

Sie eilten nach ihren Kleidern;   die legten sie sich an.
Sie baten da Sigfrid,   zu Hof zu gehen hinan.
Das tat er guten Willens,   da er sie gerne sah.
Kriemhild, die vielschöne,   zu ihm freundlich sprach sie da:

»Willkommen seid, Herr Sigfrid,   Ritter lobesam!
Sagt, wohin mein Bruder,   der reiche König, kam!
Durch Brünhilds Stärke haben   wir ihn wohl verloren.
O weh, mir armer Jungfrau,   daß ich jemals ward geboren!«

Da sprach der kühne Ritter: »Nun gebt mir Botenbrot,
Ihr edeln Jungfrauen!   Ihr sorget ohne Not:
gesund verließ ich Gunther;   das geb ich Euch bekannt.
Er und die schöne Brünhild   haben mich Euch beiden her-
                                                        gesandt.

A 512–518, B 547–553, C 553–559

Sie verheißen Euch getreulich   Dienste hierzuland,
vielreiche Königinnen;   das geb ich Euch bekannt.
Nun laßt Euer Weinen!   Sie werden baldigst kommen.«
Seit langer Zeit hatte   sie liebere Kunde nie vernommen.

Mit schneeweißen Tüchern   ihre Augen wohlgetan
wischte sie frei von Tränen.   Sie dankte sodann
dem Boten für die Kunde,   die ihr da gekommen.
Da war die tiefe Trauer   und auch das Weinen ihr genommen.

Den Boten hieß sie sitzen;   dazu war er bereit.
Die Jungfrau da sagte: »Mir brächte es kein Leid,
wenn als Botenlohn ich   Euch geben dürfte mein Gold;
doch seid zu reich Ihr selber.   Ich will Euch immer bleiben
                                                    hold.«
»Hätte ich alleine«,   sprach er, »manches Land,
so empfinge ich doch gerne   Gabe aus Eurer Hand.«
Da sprach die Minnigliche: »So soll dies geschehn.«
Sie hieß ihren Kämmerer   nach der Kemenate gehn.

Vierundzwanzig Ringe   besetzt mit Steinen gut,
die gab sie ihm zum Lohne.   Da beschloß sein Mut,
er wollte es nicht behalten: er gab es kurzerhand
ihrem nächsten Gesinde,   das bei der Kemenate er fand.

Die Mutter bot ihre Hulde   gütig ihm an.
»Ich muß Euch mehr noch sagen«,   sprach da der kühne Mann,
»worum der König bittet,   kommt er nun hierher.
Er will Euch immer danken,   leistet Ihr, was er begehr.

Seine reichen Gäste   Ihr wohl empfangen sollt.
Drum bittet er Euch dringend,   daß Ihr nicht säumen wollt,
zu reiten ihm entgegen   bei Worms an den Strand.
Daran seid von dem König   in großen Treuen Ihr gemahnt.«

A 519–524, B 554–560, C 560–566

Da sprach die Minnigliche: »Das will ich gerne tun.
Kann ich ihm Dienste leisten,   das soll geschehen nun
in Freundschaft und Treue;   so sei es getan.«
Da hob sich ihre Farbe,   die sie in Liebe da gewann.

Es ward ein Fürstenbote   empfangen besser nie.
Wagte sie ihn zu küssen,   das tat gerne sie;
wie er in rechter Minne   von den Frauen schied!
Die Burgunden taten,   was ihnen Sigfrid da riet.

Sindold und Hunold   und Rumold, der Degen,
die mußten unermüdlich   in dieser Zeit sich regen,
richten das Gestühle,   wie es war bekannt.
Des Königs Amtsleute   man da mitarbeiten fand.

Ortwin und Gere,   des reichen Königs Mannen,
die sandten allenthalben   zu den Freunden von dannen,
zu künden ihnen die Hochzeit,   die da sollte sein.
Da rüsteten sich zu dieser   die vielschönen Mägdelein.

Der Palas und die Wände,   die waren überall
geschmückt für die Gäste.   König Gunthers Saal
ward wohl ausgezimmert   von manchem fremden Mann.
Diese große Hochzeit   hob mit vieler Freude an.

Da ritten allenthalben   die Wege durch das Land
der drei Könige Magen.   Man hatte ihnen gesandt,
sie sollten derer warten,   die zu ihnen wollten kommen.
Da ward aus den Truhen   reiche Kleidung viel genommen.

Da sagte man die Kunde,   daß man reiten sah
den König mit seinen Gästen.   Ungemach erhob sich da
durch des Volkes Menge   im Burgundenland.
Hei, was man schnelle Degen   bei Frau Brünhilde fand!

A 525–529, B 561–567, C 567–573

Da sprach die schöne Kriemhild: »Ihr, meine Mägdelein,
die bei dem Empfange   mit mir wollet sein,
sucht jede aus den Truhen   das allerschönste Kleid,
das ihr finden möget;   und sagt den Frauen auch Bescheid!«

Dann kamen auch die Recken.   Zu bringen man gebot
die herrlichsten Sättel,   von lichtem Golde rot.
Die Frauen sollten reiten   bei Worms an den Rhein.
Besseres Reitzeug   konnte nirgendwo da sein.

Hei, wie die Rosse strahlten   von lichten Goldes Schein!
Aufgesetzt auf den Zäumen   war mancher Edelstein.
Die goldenen Schemel   aus lichten Stoffen gut,
brachte man dort den Frauen.   Sie waren alle hochgemut.

Gegürtet mit Seide,   gar schön sowie groß,
brachte man den Frauen   manch treffliches Roß.
Reiches Vorderzeug auch   sah man die Pferde tragen
aus der besten Seide,   davon konnte jemand sagen.

Sechsundachtzig Frauen   hieß man kommen dann,
die Stirnbinden trugen;   zu Kriemhild heran
kamen die Schönen   und trugen lichtes Kleid.
Da ward auch wohl geschmücket   manche minnigliche Maid.

Fünfzig und viere   vom Burgundenland:
so waren es die besten,   die man bei Hofe fand;
die sah man blonden Haares   mit lichten Bändern gehn.
Was König Gunther verlangte,   das war mit Eifer geschehn.

Von lichten, reichen Stoffen   fern aus Heidenland
sie trugen vor den Gästen   manch treffliches Gewand,
das ihrer reichen Schönheit   wohl mit Recht gebührt.
Der war schwaches Sinnes,   der ihre Schönheit nicht verspürt.

A 530–533, B 568–574, C 574–580

Von Hermelin und Zobel   viel Kleider man da fand.
Da ward auch wohl geschmücket   mancher Arm und manche
mit Ringen auf der Seide,   die sie da sollten tragen.   [Hand
Es konnte solch Bemühen   euch zu Ende niemand sagen.

Manch köstlichen Gürtel,   gut sowie lang,
über reiche Kleidung   manche weiße Hand da schwang,
über seidenwollne Röcke   und Stoff aus Arabin,
daß auf der ganzen Erde   nichts Besseres zu finden schien.

Es ward das Brustgespänge   mancher schönen Maid
vielminniglich genähet.   Es mochte ihr werden leid,
daß ihre lichte Farbe   nicht überstrahlt den Stoff.
So schönes Ingesinde   gibts nun an keinem Königshof.

Da die Minniglichen   nun trugen ihr Gewand,
die sie da führen sollten,   die waren rasch zur Hand;
der hochgemuten Recken   große Heldenkraft   [schaft.
Man trug auch mit den Schilden   herbei so manchen Eschen-

Zehntes Abenteuer

Wie König Gunther zu Worms mit Frau Brünhild Hochzeit feierte

Jenseits des Rheines   sah man in starken Scharen
den König mit den Gästen   zu den Gestaden fahren.
Auch sah man am Zaume   geleitet manche Maid.
Die sie empfangen sollten,   die waren alle bereit.

Das Gefolge aus Island   zu Schiff kam heran,
auch von den Nibelungen   Sigfrids Heerbann.
Sie eilten zu dem Lande.   Eifrig war ihre Hand,
als man des Königs Freunde   jenseits des Gestades fand.

A 534–539, B 575–580, C 581–586

Nun hört auch diese Kunde   von der Königin,
Ute, der gar reichen,   wie sie die Mägdlein hin
von der Burg geführet   und selber ritt zum Strand!
Da wurden miteinander   Ritter und Maide viel bekannt.

Der Markgraf Gere   führte Kriemhild dann
nieder aus der Feste.   Sigfrid, der kühne Mann,
diente ihr in Minne.   Sie war ein schönes Kind.
Dafür ward ihm gelohnet   von der Jungfrau holdgesinnt.

Ortwein ritt, der kühne,   bei Frau Ute bereit.
Ihnen sich gesellten   manche Ritter und manche Maid.
Bei solchem Empfange,   das muß man wohl gestehn,
ward solche Schar von Frauen   beieinander nie gesehn.

Prächtige Ritterspiele   wurden dann getrieben
von Helden, gar so viele.   Nicht wohl wärs unterblieben
vor Kriemhild, der schönen,   bei den Schiffen dann.
Da hob man von den Rossen   manche Fraue wohlgetan.

Der König selbst war kommen,   manch werter Gast danach.
Hei, was man starker Schäfte   vor den Frauen brach!
Hurtig man da hörte   von Schilden manchen Stoß.
Hei, wie prächtiger Buckel   laut Getöse war da groß!

Die gar Minniglichen   am Hafen man da sah.
Gunther mit den Gästen   von den Schiffen sprang allda.
Er führte Brünhilde   selbst an seiner Hand.
Da glänzten miteinander   Edelsteine und ihr Gewand.

In tadellosen Züchten   Frau Kriemhild da ging,
als sie Brünhilde   mit ihrem Gesinde empfing.
Gerückt war da höher   von wonniglicher Hand
gar manches reiche Kränzlein,   die sie empfingen da an Land.

A 540–544, B 581–587, C 587–593

Da sprach wohlerzogen   Kriemhild, die Königin:
»Euch heißt in diesen Landen   willkommen unser Sinn,
mir und meiner Mutter   und allen unsern Fraun.«
Da ward der beiden Frauen   innig Küssen anzuschaun.

Da Brünhildes Frauen   gekommen an den Strand,
da wurde gar minnig   genommen bei der Hand
von herrlichen Recken   manch Weib ausersehn.
Man sah die schönen Mägde   bei den Königinnen stehn.

Bis beendet die Begrüßung,   verging lange Zeit.
Ja, da war zum Küssen   manch roter Mund bereit.
Noch standen beieinander   die Königstöchter schön.
Manche wackern Recken   freuten sich, das anzusehn.

Da spähten mit den Augen,   die oft gehört vorher,
so Minnigliches hätte   gesehn man nimmermehr
als die beiden Frauen.   Da sagte mancher Held,
daß sie den Preis der Schönheit   müßten haben in der Welt.

Wer Frauen schätzen konnte   und herrlichen Leib,
der pries um ihre Schönheit   König Gunthers Weib.
Doch sprachen da die Weisen,   die hatten recht gesehn,
man möchte Kriemhilde   den Preis vor Brünhild zugestehn.

Miteinander gingen   beide, Mägde und Fraun.
Wohl gezieret war da   manch schöner Leib zu schaun.
Da standen seidene Hütten   und manches reiche Zelt;
davon war bedecket   da vor Worms das ganze Feld.

Von des Königs Magen   ein Drängen war geschehn.
Da hieß die Königinnen   man von dannen gehn,
mit ihnen alle Frauen,   wo man Schatten fand.
Dorthin brachten die Degen   sie aus Burgundenland.

A 545, 547–551, B 588, 590–595, C 594–600

Nun waren auch die Gäste   zu Roß alle kommen,
manch prächtiges Lanzenstechen   durch Schilde ward ver-
Staub erhob sich im Felde,   als ob alles Land   [nommen.
entbrannt in Lohe wäre.   Da machten Degen sich bekannt.

Was die Helden trieben,   manche Maid da sah.
Man sagte, daß Herr Sigfrid   mit seinen Degen da
manchesmal wieder   vor die Hütten ritt.
Er führte der Nibelungen   tausend treffliche Helden mit.

Da kam Hagen von Tronje,   wie ihm der König riet;
den Buhurt in Freundschaft   da der Held nun schied,
daß unbestaubt man ließe   der Minniglichen Kleid.
Dazu waren die Gäste   in Züchten auch alsbald bereit.

Da sprach der Herr Gernot: »Die Rosse lasset stehn,
bis es kühl geworden!   Dann wollen wir gehn,
zu führen die schönen Frauen   vor den Palas weit.
Doch will der König reiten,   daß ihr alsdann zur Stelle seid!«

Als der Buhurt beendet   auf dem ganzen Feld,
da gingen zur Kurzweil   in manches hohe Zelt
die Ritter und die Frauen   Auf hohe Freude man sann.
Man vertrieb sich die Stunden,   bis man reiten wollte dann.

Vor der Vesperstunde,   da die Sonne niedersank
und es kühler wurde,   säumte man nicht lang:
in die Stadt begaben   sich da Mann und Weib.
Mit Augen ward geliebkost   da mancher Jungfraue Leib.

Da ward von guten Recken   manch Gewand zerritten,
von den hochgemuten,   nach ihres Landes Sitten,
bis vor dem weiten Palas   der König abstieg nun.
Da half man den Frauen,   wie hochgemute Helden tun.

A 552–557, B 596–602, C 601–606

Da schied auch von den andern   die reiche Königin.
Frau Ute und ihre Tochter,   die gingen beide hin
mit ihrem Ingesinde   in ein weites Haus.
Da hörte man allenthalben   gar lautes Jubelgebraus.

Man richtete die Stühle.   Der König wollte gehn
zu Tisch mit seinen Gästen.   Da sah man bei ihm stehn
Brünhild, die schöne.   Die Krone sie da trug
in des Königs Lande.   Sie war gewandt und reich genug.

Gar manches Gestühle   mit guten Tafeln breit
voll Speise war gerichtet.   Des gab man uns Bescheid.
Nichts fehlte, was sie wollten,   an der Speisen Last.
Da sah man bei dem König   so manchen herrlichen Gast.

Die Kämmerer des Königs   in Becken golden rot
brachten das Wasser.   Das wäre vergebene Not,
wenn euch jemand sagte,   daß besser bediente man
auf eines Königs Hochzeit: ich glaubte schwerlich daran.

Bevor der Vogt vom Rheine   das Wasser da nahm,
da tat der Herr Sigfrid,   wie es ihm zukam:
er gemahnt ihn seiner Treue,   wie er ihm verhieß,
bevor ihn dieser Brünhild   daheim auf Island sehen ließ.

Er sprach zu dem König: »So schwur mir Eure Hand,
wenn einst Frau Brünhild   käme in dieses Land,
gäbt Ihr mir Eure Schwester.   Wo sind die Eide hinkommen?
Ich hab auf Eurer Reise   sehr große Müh auf mich genommen.«

Da sprach der reiche König: »Ihr habt mich recht gemahnt.
Nicht soll meineidig   drum werden meine Hand.
Ich will es wohl vollbringen,   wie ich es bestens kann.«
Zu Hofe hieß man Kriemhild   zum König kommen alsdann.

A 558–563, B 603–609, C 607–613

Mit ihren schönen Maiden   vor den Saal sie ging.
Da sprang von einer Treppe   Giselher flink;
umkehren hieß er   die schönen Mägdelein:
»Allein meine Schwester   soll mit uns bei Hofe sein.«

Hinführte er Kriemhild,   wo man den König fand.
Da standen edle Ritter   aus mancher Fürsten Land.
In des Saales Mitte   hieß man sie stillestehn.
Da sah man Frau Brünhild   nun zu ihrem Sitze gehn.

Sie wußte nicht die Absicht,   die man begonnen schon,
da sprach zu seinen Magen   König Dankrats Sohn:
»Helft mir, daß meine Schwester   Sigfrid nehme zum Mann!«
Vereint sprachen alle: »Das ist mit Ehren wohlgetan.«

Da sprach der König Gunther: »Laß dirs nicht werden leid,
meine liebe Schwester,   und löse meinen Eid!
Ich gelobte dich einem Recken;   und wird er dein Mann,
so hast nach meinem Willen   gar getreulich du getan.«

Da sprach die edle Jungfrau: »Viellieber Bruder mein,
du sollst darum nicht flehen.   Denn ich will immer sein,
was Ihr mir gebietet;   das sei nun getan.   [Mann.«
Ich will mich dem verloben,   den Ihr, Herr, mir gebt zum

Von lieber Augenweide   ward Sigfrids Farbe rot.
Zu Diensten sich der Recke   Frau Kriemhilden bot.
Man stellte sie zusammen   in den Ring alsdann
und fragte, ob sie wollte   den gar trefflichen Mann.

In magdlichen Züchten   hielt sie sich zurück.
Jedoch war so vollkommen   Sigfrids Heil und Glück,
daß sie nicht versagen   wollte ihre Hand;
auch verlobte sich der Jungfrau   der edle König aus Niederland.

A 564–569, B 610–615, C 614–620

Da sie sich ihm verlobet   und er sich der Maid,
ein liebevoll Umfangen   war da wohl bereit
von Sigfrides Armen   dem minniglichen Kind.
Geküßt ward nach der Sitte   die schöne Königin geschwind.

Das Gesinde sich teilte,   sobald das geschah.
Auf dem Sitz gegenüber   man Sigfrid da sah
mit Kriemhilde sitzen.   Dort dient ihm mancher Mann.
Man sah die Nibelungen   danach Sigfrids Sitze nahn.

Gesetzt hatt sich auch Gunther   und Brünhild, die Maid.
Da sah sie jetzt Kriemhild –   ihr ward nie größeres Leid –
neben Sigfrid sitzen.   Zu weinen sie begann;
so manche heiße Träne   ihr über die lichten Wangen rann.

Da sprach der Herr des Hauses: »Was ist Euch, Fraue mein,
daß Ihr Euch lasset trüben   der lichten Augen Schein?
Ihr solltet lieber lachen;   denn Euch ist untertan
mein Land und reiche Burgen   und mancher treffliche Mann.«

»Ich kann mit Recht wohl weinen«,   sprach die schöne Maid.
»Um deine Schwester   ist mir so grimmes Leid.
Ich seh sie sitzen nahe   dem Eigenholden dein.
Ich muß mich immer grämen,   soll sie so verstoßen sein.«

Da sprach der König Gunther: »Ihr mögt es still ertragen.
Ich will zu andern Zeiten   diesen Grund Euch sagen,
warum ich meine Schwester   diesem Recken gegeben.
Sie mag mit dem Degen   in Freuden immerdar leben.«

Sie sprach: »Mich jammert immer   ihre Schönheit und ihre
Wüßt ich, was ich sollte,   ich ergriffe gern die Flucht; [Zucht.
denn ich will Euch nimmer   liegen nahe bei,
sagt Ihr nicht, warum Kriemhild   die Braut Sigfrids jetzt sei.«

A 570–576, B 616–622, C 621–627

Da sprach der reiche König: »Ich geb Euch wohl bekannt:
er hat so viele Burgen   wie ich und weites Land.
Ihr sollt fürwahr es wissen: er ist ein König reich. [gleich.«
Drum gönn ich ihm zu minnen   die schöne Maid, der keine

Was der König auch sagte,   trübe war ihr Mut.
Da gingen von den Tischen   viele Ritter gut.
So hart ward ihr Buhurt: es erklang das ganze Schloß.
Den König bei den Gästen   da zu weilen sehr verdroß.

Er dachte, er läge sanfter   bei der Schönen wohl.
Da ward von der Hoffnung   ihm das Herz so voll;
ihm müsse durch ihre Minne   Liebes viel geschehn.
Gar freundlich begann er   die Jungfrau da anzusehn.

Von Ritterspielen hieß man   die Gäste abzustehn.
Der König mit seinem Weibe   zu Bette wollte gehn.
Vor des Saales Treppe   trennten die Frauen sich
in minniglichen Züchten,   wie ich es glaube sicherlich.

Nun kam ihr Ingesinde.   Die säumten länger nicht:
die stattlichen Kämmerer,   die brachten ihnen das Licht.
Beider Könige Recken   trennten sich allda.
Gar viele von den Degen   man da mit Sigfrid gehen sah.

Hin kamen beide Herrscher,   wo sie sollten liegen.
Da gedachte jeder   in Minne obzusiegen
bei den minnigen Frauen.   Getröstet war sein Mut.
Sigfrids Kurzweil wurde   da gar herziglich und gut.

Da der edle Sigfrid   bei Kriemhild lag so lieb
und er es so herzlich   mit der Jungfrau trieb,
in Minne ihm ward sie   wert gleich dem eignen Leib.
Das hatte sie verdienet   als ein tugendreiches Weib.

A 577–582, B 623–629, C 628–634

Ich sage euch nicht weiter, wie Kriemhild er umfing.
Nun höret diese Kunde, wie es Gunther ging
bei seinem Weibe! Der ruhmreiche Degen
hatte sehr viel sanfter bei anderen Frauen gelegen.

Das Volk hatt ihn verlassen, Frau sowie Mann.
Da ward die Kemenate alsbald zugetan.
Er wähnt, er sollte kosen ihren minniglichen Leib.
Es war noch sehr ferne, bis daß sie wurde sein Weib.

In weißem Leinenhemde sie zu dem Bette ging.
Da dachte der edle Degen: nun habe ich jedes Ding,
was ich je begehrte in allen meinen Tagen.   [behagen.
Sie mußte in ihrer Schönheit mit vollem Recht ihm wohl-

Das Licht begann zu bergen des edeln Gunthers Hand.
Da ging der reiche König, wo die Frau er fand.
Er legte sich ihr nahe, seine Freude, die war groß,
als er die Minnigliche alsbald mit den Armen umschloß.

Minnigliches Kosen konnt er da viel begehn,
hätte gewollt die Fraue ihm das zugestehn.
Doch zürnte sie gar heftig, daß er begehrte das.
Er wähnte Freude zu finden; doch fand er feindlichen Haß.

Sie sprach: »Edler Ritter, laßt Euch das vergehn!
Was Ihr da habt im Sinne, das wird nicht geschehn.
Ich will noch Jungfrau bleiben, Ihr wohl das wissen sollt,
bis über alle Dinge die Wahrheit Ihr gestehen wollt.«

Er rang nach ihrer Minne. Das war der Fraue leid.
Da griff nach ihrem Gürtel die herrliche Maid,
einer starken Borte, die sie allzeit trug.
Sie erfüllte dem König seinen Willen schlecht genug.

A 583–587, B 630–636, C 635–641

Die Füße und auch die Hände   zusammen sie ihm band,
trug ihn zu einem Nagel   und hing ihn an die Wand.
Er konnte sich nicht wehren.   Grimm war seine Not.
Er hatte durch ihre Stärke   beinahe erlitten den Tod.

Da begann zu flehen,   der Minne hatte im Sinn:
»Nun löset meine Bande,   vieledle Königin!
Ich gedenke, Euch nimmer   mit Minne zu besiegen
und will auch nie wieder   Euch so nahe, Fraue, liegen.«

Sie fragte nicht, wie ihm wäre,   da sie in Ruhe lag.
Dort mußt er dauernd hängen   die Nacht bis an den Tag,
bis durch die Fenster strahlte   des Morgens heller Schein.
Des Königs Kurzeweile   war derweilen äußerst klein.

»Nun sagt mir, Herr Gunther,   wär Euch das nicht leid,
wenn Euch gebunden fänden«,   sprach die schöne Maid,
»Eure Kammerherren   durch einer Fraue Macht?«
Da sprach der edle Ritter: »Das würde übel Euch verdacht.

Auch hätt ich wenig Ehre«,   sprach der edle Mann.
»Bei Eurer eignen Tugend   nehmt mich bei Euch an!
Doch wenn Euch meine Minne   ist so grimmig leid,
so will ich nimmer rühren   mit meiner Hand an Euer Kleid.«

Auf solche Worte löste   sie ihn, wie er hing.
In das Bett er wieder   zu der Fraue ging.
Er legte sich so ferne,   daß er ihr schönes Kleid
nicht erreichen konnte.   Das war da auch der Wunsch der Maid.

Da kam ihr Ingesinde   und brachte ihr Gewand.
Davon war an dem Morgen   wohl genug zur Hand.
Wie man sich auch gebarte,   traurig war genug
da der Fürst des Landes,   als er am Tag die Krone trug.

A 588–593, B 637–643, C 642–648

Nach der Landessitte,   die man befolgt als Pflicht,
der König und seine Fraue   säumten länger nicht:
sie gingen nach dem Münster,   wo man die Messe sang.
Auch kam der Herr Sigfrid.   Viel des Volkes ein da drang.

An königlichen Ehren   war für sie dort bereit,
was sie haben sollten: die Krone und das Kleid.
Da wurden sie geweiht.   Als das war geschehn,
da sah die vier man alle   unter der Krone herrlich stehn.

Viel Knappen das Schwert empfingen,   vierhundert oder mehr,
den Königen zu Ehren;   Glauben ich begehr.
Da gab es viele Freude   in des Königs Land:
man hörte Schäfte brechen   in der Schwertdegen Hand.

Da saßen in dem Fenster   die schönen Mägdelein.
Sie sahen vor sich glänzen   vieler Schilde Schein.
Da hielt sich gesondert   der König von seiner Schar;
was andre auch taten,   man sah ihn traurig immerdar.

Da war ihm und Sigfrid   ungleich zumut.
Wohl wußte seinen Kummer   der kühne Degen gut.
Da ging er zu dem König.   Zu fragen er begann:
»Wie ist es Euch heut gelungen?   Diese Kunde gebt mir an!«

Gunther sprach zum Gaste: »Ich klag Euch meinen Schaden.
Ich habe den übeln Teufel   in mein Haus geladen.
Als ich sie wähnte zu minnen,   schmerzlich sie mich band,
sie trug mich zu einem Nagel   und hing mich hoch an die Wand.

Dort hing ich in Ängsten   bis an den Tag die Nacht,
bevor sie mich löste.   Böses hat sie vollbracht;
das sei im Vertrauen   als Freund Euch geklagt.«   [gesagt.
Da sprach der starke Sigfrid: »Das ist mir sehr zum Leid

A 594–600, B 644–650, C 649–655

Das will ich Euch wohl weisen;   und laßt Ihrs gern geschehn,
ich schaffe, Ihr sollt so nahe   sie bei Euch liegen sehn,
daß sie ihre Minne   Euch weigert nimmermehr.«
Die Rede war da Gunther   nach seinem Schmerze lieb gar sehr.

»Nun schaut meine Hände,   wie die geschwollen sind.
Sie preßte sie so heftig,   als wäre ich ein Kind,
daß Blut allenthalben   mir aus den Nägeln sprang.
Ich wähnte, daß mein Leben   dauern würde nicht mehr lang.«

Da sprach der starke Sigfrid: »Vom Leid sollst du genesen.
Uns beiden ist es ungleich   heute nacht gewesen.
Mir gilt deine Schwester   wie mein eigner Leib.
Es muß die Fraue Brünhild   noch heute werden dein Weib.

Ich komme nachts gar heimlich   zur Kemenate dein
mit meiner Tarnkappe –   des sollst du sicher sein –,
so daß sich meiner Listen   niemand kann versehn.
Drum laß deine Kämmerer   zu ihrer Herberge gehn.

Dann lösch ich auch den Knappen   die Lichter in der Hand.
An diesem Wahrzeichen   soll dir sein bekannt,
daß ich nah dir weile.   Dein Weib dann zwing ich dir,
daß du sie heute minnest,   wenn ich das Leben nicht verlier.«

»Ohne daß du sie kosest«,   der König sprach also,
»meine liebe Fraue.   Anders bin ich froh.
Sonst tu, was du wollest;   und nimmst du ihr das Leben –
sie ist ein Ungeheuer –,   das wollte ich dir wohl vergeben.«

»Das nehme ich«,   sprach Sigfrid,   »auf die Treue mein,
daß ich sie nicht minne;   die schöne Schwester dein,
die ist mir wert vor allen,   die ich gesehn danach.«
Des freute sich da Gunther,   als nun Sigfrid also sprach.

A 601–605, B 651–656, C 656–662

Da schufen die Kurzweilen   und das Gedränge Not.
Das Turnier und Lärmen   alles man verbot;
denn die Frauen sollten   in den Palas gehn.
Die Kämmerer hießen   die Leute nicht im Wege stehn.

Von Rossen und von Leuten   geräumt war der Hof.
Jede von den Frauen   führte ein Bischof,
als sie vor dem König   zu Tische sollten gehn.
Es folgte zu den Stühlen   mancher Recke trefflich anzusehn.

Der König guter Laune   bei seinem Weibe saß:
was Sigfrid ihm gelobet,   wohl dachte er an das.
Der eine Tag ihn deuchte   wohl dreißig Tage lang.
An Brünhildes Minne   stets zu denken, es ihn zwang.

Kaum konnte er erwarten,   daß man den Tisch verließ.
Die schöne Brünhilde   man da kommen hieß
und auch Kriemhilde   zu dem Gemache da. Zimmer
Hei, was man kühner Degen   bei den schönen Frauen sah!

Sigfrid und Kriemhild,   in Minne einander hold,
lieber und lieber kosten,   wie ihr mir glauben sollt.
Was sie ihm antun konnte,   wie wenig sie das ließ!
Da mußte Sigfrid leisten,   was er Gunther verhieß.

Er stahl sich von der Fraue,   um heimlich hinzugehn,
wo er viele Kämmerer   fand mit Lichten stehn.
Die begann er zu löschen   den Knappen in der Hand.
Daß es Sigfrid wäre,   das ward da Gunther bekannt.

Wohl wußt er, was der wollte.   Fort dann hieß er gehn
die Mägde und Frauen.   Als das war geschehn,
verschloß er mit Sorgfalt   selber das Tor.
Zwei starke Riegel,   die legte er schnell davor.

A 606–609, 611–612, B 657–661, 663–664, C 663–669

Das Licht verbarg er eilend   hinter dem Bettvorhang.
Das Spiel begann da –   sie warteten nicht lang –
Sigfrid, der starke,   und auch die schöne Maid.
Das ward da dem König   sowohl lieb wie auch leid.

Der Held legte nahe   sich zu der Jungfrau hin.
Sie sprach: »Laß das, Gunther,   begehrt es auch dein Sinn,
daß Euch keine Mühsal   wie gestern gescheh!«
Sodann tat die Fraue   dem König Sigfrid noch weh.

Er hehlte seine Stimme;   kein Wort sprach er da.
Der König alles hörte,   wiewohl er ihn nicht sah,
daß heimlicher Dinge   durch ihn nichts geschah.
Sie hatten in dem Bette   beide wenig Ruhe da.

Er tat, als ob er wäre   Gunther, der König reich.
Er umschloß mit seinen Armen   die Maid alsogleich.
Sie warf ihn aus dem Bette   daneben auf die Bank,
daß ihm sein Haupt dröhnend   an dem Schemel erklang.

Auf mit allen Kräften   sprang der schnelle Mann
Er wollt es besser versuchen,   was er da begann,
daß ers ihm wollt erzwingen,   dem ers gelobt vorher.
Solche Wehr von Frauen,   glaub ich, gibt es nimmermehr.

Als ers nicht lassen wollte,   auf die Maid da sprang:
»Ihr sollt mir nicht zerreißen   mein Hemd also blank.
Ihr seid ungebärdig.   Daß mir solches leid,
Euch beibringen will ichs«,   sprach da die minnigliche Maid.

Mit ihren starken Armen   umschloß sie den Degen.
Sie wollte ihn in Fesseln   wie den König legen,
damit in ihrem Bette   sie Ruhe haben möcht.
Daß er ihr Hemd zerrissen,   hat grimmig da die Frau gerächt.

A 613–619, B 665–671, C 670–676

Was half ihm seine Stärke   und seine große Kraft?
Sie zeigte wohl dem Degen   ihres Körpers Meisterschaft.
Mit Gewalt trug sie —   ihre Kraft wies sich nicht klein –
mit ungestümer Stärke   ihn an der Wand zu einem Schrein.

O weh, gedachte der Recke,   soll Leben ich und Leib
durch eine Magd verlieren,   so möchte jedes Weib
hiernach immer höher   tragen ihren Mut.
Dann versuchte es gar manche,   die sonst solches nimmer tut.

Gar sehr sich da schämte   der vielkühne Mann,
ob ihrs gelingen sollte.   Zu zürnen er begann.
Mit ungeheuren Kräften   widersetzt er sich.
An der kühnen Jungfrau   erprobte er sie bitterlich.

So schwer sie ihn auch preßte,   sein Zorn ihn da zwang
und seine große Stärke,   daß er ihr nicht zu Dank
sich wieder aufgerichtet.   Seine Sorge, die war groß.
Es gab in dem Gemache   hier und da gar manchen Stoß.

Auch der König Gunther   war da in Ängsten schwer.
Er mußte sehr sich wenden   im Raume hin und her.
Sie rangen so gewaltig,   daß es wunder nahm,
wenn eines von dem andern   mit dem Leben da entkam.

Sehr den König schmerzte   der beiden Kämpfer Not.
Doch fürchtete er immer   des starken Sigfrids Tod,
da sie fast das Leben   dem Degen genommen.
Er wagte es nimmer;   sonst wär er zu Hilfe ihm gekommen.

Der Kampf zwischen ihnen   dauerte gar lang,
bis die Fraue wieder   auf das Bett er zwang.
So sehr sie sich wehrte,   ihre Kraft er schließlich brach.
Der König hing derweilen   vielen sorgenden Gedanken nach.

A 620–622, B 672–674, C 677–683

Es deuchte ihn gar lange,   bevor er sie bezwang.
Sie preßte seine Hände,   daß aus den Nägeln sprang
das Blut durch ihre Kräfte.   Das war dem Helden leid.
Doch zwang er, zu verleugnen   die gar herrliche Maid

ihren ungestümen Willen,   den sie gezeigt vorher.
Der König hörte alles,   sprach jener auch nimmermehr.
Aufs Bett er sie preßte,   daß die heftig schrie.
Sie schmerzten seine Kräfte   wie etwas anderes noch nie.

Da griff sie nach dem Gürtel,   den sie dort liegen fand,
und wollte ihn damit binden.   Da wehrte es seine Hand,
daß ihr die Glieder krachten.   Da verzagte ihr Leib.   [Weib.
So war der Kampf entschieden.   Da ward sie König Gunthers

Sie sprach: »Edler König,   laß am Leben mich!
Ich will es wohl sühnen,   was begangen ich.
Nimmer will ich wehren   der edeln Minne dein.
Wohl erkannt ichs habe: du kannst der Frauen Meister sein.«

Sigfrid trat zur Seite –   liegen ließ er die Maid –,
als ob er von dem Körper   ziehen wollte das Kleid.
Er nahm ihr ein Ringlein   von Golde sodann.
Wollte Gott im Himmel,   er hätte nimmer es getan!

Dann nahm er den Gürtel;   der war aus Borten gut.
Ich weiß nicht, ob er dieses   tat aus Übermut.
Er gab ihn seinem Weibe.   Das schuf ihm später Leid.
Da lagen beieinander   Gunther und Brünhild, die Maid.

Er koste sie in Minne;   wie es zu ihm kam.
Da mußte sie lassen   ihren Zorn und ihre Scham.
Von seinen Heimlichkeiten   dem König sie erblich.
Hei, wie ihr durch die Minne   ihre große Kraft entwich!

A 623–628, B 675–681, C 684–690

Da war sie auch nicht stärker   als ein andres Weib.
Er koste in Minne   ihren schönen Leib.
Versuchte sie sich zu sträuben,   das war vergebner Wahn.
Das hatte König Gunther   mit seiner Minne getan.

Wie in rechter Minne   sie ihm nahe lag,
in freundlicher Liebe,   bis an den lichten Tag!
Auch war der Herr Sigfrid   gegangen wieder hin.
Da ward er wohl empfangen   von einer schönen Königin.

Er schwieg zu ihrer Frage,   nach der ihr stand der Mut,
und verhehlte es lange,   der kühne Degen gut.
Daheim er ihr schließlich   die Kleinode gab.
Da brachte sich der Degen   mit ihnen selber in das Grab.

Dem König war am Morgen   viel besser zumut,
als ihm zuvor gewesen.   Da war die Freude gut
in allen seinen Landen   von manchem hohen Mann.
Die er zu Hof geladen,   Gunst ward denen viel getan.

Die Hochzeit da währte   zwölf Tage lang,
daß, ohne zu verstummen,   stets der Schall erklang
von allerhand Freude,   deren jemand wollte pflegen.
Viele hohe Kosten   mußte der König da erlegen.

Des edeln Wirtes Magen   nach des Königs Gebot
verschenkten viele Kleider,   dazu viel Goldes rot,
Rosse dazu und Silber   gar manchem fremden Mann.
Wer Gaben nehmen wollte,   der schied gar fröhlich alsdann.

Sigfrid, der Herrscher . aus dem Niederland
mit seinen tausend Rittern,   alles das Gewand,
das sie zum Rheine brachten,   das ward hingegeben,
die Rosse mit den Sätteln.   Sie konnten freigebig leben.

A 629–635, B 682–688, C 691–697

Eh die reichen Gaben man allen gab zu Dank,
die wieder heimwärts wollten, die deuchte es zu lang.
Niemals sah man Gäste besser verpflegen.
So endete die Hochzeit. Das wollte Gunther, der Degen.

Elftes Abenteuer

Wie Sigfrid sein Weib zu seinem Heimatlande brachte und
wie sie daheim ihre Hochzeit feierten

Der Sohn König Sigmunds in seiner gütigen Sitte
sprach zu seinen Helden: »Tut, was ich euch bitte!
Sattelt nun die Rosse! Ich will in mein Land.«
Lieb war es seinem Weibe, als ihr die Kunde ward bekannt.

Sie sprach zu dem Herrscher: »Wenn wir von hinnen fahren,
zu sehr mich zu beeilen, will ich mich bewahren.
Erst sollen meine Brüder teilen mit mir das Land.«
Unlieb war es Sigfrid, daß ihm Kriemhild dies genannt.

Die Fürsten zu ihm gingen und sprachen alle drei:
»Wisset das, Herr Sigfrid, daß Euch immer sei
getreulich unser Bündnis gehalten bis zum Tod.«
Das dankte da der Degen, daß man es ihm so wohl erbot.

»Wir wollen mit Euch teilen«, sprach Giselher, das Kind,
»Land sowie Burgen, die unser eigen sind.
Was der weiten Lande uns ist untertan,
mit Kriemhilde sollt Ihr redlich teilnehmen dran.«

Zu seinen Schwägern sprach der Recke da,
als den guten Willen an den Herrschern er sah:
»Gott lasse Euch Euere Lande stets gesegnet sein
und auch die Leute drinnen! Es mag die Fraue mein

A 636–640, B 689–694, C 698–703

des Teiles wohl entraten,   den Ihr ihr wollt geben:
wo sie soll die Krone tragen,   und sollen wir das erleben,
da muß sie reicher werden,   als ein Lebender sei.
Worüber Ihr sonst gebietet,   steh ich treulich Euch bei.«

Da sprach die Frau Kriemhild: »Wenn Ihr das Land ver-
um der Burgunden Degen   es so gering nicht steht.   [schmäht,
Die würde ein König gerne   führen in sein Land.
Sie soll mit mir teilen   meiner lieben Brüder Hand.«

Da sprach der Herr Gernot: »Nimm, was du willst, mit dir!
Die mit dir gerne reiten,   findest du viele hier.
Von dreitausend Recken   nimm dir tausend Mann!
Die seien dein Heimgesinde!«   Das war zur Freude ihr getan.

Sie rüsteten sich zur Reise,   wie es auch zu ihr kam.
Vom edeln Ingesinde   Frau Kriemhild da nahm
zweiunddreißig Mägde,   dazu fünfhundert Mann.
Auch der Graf Eckewart   zog mit der Fraue fort alsdann.

Urlaub sie alle nahmen,   Ritter sowie Knecht,
Mägde und Frauen;   das dünkte sie gar recht.
Verabschiedet mit Küssen   wurden sie entsandt.
Minniglich sie räumten   da der Burgunden Land.

Sie geleiteten die Magen   weithin auf den Wegen.
Man ließ allenthalben   ihnen Nachtherberge legen,
wo sie die gerne nahmen   aus der Recken Hand.
Gar bald wurden Boten   zu König Sigmund hingesandt,

weil er wissen sollte   und auch Sigelind,
daß Sigfrid kommen würde   und auch Frau Utes Kind,
Kriemhild, die vielschöne,   von Worms übern Rhein.
Keine Nachricht konnte   ihnen lieber da sein.

A 641–642, 645–648, B 695–697, 700–703, C 704–710

»Wohl mir«, sprach da Sigmund,   »daß ich das durfte sehn,
daß hier die schöne Kriemhild   gekrönt solle stehn.
Nun müssen mir noch teurer   sein die Lande mein!
Sigfrid, der vielkühne,   soll hier nun selber Herrscher sein.«

Da gab die Frau Sigelind   so manchen Sammet rot,
Silber und Gold, gar schweres,   das war ihr Botenbrot.
Sie freute sich der Kunde   und mit ihr mancher Mann.
All ihr Gesinde   sich zu kleiden eifrig begann.

Man sagte ihr, wer da käme   mit Sigfrid ins Land.
Da hießen sie die Stühle   richten mit rascher Hand,
wo er unter der Krone   vor Fürsten sollte stehn.
Da ritten ihm entgegen   König Sigmunds Mannen ausersehn.

Ward jemand besser empfangen,   das ist uns unbekannt,
als die Helden wurden   in König Sigmunds Land.
Siglind, seine Mutter,   Kriemhild entgegenritt
mit mancher schönen Fraue.   Auch folgten viele Ritter mit

eine Tagereise,   bis man die Gäste sah.
Die Fremden und die Bekannten   ritten geschwinde da,
bis daß sie kamen   zu der Burg wohlbekannt,
reich sowie prächtig;   die war Santen genannt.

Mit lachendem Munde   Siglind und Sigemund
küßten Kriemhilde   voll Freuden da zur Stund,
dazu ihr Kind, das liebe.   Ihr Leid war ihnen genommen.
All ihr Gesinde   war ihnen herzlich willkommen.

Da brachte man die Gäste   in König Sigmunds Saal.
Die schönen Jungfrauen   hob man da all
nieder von den Rossen.   Da gab es manchen Mann,
der den edeln Frauen   fleißig zu dienen begann.

A 649–655, B 704–710, C 711–717

Wie prächtig ihre Hochzeit   am Rheine war bekannt,
dennoch gab man den Helden   noch reicheres Gewand,
als sie je getragen   in allen ihren Tagen.
Man konnte große Wunder   von ihrem Reichtum da sagen.

Da sie in Würden saßen   und hatten genug,
was an goldfarbnen Kleidern   ihr Ingesinde trug
und viel der edeln Steine   gewirkt waren darin,
so pflegte ihrer eifrig   Sigelind, die Königin.

Da sprach vor den Magen   der König Sigemund:
»Allen meinen Gefreundten   soll das werden kund,
daß Sigfrid meine Krone   von jetzt ab soll tragen.«
Die Kunde hörten gerne   die von den Niederlanden sagen.

Da gab man ihm die Krone,   Gericht auch und Land.
Fortan war er der Herrscher   aller, die er fand.
Und wenn er richten sollte,   das ward so getan,
daß mit Recht man scheute   der schönen Kriemhilde Mann.

In diesen hohen Ehren   lebte er, das ist wahr,
und richtete unter der Krone   bis in das zwölfte Jahr.
Daß die schöne Kriemhild   einen Sohn gewann,
das schien des Königs Magen   nach ihren Wünschen wohlgetan.

Den eilte man da zu taufen   und ließ ihn den Namen nehmen
Gunther, nach seinem Oheim.   Er brauchte sich des nicht zu
                                                    schämen,
geriet er nach dem Magen: er wurde ein kühner Mann.
Man zog ihn auf mit Eifer.   Nach Gebühr ward das getan.

Zu denselben Zeiten   starb Frau Sigelind.
Die volle Gewalt da hatte   der edeln Ute Kind,
wie einer so reichen Fraue   es wohl geziemt im Lande.
Man wollte ihr da dienen   in großen Ehren ohne Schande.

A 656–661, B 711–717, C 718–724

Nun hatt auch dort am Rheine,   wie wir hören sagen,
Gunther, dem reichen,   einen Sohn getragen
Brünhild, die schöne,   im Burgundenland.
Dem Recken zuliebe   ward er Sigfrid genannt.

Wie mit rechter Sorgfalt   man ihn hüten hieß!
Gunther, der reiche,   Erzieher wählen ließ,
die Tugend ihn lehrten,   erwuchs er zum Mann.
Weh, wie ihm das Unglück   einst die Magen abgewann!

Kunde zu allen Zeiten   ward hin und her erzählt,
wie in wahren Wonnen   die Helden auserwählt
lebten zu jeder Stunde   in Sigemunds Land.
Dasselbe tat auch Gunther   mit seinen Magen wohlbekannt.

Das Land der Nibelungen   war Sigfrid untertan –
keiner seiner Magen   mehr Reichtum gewann –
dazu sein Vatererbe: er war ein Degen gut.
Drum trug der Vielkühne   immer höher seinen Mut.

Den allergrößten Goldhort,   den je ein Held gewann
außer den frühern Eignern,   besaß der kühne Mann,
den vor einem Berge   seine Hand gewann im Streit.
Er schlug darum zu Tode   manchen Ritter kampfbereit.

Sein war der Preis der Ehre.   Und wär es nicht geschehn,
so müßte man doch billig   ihn Sigfrid zugestehn.
Er war der allerbeste,   der je auf Rossen saß.
Man scheute seine Stärke.   Aus vollem Grunde tat man das.

Zwölftes Abenteuer

Wie Gunther Sigfrid und Kriemhild nach Worms einlud,
wo man ihn später erschlug

Nun dachte alle Tage   König Gunthers Weib:
Wie trägt mit solchem Hochmut   Kriemhild den Leib?
Es ist doch unser eigen   Sigfrid, ihr Mann!
Daß keinen Dienst er leistet;   dessen Ende ich gern gewann.

Das trug sie im Herzen;   doch wars in Heimlichkeit.
Daß sie so fern ihr blieben,   das schuf der Fraue Leid,
daß sie Zins nicht zahlten   von des Fürsten Land;
wie das gekommen wäre,   das hätte gerne sie erkannt.

Sie versucht auf manche Weise,   wie das könnte geschehn,
daß sie Kriemhilde   möchte wiedersehn.
Sie sagte es im geheimen,   wie ihr war zumut.
Da schien dem reichen König   der Frau Begehren gar nicht gut.

»Wie könnten wir sie bringen«,   sprach der König hehr,
»wohl zu diesem Lande?   Das wäre gar schwer.
Ich wage sie nicht zu bitten,   weil allzu fern es ist.«
Antwort gab ihm Brünhild   da mit wohlbedachter List:

»Wie hoch und reich auch wäre   eines Königs Mann,
was ihm sein Herr gebietet,   das steht zu tun ihm an.«
Lächeln mußte Gunther,   als sie das sagte da:
er nahm es nicht als Dienste,   wenn er Sigfrid bei sich sah.

Sie sprach: »Lieber Herre,   nach dem Wunsche mein,
hilf mir, daß Sigfrid   mit der Schwester dein
kommt zu diesem Lande,   daß wir sie hier sehn!
So könnte mir auf Erden   nimmer Lieberes geschehn.

A 667–672, B 724–729, C 731–736

Deiner Schwester Güte   und ihr züchtiger Mut,
wenn ich daran denke,   wie wohl mir das tut!
Ihr freundlicher Empfang auch,   als ich kam in dieses Land;
reichere Aufnahme   ward auf Erden nimmer bekannt.«

Sie drängte also lange,   bis der König sprach:
»Nie habe ich gesehen,   drum gebe gern ich nach,
liebere Gäste   in dem Lande mein.
Ich will ihnen Boten senden,   daß sie kommen an den Rhein.«

Die Königin sprach da: »Nun sollt Ihr mir sagen,
wen Ihr hinsenden wollet,   und in welchen Tagen
unsere Gefreundten sollen   kommen in dieses Land!
Die Ihr absenden wollet,   die laßt mir werden bekannt!«

»Das tu ich«, sprach Gunther;   »dreißig Mannen mein
will ich reiten lassen.«   Die hieß er kommen herein.
Dann gebot er die Nachricht   in König Sigfrids Land.
Ihnen zur Freude gab Brünhild   denen wohlgeziertes Gewand.

Da sprach der König Gunther·   »Ihr Recken, ihr sollt sagen –
und nichts sollt ihr verschweigen,   was ich euch aufgetragen –
Sigfrid, meinem Freunde,   und auch der Schwester mein,
daß ihnen kann auf Erden   niemand treuer je sein.

Und bittet sie von uns beiden,   ohne Sinnesstreit
mögen sie herkommen   zu unsrer Festlichkeit.
Er soll zur Sonnenwende   mit den Mannen sein
sehen hier gar manchen,   der ihm gönnt der Ehren Schein.

Seinem Vater Sigmund   ihr dann melden sollt,
daß ich und meine Magen   ihm immer bleiben hold.
Und sagt auch meiner Schwester,   daß sies nicht unterläßt
zu kommen zu ihren Freunden: Wie ziemt ihr so ein Freuden-
                                                        fest!«

A 673–679, B 730–736, C 737–743

Frau Ute und all die Frauen,   die man bei Hofe fand,
die sandten auch ihre Grüße   in König Sigfrids Land
den minniglichen Maiden   und manchem kühnen Mann.
Der gar kühne Gere   brach auf mit der Botschaft dann.

Sie reisten gut gerüstet;   ihr Roß und ihr Gewand
war ihnen zubereitet.   Da räumten sie das Land.
Sie eilten auf der Reise,   wohin sie sollten fahren.
Der König mit Geleite   ließ die Boten gut bewahren.

Binnen zwölf Tagen   kamen sie in das Land
zur Burg der Nibelungen,   wohin man sie gesandt.
Da fanden sie mit Freuden   den vielkühnen Degen.
Der Boten Rosse waren   müde von den langen Wegen.

Dem König und seinem Weibe   ward schnell gesagt alsdann,
Gäste seien gekommen,   also angetan,
wie bei den Burgunden   es Sitte in jenen Tagen.
Sie sprang aus dem Bette,   drin sie und Sigfrid beide lagen.

Sie hieß an ein Fenster   eine der Mägde gehn.
Die sah den kühnen Gere   auf dem Hofe stehn
mit seinen Heergesellen,   die man dorthin gesandt,
ihr Herzeleid zu stillen.   Wie froh die Kunde sie empfand!

Sie sprach zu dem König: »Ihr müsset aufstehn.
Ich sah den starken Gere   hier zum Hofe gehn.
Ihn hat mein Bruder Gunther,   dünkt mich, hergesandt.
Was der Recke begehre,   das hätt ich gerne erkannt.«

Alles Ingesinde   eilend nun ging.
Mit übergroßen Freuden   die Gäste man empfing.
Für sie zu tun das Beste   waren sie bereit.
Über ihre Ankunft   waren sie von Herzen erfreut.

A 680–686, B 737–743, C 744–750

Gere wohl empfangen   ward mit jedem Mann.
Die Pferde hieß man halten.   Die Helden brachte dann
man dorthin, wo Sigfrid   mit Kriemhilde saß.
Sie sah ihn mit Freuden –   ihr sollt dies wissen – ohne Haß.

Vor den lieben Gästen   standen sie auf sogleich.
Wohl ward empfangen Gere   aus dem Burgundenreich
mit seinen Gesellen.   An der Hand alsdann
führte Kriemhild Gere.   Das ward aus Liebe getan.

Sie hieß ihn bei ihr sitzen.   Er sprach: »Wir wollen stehn.
Erlaubet uns die Botschaft,   bevor wir sitzen gehn,
und höret diese Nachricht,   die Euch bringen heißt
Gunther sowie Brünhild,   denen hohe Ehre man erweist.

Und wie Euch Eure Mutter,   meine Herrin, entbot,
und Giselher, der junge,   und auch Gernot
und Eure besten Magen!   Die haben uns hergesandt,
ihre Huld Euch zu bieten   aus dem Burgundenland.«

»Nun lohn Euch Gott«, sprach Sigfrid;   ich vertrau ihnen allen
Treue und Liebe,   wie man Gefreundten soll.   [wohl,
Das tut auch ihre Schwester.   Wie sie befinden sich,
meine lieben Freunde,   das lasset nun vernehmen mich!

Seit wir von ihnen schieden,   hat jemand etwas getan,
meinen lieben Schwägern?   Das saget mir nun an!
Das will ich ihnen in Treuen   immer helfen tragen,
bis daß ihre Feinde   ob der Hilfe müssen klagen.«

Also sprach der Markgraf   Gere, der Recke gut:
»Sie sind in bester Weise   in Freuden wohlgemut.
Sie bitten an den Rhein Euch   zu einer Festlichkeit.
Daß sie Euch gerne sähen,   daß Ihr des ohne Zweifel seid!

A 687–693, B 744–750, C 751–757

Sie bitten meine Herrin,   sie solle mit Euch kommen.
Sobald als der Winter   ein Ende hat genommen
um diese Sonnenwende   wollen sie Euch sehn.« [geschehn.«
Da sprach der König Sigfrid: »Das könnte schwerlich

Da sprach aber Gere   aus Burgundenland:
»Eure Mutter Ute,   die hat Euch gemahnt
und Eure beiden Brüder,   Ihr solltet Euch nicht versagen.
Daß Ihr so ferne weilet,   das höre ich sie oft beklagen.

Brünhild, meine Herrin,   und all ihre Mägdelein,
die freuen sich darüber,   wenn es könnte sein,
daß sie Euch wiedersähen.   Drauf geht ihr froher Mut.«
Da deuchten diese Worte   die schöne Kriemhilde gut.

Gere war ihr Gesippe.   Der Wirt ihn sitzen hieß.
Einschenken hieß man dem Gaste;   nicht länger man das ließ.
Da war auch Sigmund kommen.   Als er die Boten sah,
gütig sprach der Herrscher   zu den Burgunden allda:

»Seid willkommen, ihr Recken,   jeder, der Gunthers Mann!
Seit Kriemhild zum Gatten   meinen Sohn gewann,
sollte man euch Degen   öfter bei uns sehn,
wenn mit euch in Treuen   unsere Freundschaft soll bestehn.«

Sie sagten, wenn er wolle,   würden sie gerne kommen.
Ihre Müdigkeit ward   mit Freuden ihnen genommen.
Man bat sie, sich zu setzen.   Speise herein man trug,
davon den lieben Gästen   ward gegeben reichlich genug.

Man gab ihnen Herberge   und ruhiges Gemach.
Der König zu den Gästen   gütiges Sinnes sprach:
»Laßt es euch nicht verdrießen,   worum man euch gesandt
her von unsern Freunden!   Wir geben es euch bald bekannt.

A 694–700, B 751–757, C 758–764

Ich muß mich noch beraten   mit den Freunden mein.«
Er ging zur Besprechung   mit den Recken sein.
Er sagte: »Mein Freund Gunther   hat nach uns gesandt
zu einem Hofgelage.   Nun ist zu ferne mir das Land.

Er bittet meine Fraue,   sie solle mit mir ziehn.
Nun ratet, liebe Freunde,   wie sie kommen soll dahin!
Bedürfte es der Heerfahrt   für sie in manches Land,
dienstbereit erwiese   sich ihnen gerne Sigfrids Hand.«

Da sprachen seine Recken: »Steht Euch dahin der Mut,
so wollen wir Euch raten,   was Ihr am besten tut:
Ihr sollt mit tausend Recken   reiten an den Rhein.
So mögt Ihr wohl mit Ehren   bei den Festlichkeiten sein.«

Da sprach von Niederlanden   der Herr Sigmund:
»Wollt Ihr zum Hofgelage,   was tut Ihr mirs nicht kund?
Wenn Ihr es nicht verschmähet,   so reite ich mit fürwahr.
Ich bringe Euch hundert Degen,   dadurch vermehr ich Eure
                                                          Schar.«
»Wollt Ihr mit uns reiten,   vielieber Vater mein«,
sprach der Herr Sigfrid,   »will froh ich drüber sein.
Innerhalb zwölf Tagen   räume ich mein Land.«
Die sie da führen wollten,   denen gab man Roß und Gewand.

Da sich zu der Reise   entschlossen Sigfrids Mut,
da hieß man wieder reiten   die schnellen Degen gut.
Seinen edeln Schwägern   entbot er nach dem Rhein,
daß er gerne wollte   bei ihrem Hofgelage sein.

Sigfrid und Kriemhild,   wie wir hören sagen,
so viel den Boten schenkten,   daß es nicht konnten tragen
die Rosse hin zur Heimat: er war ein reicher Mann.
Die starken Saumtiere   trieben froh sie fort sodann.

A 701–707, B 758–764, C 765–771

Ihr Gefolge kleideten Sigfrid und Sigmund.
Der Graf Eckewart auch hieß da zur Stund
Frauenkleider suchen, die besten, die man fand
oder jemand finden konnte in König Sigfrids ganzem Land.

Sättel und Schilde zu richten man begann.
Rittern und Frauen, wer mit ihm sollte dann,
dem gab man, was er wollte, daß ihm nichts gebrach.
So folgte zu seinen Schwägern mancher herrliche Gast ihm
nach.

Die Boten zogen eifrig zurück auf ihren Wegen.
Da kam glücklich zur Heimat Gere, der Degen.
Er ward wohl empfangen. Da stiegen sie zumal
ab von ihren Rossen vor des Königs Gunther Saal.

Der König voller Freude von dem Sessel sprang.
Daß sie so schnell gekommen, bat sie zu haben Dank
Brünhild, die schöne. Der König sagte da: ⌈geschah?«
»Was macht mein Freund Sigfrid, von dem viel Liebes mir

Da sprach der kühne Gere, er ward vor Freude rot:
»Er und Eure Schwester; niemals Freunden entbot
so freundliche Kunde irgendein Mann,
als dies der König Sigfrid und auch sein Vater Euch getan.«

Da sprach zum Markgrafen des edeln Königs Weib:
»Sagt mir, kommt auch Kriemhild? Hat noch ihr schöner Leib
behalten ihr Gebaren, das wohl sie konnte pflegen?«
Er sprach: »Sie kommen beide, mit ihnen mancher kühne
Degen.«

Frau Ute bat die Boten, eilig zu ihr zu gehn.
Man konnte an ihrer Frage leicht es wohl verstehn,
daß gern sie hören wollte, ob Kriemhild gesund.
Er sagte, wie er sie gefunden und daß sie käme in kurzer Stund.

A 708–710, 712–715, B 765–767, 769–772, C 772–778

Auch machten sie die Gaben   bei Hofe wohl bekannt,
die ihnen Sigfrid schenkte,   Gold, Silber und Gewand,
die brachten sie zu schauen   jedem Königsmann.
Ihrer großen Milde   man da viel zu danken begann.

»Er mag wohl Ringe schenken«,   sprach Hagen, der Degen;
»er könnte es nicht verschwenden,   und sollte er ewig leben:
den Hort der Nibelungen   hütet seine Hand.
Hei, sollten wir ihn teilen   noch im Burgundenland!«

Alles Gefolge   freute sich darauf,
daß sie kommen sollten.   Spät und früh schon auf,
waren an dem Werke   Gunthers Mannen dann.
Wie reiches Heergestühle   man zu richten da begann!

Ortwein und Sindold,   die beiden kühnen Degen,
die waren rastlos tätig,   dieweil sie mußten pflegen
der Truchsesse und Schenken   und richten manche Bank.
Es half ihr Gesinde.   Dafür sagt ihnen Gunther Dank.

Rumolt, der Küchenmeister,   hielt an zur Arbeit
seine Untergebnen.   Gar mancher Kessel weit,
Töpfe und Pfannen,   hei, was davon man fand!
Denen schuf man die Speise,   die da kamen in das Land.

Der Frauen Arbeiten,   die waren auch nicht klein.
Als sie die Kleider machten,   das edele Gestein
strahlte weit im Glanze,   eingelegt in Gold,
das sie anlegen wollten,   damit man wäre ihnen hold.

A 716–720, B 773–777, C 779–784

Dreizehntes Abenteuer

Wie Kriemhild mit ihrem Mann zum Hofgelage zog

Alle ihre Mühen,   die lassen wir nun sein
und sagen euch, wie Kriemhild   und ihre Mägdelein
zum Festgelage fuhren   vom Nibelungenland.
Niemals trugen Rosse   so manches prächtige Gewand.

Viele Saumschreine   sandte man auf den Wegen.
Da ritt mit seinen Freunden   Sigfrid, der Degen,
und auch Kriemhilde,   erwartend Freuden hehr.
Ihre Freude mußte   zu schwerem Leid sich wenden sehr.

Daheim sie da ließen   ihrer beider Kindelein
in ihrem Lande bleiben.   Es mußte also sein.
Aus ihrer Fahrt zu Hofe   erwuchs Jammer schwer;
Vater und Mutter   sah das Kindlein nimmermehr.

Mit ihnen ritt von dannen   der König Sigmund.
Hätte er ahnen können,   wie ihm nach dieser Stund
bei dem Fest es ginge,   er hätte es nicht gesehn.
Ihm konnte auf dieser Erde   nie ein größeres Leid geschehn.

Voraus sandte man Boten,   die die Nachricht brachten dar.
Da ritt ihnen entgegen   in glänzender Schar
mancher gute Degen,   der König Gunthers Mann.
Der Wirt gegen die Gäste   zeigte großen Eifer an.

Er ging zu Brünhilde,   wo er sie sitzen fand.   ⌈Land?
»Wie empfing Euch meine Schwester,   da Ihr kamt in unser
Sigfrids Frau empfangen   man ebenso soll.«   ⌈wohl.«
»Das tu ich«, sprach Brünhild: »Verdient hat sie dies gar

A 721–726, B 778–783, C 785–790

Also sprach da Gunther: »Sie kommt morgen früh.
Wollt Ihr sie empfangen,   macht Euch bald die Müh,
daß wir nicht erst im Burghof   hier antreffen sie.
Seit langer Zeit kamen   zu mir so liebe Gäste nie.«

Die Mägde und die Frauen,   die ließ sie rascher Hand
gute Kleider suchen,   die besten, die man fand,
die sie vor den Gästen   mit Ehren könnten tragen.
Wie gern sie das taten,   gar leicht kann ich euch das sagen.

Zu ihrem Dienste eilte   herbei, wer Gunthers Mann.
Alle seine Degen   sammelte er dann.
Die Königin ritt da   mit ihren Frauen auch
den lieben Gästen entgegen,   wie es freundschaftlicher Brauch.

Mit wie hohen Ehren   empfing man alle sie!
Man meinte, daß Kriemhild   Brünhilden nie
so wohl empfangen hätte   einst im Burgundenland.
Die sie noch nie gesehen,   denen ward ihr hoher Sinn bekannt.

Nun war auch Sigfrid kommen   herbei mit seiner Wehr.
Man sah seine Helden   schwenken hin und her
rings auf den Pferden   in ungeheuren Scharen.
Vor dem Gedräng und Staube   konnte niemand sich bewahren.

Als der Herr des Landes   den Sigfrid nun sah,
und mit ihm auch Sigmund,   wie freundlich sprach er da:
»Seid herzlich mir willkommen   und allen Freunden mein!
Über Eure Ankunft   wollen hocherfreut wir sein.«

»Nun lohn Euch Gott!«   sprach Sigmund, der ehrenfrohe Mann;
»seit Euch mein Sohn Sigfrid   zum Freunde gewann,
ging darauf all mein Sinnen,   daß ich Euch wollte sehn.«
Da sprach der Wirt zum Gaste: »Mir ist Freude dadurch
                                                  geschehn.«

A 727–733, B 784–790, C 791–797

Sigfrid ward empfangen,   wie es zu ihm kam,
mit sehr großer Ehre;   niemand war ihm gram.
Mit edeln Sitten halfen   Giselher und Gernot.
Ich glaube, daß man Gästen   niemals solche Freundschaft bot.

Da naheten einander   beider Könige Fraun.
Leer ward da mancher Sattel: manche Frau schön zu schaun,
ward von der Recken Händen   gehoben auf das Gras.
Wer Frauen gerne diente,   der tat mit großem Eifer das.

Nun gingen zueinander   die minniglichen Fraun.
Da war in großer Freude   mancher Recke zu schaun,
da der Frauen Grüßen   so schön war anzusehn.
Man sah viele Degen   in Züchten bei den beiden stehn.

Das prächtige Gesinde   nahm sich bei der Hand;
züchtiglich Verneigen   man so viel da fand
und minnigliches Küssen   von Frauen wohlgetan.
Das war lieb zu schauen   dem König und für jeden Mann.

Sie säumten da nicht länger.   Sie ritten nach der Stadt.
Der Wirt seinen Gästen   wohl zu zeigen bat,
daß man sie gerne sähe   im Burgundenland.
So manches reiche Kampfspiel   man vor den Jungfrauen fand.

Hagen von Tronje   und auch Ortwein,
daß sie gewaltig waren,   zeigte der Augenschein.
Was sie gebieten mochten,   das ward stets getan.
Die edeln Gäste konnten   manchen Dienst durch sie empfahn.

Viel Schilde hört man schallen   vor der Feste Tor
von Stichen und von Stößen.   Lange hielt davor
der Wirt mit seinen Gästen,   bevor sie waren darin.
Die Stunden gingen ihnen   mit übergroßen Freuden hin.

A 734–740, B 791–797, C 798–804

Vor den reichen Palas   fröhlich sie da ritten.
Manche schmucke Decke,   reich und wohlgeschnitten,
sah man von den Sätteln   der Frauen wohlgetan
allenthalben hängen.   Da kamen Gunthers Mannen heran.

Diese hieß man führen   sie zum Gemache da.
Zuweilen auch Brünhild   schauen man sah
nach der Frau Kriemhilde.   Die war schön genug:
ihre Farbe von allem   Glanze hehren Schein da trug.

Allenthalben hörte   zu Worms man, in der Stadt,
den Jubel des Gefolges.   Gunther den Marschall bat,
Dankwart, Hagens Bruder,   ihrer selbst zu pflegen.
Der ließ da das Gefolge   in gute Herberge legen.

Draußen und darinnen   ließ man speisen sie;
besser wurden Gäste   verpflegt wohl noch nie.
Alles, was sie wünschten,   das war für sie bereit.
So reich war der König;   man tat jeglichem Bescheid.

Man diente ihnen fröhlich   und ohne jeden Haß.
Der Wirt da zu Tische   mit seinen Gästen saß.
Dort mußte Sigfrid sitzen,   wie er zuvor getan.
Mit ihnen ging zu Tische   so mancher angesehne Mann.

Elfhundert Recken   an den Tisch da hin
setzten sich zum Essen.   Brünhild, die Königin,
dachte, daß Eigenholde   nicht reicher könnten sein.
Sie war ihm noch gewogen;   drum ließ sie gern ihn noch
                                                        gedeihn.

Wo der Wirt mit Freuden   bei den Gästen saß,
viele reiche Kleider   wurden vom Weine naß,
so oft mußten die Schenken   zu den Tischen gehn.
Ihre vielen Dienste   waren eifrig da geschehn.

A 741–747, B 798–804, C 805–811

Als das Hofgelage   lange hatte gewährt,
ward den Frauen und Maiden   sanfte Ruh beschert,
von wannen sie auch kamen.   Der Wirt Sorge trug
mit vielen großen Züchten;   man gab ihnen allen genug.

Als die Nacht zu Ende   und kam des Tages Schein,
aus den Saumschreinen   gar mancher edle Stein
strahlte in schmuckem Kleide,   das holte der Frauen Hand.
Hervorgesucht ward da   manches herrliche Gewand.

Ehe es völlig tagte,   kamen vor den Saal
viele Ritter und Knappen.   Da erhob sich der Schall
von einer Frühmesse,   die man dem König sang.
Da ritten junge Degen,   der König sagte ihnen Dank.

Laut und maßlos legte   manche Posaune los,
von Tromben und Flöten   war der Ton gar groß,
daß Worms, das so weite,   erklang in lautem Schall.
Die hochgemuten Helden   ihr Roß bestiegen überall.

Dann begann im Lande   ein gar frohes Spiel
von manchem guten Degen.   Es gab da gar viel,
deren junge Herzen   erfüllte hoher Mut.
Da sah man unterm Schilde   manchen schmucken Recken gut.

In den Fenstern saßen   die herrlichen Fraun
und viele schöne Maide,   gar schmuck anzuschaun.
Sie sahen Kampfspiele   von manchem jungen Mann.
Der Fürst mit seinen Degen   selbst zu reiten begann.

So vergingen die Stunden;   sie deuchten sie nicht lang;
da hörte man vom Dome   manchen Glockenklang.
Da kamen ihre Rosse.   Die Frauen ritten hinan.
Den edeln Königinnen   folgte mancher kühne Mann.

A 748–754, B 805–811, C 812–818

Ins Gras vor dem Münster   niederstieg die Schar.
Brünhild ihren Gästen   da noch gewogen war.
Sie gingen mit den Kronen   in das Münster weit.
Bald ward getrennt die Liebe;   da erhob sich grimmer Streit.

Als sie gehört die Messe,   sie mußten heim von da.
In züchtiger Haltung   man sie gehen sah
minniglich zu Tische.   Ihre Freude erlag
bei den Festlichkeiten   nimmer bis zum elften Tag.

Da gedachte Brünhild: ich kanns nicht mehr ertragen,
wie ichs auch beginne,   Kriemhild muß mir sagen,
warum uns alsolange   den Zins versessen hat
ihr Mann, der unser eigen.   Ich weiß mir keinen andern Rat.

So wollte sie derweilen,   wie es der Teufel riet.
Vom Fest und von den Freuden   in Jammer sie da schied.
Was ihr lag am Herzen,   zu bald mußt es kommen.
Drum ward in allen Landen   durch sie des Leides viel
                                                    vernommen.

Vierzehntes Abenteuer

Wie sich die Königinnen überwarfen

Zur Zeit einer Vesper   man auf dem Hofe sah
zu Rosse viele Recken.   Häuser und Dächer da
schaute man erfüllet   von Leuten überall.
Auch die Frauen waren   zu den Fenstern kommen in den Saal.

Zusammen da saßen   die Königinnen reich.
Sie sprachen von zwei Recken,   denen keiner gleich.
Da sagte die Frau Kriemhild: »Ich habe einen Mann,
dem alle diese Reiche   sein sollten untertan.«

A 755–758, B 812–815, C 819–824

Antwort gab ihr Brünhild: »Das könnte wohl sein,
wenn niemand anders lebte,   als er und du allein;
so möchten ihm die Reiche   wohl sein untertan.
Nun lebt aber Gunther;   da geht solches nimmer an.«

Drauf sprach aber Kriemhild: »Nun sieh, wie er steht,
wie er da so herrlich   vor den Recken geht,
wie es der Mond, der lichte,   vor den Sternen tut!
Mit Recht darum kann ich   wohl tragen fröhlichen Mut.«

Da sprach die Hausfraue: »Wie schmuck auch ist dein Mann,
wie schön und wie bieder,   der Vorrang steht doch an
Gunther, dem Recken,   dem edeln Bruder dein.
Er muß vor allen Königen   fürwahr berühmt als erster sein.«

Antwort gab da Kriemhild: »So wert ist mein Mann,
daß ich über Gebühren   ihn nimmer loben kann.
An so mancher Tugend   ist seine Ehre groß.
Glaube mir das, Brünhild!   Er ist wohl Gunthers Genoß.«

»Das sollst du mir, Kriemhild,   als Unrecht nicht verstehn.
Es ist doch meine Rede   nicht ohne Grund geschehn:
ich hört es beide sagen,   als ich zuerst sie sah
und da des Königs Wille   wider meine Kraft geschah

und als er meine Minne   so ritterlich gewann,
sagt es Sigfrid selber,   er sei des Königs Mann.
Drum halt ich ihn für eigen,   wie ichs ihn hörte gestehn.«
Da sprach die Frau Kriemhild: »So wäre übel mir geschehn.

Wie hätten drum geworben   die edeln Brüder mein,
daß ich Eigenmannes   Gattin sollte sein?
Darum will ich, Brünhild,   gar freundlich dich bitten,
Daß du die Rede lässest   nun mit minniglichen Sitten.«

A 759–765, B 816–822, C 825–831

»Ich kann es nicht lassen«,   sprach des Königs Weib.
»Wie sollt ich denn verzichten   auf manches Recken Leib,
der uns mit seinem König   zu Dienst ist untertan?
Mich kränkt, daß ich so lange   keinen Zins von ihm gewann.«

»Du mußt darauf verzichten,   daß er in dieser Welt
dir jemals Dienste leistet.   Edler ist der Held
als Gunther, mein Bruder.   Du sollst es nie erleben,
daß er von seinen Landen   einen Zins dir müßte geben.«

»Du überhebst zu sehr dich«,   sprach die Königin.
»Nun möchte ich gerne sehen,   ob man dir fürderhin
erweist solche Ehre,   wie man mir es tut.«
Den Frauen war beiden   allzu zornig ihr Mut.

Da sagte die Frau Kriemhild: »Das werde nun erkannt;
da du meinen Gatten   eigen hast genannt,
soll es heute sehen   jeder Königsmann,
ob ich vor Gunthers Weibe   in die Kirche gehen kann.

Ich lasse dich wohl schauen,   daß ich edelfrei.
Mein Gatte ist weit edler,   als der deine sei.
Damit will ich auch selber   nicht <u>bescholten</u> sein.
Du sollst es heute sehen,   wie die Eigenholde dein

zu Hof gehn vor den Recken   in Burgundenland.
Als edler will ich gelten,   als jemandem bekannt
eine Königin jemals,   die hier die Krone trug.«
Unter beiden Frauen   erhob sich schwerer Haß genug.

Da sprach aber Brünhild: »Willst du nicht eigen sein,
so mußt du dich trennen   von den Frauen mein
mit deinem Ingesinde,   wenn wir zum Münster gehn.«
»Wahrlich«, sprach da Kriemhild,   »das soll also auch
                                        geschehn.«

A 766–767, 769–773, B 823–824, 826–830, C 832–838

»Nun kleidet euch«, sprach Kriemhild,   »all ihr Maide mein!
Ohne jede Schande   muß hinfort ich sein.
Schauen sollt ihr lassen   reichen Kleiderstaat.
Brünhild wird verleugnen   noch gern, was sie behauptet hat.«

Man konnte leicht ihnen raten.   Jede sucht ein reiches Kleid;
da ward wohl gezieret   manche Frau und Maid.
Da ging mit dem Gesinde   des edeln Königs Weib.
Nach Wünschen gekleidet   ward der schönen Kriemhilde Leib

mit dreiundvierzig Maiden,   gebracht zum Rheine hin.
Die trugen lichte Stoffe,   gewirkt in Arabin.
So kamen zu dem Münster   die Maide wohlgetan.
Vor dem Hause harrte   jeder, der Sigfrids Mann.

Die Leute nahm es wunder,   warum das geschah,
daß man die Königinnen   getrennt beide sah,
daß sie nicht miteinander   gingen wie vorher.
Das schuf manchem Degen   dereinst Sorge gar schwer.

Hier stand vor dem Münster   König Gunthers Weib.
Mancher Recke scherzte   da zum Zeitvertreib
mit den schönen Frauen,   die sie nahmen wahr.
Da kam die edle Kriemhild   mit starker, herrlicher Schar.

Welche Kleider je getragen   eines edeln Mannes Kind,
wider ihr Gesinde   war das wie ein Wind.
Sie war so reich im Schmucke,   daß dreißig Königsfraun
nicht aufweisen konnten,   was da an Kriemhild war zu schaun.

Was jemand wünschen mochte,   er könnte nicht sagen,
daß man so reicher Kleider   jemals mehr getragen,
als damals jede hatte,   die Kriemhildes Maid.
Kriemhild hätt es vermieden;   wäre es nicht Brünhild zuleid.

A 774–780, B 831–837, C 839–845

Nun kamen sie zusammen   vor dem Münster weit.
Da handelte die Hausfrau   aus grimmem Neid.
Die edle Kriemhilde   hieß sie da stillestehn:
»Es soll vor Königs Gattin   die Eigenholde nimmer gehn.«

Da sprach die Frau Kriemhild –   zornig war ihr Mut –:
»Hättest du doch geschwiegen!   Das wäre dir gut.
Selbst hast du geschändet   deinen schönen Leib.
Wie kann eine Kebse   mit Recht werden Königs Weib?«

»Wen hast genannt du Kebse?«   sprach des Königs Weib.
»So nenn ich dich«, sprach Kriemhild,   »denn deinen schönen
minnte als erster Sigfrid,   mein viellieber Mann.   ⌊Leib
Fürwahr, es war nicht Gunther,   der dir das Magdtum ab-
                                                  gewann.

Wo blieben deine Sinne?   Es war doch arge List.
Wie ließest du ihn minnen,   wenn er dein eigen ist?
Ich höre dich«, sprach Kriemhild,   »ohne Ursach klagen.«
»Fürwahr«, sprach da Brünhild,   »das will ich Gunther nun
                                                  sagen.«

»Dein Übermut hat dich«,   sprach Kriemhild, »betrogen.
Du hast mit deiner Rede   in deinen Dienst mich gezogen.
Das sollst fürwahr du wissen;   das ist mir immer leid.
Zu traulicher Freundschaft   bin ich dir nimmermehr bereit.«

Brünhild da weinte.   Mit dem ganzen Ring
ihrer Maide Kriemhild   in das Münster ging
vor des Königs Weibe.   Da erhob sich grimmer Haß.
Darob wurden lichte   Augen trübe und naß.

Wie man Gott diente   und jemand sang,
Brünhild da deuchte   die Zeit gar zu lang;
denn ihr war gar trübe   ihr Leib und ihr Mut.
Das mußten noch entgelten   viele Recken kühn und gut.

A 781–787, B 838–844, C 846–852

Mit ihren Fraun blieb Brünhild   vor dem Münster sorgenschwer.
Sie dachte: mich muß Kriemhild   hören lassen noch mehr,
daß so laut mich zeihet   das wortscharfe Weib.
Hat er sich des gerühmet,   es geht an Leben ihm und Leib.

Nun kam die Frau Kriemhild   mit manchem kühnen Mann.
Da sprach Gunthers Hausfrau: »Gebt mir das an!
Ihr scheltet mich Kebse.   Das sollt Ihr lassen sehn.
Ihr sollt es jetzt beweisen,   wie mir das Laster ist geschehn.«

Da sprach die schöne Kriemhild: »Ihr sollt mich lassen gehn.
Ich bezeug es mit dem Golde,   an meiner Hand zu sehn.
Das brachte mir mein Liebster,   als er bei dir lag.«
Da erlebte Brünhild   ihren leidvollsten Tag.

»Das Gold ich wohl erkenne: es ward mir gestohlen«,
sprach da Gunthers Gattin;   »es war mir lang verhohlen.
Ich komme nun dahinter,   wer es mir genommen.«
Die Frauen waren beide   in großen Unmut da gekommen.

Da sprach aber Kriemhild: »Sein will ich kein Dieb.
Du hättest schweigen sollen,   wäre dir Ehre lieb.
Ich bezeug es mit dem Gürtel,   den ich hier umgetan.
Ich habe nicht gelogen: Sigfrid ward dein erster Mann.«

Von Ninive aus Seide   sie die Borte trug,
mit edelm Gesteine;   gut war sie genug.
Da das sah Frau Brünhild,   zu weinen sie begann.
Das mußte erfahren Gunther   und jeder, der des Königs Mann.

Also sprach da Brünhild: »Heißet kommen her
den Fürsten vom Rheine!   Zu sagen ich begehr,
wie seine Schwester   verhöhnt meinen Leib,
die öffentlich behauptet,   ich sei gewesen Sigfrids Weib.«

A 788–794, B 845–851, C 853–859

Der König kam mit den Recken.   Weinen er sah
seine Gemahlin.   Gütig sprach er da:
»Sagt mir, liebe Fraue,   was ist Euch geschehn?«
Sie sprach: »Viellieber Gatte,   mit Recht muß ich traurig stehn.

Von allen meinen Ehren   hat mich die Schwester dein
gänzlich scheiden wollen.   Das muß geklagt dir sein.
Sie sagt, ich sei die Kebse   von Sigfrid, ihrem Mann.«
Da sprach der König Gunther: »Das hat sie übel getan.«

»Sie trägt meinen Gürtel,   den ich so lang verloren,
und auch mein goldnes Ringelein.   Daß ich je ward geboren,
das muß ich stets beklagen.   Daß du reinigst mich
von dieser großen Schande,   das verdiente ich immer um dich.«

Da sprach der König Gunther: »Laßt ihn kommen her!
Hat er sich des gerühmet,   so soll bekennen er,
oder ableugnen muß es   der Held von Niederland.«
Kriemhildes Gatten   ließ man holen kurzerhand.

Als der Herr Sigfrid   die Unmutvollen sah –
er wußte nicht, was geschehen –,   gar schnell sprach er da:
»Was weinen diese Frauen?   Das hätt ich gern erkannt;
und aus welchem Grunde   hat zu mir der König gesandt?«

Da sprach der König Gunther: »Man hat dich verklagt.
Meine Gattin Brünhild   hat mir dies gesagt:
du habest dich gerühmet,   daß ihren schönen Leib
du zuerst geminnet.   Das sagt Frau Kriemhild, dein Weib.«

Da sprach der Herr Sigfrid: »Hat sie das gesagt,
ich will nicht eher ruhen,   bis sie es beklagt.
Ich will dirs widerlegen   vor deinem ganzen Heer
mit meinem hohen Eide,   daß ichs behauptet nimmermehr.«

A 795–801, B 852–858, C 860–866

Da sprach der König vom Rheine: »Das sollst du lassen sehn.
Der Beweis, den du bietest, der soll hier geschehn,
und aller falschen Dinge will ich dich sprechen frei.«
Man hieß zu einem Ringe die Burgunden treten herbei.

Sigfrid zu dem Eide hob empor die Hand.
Da sprach der reiche König: »Mir ist so wohl bekannt
Eure volle Unschuld. Ich glaube auch so daran,
des Euch Kriemhild zeihet, daß Ihr das nimmer habt getan.«

Da sprach wieder Sigfrid: »Hat das vollbracht mein Weib,
daß sie hat so betrübet der schönen Brünhild Leib,
das ist mir ganz sicher über die Maßen leid.«
Da schauten aufeinander die kühnen Recken tatbereit.

»Man soll Frauen ziehen«, sprach Sigfrid, der Degen,
»daß sie so üppige Reden lassen allerwegen.
Gebiet es deinem Weibe! Dem meinen tu das ich.
Ihr großes Unrecht hat fürwahr beschämet mich.«

Manche schöne Fraue durch Reden ward entzweit.
Also sehr war da Brünhild es leid,
daß es erbarmen mußte, wer König Gunthers Mann.
Da trat Hagen von Tronje zu seiner Herrin heran.

Er fragte, was ihr wäre: weinen er sie fand.
Da sagte sie die Märe. Er gelobte kurzerhand,
daß dafür büßen müßte Kriemhildes Mann,
oder er wollte nimmer darum fröhlich sein fortan.

Zum Gespräch kam Ortwein und auch Gernot.
Da rieten die Helden zu König Sigfrids Tod.
Dazu kam auch Giselher, der edeln Ute Kind.
Als er die Rede hörte, da sprach er gütig gesinnt:

»Weh, Ihr guten Degen,   warum tut Ihr das?
Sigfrid hat verdienet   niemals solchen Haß,
daß er sollte verlieren   Leben und Leib.
Sehr leicht kann es geschehen,   daß erzürnt ist ein Weib.«

»Sollen wir Gauche ziehen?«   sprach darauf Hagen.
»Wenig Ehre haben   davon gute Degen.
Daß er sich hat gerühmet   der lieben Herrin mein,
darum will ich sterben,   es gehe denn ans Leben sein.«

Da sprach der König Gunther: »Er hat uns nichts getan
als getreue Dienste.   Leben soll er fortan.
Warum sollen wir Sigfrid   hegen solchen Haß?
Treu war er uns immer   und tat aus gutem Willen das.«

Der Held von Metz da sagte,   der Degen Ortwein:
»Wenig kann ihm helfen   die große Stärke sein.
Erlaubt mirs mein König,   so erlebt er Leid.«
Da waren ihm die Helden   ohne Schuld zu schaden bereit.

Sie ließen es beruhen.   Den Spielen ging man nach.
Hei, was man starke Schäfte   vor dem Münster brach,
vor dem Weibe Sigfrids   bis an den Saal hinan!
Doch war voll Unmutes   von Gunthers Degen mancher Mann.

Aber niemand folgte   Ortwein außer Hagen.
Jederzeit er reizte   Gunther, den Degen:
Wenn Sigfrid nicht lebte,   so würden untertan
ihm viele Königslande.   Der Held zu trauern da begann.

Er sprach: »Lasset bleiben   den mordlichen Zorn!
Er ist uns zum Heile   und zur Ehre geborn.
Auch ist so grimmer Kühnheit   der überstarke Mann.
Wenn er des inne würde,   so dürft ihn niemand greifen an.«

A 809–815, B 866–872, C 874–880

»Mitnichten«, sprach da Hagen.   »Wahrt es im Herzen innen!
Ich selbst kann dieses heimlich   so geschickt beginnen:
Leid soll ihm daraus werden,   daß Brünhild geweint.
Immerdar muß Hagen   wahrlich bleiben sein Feind.«

Da sprach der König Gunther: »Wie sollte das wohl gehn?«
Antwort gab da Hagen: »Ihr sollt es bald verstehn:
wir lassen Boten reiten   zu uns in das Land,
Fehde anzusagen,   die hier keinem sind bekannt.

Verkündet vor den Gästen,   daß Ihr und Euer Heer
zur Kriegsfahrt Euch rüstet!   Dann ist es nicht schwer:
gelobt er Euch die Heerfahrt,   so trifft man seinen Leib.
Wie man ihn könne erschlagen,   das verrät mir sein Weib.«

Zum Unheil folgte Gunther   Hagen, seinem Mann.
Schwere Untreue   zu stiften man begann,
eh jemand es ahnte,   die Recken auserkoren.   [verloren.
Durch zweier Frauen Streiten   ging mancher Degen da

Fünfzehntes Abenteuer

Wie man zu Worms Fehde ansagte

An dem vierten Morgen   sah zweiunddreißig Mann
zu Hofe man reiten.   Da ward es kundgetan,
Gunther, dem reichen,   sei Krieg angesagt.
Viel Leid aus der Lüge   entstand, von Frauen tief beklagt.

Erlaubnis sie erhielten,   zum Hofe hinzugehn.
Sie sagten, sie seien   von Lüdeger ersehn,
den vordem bezwungen   hätte Sigfrids Hand
und gebracht als Geisel   in des Königs Gunther Land.

A 816–821, B 873–878, C 881–886

Die Boten Gunther begrüßte　und hieß zum Sitz sie gehn.
Einer sprach zu ihnen:　»Herr, lasset uns stehn,
bis wir gesagt die Worte,　die Euch entboten sind!
Ihr habet zum Feinde,　das wisset, mancher Mutter Kind.

Krieg erklärt Euch Lüdegast　sowie Lüdeger,
dem einst Ihr erwecket　feindlichen Zorn gar sehr.
Sie wollen Euch führen　ein Heer in dieses Land.«
Gunther begann zu zürnen,　als sei ihm solches unbekannt.

Man hieß die Betrüger　zur Herberge fahren.
Wie konnte da Sigfrid　sich davor bewahren,
er und mancher andre,　was man so listig spann?
Das ward ihnen selber　zu schwerem Leide getan.

Der König mit seinen Freunden,　zum Rate gingen sie.
Hagen von Tronje　ließ in Ruhe ihn nie.
Die es schlichten wollten,　der Freunde genug es gab.
Hagen aber wollte　von seinem Rat nicht lassen ab.

Eines Tages Sigfrid　sie wieder raunen fand.
Da begann zu fragen　der Held von Niederland:
»Warum geht so traurig　der König und seine Schar?
Tat ihm jemand Leides?　Das will ich rächen immerdar.«

Da sprach der König Gunther:　»Mit Recht trag ich Leid:
Lüdeger und Lüdegast,　die fordern mich zum Streit.
Sie drohen mir offen,　zu reiten in mein Land.«
Da sprach der kühne Ritter:　»Dem soll fürwahr Sigfrids Hand

wohl zu Eurer Ehre　nach Kräften widerstehn.
Ich tu das den Degen,　wie einst es schon geschehn:
wüst will ich legen　die Burgen und ihr Land.
Daß ich davon nicht lasse,　sei mein Haupt Euer Pfand.

A 822–828, B 879–885, C 887–893

Ihr und Eure Recken   nehmt die Heimat wahr!
Laßt wider sie reiten   mich und meine Schar!
Daß ich Euch gerne helfe,   das laß ich Euch sehn.«
Da begann ihm Gunther   innigen Dank zu gestehn.

Sie schickten mit den Knechten   zu der Fahrt sich an.
Sigfrid und seinen Degen   ward es zum Schein getan.
Da hieß er sich rüsten   die Recken von Niederland.
Die auserwählten Helden   suchten vor ihr Streitgewand.

Da sprach der Herr Sigfrid: »Mein Vater Sigmund,
Ihr sollt hier nun bleiben.   Ich komme in kurzer Stund,
wenn Gott Glück uns schenket,   wieder her zum Rhein.
Ihr mögt bei dem König   hier derweil wohl fröhlich sein.«

Als sie von dannen wollten,   banden die Fahne sie an.
Da war auch genügend   von Gunthers Heerbann.
Sie wußten nicht die Wahrheit,   warum es wär geschehn.
Man konnte viel Gefolge   da bei Sigfrid nun sehn.

Die Helme und die Brünnen   man auf die Rosse band.
Viele starke Recken   wollten aus dem Land.
Da ging Hagen von Tronje,   wo er Kriemhild fand,
und bat sie um Urlaub: sie wollten räumen nun das Land.

»Wohl mir«, sprach da Kriemhild,   »daß ich den Mann gewann,
der so meine Freunde   zu schützen wagen kann,
wie mein Gatte Sigfrid   tut den Gefreundten mein!
Ich muß hohes Mutes«,   sprach die Königin, »da sein.

Viellieber Freund Hagen,   nun gedenkt an das,
daß ich hold Euch immer   und nie hegte Haß!
Das lasset mich genießen   an meinem lieben Mann!
Er soll es nicht entgelten,   hab ich Brünhild Leid getan.

A 829, 831–836, B 886, 888–893, C 894–900

Das hat mich sehr gereuet«,   sprach das edle Weib.
»Auch hat er so zerbläuet   darum meinen Leib,
daß ich je beschwerte   mit Rede ihr den Mut.
Das hat gerächt gar grimmig   der Ritter tapfer und gut.«

»Ihr werdet wieder Freunde   wohl nach diesen Tagen.
Kriemhild, liebe Herrin,   Ihr sollt mir jetzt sagen,
wie ich Euch dienen könne   an Sigfrid, Euerm Mann.
Das tu ich, Fraue, gerne;   keinem andern ichs gönnen kann.«

»Ich wäre ohne Sorge«,   sprach das edle Weib,
»daß im Kampf jemand könnte   verwunden seinen Leib.
Wollte er nicht folgen seinem Übermut,
so wäre immer sicher   dieser Degen kühn und gut.«

Antwort gab da Hagen: »Frau, habt Sorge Ihr,
man könne ihn verletzen,   so sagt dieses mir,
mit welchen klugen Künsten   ich dem soll widerstehn!
Ich will ihm zum Schutze   immer reiten und gehn.«

Sie sprach: »Du bist mein Mage,   wie ich der deine bin,
ich gebe dir in Treue   den holden Gatten hin,
damit du mir beschirmest   meinen lieben Mann.«
Sie sagt ihm das Geheimnis.   Es wäre besser nicht getan.

Sie sprach: »Mein Mann ist tapfer,   dazu stark genug:
als er den Linddrachen   an einem Berg erschlug,
da badet sich im Blute   der lebensfrohe Mann;
daher ihn keine Waffe   seitdem im Kampfe schneiden kann.

Ich habe aber Sorge,   wenn er im Kampfe steht
und der Würfe Menge   aus Reckenhänden geht,
daß ich da verliere   meinen lieben Mann.   [mich an!
Weh, welcher schwere Kummer   um meinen Liebsten ficht

Ich sage im Vertrauen,   viellieber Freund, es dir,
damit du deine Treue   bewährest an mir,
wie man verwunden könne   meinen lieben Mann.
Das laß ich dich nun hören.   Im Vertrauen ists getan.

Als aus des Drachen Wunden   floß das heiße Blut
und sich darin badete   der kühne Degen gut,
da haftete zwischen den Schultern   ein breites Lindenblatt.
Dort kann man ihn verwunden.   Viel Sorge mirs bereitet hat.«

Da sprach der Ungetreue: »Näht auf sein Gewand
mir ein kleines Zeichen   mit Eurer eignen Hand!
Wo ich ihn soll behüten,   kann ich dann verstehn.«
Sie wähnte ihn zu schützen,   auf seinen Tod wars abgesehn.

Sie sprach: »Mit feiner Seide   näh ich auf sein Gewand
ein geheimes Kreuzlein;   da soll, Held, deine Hand
meinen Mann beschirmen,   wenns an die Schultern geht
und wenn in harten Kämpfen   er vor seinen Feinden steht.«

»Das tu ich«, sprach Hagen,   »vielliebe Fraue mein.«
Da wähnte auch die Fraue,   es sollt ihr Segen sein.
Doch war damit verraten   der vielkühne Mann.
Urlaub nahm da Hagen.   Fröhlich schied er alsdann.

Was er erfahren hätte,   bat ihn sein Herr zu sagen.
»Könnt Ihr den Feldzug wenden,   so reiten wir zum Jagen.
Ich hab es nun erfahren,   wie ich ihn besiegen kann.
Könnt Ihrs einrichten?«   »Das tu ich«, sprach der König;
                                                        »wohlan!«
Des Königs Ingesinde   war alles wohlgemut.
Ich glaube, das kein Recke   so jemals wieder tut
als schändlicher Verräter,   wie Hagen sich erwies,
als sich auf seine Treue   Kriemhild, die Königin, verließ.

A 844–849, B 901–906, C 908–914

An dem dritten Morgen   ritt mit tausend Mann
nun der Herr Sigfrid   fröhlich heran.
Er wähnte, er sollte rächen   seiner Freunde Leid.
Hagen ritt ihm so nahe,   daß er schaute sein Kleid.

Als er sah das Zeichen,   schickte er herbei,
zu sagen andre Kunde,   seiner Mannen zwei,
daß Frieden haben sollte   Gunthers Land;
sie hätt ihr Herrscher Lüdeger   zu dem König gesandt.

Wie ungern da Sigfrid   zurück wieder ritt!
Wider Gunthers Feinde   keinen Sieg er nun erstritt.
Kaum zurück ihn hielten,   die aus Gunthers Bann.
Dann ritt er zu dem König.   Zu danken dieser ihm begann.

»Nun lohn Euch Gott den Willen,   Freund Sigfrid,
daß Ihr es tut so gerne,   worum ich Euch bitt!
Drum muß ich immer danken,   wie ich mit Recht es soll.
Von allen meinen Freunden   Euch vertraue ich wohl.

Da es mit der Heerfahrt   zu Ende nun muß sein,
will zur Jagd ich reiten   von Worms übern Rhein
und will zur Kurzweile   zum Odenwald hinan,
zu jagen mit den Hunden,   wie ichs oftmals schon getan.

Allen meinen Gästen   soll man das sagen,
daß schon früh ich reite.   Die mit mir wollen jagen,
daß sie bereit sich halten!   Doch wer will bleiben hier
zur Kurzweil mit den Frauen,   auch das geschieht zur Freude
                                                          mir.«
In herrlichem Gebaren   sprach da Sigfrid:
»Wenn auf die Jagd Ihr reitet,   so will ich gerne mit.
Nur müßt Ihr mir leihen   einen Jägersmann
und etliche Bracken.   So reit ich mit Euch in den Tann.«

»Bedürft Ihr nur eines?«   der König sprach gewandt;
»ich will gern vier Euch geben,   denen wohlbekannt
der Wald und auch die Steige,   wo wechselt das Wild,
daß ungeführt zu reiten   uns nach für Euch es nimmer gilt.«

Als die vielungetreuen   beschlossen seinen Tod –
sie wußten es alle –,   Giselher und Gernot   [Neid.
wollten zur Jagd nicht reiten.   Ich weiß nicht, aus welchem
sie Sigfrid nicht warnten.   Sie büßten es in später Zeit.

Sechzehntes Abenteuer

Wie Sigfrid ermordet ward

Gunther und Hagen,   die Recken wohlgetan,
ungetreu ein Pirschen   im Walde setzten an.
Mit ihren scharfen Geren   wollten sie jagen Schwein,
Wisent und auch Bären.   Was konnte Kühneres wohl sein?

Mit ihnen ritt auch Sigfrid   in heiterem Sinn.
Auserlesene Speise   brachte man da hin.
An einem kühlen Brunnen   nahmen sie ihm das Leben.
Den Rat hatte Brünhild,   König Gunthers Weib, gegeben.

Da ging der kühne Degen   hin, wo er Kriemhild fand.
Schon war aufgeladen   das edle Pirschgewand,
seines und der Gefährten.   Sie wollten übern Rhein.
Da konnte Kriemhild   trüber nicht zumute sein.

Seine traute Liebste   küßt er auf den Mund:
»Gott lasse mich, Fraue,   dich wiedersehen gesund
und mich deine Augen.   Mit den holden Magen dein
magst du Kurzweil treiben.   Ich kann hier dabei nicht sein.«

A 857, 859–862, B 914, 916–919, C 922–927

Da gedachte sie der Kunde –   sie wagt es nicht zu sagen –,
danach sie Hagen fragte: da begann zu klagen
die Königin, die edle,   daß sie zum Leben genas,
darüber weinte des kühnen   Sigfrids Gattin ohne Maß.

Sie sprach zu dem Recken: »Laßt Euer Jagen sein!
Mir träumte von Leide: wie Euch zwei wilde Schwein
jagten über die Heide.   Da wurden die Blumen rot.   [Not.
Drum muß so sehr ich weinen.   Das schafft mir armem Weibe

Fürchten muß ich, Sigfrid,   etlicher Degen Rat,
ob man von diesen   beleidigt einen hat,
der wider uns hegen könnte   feindlichen Haß.
Bleibet, mein Gebieter!   In Treuen rate ich Euch das.«

Er sprach: »Liebe Fraue,   ich komm in wenig Tagen.
Ich weiß hier keine Feinde,   die Haß wider mich tragen.
Alle deine Magen   sind insgesamt mir hold.
Auch ich habe von ihnen   nie etwas anderes gewollt.«

»Nein doch, Herr Sigfrid,   ich fürchte deinen Fall.
Mir träumte nächtlich Unheil,   als ob hier zu Tal
stürzten zwei Berge;   ich sah dich nimmermehr.   [gar sehr.«
Willst du nun von mir scheiden,   das schmerzt mich innerlich

Er umfing mit den Armen   das tugendliche Weib.
Mit innigen Küssen herzte   er ihren schönen Leib.
Mit Urlaub von dannen   schied er in kurzer Stund.
Sie sah danach ihn wieder   leider nimmermehr gesund.

Dann ritten sie von dannen   in einen tiefen Wald
um froher Kurzweil willen.   Viele Degen alsbald
ritten mit dem König.   Mit ihnen führte man
viel der edeln Speise   für die Helden nach dem Tann.

A 863–869, B 920–926, C 928–934

Viel beladene Rosse   kamen zuvor übern Rhein,
die für die Jäger trugen   Brot sowie Wein,
Fleisch sowie Fische   und anderen Mundvorrat,
den ein reicher König   wohl von Rechts wegen hat.

Sie hießen dann rasten   bei dem Waldesgrün
vor des Wildes Wechsel,   die stolzen Jäger kühn,
die da jagen sollten   auf einem Werder breit.
Da kam der Herr Sigfrid.   Dem König sagte man Bescheid.

Vor den Jagdgesellen   wurden aufgestellt
die Treiber an allen Seiten.   Da sagte der kühne Held,
Sigfrid, der starke: »Wer soll uns durch den Wald
zu den Bergen führen,   ihr Recken kühn und wohlbestallt?«

»Wir müssen uns nun trennen«,   sprach da Hagen,
»bevor wir beginnen   hier zu jagen.
Dann werden wir erkennen,   ich und der Herrscher mein,
wer der beste Jäger   auf dieser Waldfahrt möge sein.

Leute sowie Hunde,   wir teilen uns darein,
dann geht, wie er begehre,   jeglicher allein.
Wer dann erlegt das Beste,   dem sage man Dank!«
Nicht war da ihr Warten   bei der Raststätte lang.

Da sprach der Herr Sigfrid: »Der Hunde ich entrat
außer einem Bracken,   der Witterung hat,
daß er aufspüre die Fährten   des Wildes durch den Tann.«
Da rief der König Gunther   ihm, was er wollte, heran.

Da nahm der Jägermeister   einen guten Spürhund;
er brachte hin den Herren   in einer kurzen Stund,
wo sie viel Wild ausmachten.   Was davon flüchtig ward,
erlegten die Gesellen.   Das ist gute Waidmannsart.

A 870–876, B 927–933, C 935–941

Was aufgejagt der Bracke,   erlegte mit seiner Hand
Sigfrid, der vielkühne,   der Held aus Niederland.
Sein Roß, das lief so eilend, daß ihm nichts entrann.
Den Preis für die Strecke   er vor allen da gewann.

Er war in jeder Hinsicht   biderbe genug.
Das erste Stück Wildes,   das er zu Tode schlug,
das war ein starkes Halbschwein,   wohl mit seiner Hand.
Danach er gar eilig   einen grimmen Löwen fand.

Als der war aufgespüret,   er schoß ihn mit dem Bogen.
Einen scharfen Pfeil hatte   er darauf gezogen.
Der Löwe nach dem Schusse   lief noch drei Fluchten lang.
Seine Jagdgesellen,   die sagten Sigfrid da Dank.

Dann erlegt er eilend   einen Wisent und einen Elch,
dazu drei Auerochsen   und einen grimmen Schelch.
Sein Roß trug ihn so flüchtig,   daß ihm nichts entrann.
Hirsch und Hindin konnten   nicht entgehn dem kühnen Mann.

Einen starken Keiler,   den sah der Spürhund.
Als er flüchtig wurde,   kam zu derselben Stund
des Pirschganges Meister.   Auf der Spur blieb er dann.
Das Schwein voller Grimme   nahm den kühnen Recken an.

Da traf es mit dem Schwerte   Kriemhildes Mann.
Das hätt ein anderer Jäger   so leicht nicht getan.
Als das Schwein verendet,   fing man den Spürhund.
Seine reiche Strecke   ward den Burgunden kund.

Da sprachen seine Jäger: »Wollt es uns verzeihn!
Doch laßt uns von dem Wilde   einen Teil geschonet sein,
Ihr macht leer uns heute   den Berg und den Wald.«
Da begann zu lächeln   der kühne Degen alsbald.

A 877–882, B 934–940, C 942–948

Lärm und Getöse   vernahm man überall.
Von Leuten und von Hunden   war so groß der Schall,
daß davon widerhallten   die Berge und auch der Tann.
Vierundzwanzig Rüden   die Jäger koppelten los alsdann.

Da mußte viel des Wildes   verlieren sein Leben.
Sie wähnten zu erreichen,   man müßte ihnen geben
den Preis dieses Jagens.   Das konnte nicht geschehn,
da der starke Sigfrid   ward bei der Feuerstatt gesehn.

Das Pirschen war beendet,   jedoch nicht ganz und gar,
die zu dem Feuer wollten,   die brachten mit sich dar
gar mancher Art Tiere   und Wildes genug.
Hei, was man da in die Küche   zu des Königs Ingesinde trug!

Da ließ der König verkünden   den Jägern auserkorn,
daß man zum Imbiß wollte.   Da ward gar laut das Horn
alsbald nun geblasen.   So gab man bekannt,
daß man den edeln Fürsten   da bei der Raststätte fand.

Einer von Sigfrids Jägern   sprach: »Ich habe vernommen
den Schall eines Hornes,   daß wir nun sollen kommen
zu der Raststätte,   Antwort ich geben will.«
Da ward nach den Jägern   durch Blasen gerufen gar viel.

Da sprach der Herr Sigfrid: »Räumen wir den Tann!«
Sein Roß trug ihn gemächlich.   Sie eilten mit ihm alsdann.
Sie scheuchten auf mit dem Schalle   ein Tier grimmiglich:
ein wilder Bär war das.   Der Degen wandte um da sich.

»Wollt ihr uns Heergesellen   einen Spaß gewähren,
koppelt los den Bracken!   Ich seh da einen Bären;
der soll zur Raststätte   mit uns von hinnen fahren.
Wie bös er sich gebärde,   er kann sich nicht davor bewahren.«

A 883–888, B 941–947, C 949–955

Gelöst war der Bracke.   Der Bär entsprang alsdann.
Ihn wollte einholen   der Kriemhilde Mann.
Er kam an eine Dickung.   Das Roß kam nicht hinein.
Der starke Bär nun wähnte,   vor den Jägern sicher zu sein.

Da sprang von seinem Rosse   der stolze Ritter gut
und begann schnell zu laufen.   Das Tier war ohne Hut.
Es konnt ihm nicht entrinnen.   Er fing es mit der Hand.
Ohne eine Wunde   der Degen eilig es band.

Kratzen oder beißen   konnt es nicht den Mann.
Er band es an den Sattel.   Der Gewaltige dann
zur Feuerstatt es brachte   in seinem hohen Mut,
Kurzweil dort zu schaffen,   dieser Recke kühn und gut.

Wie er ritt zum Rastplatz,   der stattliche Herr,
gar gewaltig ragte,   stark und breit sein Ger.
Sein starkes Schwert reichte   nieder bis zum Sporn.
Von glutrotem Golde   führte er ein herrlich Horn.

Von besserm Pirschgewande   hörtet nie ihr sagen.
Einen Rock aus schwarzem Stoffe   sah man ihn tragen
und einen Hut von Zobel,   der war reich genug.
Hei, was an guten Borten   an seinem Köcher er trug!

Ein Fell von einem Panther   war drüber gezogen,
Geruch und Pracht zu mehren.   Auch führt er einen Bogen,
den mit einer Winde   mußte ziehen an,
wer ihn spannen wollte;   er hätt es selber denn getan.

Aus eines Luchses Felle   war sein ganz Gewand,
von Kopf bis zu den Füßen   man besetzt es fand.
Aus dem lichten Rauchwerk   manch goldnes Spängelein
an beiden Seiten glänzte   dem kühnen Jägermeister fein.

A 889–895, B 948–954, C 956–962

Auch führte er Balmung,   die ziere Waffe, mit,
so stark und so geschliffen,   gefährlich sie schnitt,
wo man sie schlug auf Helme.   Die Klingen waren gut.
Der herrliche Jäger,   der war mit Recht gar hochgemut.

Wenn ich euch die Kunde   ganz berichten soll,
so war sein edler Köcher   guter Pfeile voll
mit goldenen Tüllen;   die Eisen waren breit.   [weit.
Wen er traf mit dem Schusse,   dem war das Ende nicht mehr

Da ritt der edle Ritter   waidgerecht alsdann.
Sein Kommen erkannte,   wer König Gunthers Mann;
sie liefen ihm entgegen   und hielten sein Roß.
Da führt er auf dem Sattel   den Bären stark und groß.

Als er vom Roß gestiegen,   da löst er ihm das Band
vom Fang und von den Pranken.   Ein Gebell entstand,
ein lautes, von der Meute;   sie wollten dem Bären nach.
Das Tier wollte zum Walde: die Leute hatten Ungemach.

Der Bär von dem Lärme   in die Küche geriet.
Hei, was er Küchenknechte   von dem Feuer schied!
Umkippte mancher Kessel;   zerstreut ward mancher Brand.
Hei, was man guter Speisen   in der Asche liegen fand!

Da sprangen von den Sitzen   die Herren und ihr Troß.
Der Bär wurde wilder.   Der König hieß binden los
nun die ganze Meute,   die an der Koppel lag.
Wärs glücklich abgelaufen,   sie hätten einen frohen Tag.

Mit Bogen und mit Spießen –   man säumte nicht länger mehr –
liefen dort die Schnellen,   wo flüchtig war der Bär.
So viel waren der Hunde,   daß da niemand schoß.
Vom Schall war das Getöse   im Wald und an dem Berge groß.

A 896–902, B 955–961, C 963–969

Der Bär wurde flüchtig   vor den Hunden dann.
Ihm konnte niemand folgen   als Kriemhildes Mann.
Der erlief ihn mit dem Schwerte,   zu Tode er ihn schlug.
Wieder zu der Küche   man den Bären da trug.

Da sagten, die das sahen,   er sei ein kräftiger Mann.
Die stolzen Jagdgesellen   lud man zu Tisch alsdann.
Auf einem grünen Anger   saßen ihrer genug.
Hei, was man reicher Speisen   vor die Jagdgesellen trug!

Die Schenken kamen träge,   die bringen sollten Wein.
Nie konnten sonst Helden   besser bedienet sein;
hätte unter ihnen   keiner so falschen Mut,
so wären wohl die Degen   vor jeder Schande in guter Hut.

Das hatte nicht der Kühne   im Sinn, dem Tod geplant,
daß von der Untreue   er hätte etwas geahnt.
Ihm war in seiner Tugend   Falschheit unbekannt.
Sein Sterben entgalt mancher,   der keinen Vorteil dabei fand.

Da sprach der Herr Sigfrid: »Wunder mich das nimmt,
da man uns aus der Küche   viel Gutes hat bestimmt,
warum uns die Schenken   bringen keinen Wein.
Man verpflege uns besser;   sonst will ich kein Jagdgeselle sein.

Daß man mein gedachte,   hätt ich wohl verdient.«
Der König an dem Tische   sprach trügerisch gesinnt:
»Ich will diesen Mangel   entgelten gern in Huld:
daß der Wein uns fehlet,   daran ist einzig Hagen schuld.«

Da sprach der von Tronje: »Lieber Herre mein,
ich glaubte, daß das Pirschen   heute sollte sein
hinten bei dem Spessart;   dorthin sandt ich den Wein.
Gibts hier nichts zu trinken,   künftig solls vermieden sein.«

A 903–908, B 962–967, C 970–976

Da sprach der Herr Sigfrid: »Des weiß ich keinen Dank.
Man sollte sieben Pferde   mit Wein und Lautertrank
hierher geführt haben.   Konnte das nicht sein,
so sollte man uns näher   versammelt haben an dem Rhein.«

Antwort gab da Hagen: »Edle Ritter ihr,
einen kühlen Quell weiß ich,   der ist ganz nahe hier.
Daß ihr mir nicht zürnet! Da wollen hin wir gehn.«
Der Rat war manchem Degen   zu tiefem Schmerze geschehn.

Aus Niederland den Helden   zwang des Durstes Not.
Den Tisch er desto schneller   zurückzusetzen gebot.
Er wollte in die Berge   zu dem Brunnen gehn.
Doch war der Rat mit Tücke   von den Degen nun geschehn.

Das Wild hieß man auf Wagen   bringen in das Land,
das erlegt da hatte   Sigfrids starke Hand.
Wer es sah, der sagte   ihm große Ehre nach.
Gunther seine Treue   schlimm an Sigfrid da brach.

Als sie von dannen wollten   zu der Linde breit,
also sprach da Hagen: »Mir ist gesagt allzeit,
daß niemand folgen könne   der Kriemhilde Mann,
wenn er laufen wolle;   hei, könnten wir das schauen an!«

Da sprach von Niederlanden   der schnelle Sigfrid:
»Ihr könnt es ja versuchen,   wollt Ihr laufen mit
um die Wette nach dem Brunnen.   Ist dieses geschehn,
so sei der der Sieger,   den man dort sieht als ersten stehn.«

»Das wollen wir versuchen«,   sprach Hagen, der Degen.
Da sprach der starke Sigfrid: »Dann will ich mich legen
vor Euern Füßen   nieder in das Gras.«
Als Gunther das hörte,   hei, wie lieb war ihm das!

A 909–915, B 968–974, C 977–983

Da sprach der kühne Degen: »Ich will Euch mehr noch sagen.
Die ganze Ausrüstung   will ich an mir tragen:
den Ger mitsamt dem Schilde   und auch mein Pirschgewand.«
Den Köcher samt dem Schwerte   er gar eilig um sich band.

Sie zogen ihre Kleider   von dem Leibe da;
in zwei weißen Hemden   man beide stehen sah.
Sie liefen wie zwei Panther   durch den Klee einher.   [eh'r.
Doch sah man bei dem Brunnen   den schnellen Sigfrid stehen

Den Preis in allen Dingen   vor jedem er gewann.
Das Schwert löst er eilend,   legt ab den Köcher dann,
lehnte den Ger, den starken,   an einen Lindenast.
An des Baches Strömung   stand der herrliche Gast.

Die Tugenden Sigfrids   waren übergroß.
Den Schild legt er nieder,   wo die Quelle floß.
Wie sehr ihn auch dürstete,   nichts der Held doch trank,
bevor der König käme.   Das deuchte Sigfrid gar lang.

Kühl war der Brunnen,   lauter und gut.
Da legte sich Gunther   nieder an die Flut;
mit dem Mund das Wasser   des Baches trank er nun.
Sie dachten, daß auch Sigfrid   nach ihm dasselbe würde tun.

Seine Zucht entgalt er.   Den Bogen und das Schwert
trug beiseite Hagen   von dem Degen wert.
Dann lief zurück er wieder,   wo den Ger er fand.
Er sah nach dem Kreuze   an des Königs Gewand.

Da der kühne Sigfrid   aus der Quelle trank,
warf er den Ger durch das Kreuzlein,   daß aus der Wunde
das Blut von seinem Herzen   bis an Hagens Hemd.   [sprang
Solche schwere Untat   ist jedem andern Degen fremd.

A 916–922, B 975–981, C 984–990

Den Ger ließ in dem Herzen   er ihm stecken tief.
In solcher Angst Hagen   flüchtend niemals lief
auf dieser Erde   vor irgendeinem Mann,
als ob der schweren Wunde   der edle Sigfrid auf Rache sann.

Voller Zorn der Recke   von der Quelle sprang.
Ihm ragte aus dem Herzen   die Gerstange lang.
Der Fürst wollte finden   Bogen oder Schwert.
Dann hätte er Hagen   für seine Tat den Lohn beschert.

Als der schwer Wunde   das Schwert nirgends fand,
da hatte er nichts andres   als seines Schildes Rand,
den hob er bei dem Brunnen   und lief Hagen an.
Da konnt ihm nicht entrinnen   der gar ungetreue Mann.

Ob wund er war zu Tode,   so kräftig er schlug,
daß aus dem Schilde   wirbelte genug
des edeln Gesteines.   Der Schild barst von den Schlägen;
gerächt hätte gerne   sich der herrliche Degen.

Hagen mußte fallen   von seiner Hand zu Tal.
Laut ertönte der Werder   von seiner Schläge Schall.
Hätt er das Schwert in Händen,   es wäre Hagens Tod.
Der Held entrann in Ängsten   ihm nur mit genauer Not.

Seine Kraft war entwichen;   er konnte nicht mehr stehn.
Seines Leibes Stärke,   die mußte nun vergehn,
da er des Todes Zeichen   in bleicher Farbe trug.
Beweint ward er später   von edeln Frauen genug.

Da fiel in die Blumen   der Kriemhilde Mann.
Man sah, wie aus der Wunde   das Blut strömend rann.
Da begann er zu schelten –   es zwang ihn bittre Not –,
die beschlossen hatten   den vielungetreuen Tod.

A 923–929, B 982–988, C 991–997

Da sprach der Todwunde: »Ihr böslichen Zagen,
was nützt euch meine Hilfe,   da ihr mich habt erschlagen?
Ich war getreu euch immer;   den Lohn ich spüren kann.
Ihr habt an euerm Magen   leider Übles nun getan.

Die sind nun bescholten,   wer euch wird geborn
nach diesen Zeiten.   Ihr habt euern Zorn
durch üble Tat gerochen   an dem Leben mein.
In Schanden sollt geschieden   ihr von guten Recken sein.«

Hinzu liefen alle,   wo er erschlagen lag.
Für ihrer viele war es   ein freudenloser Tag.
Die selber Treue hielten,   von denen ward er beklagt.
Das hat auch wohl verdienet   der Ritter kühn und unverzagt.

Von Burgund der König   beklagte seinen Tod.
Da sprach der Todwunde.   »Das tut nimmer not,
daß der beweint den Schaden,   der ihn gerichtet an;
der verdient viel Schelte.   Es wäre besser nicht getan.«

Hagen sprach da: »Ich weiß nicht,   warum Ihr traurig seid.
Nun hat alles ein Ende,   unsre Sorge und unser Leid.
Wir finden ihrer keinen,   der uns bestehen kann.
Wohl mir, daß seiner Herrschaft   ich ein Ende nun gewann!«

»Ihr mögt euch leichtlich rühmen«,   sprach der von Niederland.
»Hätte ich den Mordplan   zuvor an euch erkannt,
ich hätte wohl behalten   vor euch Leben und Leib.
Nichts so sehr mich dauert   als Frau Kriemhild, mein Weib.

Nun möge sich Gott erbarmen,   daß ich den Sohn gewann,
dem man solchen Vorwurf   immer machen kann,
daß seine Magen jemand   mit Mord haben erschlagen.
Könnt ichs«, so sprach Sigfrid,   »das müßt ich billig beklagen.

A 930–936, B 989–995, C 998–1004

Nimmer ward auf Erden   ein schlimmerer Mord erdacht«,
sprach er zu dem König,   »als Ihr an mir vollbracht.
Ich hab Euch Leib und Ehre   beschirmt in jeder Not.
Den Lohn ich entbehre,   daß ich Euch immer Hilfe bot.«

Da sprach voller Kummer   der todwunde Mann:
»Wenn bei Euch, edler König,   noch Treue gelten kann
in der Welt an jemand,   laßt Euch empfohlen sein
in Treue und in Gnade   die geliebte Traute mein.

Laßt sie das genießen,   daß ihr Geschwister seid!
Pflegt sie in Fürstentugend   getreu alle Zeit!
Mein müssen lange warten   mein Vater und mein Heer.
Keiner Frau von Freunden   ward je getan ein Leid so schwer.«

Er krümmte sich vor Schmerzen,   wie ihm die Not gebot.
Er sprach da voll Kummer: »Der mörderische Tod
mag euch wohl gereuen   noch nach diesen Tagen.
Glaubt mir das in Treuen,   daß ihr euch selber habt erschlagen!«

Die Blumen allenthalben   vom Blute waren naß.
Da rang er mit dem Tode.   Nicht lange tat er das,
da des Todes Waffe   allzusehr ihn schnitt.
Der kühne, wackre Recke   konnte länger reden nit.

Da die Herren sahen,   daß der Held nun tot,
auf einen Schild sie ihn legten,   der war von Golde rot,
und berieten miteinander,   wie das sollt ergehn,
daß man es verhehle,   was durch Hagens Hand geschehn.

Da sprachen ihrer viele: »Uns ist übel geschehn.
Ihr sollt es hehlen alle   und sollt darauf bestehn,
allein sei geritten   der vielkühne Mann;
ihn erschlugen Schächer,   als er gezogen durch den Tann!«

A 937–941, B 996–1000, C 1005–1011

Da sprach der Ungetreue: »Ich bring ihn in das Land.
Sehr gleichgültig ist mirs,   wird ihrs auch bekannt.
Sie hat so sehr betrübet   meiner Herrin Mut.
Ich achte es geringe,   ob sie nun auch weinen tut.«

Von demselben Brunnen,   da Sigfrid ward erschlagen,
sollt ihr die rechte Kunde   von mir hören sagen:
vor dem <u>Odenwalde</u>   ein Dorf liegt, Odenhein.
Dort fließt noch die Quelle,   daran kann kein Zweifel sein.

Siebzehntes Abenteuer

Wie Kriemhild ihren Mann beklagte und wie man ihn begrub

Der Nacht sie da harrten   und zogen übern Rhein.
Von Helden konnte übler   gejagt nimmer sein.
Das erlegte Wild beweinte   manches edle Kind.
Es mußte sein entgelten   mancher Weigand kühn gesinnt.

Von großem Übermute   mögt ihr nun hören sagen
und von grimmer Rache: Hagen ließ da tragen
Sigfrid, den hehren,   von Nibelungenland
vor die Kemenate,   da man Kriemhilde fand.

Er ließ den Toten legen   so vor das Tor,
daß sie ihn finden sollte,   käme sie hervor
beim Gang zur Frühmesse,   ehe es wurde Tag,
deren die Frau Kriemhild   eine selten nur verlag.

Man läutete zum Münster   nach Gewohnheit;
da erwachte die Fraue   und vor ihr manche Maid.
Sie gebot, alsbald zu bringen   Licht und ihr Gewand.
Ein Kämmerer kam da   dorthin, wo er Sigfrid fand.

A 942–946, B 1001–1005, C 1012–1017

Er sah ihn blutgerötet;   sein Gewand war naß.
Daß sein Herr es wäre,   nicht erkannte er das.
Er trug zur Kemenate   das Licht in seiner Hand,
so daß die Trauernachricht   bald Frau Kriemhild ward bekannt.

Als sie mit ihren Frauen   zum Münster wollte gehn,
der Kämmerer da sagte: »Ihr müßt stillestehn:
es liegt vor dem Gemache   ein Ritter erschlagen.«
Da begann Kriemhild   über jedes Maß zu klagen.

Ehe sie noch recht erkannte,   daß es war ihr Mann,
an die Frage Hagens   zu denken sie begann,
wie er ihn schützen wollte.   Das war ihr erstes Leid.
Mit seinem Tod begann ihr   das Ende ihrer Freudenzeit.

Zu Boden sank sie nieder.   Kein Wort sprach sie da.
Die schöne Freudenlose   liegen man da sah.
Der edeln Fraue Jammer   übermäßig war;
sie schrie, daß die Kemenate   widerhallte ganz und gar.

Da sprach ihr Ingesinde: »Könnte ein Gast es sein?«
Das Blut ihr aus dem Munde   rann vor Herzenspein.
Sie sprach: »Es ist Sigfrid,   mein viellieber Mann.
Geraten hat es Brünhild,   und Hagen hat es getan.«

Die Frau ließ sich zeigen,   wo sie Sigfrid fand.
Sein schönes Haupt hob sie   mit ihrer weißen Hand.
Wie rot er war von Blute,   sie hatt ihn gleich erkannt.
Mißgefärbt war da   des kühnen Degens Gewand.

Da rief in tiefem Jammer   die Königin gar mild:
»Weh mir meines Leides!   Dir ist dein Schild
mit Schwertern nicht zerhauen.   Du fielst durch Meuchelmord.
Wüßte ich den Täter,   den Tod ich wirkt ihm fort und fort.«

A 947–953, B 1006–1012, C 1018–1024

All ihr Ingesinde   klagte da und schrie
mit ihrer lieben Herrin.   Heftig schmerzte sie
ihr vieledler Herrscher,   den sie da hatten verlorn.
Gerächt hatte Hagen   gar hart Brünhildes Zorn.

Da sprach die Schmerzenreiche: »Man soll von hinnen gehn,
alsbald zu wecken Sigfrids   Recken ausersehn,
und soll König Sigmund   diese Kunde sagen,
ob er mir helfen wolle   den Herrn Sigfrid beklagen.«

Dahin lief der Bote,   wo er liegen fand
alle Helden Sigfrids   aus Nibelungenland.
Mit dieser Trauerkunde   weckte er manchen Mann.
Die sprangen ohne Besinnen   alsbald aus ihren Betten dann.

Auch kam der Bote eilend,   wo er den König traf;
Sigmund, den Herrscher.   Ihn mied jeder Schlaf.
Ich meine, sein Herz ihm sagte,   was da war geschehn:
er mochte seinen lieben Sohn   lebend nimmer wiedersehn.

»Wachet nun, Herr Sigmund!   Ihr sollt schleunigst gehn
zu meiner Herrin Kriemhild.   Ihr ist ein Leid geschehn,
das ihr vor jedem Kummer   das Herz belastet schwer.
Ihr sollt es beklagen helfen;   denn es trifft Euch auch sehr.«

Aufrichtete sich Sigmund.   Er sprach: »Welch ein Leid
traf die schöne Kriemhild,   davon du bringst Bescheid?«
Der Bote sprach voll Trauer: »Mit Recht muß ich klagen:
es ist von Niederlanden   der kühne Sigfrid erschlagen.«

Da sprach der König Sigmund: »Laßt das Scherzen sein
und also böse Kunde   von dem Sohne mein!
Wenn Ihr solches saget,   daß er sei erschlagen,
ich könnte um ihn nimmer   genug bis an mein Ende klagen.«

»Und wollt Ihr mir nicht glauben,   was Ihr mich höret sagen,
so mögt Ihr selber hören   Frau Kriemhilde klagen
und all ihr Ingesinde   über Sigfrids Tod.«
Gar sehr erschrak da Sigmund.   Das schuf ihm grimmige Not.

Mit seinen hundert Mannen   er aus dem Bette sprang.
Sie griffen mit den Händen   die scharfen Waffen blank.
Sie liefen zu dem Wehruf   voller Trauer dann.
Da kamen tausend Recken,   jeder, der des Königs Mann.

Da sie die Frauen hörten   so jämmerlich klagen,
da wähnten ihrer manche,   sie sollten Kleider tragen.
Sie mochten Überlegung   vor Leid nimmer haben.
Ihnen lag schwerer Kummer   in ihren Herzen begraben.

Da kam der König Sigmund,   wo er Kriemhild fand.
Er sprach: »Wehe der Reise   her in dieses Land!
Wer hat mir an meinem Kinde   und Euch an Euerm Mann
bei so guten Freunden   ohne Grund das angetan?«

»Ja, sollt ich den erkennen«,   sprach die Königin,
»hold würde ihm nimmer   mein Herz und mein Sinn.
Ich schüfe Leid ihm dauernd,   daß die Magen sein
voll Jammers müßten weinen,   das wisset, um die Taten mein!«

Sigmund mit den Armen   den Fürsten umschloß.
Da ward von seinen Freunden   der Jammer also groß,
daß von der lauten Klage   durch Palas und Saal   [Schall.
und auch durch Worms, die Feste,   von dem Weinen klang der

Da konnte niemand trösten   König Sigfrids Weib.
Man zog aus den Kleidern   seinen schönen Leib.
Sie legten den edeln König   auf die Bahre hin.
Da ward von schwerem Jammer   seinen Leuten weh der Sinn.

A 961–967, B 1020–1026, C 1032–1038

Da sprachen seine Recken   vom Nibelungenland:
»Bereit, ihn zu rächen,   ist immer unsre Hand.
Er weilt in dieser Feste,   der es hat getan.«
Da eilte zu den Waffen   von Sigfrids Rittern jedermann.

Mit ihren Schilden kam da   die auserwählte Schar
von elfhundert Recken, die im Gefolge war
Sigmunds, des Königs.   Des kühnen Sigfrids Tod
wollte er gerne rächen;   ihn drängte wahrlich die Not.

Sie wußten nicht, wen sie sollten   im Kampf greifen an,
es sei denn, König Gunther   und seiner Krieger Bann,
mit denen ihr Herr Sigfrid   aus zum Jagen ritt.
Kriemhild sah sie gewaffnet.   Größern Schmerz sie da erlitt.

Wie stark auch war ihr Jammer   und wie groß ihre Not,
sie fürchtete so heftig   der Nibelungen Tod
durch König Gunthers Mannen,   daß sie dazwischen trat.
Sie warnte sie in Güte,   wie oft ein Freund dem andern tat.

Da rief die Schmerzenreiche: »Mein Herr Sigmund,
was wollt Ihr beginnen?   Euch ist fürwahr nicht kund:
es hat der König Gunther   so manchen kühnen Mann.
Ihr seid verloren alle,   wollt Ihr im Kampf sie greifen an.«

Mit hocherhobnen Schilden   rief sie zum Kampf die Not.
Kriemhild, die Herrin,   bat sie und gebot,
daß sie es meiden sollten,   die Recken kampfbereit.
Könnte sie es nicht wenden,   das schüfe ihr doppeltes Leid.

Sie sprach: »König Sigmund,   Ihr sollt es stellen ein.
Wenn bessere Zeit sich bietet,   will ich den Gatten mein
immer mit Euch rächen.   Der ihn mir genommen,   [frommen.
gewönn ich des Gewißheit,   es sollte ihm zum Schaden

Es ist hier am Rheine   der Übermacht so viel,
daß ich jetzt zum Streite   keinem raten will.
Sie haben wider einen   immer dreißig Mann.
Es möge Gott vergelten,   was sie uns allen angetan.

Ihr sollt hier nun bleiben;   und tragt mit mir das Leid!
Wenn es beginnt zu tagen,   Ihr Helden kampfbereit,
helft in den Sarg mir betten   meinen lieben Mann!«
Da sprachen die Degen: »Dieses werde nun getan.«

Nun vermöchte niemand,   das Wunder zu sagen
von Rittern und von Frauen,   wie man vernahm ihr Klagen.
Ringsum in der Feste   den Wehruf hörte man;
viele von den Bürgern,   die kamen eilend auch heran.

Sie klagten mit den Gästen;   denn schwer war ihr Leid.
Was Sigfrid verschuldet,   gab niemand ihnen Bescheid,
weshalb der edle Recke   Leben ließ und Leib.
Da weinte mit den Frauen   manches guten Kaufmanns Weib.

Schmiede hieß man eilen   und machen einen Sarg
aus edlem Marmelsteine,   der war groß und stark.
Man ließ fest beschlagen   ihn mit Spangen gut.
Da war allen Leuten   schwer vor Trauer der Mut.

Die Nacht war vergangen.   Man sagt, es wolle tagen.
Da hieß die edle Fraue   zu dem Münster tragen
den hochgebornen Toten,   ihren lieben Mann.
Wen zum Freund er hatte,   den sah man weinen alsdann.

Da man zum Münster ihn brachte,   manche Glocke klang;
man hörte von den Pfaffen   gar lauten Gesang.
Auch der König Gunther   mit seinen Mannen kam,
mit ihm der grimme Hagen,   wo man den Klageruf vernahm.

A 975–981, B 1034–1040, C 1046–1052

Er sprach: »Vielliebe Schwester, wehe des Leides dein!
Daß wir des Kummers konnten nicht überhoben sein!
Wir müssen immer klagen um des Helden Tod.«   [Not.
»Kein Recht Ihr dazu habet«, sprach das Weib in Jammers

»Wärt Ihr voll Leid darüber, so wär es nicht geschehn,
Ihr hattet mein vergessen, darauf muß ich bestehn,
da mir ward entrissen mein lieber Mann.
Wollte Gott im Himmel, man hätte mir es angetan!«

»Dir ist von meinen Leuten nie ein Leid geschehn«,
sprach der König Gunther, »darauf muß ich bestehn.«
»Die ohne Schuld sein wollen, die heißet näher gehn«,
sprach sie, »an die Bahre, daß wir die Wahrheit nun sehn!«

Das ist ein großes Wunder, wie es noch heute geschieht:
wenn man den Mordbefleckten bei dem Toten sieht,
so bluten seine Wunden, wie es auch jetzt geschah,
wodurch die Schuld Hagens jedermann alsbald nun sah.

Wie sie zuvor es taten, die Wunden flossen sehr.
Die schon vorher klagten, das ward nun viel mehr.
Da sprach der König Gunther: »Das sage ich Euch an:
ihn erschlugen Schächer; Hagen hat es nicht getan.«

Da sprach sie: »Diese Schächer sind mir wohlbekannt.
Gott lasse es noch rächen seiner Freunde Hand!
Gunther und Hagen, ihr habt es getan.«
Da wähnten Sigfrids Recken, der Kampf höbe nunmehr an.

Da sprach aber Kriemhild: »Nun tragt mit mir die Not!«
Da kamen diese beiden, da sie ihn fanden tot,
Gernot, ihr Bruder, und Giselher, das Kind.
Sie klagten in Treuen mit dem anderen Ingesind.

A 982–988, B 1041–1047, C 1053–1059

Man weinte von Herzen   um Kriemhildes Mann.
Man sollte Messe singen.   Zu dem Münster dann
kamen allenthalben   Mann, Weib und Kind.
Die ihn doch leicht entbehrten,   beweinten Sigfrid nicht gelind.

Gernot und Giselher,   die sprachen: »Schwester mein,
um seinen Tod dich tröste,   da es doch nun muß sein!
Wir wollen dich erheitern,   solange wir leben.«
Einen Trost doch konnte   in dieser Welt ihr niemand geben.

Der Sarg, der war bereitet   bis zum Mittag.
Man hob ihn von der Bahre,   darauf der Recke lag.
Noch wollte sie den Helden   lassen nicht begraben.
Daher mußten die Leute   viele Mühsal noch haben.

Eine reiche Decke   man um den Toten wand.
Ich glaube, daß man keinen   da ohne Weinen fand.
Inniglich da klagte   Ute, die Königin,
und all ihr Gesinde,   daß der Held gegangen hin.

Als man dieses hörte,   daß man im Münster sang
und eingesargt ihn hatte,   herein die Menge drang.
Um seiner Seele willen   viel Opfer man da trug.
Er hatte bei den Feinden   enger Freunde dort genug.

Als man so Gott gedienet,   das Volk zerstreute sich.
Die Königin sprach da: »Nicht sollt ihr lassen mich
allein die Nacht bewachen   den auserwählten Degen.
Es ist an seinem Leibe   alle meine Freude gelegen.

Drei Tage und drei Nächte   will ich ihn lassen stehn
bis an dem Sarg des Liebsten   ich mich satt gesehn.
Wenn es Gott geböte,   daß mich auch nimmt der Tod,
so hätte wohl ein Ende   der armen Kriemhilde Not.«

A 989–993, 996–997, B 1048–1052, 1055–1056, C 1060–1066

Zu ihrer Wohnung gingen   die Leute aus der Stadt.
Pfaffen und Mönche   zu bleiben sie bat
und all sein Gesinde,   dem die Pflicht oblag.
Sie hatten nachts viel Kummer   und manchen mühelichen Tag.

Ohn Essen und ohne Trinken   blieb da mancher Mann.
Wer etwas haben wollte,   dem ward es kundgetan:
man gab ihm genügend.   Das schuf Sigemund.
Da ward den Nibelungen   große Beschwerde kund.

Die Zeit dreier Tage,   wie wir hören sagen,
die da singen konnten,   die mußten ertragen
viele große Mühe   und Herzenskummer schwer.
Sie baten um die Seele   des Recken, so kühn und hehr.

Grundbesitz auf Erden   verteilte man im Land,
wo immer man Klöster   und gute Leute fand.
Auch hieß sie geben den Armen   von seiner Habe genug.
Sie ließ es wohl erkennen,   daß sie ihm holden Willen trug.

An dem dritten Morgen   zur rechten Messezeit,
da war bei dem Münster   der Kirchhof also weit
von der Landleute   Weinen ringsum voll.   [soll.
Man dient ihm nach dem Tode,   wie man es lieben Freunden

An diesen drei Tagen –   gesagt ist uns dies –
der Mark dreißigtausend   oder mehr noch hieß
man für seine Seele   den Armen da geben.
Derweil war vergangen   seine Schönheit und sein Leben.

Da mit dem Gottesdienste   beendet der Gesang,
mit ungemeßnem Leide   viel des Volkes rang.
Man hieß ihn aus dem Münster   zu dem Grabe tragen.
Die sein doch leicht entbehrten,   die sah man weinen da und
                                              klagen.

A 998–999, 1001–1004, B 1057–1059, 1061–1064, C 1067–1073

Mit lauten Wehrufen   das Volk ging mit ihm dann.
Froh war da niemand,   weder Weib noch Mann.
Eh er begraben wurde,   sang und las man da.
Viele weise Pfaffen   man bei der Bestattung da sah.

Bevor Sigfrids Gattin   kam zum Grabe hin,
da rang mit solchem Jammer   ihr getreuer Sinn,
daß man mit Wasser   reichlich sie begoß.
Es war ihr schwerer Kummer   über die Maßen groß.

Es war ein großes Wunder,   daß sie genas der Not.
So manche Frau mit Klage   Hilfe ihr bot.
Die Königin da sagte: »Wer hier Sigfrids Mann,
tu in seiner Treue   diese Güte mir an!

Laßt mir nach meinem Leide   die kleine Freude geschehn,
daß ich sein Haupt, das schöne,   noch einmal könne sehn!«
Da bat sie so lange,   von Schmerz ergriffen stark,
daß wieder aufbrechen   man mußte den herrlichen Sarg.

Man brachte hin die Fraue,   wo sie ihn liegen fand.
Sein schönes Haupt hob sie   mit ihrer weißen Hand.
Sie küßte den Toten,   den edeln Ritter gut.
Ihre lichten Augen   vor Leide weinten da Blut.

Ein jämmerliches Scheiden   sah man da geschehn.
Man trug die Frau von dannen: sie konnte nicht gehn.
Ohne Besinnung   lag da das hehre Weib.
Aus Leide mocht ersterben   ihr so wonniglicher Leib.

Als man den edeln Herren   hatte nun begraben,
Leid ohne Maßen   sah man die haben,
die mit ihm gekommen waren   aus Nibelungenland.
Frohes Mutes selten   man da Sigemund fand.

A 1005–1011, B 1065–1071, C 1074–1080

Da gab es gar manchen,   der drei Tage lang
in dem herben Leide   weder aß noch trank.
Doch konnten sie dem Hunger   nicht länger widerstehn.
Sie nährten sich nach dem Jammer,   wie das oft schon ist
                                              geschehn.

Kriemhild ohne Besinnung   und ohne Macht da lag
den Tag und den Abend   bis an den andern Tag.
Was jemand sprechen mochte,   das ward ihr nicht kund.
In denselben Nöten   lag auch König Sigemund.

Mühsam ward der Herrscher   zur Besinnung gebracht.
Durch denselben Kummer   gelähmt war seine Macht;
dieses war kein Wunder.   Da sprachen seine Mannen:
»Wir können hier nicht bleiben.   Ihr müßt heimwärts, Herr,
                                   von dannen.«

Achtzehntes Abenteuer Sigmunds Vati

Wie Kriemhild dort blieb und ihr Schwäher von dannen ritt

Man brachte hin den Herrscher,   wo er Kriemhild fand.
Zur Königin da sprach er: »Wir müssen in unser Land.
Wir sind unliebe Gäste,   mein ich, hier am Rhein.
Kriemhild, liebe Fraue,   nun ziehet zu dem Lande mein!

Was man in Untreue   uns hat angetan
hier in diesem Lande   an Euerm edeln Mann,
das sollt Ihr nicht entgelten: hold will ich Euch sein,
meinem Sohn zuliebe   und auch dem edeln Kinde sein.

Bei uns, Fraue, alle   die Gewalt Ihr habt,
womit König Sigfrid   ehedem Euch begabt.
Das Land und auch die Krone   sei Euch untertan.
Euch soll gerne dienen,   wer vordem Sigfrids Mann.«

A 1012–1015, B 1072–1075, C 1081–1086

Da sagte man den Knechten,   sie sollten reiten flink.
In großer Eile jeder   zu den Rossen ging.
Zu bleiben bei den Feinden,   war ihnen leid.
Frauen und Maide   hieß man suchen ihr Kleid.

Als der König Sigmund   entschlossen war zum Ritte,
richteten an Kriemhild   ihre Magen die Bitte,
bei ihren Gefreundten   zu bleiben an dem Rhein.
Die Königin sprach da: »Das könnte schwerlich wohl sein.

Wie könnt ich den mit Augen   immer vor mir sehn,
von dem mir armen Weibe   solches Leid geschehn?«
Da sprach ihr Bruder Giselher: »Vielliebe Schwester mein,
du sollst in Getreuen   hier bei deiner Mutter sein.

Die dir hier betrübet   das Leben und auch den Mut,
du bedarfst ihrer wenig.   Zehr von meinem Gut!«
Sie sprach zu dem Degen: »Wie könnte das geschehn?
Vor Leide müßt ich sterben,   wenn ich Hagen sollte sehn.«

»Den Rat weiß ich dawider,   vielliebe Schwester mein:
du sollst bei deinem Bruder   Giselher sein.
Ich werde dich trösten   um deines Mannes Tod.«
Die Königin sprach da: »Das wär mir armem Weibe not.«

Da es ihr der junge   so gütig erbot,
begannen sie zu bitten   Ute und Gernot
und ihre treuen Magen,   nicht zu ziehn von dannen:
sie hätte an Gefreundten   keinen unter Sigfrids Mannen.

»Sie sind fremd Euch alle«,   so sprach Gernot.
»So stark ist ja niemand,   daß ihn nicht trifft der Tod.
Das bedenket, Schwester,   und tröstet Euern Mut!
Bleibt bei den Gefreundten,   so wird es wahrlich noch gut!«

A 1016–1022, B 1076–1082, C 1087–1093

Da gelobte sie den Magen,   zu ziehen nicht von dannen.
Die Rosse waren gesattelt   von König Sigmunds Mannen,
da sie reiten wollten   heim nach Niederland.
Sie hatten aufgeladen   all der Recken Gewand.

Hinging der Herr Sigmund,   wo Kriemhilde war.
Er sprach zu der Fraue: »König Sigfrids Schar
erwartet Euch bei den Rossen: wir wollen reiten hin,
da ich gar ungerne   bei den Burgunden bin.«

Da sprach die Fraue Kriemhild: »Mir raten die Magen mein,
die getreu mir blieben,   ich sollte bei ihnen sein.
Ich habe keine Magen   im Nibelungenland.«
Leid war es König Sigmund,   da so entschlossen er sie fand.

Da sprach der König Sigmund: »Das laßt Euch keinen sagen!
Vor allen meinen Magen   sollt Ihr die Krone tragen
mit allen jenen Rechten,   die Ihr geübt zuvor.
Ihr sollt es nicht entgelten,   daß den Helden unser Volk verlor.

Fahrt mit uns auch heimwärts   um Euer Kindelein!
Das sollt ihr nimmer, Fraue,   verwaist so lassen sein!
Wenn Euer Sohn heranwächst,   so tröstet er Euch den Mut.
Derweilen soll Euch dienen   von Helden mancher Recke gut.«

Sie sprach: »Mein Herr Sigmund,   ich kann nicht mit Euch gehn.
Ich muß hier verbleiben.   Was mir auch mag geschehn,
wohl bei meinen Magen,   daß sie mir helfen klagen.«
Da schuf diese Antwort   den guten Recken Mißbehagen.

Sie sprachen einmütig: »Wir müssen wohl gestehn,
daß uns zu dieser Stunde   erst rechtes Leid geschehn:
wenn Ihr bleiben wollet   bei unseren Feinden hie,
so ritten zur Hoffahrt   Helden trauriger nie.«

A 1023–1029, B 1083–1089, C 1094–1100

»Ihr sollt ohne Sorge   Gott befohlen fahren.
Ich schaffe euch gut Geleite   und laß euch wohl bewahren
zu Sigemunds Lande.   Mein liebes Kindelein,
das soll eurer Gnade,   ihr Recken, wohl befohlen sein.«

Da sie das vernahmen,   daß sie nicht wollte von dannen,
da weinten alle gemeinsam   König Sigfrids Mannen.
Wie mit rechtem Kummer   schied da Sigemund,
trennte sich von Kriemhild!   Da ward ihm Unfreude kund.

»Weh ob solchem Feste!«   sprach der König hehr.
»Lustbarkeit wohl bringet   Leides nimmer mehr
einem Königsmagen,   wie uns ist geschehn.
Nie soll man uns wieder   bei den Burgunden sehn.«

Da sprachen vernehmlich,   die bei Sigfrid man gesehn:
»Es könnte noch eine Reise   in dieses Land geschehn,
wenn wir den recht erkunden,   der unsern Herrn erschlug.
Sie haben bei seinen Magen   starke Feinde genug.«

Sigmund küßte Kriemhild;   voll Kummer sprach er da,
da sie nicht reiten wollte   und er es recht ersah:
»Nun reiten ohne Freude   wir heim in unser Land.
Alle meine Sorge,   die wird mir jetzt erst recht bekannt.«

Sie ritten ungeleitet   von Worms hinab den Rhein.
Sicherlich sie mochten   wohl des Mutes sein,
wenn sie in Feindschaft   würden berannt,
daß sich wehren wollte   der kühnen Nibelungen Hand.

Sie begehrten Urlaub   da von keinem Mann.
Da sah man Gernot   und Giselher heran
zu ihnen freundlich kommen.   Ihnen war sein Schade leid.
Das ließen ihn erkennen   die Helden kühn und ohne Neid.

A 1030–1036, B 1090–1096, C 1101–1107

Da sprach in allen Züchten   der kühne Gernot:
»Gott weiß es wohl im Himmel: an König Sigfrids Tod
ward ich nimmer schuldig,   daß ich das hörte sagen,
wer ihm hier feindlich wäre.   Ich muß ihn wahrlich beklagen.«

Geleit ihnen gab da   Giselher, das Kind.
Aus dem Land er brachte,   sorglich gesinnt,
den König mit den Recken   heim nach Niederland.
Wie wenige der Magen   man da fröhlich wiederfand!

Was sie nun erlebten,   das kann ich nicht sagen.
Man hörte zu allen Zeiten   Kriemhild da klagen.
Niemand konnte trösten   das Herz ihr und den Mut,
es wäre denn Giselher;   der war getreu ihr und gut.

Brünhild, die schöne,   im Übermut saß.
Ob Kriemhild auch weinte,   gleichgültig war ihr das.
Sie war zu rechter Treue   ihr nimmermehr bereit.   [Leid.
Einst schuf auch ihr Frau Kriemhild,   mein ich, ungeheures

Neunzehntes Abenteuer

Wie der Nibelungenhort nach Worms gebracht ward

Da die Minnigliche   also Witwe ward,
blieb in dem Lande   der Graf Eckeward
bei ihr mit seinen Mannen.   Die Treue ihm das gebot.
Er diente seiner Fraue   freiwillig bis an seinen Tod.

Zu Worms bei dem Münster   ließ man ihr erbaun
ein großes Haus aus Holze,   stattlich anzuschaun.
Drin mit dem Ingesinde   sie ohne Freude saß.
Sie ging oft zur Kirche   und tat bereitwillig das.

A 1037–1042, B 1097–1102, C 1108–1113

Wo man begrub ihren Liebsten – sie versäumte es nie –,
mit traurigem Gemüte allzeit hin ging sie.
Sie bat Gott, den reichen, seine Seele zu pflegen.
Gar oft ward beweinet in steter Treue der Degen.

Ute und ihr Gesinde sprachen Trost ihr zu.
Doch fand in ihrem Schmerze ihr Herz keine Ruh.
Ihr konnte nimmer helfen, was man an Trost ihr bot.
Sie litt um ihren Liebsten die allergrößeste Not,

die um ihren Gatten je ein Weib gewann.
Ihre feste Treue erkannte man daran.
Sie klagte bis an ihr Ende ihr ganzes Leben lang,
bis sie dereinst in Treuen gar furchtbare Rache errang.

So saß sie voll Leides, das ist alles wahr,
nach ihres Mannes Tode bis an das vierte Jahr.
Mit ihrem Bruder Gunther kein Wort sprach sie da;
und ihren Feind Hagen in dieser Zeit sie niemals sah.

Hagen sprach zum König: »Brächten wir das zustand,
daß Eurer Schwester Hulde Euch würde zugewandt,
so käme zu diesem Lande das Nibelungengold.
Viel zuteil uns würde, wäre uns Kriemhild wieder hold.«

»Das wollen wir versuchen«, sogleich der König sprach;
»meine Brüder sollen bei ihr streben danach,
daß sie mir das erreichen, daß sie uns gerne säh.«
»Ich glaube nicht«, sprach Hagen, »daß dieses einmal geschäh.«

Da gebot er Ortwein, hin zu Hofe zu gehn,
und dem Markgrafen Gere. Als dies war geschehn,
holte man auch Gernot und Giselher, das Kind.
Sie versuchten es bei Kriemhild beide, freundlich gesinnt.

A 1043–1049, B 1103–1109, C 1114–1120

Da sprach von Burgunden   der kühne Gernot:
»Frau, Ihr klagt zu lange   um König Sigfrids Tod.
Nun will Gunther Euch zeigen,   daß er ihn nicht erschlagen.
Man hört zu allen Zeiten   Euch so schmerzlich noch klagen.«

Sie sprach: »Des zeiht ihn niemand;   ihn schlug Hagens Hand.
Wo man ihn treffen könnte,   gab ich ihm bekannt.
Hätte ich ahnen können,   er trüge ihm Haß im Sinn,
ich hätte mich wohl gehütet«,   sagte da die Königin,

»daß ich verraten hätte,   wo verwundbar sein Leib;
dann braucht ich nicht zu weinen,   ich unglückseliges Weib.
Hold werd ich denen nimmer,   die es haben getan.«
Da bat sie Giselher,   der gar stattliche Mann.

»So muß ich ihn begrüßen,   da ichs nicht anders kann.
Doch heischt ihr große Sünde: der König hat mir getan
so viel des Herzeleides   ganz ohne meine Schuld.
Spricht auch mein Mund Vergebung,   schenkt ihm mein Herz
                                    doch nimmer Huld.«

»Das wird später besser«;   die Magen sprachen so,
»vielleicht kann er erreichen,   daß sie noch werde froh.«
»Er mag sie wohl erheitern«,   sprach Gernot, der Recke wert.
Da sprach die Schmerzenreiche: »Seht, nun tu ich, was ihr
                                    begehrt.«
Sie wollte ihn begrüßen.   Als er das vernahm,
mit seinen besten Freunden   in ihr Haus er kam.
Doch nicht wagt es Hagen,   zu schließen sich an;
seine Schuld wohl kannt er: Leides hatt er ihr getan.

Da sie vergeben wollte   ihm den großen Haß,
trat Gunther ihr näher;   in Züchten tat er das.
Nur dem Hort zuliebe   ward erfüllt der Plan.
Darum riet zur Versöhnung   der gar ungetreue Mann.

A 1050–1054, B 1110–1114, C 1121–1127

Nie ward eine Sühne   nach so viel Tränen eh
in Falschheit geleistet.   Nicht endete ihr Weh.
Doch verzieh sie allen   bis auf den einen Mann.
Niemand hätt ihn erschlagen,   hätt es Hagen nicht getan.

Danach, binnen kurzem   regten sie es an,
daß die Witwe Sigfrids   den großen Hort gewann
vom Nibelungenlande   und holt' ihn an den Rhein.
Er war ihre Morgengabe   und sollt mit Recht ihr eigen sein.

Danach fuhren beide,   Giselher und Gernot.
Zwölfhundert Mannen   Kriemhild da gebot,
daß sie ihn holen sollten,   wo er verborgen war.
Alberich ihn hütete   mit seiner besten Freunde Schar.

Als die vom Rheine kamen   ins Nibelungenreich,
da sprach zu seinen Magen   Alberich sogleich:
»Wir dürfen vorenthalten   ihr nicht den Hort so wert,
da ihn als Morgengabe   die edle Königin begehrt. ·

Doch würde dieses nimmer«,   sprach Alberich, »geschehn,
müßten wir nicht leider   für uns verloren sehn
mit dem vieledeln Recken   die gute Tarnhaut,
die mit Recht getragen,   der der schönen Kriemhild traut.

Nun ist es leider Sigfrid   übel bekommen,
daß uns die Tarnkappe   der Held hat genommen
und daß ihm dienen mußte   in Ehrfurcht unser Land.«
Hinging da der Kämmerer,   wo er des Hortes Schlüssel fand.

Es standen vor dem Berge   der Kriemhilde Mannen,
ein Teil auch ihrer Magen.   Man trug den Schatz von dannen
nieder zu den Wogen   nach dem Schifflein.   [Rhein.
Man führt ihn auf dem Meere   wohl stromaufwärts nach dem

A 1055–1061, B 1115–1121, C 1128–1134

Nun mögt ihr von dem Horte   Wunder hören sagen.
Was zwölf Lastwagen   zumeist konnten tragen
volle vier Tage   von dem Berg hinab,
wobei es neun Stunden   für jeden zu fahren gab,

dieses war nichts andres   als Edelsteine und Gold.
Wenn man die ganze Erde   damit bezahlen wollt,
es würde nicht vermindert   um eine Mark sein Wert.
Hagen hatte wahrlich   nicht ohne Ursach sein begehrt.

Ein Wünschelding lag drunter,   von Gold ein Rütelein:
wer es hätt erkundet,   der möchte Meister sein
auf der ganzen Erde   über jeden Mann.
Von Alberichs Magen   mit Gernot kamen viele heran.

Als der König Gernot   und Giselher, das Kind,
des Hortes sich bemächtigt,   gewannen sie geschwind
das Land und die Burgen   und manchen kühnen Mann;
der mußt in Ehrfurcht dienen   ihrer Herrschaft nun fortan.

Als sie den Hort nun brachten   in König Gunthers Land
und diese Schätze alle   kamen in Kriemhilds Hand,
Kammern und Türme   wurden voll getragen;
man hörte von Schätzen   größre Wunder niemals sagen.

Und wärs das Tausendfache   des Gutes auch gewesen,
und wäre der Herr Sigfrid   wiederum genesen,
bei ihm wäre Kriemhild   geblieben arm und bloß.
Nie war für einen Helden   Weibestreue also groß.

Als sie den Hort nun hatte,   da brachte sie ins Land
viele fremde Recken.   Es gab der Fraue Hand,
daß man so große Milde   nimmermehr gesehn.
Sie übte große Tugend;   das mußte man ihr zugestehn.

A 1062–1067, B 1122–1127, C 1135–1141

Den Armen und den Reichen　begann sie da zu geben.
Da sprach aber Hagen,　sollte sie so leben
längere Zeit noch weiter,　daß sie so manchen Mann
für ihren Dienst gewönne;　drum stünde Sorge ihnen an.

Da sprach der König Gunther:　»Ihr gehört das Gut.
Wie kann ich es verhindern,　was sie damit tut?
Kaum konnt ichs erreichen,　daß sie mir wieder hold.
Nicht frag ich, wie sie verteilet　all ihr Silber und ihr Gold.«

Hagen sprach zum König:　»Es sollt ein wackrer Mann
keinem Weibe solchen　Hort vertrauen an.
Sie bringt es mit den Gaben　noch bis zu dem Tag,
wo es schwer gereuen　die kühnen Burgunden mag.«

Antwort gab da Gunther:　»Ich schwor ihr einen Eid,
daß ich antun wollte　ihr nimmermehr ein Leid.
Den will fortan ich halten;　sie ist die Schwester mein.«
Da sprach aber Hagen:　»Laßt mich der Schuldige sein!«

Die verschiednen Eide　waren in schlechter Hut.
Da raubten sie der Witwe　das übergroße Gut.
Hagen nahm die Schlüssel　alle in seine Hand.
Gar sehr zürnte Gernot,　als er dieses recht erkannt.

Giselher sprach da:　»Meiner Schwester ist geschehn
so viel Leid durch Hagen;　dem sollt ich widerstehn.
Wär er nicht mein Gesippe,　es wäre um ihn getan.«
Sigfrids Witwe von neuem　da zu weinen begann.

Da sprach der Herr Gernot:　»Statt immer zu sein
in Not ob dieses Goldes,　wir solltens in den Rhein
versenken alles lassen,　daß keinen es beschwer.«
Sie ging da mit den Klagen　zu ihrem Bruder Giselher

A 1068–1074, B 1128–1134, C 1142–1148

Sie sprach: »Viellieber Bruder,   du sollt gedenken mein;
des Lebens und des Gutes   sollst du mein Schützer sein.«
Er sprach: »Vielliebe Schwester,   das soll auch geschehn,
wenn wir wiederkommen: eine Fahrt ist zu bestehn.«

Der König und seine Magen   verließen da das Land,
mit ihnen auch die Besten,   die man irgend fand.
Hagen nur alleine   blieb dort in seinem Haß,
den wider die Frau er hegte.   Er tat mit voller Absicht das.

Die Herren schworen Eide: solange sie würden leben,
daß sie den Schatz nicht zeigen,   noch jemand würden geben,
nur mit gemeinem Rate,   falls sie das deuchte gut.
Drum mußten sie ihn verlieren   durch ihren gierigen Mut.

Bevor die Könige wieder   zum Rheine waren kommen,
hatte derweilen Hagen   den großen Hort genommen.
Er senkt ihn da zu Lochheim   allen in den Rhein.
Er dacht ihn selbst zu nützen;   doch das konnte nimmer sein.

Den Hort er da konnte   gewinnen nicht fortan,
wie es noch oft muß treffen   den ungetreuen Mann.
Allein ihn zu genießen   wähnt er in seinem Leben.
Er erwarb ihn weder selber,   noch konnt er ihn andern geben.

Die Fürsten kamen wieder,   mit ihnen mancher Mann.
Kriemhild um den Schaden   zu jammern da begann
mit Maiden und mit Frauen.   Schwer ward ihr Leid beklagt.
Die Degen sich stellten,   als hätten sie es untersagt.

Da sprachen sie zusammen: »Er hat übel getan.«
Er entwich der Fürsten Zorne   alsolange dann,
bis sie ihm wieder huldvoll.   Sie mußten ihm verzeihn.
Kriemhild aber konnte   ihm nimmer feindlicher sein.

A 1075–1079, B 1135–1139, C 1149–1155

Mit neuem Leide wieder   war beschwert ihr Mut:
zuerst um Sigfrids Ende;   und nun, da man das Gut
alles ihr genommen.   Da erfüllte ihre Klage
immer mehr ihr Leben   bis in ihre letzten Tage.

Nach dem Tode Sigfrids –   das ist alles wahr –
lebte sie im Leide   bis in das zwölfte Jahr,
so daß sie um sein Ende   zu klagen nie vergaß.
Sie wahrt ihm immer Treue   und tat mit bestem Willen das.

Ein reiches Fürstenkloster   stiftete Frau Ute
nach dem Tode Dankrats   aus ihrem Witwengute
mit reichen Einkünften,   die ihm noch heut gehören,
dort zu Lorsch das Kloster.   Sein Ansehn steht in hohen Ehren.

Dazu gab auch Kriemhild   danach ein gutes Teil
für die Seele Sigfrids   und aller Seelen Heil,
Gold und Edelsteine   mit williger Hand.
Ein treuer Weib auf Erden   ist uns nimmermehr bekannt.

Seitdem die Frau Kriemhild   Gunther verziehn hinfort
und doch durch sein Verschulden   verlor den großen Hort,
ihr Herzeleid da wurde   tausendmal so schwer.
Sie wäre gern verzogen,   die Fraue, edel sowie hehr.

Da stand für Frau Ute   ein Siedelhof bereit
zu Lorsch bei dem Kloster,   reich, groß und weit;
dahin zog die Witwe   von ihren Kindern fort.
Es ruht die hehre Fraue   in einem Sarg begraben dort.

Die Königin sprach da: »Vielliebe Tochter mein,
willst du hier nicht bleiben,   so sollst du bei mir sein
zu Lorsch in meinem Hause;   und weine nicht fortan!«
Antwort gab da Kriemhild: »Wem ließ ich dann wohl meinen
                                                    Mann?«

A 1081–1082, B 1141–1142, C 1156–1162

»Den laß hier nur bleiben«,   sagte Frau Ute.
»Verhüte Gott im Himmel«,   sprach da die Gute,
»meine liebste Mutter!   Davor will ich mich wahren.
Nein, er muß von hinnen   mit mir wahrlich nun fahren.«

Da schuf die Schmerzenreiche,   daß er ward ausgegraben;
sein edles Gebein wollte   sie anderswohin haben:
zu Lorsch bei dem Münster   ward er bestattet gut,
wo der kühne Recke   in einem langen Sarge ruht.

Zu denselben Zeiten,   da Kriemhilde sollte
ziehn zu ihrer Mutter,   was sie selbst auch wollte,
da mußte sie bleiben,   weil es so sollte sein,
bis Botschaft das beendet,   fernher gekommen an den Rhein.

Zwanzigstes Abenteuer

Wie der König Etzel nach Frau Kriemhild zu Worms
seinen Boten sandte

Das geschah in jenen Zeiten,   daß Frau Helche starb
und daß der König Etzel   um ein andres Weib warb;
da rieten seine Freunde   aus Burgundenland
zu einer reichen Witwe;   die war Frau Kriemhild genannt.

»Seitdem verstorben   der schönen Helche Leib«,
sie sprachen, »wollt Ihr wieder   gewinnen ein edles Weib,
eins der höchsten und besten,   die je ein Held gewann,
so nehmt diese Witwe!   Der starke Sigfrid war ihr Mann.«

Da sprach der reiche König: »Wie ginge das wohl an?
Ich bin ja ein Heide,   ein ungetaufter Mann.
Doch die Frau ist Christin   und tät es nicht so leicht.
Ein Wunder müßt es heißen,   wenn man jemals es erreicht.«

A 1083–1085, B 1143–1145, C 1163–1168

Da sprachen aber die Schnellen: »Ob sie's nicht dennoch tut
um Euern hohen Namen   und Euer großes Gut?
Man soll es doch versuchen   bei dem vieledeln Weib.
Dann könnt Ihr gerne minnen   ihren wonniglichen Leib.«

Da sprach der König Etzel: »Wem sind von Euch bekannt
am Rheine am allerbesten   die Leute und das Land?«
Da sprach von Bechlaren   der wackre Rüdeger:
»Ich hab gekannt von Kindheit   die edle Königin so hehr.

Gunther und Gernot,   die kühnen Ritter gut,
Giselher der junge;   ihrer jeder tut,
was er an hohen Ehren   in Tugend leisten kann.
Auch ihre Vorfahrn haben   bisher es ebenso getan.«

Da sprach der reiche König: »Freund, du sollst mir sagen,
ob sie in meinen Landen   die Krone sollte tragen!
Ist so schön sie wirklich,   wie man mir gesagt?«
Antwort gab da Rüdeger,   der Recke kühn und unverzagt:

»Sie kommt gleich an Schönheit   wohl der Herrin mein,
Helche, der reichen;   es könnte nimmer sein
auf dieser Erde schöner   eine Königin.
Wen sie erwählt zum Gatten,   dem kann freudig sein der Sinn.«

Er sprach: »So wirb um diese,   willst du so Liebes mir tun!
Und sollte Kriemhilde   jemals bei mir ruhn,
so will ich dirs lohnen,   wie ichs am besten kann;
denn du hast meinen Willen   gar getreulich dann getan.

So viel aus meiner Kammer   heiß ich dir geben,
daß du und deine Gefährten   in Freuden können leben;
von Kleidern und von Rossen   nehmt, was ihr begehrt!
Dieses wird wahrlich   für die Botschaft dir gewährt.«

A 1086–1092, B 1146–1152, C 1169–1175

Antwort gab der Markgraf,   der reiche Rüdeger:
»Begehrt ich deines Gutes,   das brächte wenig Ehr.
Gern will ich als dein Bote   ziehen an den Rhein
auf eignen Gutes Kosten;   drum sollst du ohne Sorge sein.«

Da sprach der König Etzel: »Wann wollt Ihr nun fahren
nach der Minniglichen?   Gott soll Euch bewahren
in Ehren auf der Reise   und auch die Fraue mein.
Das Glück soll uns helfen,   daß sie uns möge gnädig sein.«

Da sprach wieder Rüdeger: »Eh ich verlasse das Land,
müssen wir bereiten   Waffen und Gewand,
Schilde und Sättel: in Ehren müssen wir sein.
Fünfhundert kühne Recken   will ich führen an den Rhein.

Wo man in fremden Landen   mich und die Meinen schaut,
daß jeglicher von ihnen   da verkünde laut,
daß niemals noch ein König   zuvor so manchen Mann
besser ausgesendet,   als du zum Rheine hast getan.

Wenn du, reicher König,   um sie willst halten an,
sie war in edler Minne   Sigfrid zugetan,
König Sigmunds Sohne;   ihn hast du hier gesehn.
Man mußte große Ehre   ihm fürwahr wohl zugestehn.«

»Ich will sie drum nicht meiden.   War sie des Recken Weib,
so war wohl also teuer   ihr vieledler Leib,
daß ich nicht verschmähen   die Königin soll.
In ihrer großen Schönheit   gefällt sie mir fürwahr gar wohl.«

»So will ich Euch die Wahrheit«,   sprach Rüdeger, »sagen,
daß wir von hinnen reiten   in vierundzwanzig Tagen.
Ich entbiet es Gotelinde,   der lieben Fraue mein,
daß ich zu Kriemhilden   selber Bote wolle sein.«

A 1093–1099, B 1153–1159, C 1176–1182

Hin nach Bechlaren   sandte Rüdeger
Boten zu seinem Weibe,   der Markgräfin hehr,
und entbot ihr, daß er sollte   dem König werben ein Weib.
Sie gedachte freundlich   an der guten Helche Leib.

Als die Markgräfin   die Botschaft vernahm,
freute sie sich der Kunde;   doch Weinen an ihr kam,
ob sie gewinnen würde   eine Herrin wie eh.
Wenn sie an Helche dachte,   das tat Gotelinde weh.

Aus dem Hunnenlande   ritt der Markgraf hin.
Da ward der König Etzel   froh in seinem Sinn.
Zu Wien in der Feste   schuf er den Kleiderstaat,
den jener tragen sollte,   wie man uns berichtet hat.

Dort zu Bechlaren   sein harrte Gotelind;
die junge Markgräfin,   Graf Rüdegers Kind,
sah ihren Vater gerne   und auch seine Schar.
Von schönen Jungfraun jeder   gar liebreich erwartet war.

Als nun der edle Markgraf   nach Bechlarn ritt daher,
da war mit Fleiß ihnen   ihr Gewand und ihre Wehr
ganz nach Wunsch bereitet,   ihm und den Mannen sein.
Saumtiere auf der Straße   mit ihnen zogen hinein.

Als sie zu Bechlaren   kamen in die Stadt,
seine Heergesellen   zur Herberge bat
gar minniglich der Markgraf;   Gemächer schuf er gut.
Gotelind, die reiche,   sah ihren Gatten frohgemut.

So tat seine liebe Tochter,   die junge Markgräfin;
der konnte um sein Kommen   nicht höher stehn der Sinn.
Die vom Hunnenlande,   wie gerne sie die sah!
Mit lachendem Munde   sprach die holde Jungfrau da:

A 1100–1106, B 1160–1166, C 1183–1189

»Nun seid uns sehr willkommen,   mein Vater und jeder Mann!«
Da hob ein innig Danken   voll Eifers wohl an
der Tochter des Markgrafen   von vielen Recken gut.
Gar wohl erkannte Gotelind   des kühnen Rüdegers Edelmut.

Als sie des Nachts zur Seite   von Rüdeger lag,
minnig die Fraue stellte   an ihn die Frag,
wohin ihn gesendet   der König von Hunnenland.
Er sprach: »Liebe Fraue,   das soll dir werden wohlbekannt.

Ich soll für meinen König   werben um ein Weib,
seitdem ihm gestorben   meiner Herrin Leib.
Ich will zu Kriemhilden   reiten an den Rhein,
die soll hier bei den Hunnen   gewaltige Königin nun sein.«

»Das wolle Gott«, sprach Gotelind,   »mög uns das Heil
da wir so hohe Ehre   ihr hören zugestehn!   ⌊geschehn,
Sie ersetzt uns meine Herrin   vielleicht in alten Tagen
mit ihrer hohen Tugend,   daß wir beenden unser Klagen.«

Der Markgraf da sagte: »Traute Gattin mein,
die mit mir reiten sollen   von hinnen an den Rhein,
denen sollt Ihr freundlich   bieten Euer Gut:
wenn reich die Helden ziehen,   so sind sie froh und hochgemut.«

Sie sprach: »Da ist keiner,   der von mir gerne nimmt,
dem ich nicht geben möchte,   was ihm wohl geziemt,
eh Ihr von hinnen scheidet   und mit Euch mancher Mann.«
Was sie dem Wirt gelobet,   das ward mit Sorgfalt auch getan.

Hei, was man aus den Kammern   da reiche Stoffe trug!
Davon ward an die Recken   verteilet genug.
Sie waren ganz verhüllet   vom Hals bis an die Sporen.
Die ihm dazu behagten,   die hatte Rüdeger erkoren.

A 1107–1113, B 1167–1173, C 1190–1196

Am siebenten Morgen   von Bechlaren ritt
der Graf mit seinen Degen.   Sie führten Waffen mit
und Gewand in Fülle   durch der Baiern Land.
Sie wurden auf der Straße   von Räubern nimmer angerannt.

Wo die Helden zogen,   niemand etwas nahm.
Man mochte ihnen dienen,   wie's ihnen zukam.
Ritter und Knechte waren   wohl angetan.
Es ritt der wackre Markgraf   von Bechlarn also heran.

Binnen zwölf Tagen   kamen sie an den Rhein.
Da konnte diese Kunde   nicht verhohlen sein.
Man sagte es dem König   und seinen Mannen dann,
es kämen hohe Gäste.   Der Fürst zu fragen da begann,

ob jemand sie kennte;   der sollte es ihm sagen.
Man sah die Saumtiere   schwere Lasten tragen.
Sie erkannten alle,   daß die Fremden reich.
Herberge ließ man   zu Worms da richten alsogleich.

Als die Gäste waren   zur Herberge kommen,
da wurde ihr Einzug   eifrig wahrgenommen,
verwundert, wo die Recken   herkamen an den Rhein.
Der Fürst nach Hagen sandte,   ob es bekannt ihm möchte sein.

»So laßt sie mich sehen«,   sprach da von Tronje Hagen;
»wenn ich sie schaue,   kann ichs Euch wohl sagen,
von wannen sie gesendet   sind in dieses Land.
Sie müssen sein ganz fremde;   sonst hätte ich sie gleich erkannt.«

Herberge hatten   die Gäste nun genommen.
In reicher Gewandung   war der Bote kommen
mit seinen Heergesellen.   Zu Hofe sie dann ritten.
Sie trugen reiche Kleidung,   gut und kunstreich geschnitten.

A 1114–1119, B 1174–1179, C 1197–1203

Da sprach der schnelle Hagen:	»Soweit ichs kann verstehn,
da ich die Helden lange	nimmermehr gesehn,
sie halten sich also,	als sei es Rüdeger
aus dem Hunnenreiche,	der Degen kühn sowie hehr.«

»Wie sollt ich dieses glauben«,	der König sprach sogleich,
»daß der von Bechlaren	käme in dieses Reich?«
Bevor der reiche König	dies ausgesprochen da,
Hagen, der kühne,	den edeln Rüdeger nun sah.

Mit seinen besten Freunden	lief er ihnen entgegen.
Von den Rossen springen	sah man fünfhundert Degen.
Da wurden wohl empfangen	die vom Hunnenland.
Niemals trugen Boten	ein so herrlich Gewand.

Da sprach mit lauter Stimme	von Tronje Herr Hagen:
»Nun seien hochwillkommen	uns diese Degen,
der Vogt von Bechlaren	und seine ganze Schar!«
Ehrenvolle Begrüßung	bot man den schnellen Hunnen dar.

Des Königs nächste Magen	man da kommen sah.
Von Metz der kühne Ortwein	zu Rüdeger sprach da:
»Wir haben lange Zeiten	nimmermehr gesehn
Gäste hier so gerne;	das muß fürwahr ich gestehn.«

Für den Gruß sie dankten	den Helden überall.
Mit dem Heergesinde	gingen sie in den Saal,
wo sie den König fanden	mit manchem kühnen Mann.
Der König von dem Sessel	ging Rüdeger entgegen dann.

Wie er so recht freundlich	den Gast willkommen hieß
und alle seine Degen!	Nichts Gernot unterließ:
er empfing ihn auch mit Ehren	und jeden, der sein Mann.
Den Rüdeger der König	führte an der Hand alsdann.

Er brachte ihn zu dem Sessel, drauf er selber saß.
Den Gästen hieß man schenken – mit Eifer tat man das –
von sehr gutem Mete und dem besten Wein,
den man finden konnte in dem Lande an dem Rhein.

Giselher und Gere, die waren beide kommen,
Dankwart und Volker, die hatten wohl vernommen
von den werten Gästen. Sie waren hochgemut.
Sie empfingen vor dem König die Ritter edel sowie gut.

Da sprach zu seinem Herren der schnelle Degen Hagen:
»Dafür sollten immer dienen Euere Degen,
was uns der kühne Markgraf zuliebe hat getan.
Drum sollte man empfangen wohl der Gotelinde Mann.«

Da sprach der König Gunther: »Ich muß dich jetzt fragen,
wie es beiden gehe; das sollt Ihr mir sagen,
Etzel und Helche in der Hunnen Land.«
Da sagte der Markgraf: »Ich tu es Euch sofort bekannt.«

Da stand er auf vom Sessel mit seinem ganzen Heer.
Er sprach zu dem König: »Erlaubnis ich begehr,
Euch die Kunde zu sagen, um die mich ausgesandt
hat der König Etzel her zum Burgundenland.«

Der Fürst sprach: »Welchen Auftrag man Euch geboten hat,
erlaub ich Euch zu sagen ohne der Freunde Rat.
Ihr sollt ihn hören lassen mich und die Mannen mein.
Euch soll in allen Ehren zu tun es hier verstattet sein.«

Da sprach der hehre Bote: »Euch entbietet zum Rhein
getreuliche Dienste der mächtige Herrscher mein
und allen Euern Freunden, die dienen Euerer Macht.
Wisset: diese Botschaft ist in Treuen Euch gebracht.

A 1127–1133, B 1187–1193, C 1211–1217

Euch läßt der edle König   klagen seine Not:
verwaist sind seine Lande;   meine Herrin ist tot,
Helche, die reiche,   die hehre Königin,   ⌈Sinn.
um die mein Herrscher leidet,   das wisset, schwer in seinem

Edle Fürstenkinder,   die sie erzogen hat,
drum ist man im Lande   nun an Tränen satt:
die haben leider niemand,   der sie getreulich pflegt.
Drum meine ich, daß selten   sich des Königs Kummer legt.«

»Nun lohn ihm Gott«, sprach Gunther,   »daß er die Dienste
so willig dar mir bietet   und den Freunden mein!   ⌈sein
Seinen Gruß hab gerne   ich vernommen hie,
den mir bietet Etzel.   Meine Huld soll enden nie.«

Da sprach von Burgunden   der Herr Gernot:
»Die Welt mag wohl bedauern   der schönen Helche Tod
um ihrer Tugend willen,   die sie wohl konnte pflegen.«
Beistimmte ihm Hagen,   der gar stattliche Degen.

Da sprach aber Rüdeger,   der edle Bote hehr:
»Da Ihr mirs, König, erlaubet,   will ich Euch sagen mehr,
was von meinem Herren   ich Euch entbieten soll:
da ihm nach Helches Tode   sein Leben stets des Kummers voll.

Man sagt meinem Herren,   Eure Schwester sei ohne Mann,
Sigfrid sei gestorben.   Ist das so getan,
soll meine Herrin Kriemhild   die reiche Krone tragen
vor den Recken Etzels;   das läßt Euch der König sagen.«

Da sprach der reiche König –   wohl erzogen war sein Mut –:
»So höret meinen Willen: ob sie es gerne tut,
das will ich Euch sagen   in diesen sieben Tagen.   ⌈versagen?«
Wenn sie es nicht verweigert,   wie könnt ichs Etzeln dann

Derweilen hieß den Gästen   man schaffen gut Gemach.
Sie wurden so bedienet,   daß Rüdeger da sprach,
daß er da Freunde hätte   unter Gunthers Schar.
Hagen diente ihm gerne;   er hätt gebracht ihm Gleiches dar.

Also blieb da Rüdeger   bis nach drei Tagen.
Der König berief zum Rate   weislich seine Magen,
zu fragen, ob es schiene   ihnen gut getan,
daß Kriemhild nehmen sollte   König Etzel zu ihrem Mann.

Insgeheim sie es rieten   bis auf den einen Hagen.
Er sprach zu Gunther,   dem edelen Degen:
»Habt Ihr rechte Klugheit,   so seid wohl auf der Hut,
wenn sie auch folgen wollte,   daß Ihr es dennoch nimmer tut!«

»Warum«, sprach da Gunther,   »sollt ich ihr folgen nicht?«
Was der edeln Kriemhild   lieben Wünschen entspricht,
das soll ich ihr wohl gönnen: sie ist die Schwester mein.
Wir sollten selbst es fördern,   was ihr zu Ehren möchte sein.«

Dawider sprach Hagen: »Von der Rede stehet ab,
wärt Etzels Ihr kundig,   wie ich Kunde hab!
Soll sie ihn minnen,   wie ich Euch höre sagen,
so wäret Ihr der erste,   der dieses müßte beklagen.«

»Warum?« sprach da Gunther,   »ich kann wohl meiden das,
zu nahe ihm zu treten,   so daß ich keinen Haß
von ihm dulden müßte,   würde sie seine Frau.«
Dawider sprach Hagen: »Darauf ich nimmermehr vertrau.«

Man hieß da zu Gernot   und Giselher gehn,
ob der Frauen Brüder   das deuchte wohlgeschehn,
daß Kriemhild nehmen sollte   den reichen König hehr.
Noch widerriet es Hagen,   aber niemand anders mehr.

A 1141–1147, B 1201–1207, C 1225–1231

Da sprach von Burgunden   Giselher, der Degen:
»Nun möget Ihr, Freund Hagen,   einmal der Treue pflegen
und stillen ihr das Leiden,   das Ihr ihr habt getan.
Was ihr wohl gelinge,   das fechtet nimmermehr nun an!

Ja, Ihr habt meiner Schwester   getan so schweres Leid«,
so sprach wieder Giselher,   der Degen tatbereit,
»daß sie Grund wohl hätte,   wäre sie Euch gram;
noch niemals einer Fraue   mehr an Freude man nahm.«

»Was ich da wohl erkenne,   das tu ich Euch kund.
Soll sie Etzel nehmen,   erlebt sie die Stund,
so tut sie uns zuleide,   was sie vollbringen kann: ⌈Mann.«
sie gewinnt zu ihren Diensten,   das wißt, so manchen kühnen

Antwort gab da Hagen   der Herr Gernot:
»So mag es unterbleiben   bis an beider Tod,
daß wir jemals reiten   in König Etzels Land;
wir wollen die Treue wahren,   das wird als Ehre uns anerkannt.«

»Mich kann niemand widerlegen«,   sprach dawider Hagen.
»Soll die Frau Kriemhild   Helches Krone tragen,
so tut sie uns zuleide,   so viel ihr gelingt.   ⌈bringt.«
Ihr sollt es unterlassen;   euch Recken viel mehr Glück das

Zornig sprach da Giselher,   der edeln Ute Sohn:
»Wir sollen nicht alle vollbringen   Meintat und Hohn.
Was Liebes ihr geschehe,   des sollen froh wir sein.
Was Ihr auch redet, Hagen,   ich dien ihr durch die Treue mein.«

Als das Hagen hörte,   da ward er ungemut.
Gernot und Giselher,   die stolzen Recken gut,
und Gunther, der reiche,   beschlossen darauf das,
wollte sie es wünschen,   es zuzulassen ohne Haß.

A 1148–1154, B 1208–1214, C 1232–1238

Da sprach der kühne Gere: »So will ich lenken den Schritt
und will meiner Herrin   die Kunde teilen mit,
was ihr der König Etzel   hier entboten hat;
ob sie ihn nehmen wolle,   das sei getreulich unser Rat!«

Da ging der schnelle Recke,   bis er Kriemhild sah.
Ihn minniglich empfing sie.   Gar bald sprach er da:
»Ihr mögt mich gern begrüßen   und geben Botenbrot:
Euch soll Glück nun scheiden   von aller Euerer Not.

Es hat um Eure Minne,   Herrin, hergesandt
der allerbesten einer,   der je ein Königsland
besaß mit vollen Ehren   und sollte die Krone tragen.
Es werben edle Boten.   Das hießen Euch die Könige sagen.«

Da sprach die Jammerreiche: »Euch sollte verbieten Gott
und meinen andern Gefreundten,   daß sie solchen Spott
mit mir Armer treiben.   Was tät ich einem Mann,
der je Herzensliebe   von einem guten Weib gewann?«

Sie widersprach ihm dringend.   Da kamen aber geschwind
ihr Bruder Gernot   und Giselher, das Kind,
die minniglichen baten,   zu trösten ihren Mut:
wenn sie den König nähme,   so wäre das fürwahr ihr gut.

Umstimmen konnte   niemand da das Weib,
daß sie minnen wollte   eines Mannes Leib.
Da baten sie die Recken: »So laßt es doch geschehn;
wollt Ihr tun nicht anders,   so laßt doch Rüdeger Euch sehn!«

»Das will ich nicht verweigern;   ich will ihn gerne sehn,
Rüdeger, den guten.   Ich laß es gerne geschehn
um seiner Tugend willen.   Wäre er nicht hergesandt,
jedem andern Boten   blieb ich immer unbekannt.«

A 1155–1161, B 1215–1221, C 1239–1245

Sie sprach: »Ihr sollt morgen   schicken ihn heran
zu meiner Kemenate;   ich will ihn hören dann.
Was ich beschlossen habe,   will ich sodann ihm sagen.«
Erneuert ward ihr wieder   ihr Weinen und ihr schmerzlich
													Klagen.

Mehr auch nicht begehrte   der edle Rüdeger,
als daß er sehen durfte   die Königin hehr:
er wußte sich so weise,   daß er wohl vollbringen   [gelingen.
konnte, was er wollte: ihr Wort zu erhalten, müßt ihm

Am andern Tage, als man   die Frühmesse sang,
kamen die edeln Boten;   da wurde groß der Drang,
die zu Hofe wollten   mit Rüdeger gehn,   [sehn.
von denen man wohlgekleidet   manch wackern Recken konnte

Kriemhild, die arme,   in traurigem Mut
wartet auf Rüdeger,   den edeln Boten gut.
Der fand sie in der Kleidung,   die jederzeit sie trug.
Dabei hatt ihr Gesinde   reiche Kleider genug.

Sie ging ihm entgegen   zu der Tür heran
und empfing gar herzlich   König Etzels Mann;
mit nur zwölf Gesellen   ließ man dort ihn ein.
Man erwies ihm hohe Ehre: kein Edlerer konnte Bote sein.

Man hieß den Herrn sich setzen   und seine Mannen da.
Die beiden Markgrafen   man vor ihm stehen sah,
Gere und Eckewart.   Die Königin das tat:
solche Boten höher   niemals man gewürdigt hat.

Als sie wohl da saßen   und sahen manche Maid,
begann von neuem zu weinen   Kriemhild vor Leid.
Ihr Kleid war vor dem Busen   von heißen Tränen naß.
Dieses sah der Markgraf;   der Held nicht länger stille saß.

A 1162–1168, B 1222–1228, C 1246–1252

Er sprach in großen Züchten: »Vieledles Königskind,
mir und meinen Gefährten,   die mit mir kommen sind,
sollt, Herrin, Ihr erlauben,   daß wir vor Euch stehn
und Euch die Botschaft sagen,   weshalb die Reise sei geschehn.«

»Nun sei es Euch erlaubet«,   sprach die Königin,
»Eure Botschaft zu sagen.   Danach steht mein Sinn.
Sprecht, was Ihr wollet   und was Euch dünket gut!«
Die Boten wohl bemerkten   ihren traurigen Mut.

Da sprach von Bechlaren   der Herr Rüdeger:
»Dienst und Treue Etzel,   dieser König hehr,
hat Euch entboten, Herrin,   her in dieses Land.
Er hat nach Eurer Minne   viel gute Degen ausgesandt.

Inniglich er bietet   Euch Freude ohne Leid.
Zu seiner steten Freundschaft   sei er Euch bereit;
gleich Helchen, meiner Herrin,   die ihm am Herzen lag,
sollt Ihr die Krone tragen,   die sie getragen manchen Tag.«

Die Königin da sagte: »Vieledler Rüdeger,
wer irgendwie erkannte   meinen Schmerz so schwer,
der riete nicht zur Liebe   mir zu anderm Mann,
da ich verlor den besten,   den jemals eine Frau gewann.«

»Was tröstet mehr im Leide?«   sprach da der kühne Mann,
»als innige Liebe?   Wer die gewähren kann
und dann den erwählet,   der als der Rechte kommt,
wider Herzensschwermut   nichts so heilsam ihm frommt.

Geruhet Ihr zu minnen   den edeln Herrscher mein,
von zwölf reichen Kronen   sollt Ihr die Herrin sein;
dazu von dreißig Fürsten   gibt Euch mein Herr das Land.
Die hat er bezwungen   mit seiner tatgewaltigen Hand.

A 1169–1175, B 1229–1235, C 1253–1259

Ihr sollt auch Herrin werden   über manchen kühnen Mann,
die auch meiner Herrin   waren untertan,
und viele schöne Maide,   die lenkte ihre Hand,
und hoher Recken Magen,   edel, kühn und gewandt.

Dazu gibt Euch mein Herrscher –   das läßt er Euch sagen –
wenn Ihr geruht, die Krone   mit ihm zu tragen,
die allerhöchste Würde,   die Helche je gewann;
die sollt Ihr gewaltig   haben über jeden Mann.«

»Wie möchte jemals wieder«,   sprach die Königin,
»eines Helden Weib zu werden,   begehren mein Sinn?
Mir hat der Tod an einem   getan so schweres Leid,
daß ich bis an mein Ende   um ihn muß trauern jederzeit.«

Da sprachen aber die Hunnen: »Reiche Königin,
Euer Leben wird bei Etzel   gehn so in Ehren hin,
daß Ihr das wohl vergesset,   geschieht unser Rat,
da der reiche König   so manchen wackern Degen hat.

Meiner Herrin Maide   und Euere Magdelein
sollen beieinander   ein Gesinde sein,
bei denen möchten Recken   werden wohlgemut.
Laßt es Euch, Herrin, raten: es soll fürwahr Euch werden gut!«

Sie sprach in edler Sitte: »Nun laßt die Rede sein
bis morgen in der Frühe!   Dann tretet hier herein!
So will ich Euch antworten,   worauf geht Euer Mut.«
Dem mußten Folge leisten   die Degen tapfer sowie gut.

Als zur Herberge   alle kamen dann,
ließ Frau Kriemhild holen   Giselher heran
und auch ihre Mutter.   Sie sagte beiden dies,
daß ihr gezieme zu weinen   und daß sie davon nimmer ließ.

A 1176–1182, B 1236–1242, C 1260–1266

Da sprach ihr Bruder Giselher: »Schwester, mir ward Bescheid;
ich will auch gern es glauben,   daß all dein schweres Leid
König Etzel wende;   und nimmst du ihn zum Mann,
ob jemand anders riete,   so dünket es mich wohlgetan.

Er mag dich wohl erheitern«,   sprach weiter Giselher.
»Vom Rotten bis zum Rheine   und weiter bis ans Meer
gibt es ihrer keinen,   der solcher Herrschaft wert.
Du kannst bald dich freuen,   wenn er dich zur Königin erklärt.«

Sie sprach zu ihrem Bruder: »Wie kommst du auf den Rat?
Zu klagen und zu weinen   ziemte mir früh und spat.
Wie soll ich vor den Recken   da zu Hofe gehn?
Bin ich auch schön gewesen,   darum ist es lange geschehn.«

Ute, beider Mutter,   redete ihr zu:
»Was deine Brüder raten,   liebes Kind, das tu!
Folge den Gefreundten,   so wird dir wohl geschehn!
Ich habe dich so lange   nur in schwerem Leid gesehn.«

Da bat sie Gott, den reichen,   daß er ihr helfen sollt,
daß sie zu geben hätte   Gewande, Silber und Gold,
wie bei ihrem Manne,   als er noch gesund;
sie erlebte doch nimmer   seitdem so fröhliche Stund.

Sie dacht in ihrem Sinne: Soll ich meinen Leib
einem Heiden geben –   ich bin ein christlich Weib –,
so muß mich ernster Vorwurf   treffen von der Welt.
Gäb er mir alle Reiche,   sein Wunsch mir nimmermehr gefällt.

Damit ließ sie es bleiben   die Nacht bis an den Tag.
Die Frau in viel Gedanken   in ihrem Bette lag.
Ihre lichten Augen   wurden trocken nicht,
bis sie zur Messe mußte   wieder gehn beim Morgenlicht.

A 1183–1189, B 1243–1249, C 1267–1273

Zu rechter Zeit zur Messe   waren die Herren kommen.
Sie hatten ihre Schwester   an die Hand genommen
und rieten ihr, zu nehmen   den König von Hunnenland.
Niemand doch die Fraue   ein wenig fröhlicher fand.

Herbei hießen sie holen,   wer König Etzels Mann.
Rüdeger, der reiche,   zu bitten da begann
minniglich die Fraue,   worauf ginge ihr Sinn,
ob König Botelungs Erben   zum Mann sie wolle nehmen hin.

Sie sprach, sie wolle minnen   nimmer einen Mann.
Der Markgraf drauf sagte   »Das wäre nicht wohlgetan.
Warum wollt Ihr verderben   solchen schönen Leib?
Ihr könnt mit Ehren noch werden   eines hohen Recken Weib.«

Nichts half es, daß sie baten,   bis daß Rüdeger
insgeheim gesprochen   die Königin hehr,
er wolle ihr vergüten,   was ihr je geschah.
Ein wenig sanfter wurde   ihre tiefe Trauer da.

Er sprach: »Hehre Fraue,   laßt Euer Weinen sein!
Hättet bei den Hunnen   Ihr mich nur ganz allein,
meine getreuen Freunde   und jeden, der mein Mann,
er müßt es schwer entgelten,   der je Euch etwas angetan.«

Etwas ward erleichtert   dadurch der Fraue Mut.
Sie sprach: »So schwört mir, Rüdeger,   wer mir etwas tut,
daß Ihr mir seid der nächste,   der rächte mein Leid!«
Da sagte der Markgraf: »Dazu bin ich, Frau, bereit.«

Mit allen seinen Mannen   schwor ihr da Rüdeger,
getreulich ihr zu dienen,   und daß die Recken hehr
ihr nichts versagen wollten   aus König Etzels Land;
daß sie Ehre haben sollte,   gelobte ihr Rüdegers Hand.

A 1190–1191, 1194–1198, B 1250–1251, 1254–1258, C 1274–1280

Da dachte die Getreue: wenn ich gewinnen kann
so viele Freunde,   so ficht mich wenig an,
was auch die Leute reden,   in meines Jammers Not:
vielleicht gerächt wird einmal   noch meines lieben Mannes Tod.

Sie dachte auch: da Etzel   der Recken hat so viel,
denen ich gebiete,   so tu ich, was ich will.
Er hat auch so viel Reichtum,   den ich verschenken kann;
mir hat der Mörder Hagen   geraubt, was ich an Gut gewann.

Zu Rüdeger sprach sie: »Hätt ich das vernommen,
daß er kein Heide wäre,   so wollt ich gerne kommen,
wohin sein Wille ginge,   und nähme ihn zum Mann.«
Da sagte der Markgraf: »Die Rede haltet, Fraue, an!

Er ist nicht ganz ein Heide;   des könnt Ihr sicher sein.
Es war fürwahr bekehret   der liebe Herrscher mein,
nur daß er sich vom Glauben   abgewendet hat.   [Rat.
Wollt Ihr ihn, Herrin, minnen,   so möchte des noch werden

Auch hat er so viel Recken   in der Christenheit,
daß Euch bei dem König   nie geschieht ein Leid.
Ihr könnt vielleicht erreichen,   daß der König gut
nach Gott wieder wendet   seine Seele und den Mut.«

Da sprachen ihre Brüder: »Verheißt es, Schwester mein!
allen Euern Kummer   sollt Ihr nun lassen sein.«
Sie drängten sie so lange,   bis ihr trauriger Sinn
gelobte vor den Degen,   sie zöge zu Etzel hin.

Sie sprach: »Ich muß Euch folgen,   ich arme Königin.
Geschehn mag, daß ich fahre   zu den Hunnen hin,
gewinne ich die Freunde,   die mich führen in sein Land.«
Darauf gab die Königin   vor den Degen ihre Hand.

A 1199–1204, B 1259–1264, C 1281–1287

Da sprach der edle Markgraf: »Habt Ihr zwei Mann,
so hab ich ihrer mehr noch;   es wird wohlgetan,
daß wir Euch in Ehren   bringen übern Rhein;
ich lasse Euch nicht länger   bei den Burgunden sein.

Fünfhundert meiner Recken   und auch der Magen mein,
die sollen Euch zu Diensten   hier und daheim auch sein;
was Ihr ihnen gebietet,   das tu ich selber auch,   [brauch.
mahnt Ihr mich des Versprechens,   daß ich mich nie zu schämen

Euere Pferdedecken   haltet Euch bereit –
was Rüdeger geraten,   bringt Euch nimmer Leid –
und saget Euern Maiden,   die Ihr Euch gesellt:
unterwegs begegnet   uns mancher auserwählte Held!«

Sie hatten noch Geschmeide,   das sie zu Sigfrids Zeit
beim Reiten getragen,   da sie manche Maid
in Ehren führen mochten,   wenn sie sollten fort.
Hei, was man guter Sättel   gewann den schönen Frauen dort!

Wenn sie zuvor getragen   immer reiches Kleid,
davon war zur Reise   gar manches nun bereit,
da ihnen über den König   so viel gesaget ward.
Sie schlossen auf die Kisten,   deren Inhalt man gespart.

Viel Unruh sie hatten   bis zum zwölften Tag;
sie suchten aus den Tüchern,   so viel darinnen lag.
Aufschließen hieß Kriemhild   bald ihre Kammern dann:
reich wollte sie machen   jeden, der Rüdegers Mann.

Sie hatte noch des Goldes   aus Nibelungenland –
sie meinte, es sollt bei den Hunnen   verteilen ihre Hand –,
daß sechshundert Pferde   es nimmer konnten tragen.
Die Märe hörte Hagen   da von Kriemhilden sagen.

A 1205–1211, B 1265–1271, C 1288–1294

Er sprach: »Da mir Kriemhild   doch nimmermehr wird hold,
so soll auch hier bleiben   Sigfrids ganzes Gold.
Wie sollt ich meinen Feinden   lassen so großes Gut?
Wohl weiß ich, daß die Fraue   Wunder mit den Schätzen tut,

brächte sies zu den Hunnen.   Ich will glauben das,
es wird doch verteilet   nur zu meinem Haß.
Sie haben auch nicht die Pferde,   die es sollten tragen.
Hagen will es behalten;   das sollt ihr Kriemhilden sagen.«

Als sie vernahm die Kunde,   da ward sie tief verzagt.
Es ward auch den Königen   allen dreien gesagt.
Sie wollten es gerne wenden;   da das nicht geschah,
Rüdeger, der Edle,   dazu herrlich sprach er da:

»Königin, vielreiche,   was klagt Ihr um das Gold?
Euch ist der König Etzel   dermaßen hold;
sehn Euch seine Augen,   er gibt Euch so viel,   [will.«
daß Ihr es nie verschenket.   Drauf ich Euch Eide schwören

Die Königin da sagte: »Vieledler Rüdeger,
keine Königstochter   an Reichtum gewann noch mehr,
als was einst Hagen   räuberisch mir nahm.«
Drauf der starke Gernot   hin zur Kammer nun kam.

Mit Gewalt des Königs Schlüssel   stieß er in das Tor.
Gold, das Kriemhilds eigen,   holte er hervor;
an Mark dreißigtausend   oder auch noch mehr
hieß die Gäste er nehmen;   lieb war das Gunther sehr.

Da sprach von Bechlaren   der Gotelind Mann:
»Wenn man Euch, Frau Kriemhild,   alles brächte heran,
was Euch je gebracht ward   aus Nibelungenland,
so berührt es doch nimmer   meine noch der Königin Hand.

A 1212–1218, B 1272–1278, C 1295–1301

Laßt es nehmen, Fraue,   wers gerne haben will!
Ich bracht aus meinem Lande   von meinem also viel,
daß es auf dem Wege   reichlich uns genügt
und unsre Kost von hinnen   gar prächtig immerdar sich fügt.«

Davon in aller Ruhe   gefüllt noch zwölf Schrein'
des allerbesten Goldes,   das drinnen mochte sein,
hatten noch ihre Maide;   das führte man fort
mit der edeln Kriemhild.   Das andre mußte bleiben dort.

Die Macht des übeln Hagen   deuchte sie zu stark,
sie hatt an Opfergelde   wohl noch tausend Mark.
Das spendete sie der Seele   von ihrem lieben Mann.
Rüdeger das deuchte   in großen Treuen getan.

Da sprach die Frau Kriemhild: »Wo sind die Freunde mein,
die mit mir in der Fremde   bei den Hunnen wollen sein
und mit mir reiten wollen   in König Etzels Land?   [wand.«
Mein Gold mögen die nehmen   und kaufen Roß sich und Ge-

Alsbald gab zur Antwort   der Markgraf Eckewart:
»Seit ich von Anfang   Euer Gefährte ward,
geb auf ich nie die Treue«,   sprach der kühne Held,
»ich will Euch immer dienen,   solang wir leben auf der Welt!

Dazu will ich mit mir   führen hundert Mann;
die biet ich Euch zu Diensten   in rechter Treue an.
Wir sind nicht geschieden;   es täte denn der Tod.«   [entbot.
Für die Rede dankt ihm Kriemhild,   die ihr der Held so wohl

Man holt hervor die Rosse: sie wollten fahren alsdann.
Da ward viel des Weinens   von Freunden getan.
Frau Ute, die gute,   und manche schöne Maid,
die zeigten, was sie fühlten   um die Königin an Leid.

Hundert schöne Maide   die Fraue mit sich nahm;
die wurden so gekleidet,   wie es ihnen zukam.
Auf ihre lichten Ringe   die Tränen fielen nieder.
Viel Freude sie erlebten   dort bei Etzel noch wieder.

Die Brüder kamen beide: Giselher und Gernot
mit ihrem Ingesinde,   wie es ihre Zucht gebot.
Da wollten sie begleiten   ihre liebe Schwester dann;
auch führten an kühnen Degen   sie mit sich wohl tausend Mann.

Da kam der schnelle Gere   und auch Ortewein;
Rumolt der Küchenmeister   mußte dabei auch sein.
Sie schufen Nachtherberge   der Frau auf den Wegen.
Volker war ihr Marschall;   der sollte der Herberge pflegen.

Nach Küssen vieles Weinen   wurde da vernommen,
bevor sie von der Feste   aufs Feld waren gekommen.
Ausritten da und gingen,   die sie nie darum bat.
Es ritt auch König Gunther   mit ihr ein wenig vor die Stadt.

Eh sie von Hause fuhren,   hatten sie vorgesandt
eilend ihre Boten   nach dem Hunnenland,
die dem König sagten,   daß ihm Rüdeger
zum Weib gewonnen hätte   die edle Königin so hehr.

Die Boten eilten sehre: die Reise tat not –
um die große Ehre   und um ihr Botenbrot.
Als sie zum Lande waren   mit ihren Rossen kommen,
da hatte König Etzel   noch nie so Liebes vernommen.

Für diese frohe Kunde   hieß der König geben
den Boten solche Gabe,   daß sie wohl mochten leben
in immer reichern Freuden   bis zu ihrem Tod.
Durch Liebe war geschwunden   des Königs Kummer und Not.

A 1226–1229, B 1286–1289, C 1309–1315

Einundzwanzigstes Abenteuer

Wie Kriemhild von Worms schied, als sie zu den Hunnen fuhr

Die Boten lasset reiten!   Wir tun euch nun bekannt,
wie die Königstochter   reiste durch das Land
und wie von ihr schieden   ihre beiden Brüder.
Sie hatten ihr so gedienet,   daß sie es sollte danken wieder.

Urlaub erbaten   von ihr viele Degen:
sie mußten nach Vergen   sich nun hin bewegen,
da sie wieder wollten   reiten an den Rhein.
Ohne Weinen mochte   von lieben Freunden das nicht sein.

Giselher, der schnelle,   sprach zu der Schwester sein:
»Solltest du, Fraue,   brauchen die Hilfe mein,
wenn dich etwas schädige,   das tu mir bekannt!
So reit ich, dir zu helfen,   in des Königs Etzel Land.«

Die ihre Gesippen waren,   küßte sie auf den Mund.
Gar minniglich scheiden   sah man da zur Stund'
die schnellen Burgunden   von Rüdegers Geleit.
Da führte die Königin   manche wohlgezierte Maid,

hundertundviere;   die trugen ein feines Kleid
aus genagelten, reichen Stoffen.   Viele Schilde breit
trug man den Frauen   nach auf ihren Wegen.
Da nahm auch Urlaub Volker,   der gar wohlgezierte Degen.

Als sie über die Donau   kamen ins Baierland,
da wurde diese Kunde   weithin bekannt,
daß zu den Hunnen führe   Kriemhild, die Königin.
Des freute sich der Oheim,   ein Bischof, der hieß Pilgerin.

A 1230–1235, B 1290–1295, C 1316–1321

In der Stadt zu Passau   war er Bischof.
Leer die Herbergen wurden   und auch des Fürsten Hof.
Zu den Gästen eilten   sie ins Baierland,
wo der Bischof Pilgerin   die schöne Kriemhilde fand.

Seinem Ingesinde   war das nicht leid,
daß sie ihr folgen sahen   manche schöne Maid.
Da koste man mit Augen   manch edeln Ritters Kind.
Reiche Herberge   gab man den edeln Gästen geschwind.

Dort in Pledelingen   schuf man ihnen Gemach.
Das Volk sah allenthalben   man reiten ihnen nach.
Man gab mit gutem Willen,   was sie bedurften dort.   [Ort.
Sie nahmen es wohl mit Ehren.   Das tat man drauf an jedem

Die Frau mit ihrem Oheim   ritt nach Passau hin.
Den Bürgern ward darinne   nicht betrübt der Sinn,
daß des Fürsten Nichte   dorthin sollte kommen.
Von den Kaufleuten wurde   sie gar freundlich aufgenommen.

Daß sie bleiben sollten,   der Bischof meinte dann.
Da sagte der Markgraf: »Nicht geschehn das kann.
Wir müssen niederreiten   nach dem Hunnenland:
viel Degen unser warten;   es ist allen wohlbekannt.«

Diese Nachricht auch wußte   die schöne Gotelind.
Sie rüstete zum Empfange   voll Eifers sich geschwind:
ihr hatt entboten Rüdeger,   daß dies ihn deuchte gut,
daß sie der Königinne   damit tröste den Mut,

daß sie ihr entgegenritte   nach der Ens hinan
mit allen seinen Mannen.   Da das ward getan,
sah man alle Seinen   eifrig sich betragen
um der Gäste willen;   man mußt der Ruhe sich entschlagen.

A 1236–1241, B 1296–1301, C 1322–1328

Zur nächsten Nacht war sie   nach Everdingen kommen.
Aus dem Baierlande   hätten sie genommen
genug Raub auf der Straße   nach ihrer Gewohnheit.
So hätten sie den Gästen   angetan gar manches Leid.

Das hatte wohl verhütet   der edle Rüdeger;
er führte tausend Ritter   und außerdem noch mehr.
Da war gekommen Gotelind,   die edle Markgräfin.
Mit ihr kam gar herrlich   mancher kühne Recke hin.

Da über die Traun sie kamen   bei der Ens auf das Feld,
da sah man sie errichten   Hütten und Gezelt,
wo die Gäste sollten   ruhen bei Nacht.
Von Rüdegers Freunden   ward mit Sorgfalt es gemacht.

Gotelind, die schöne,   aus der Wohnung ritt
Kriemhild entgegen.   Auf den Wegen schritt
mit klingenden Zäumen   manches schmucke Pferd.
Sie ward wohl empfangen;   das hatte Rüdeger begleitt.

Die von beiden Seiten   kamen auf den Wegen,
fröhlich sie ritten;   da war mancher Degen.
Sie pflegten Ritterspiele;   das sah manche Maid.   [leid.
Da ward den schönen Frauen   der Dienst der Ritter nimmer

Als zu den Gästen kamen   die in Rüdegers Geleit,
viele Splitter sah man   durch die Luft fliegen weit
aus der Recken Händen   in ritterlichen Sitten.
Da ward wohl zur Ehre   vor den Frauen geritten.

Dann ließen sie es ruhen.   Da grüßte mancher Mann
freundlich den andern.   Dann führten sie heran
die schöne Gotelinde,   wo sie Kriemhild sah.
Die Frauen dienen konnten,   hatten wenig Muße da.

A 1242–1248, B 1302–1308, C 1329–1335

Der Vogt ritt von Bechlaren   zu seinem Weibe hin.
Der edeln Markgräfin   ward da froh ihr Sinn,
daß er in frischer Gesundheit   war vom Rhein gekommen.
Ihr wurden ihre Sorgen   mit großer Freude genommen.

Nachdem sie ihn empfangen,   hieß er in das Gras
sie absteigen mit den Frauen,   wer im Sattel saß.
Bemüht war zu helfen   da gar mancher Mann;
das ward den schönen Frauen   mit großem Eifer getan.

Den Bischof sah man führen   seiner Schwester Kind,
ihn und Eckewart auch   zu Frau Gotelind.
Man mußte vor ihr eilend   weichen aus der Rund.
Da küßte die Fremde   die Markgräfin auf den Mund.

Die Königin sah da   Gotelind stehn
mit ihrem Ingesinde.   Sie ließ das Pferd nicht gehn
näher; mit den Zäumen   zu zügeln sie es begann.
Zu helfen aus dem Sattel   ihr nieder bat sie alsdann.

Gar minniglich da sagte   Rüdegers Weib:
»Wohl mir, liebe Fraue,   daß ich Euern schönen Leib
in diesen Landen habe   mit Freuden hier gesehn.
Zu dieser Zeit konnte   nimmer lieber mir geschehn.«

»Nun lohn Euch Gott«, sprach Kriemhild,   »vieledle Gotelind,
wenn ich gesund bleibe   und Botelungs Kind,
soll Euch zugute kommen,   daß Ihr mich habt gesehn.«
Noch ahnten nicht die beiden,   was später mußte geschehn.

Mit Züchten beieinander   sie saßen auf dem Klee.
Die gerne Frauen sahen,   denen war nicht weh.
Die süße Augenweide   schuf ihnen hohen Mut,
den Frauen wie den Männern,   wie sie es noch immer tut.

A 1249–1255, B 1309–1315, C 1336–1342

Man hieß den Gästen schenken;   es war wohl Mittag.
Das edle Ingesinde   dort nicht länger lag.
Sie ritten, wo sie fanden   manche Hütten breit.
Da war den werten Gästen   reiche Bewirtung bereit.

Die Nacht hatten sie Ruhe   bis zum Morgen früh.
Die von Bechlaren   gaben wohl sich Müh,
reich zu bewirten   manche Gäste wert.
Gesorgt hatte Rüdeger;   es ward ihnen alles wohl beschert.

Die Fenster in den Mauern   schaute man offen stehn;
man konnte Bechlaren   unverschlossen sehn.
Hinein ritten Gäste,   die man gerne sah.
Reiches Gemach schuf ihnen   der edle Rüdeger allda.

Rüdegers Tochter   mit dem Gesinde ging,
wo die Königin sie   gar minniglich empfing.
Auch ihre Mutter zeigte,   die Markgräfin, sich derweil.
Gar liebe Begrüßung   ward mancher Jungfrau da zuteil.

Sie faßten sich bei den Händen   und gingen sodann
in einen weiten Palas;   der schaute schmuck sich an,
wo dahin die Donau   unter ihnen floß.
Sie saßen dort im Freien,   und ihr Wohlgefühl war groß.

Was sie weiter taten,   kann ich euch nicht sagen.
Daß sie so eilen mußten,   hörte man da klagen
Kriemhildens Recken;   es war ihnen leid.
Hei, was an guten Recken   mit ihr von Bechlaren ritt noch weit!

Viel minnigliche Dienste   der Markgraf ihnen bot.
Die Königin da schenkte   zwölf Armringe rot
der Tochter Gotelindens   und ein so gut Gewand,
daß sie kein beßres brachte   hin in König Etzels Land.

A 1256–1262, B 1316–1322, C 1343–1349

War ihr auch genommen   der Nibelungen Gold,
alle, die sie sahen,   die machte sie sich hold
noch mit dem kleinen Gute,   das ihr geblieben war.
Des Wirtes Ingesinde   brachte sie viele Gaben dar.

Dafür bot da Ehre   die Frau Gotelind
den Gästen von dem Rheine,   so minniglich gesinnt,
daß man von den Fremden   selten einen fand,
der von ihr nicht Edelsteine   trug oder herrliches Gewand.

Als sie nach dem Imbiß   sollten nun hinan,
von der Hausfrau wurden   da geboten an
getreuliche Dienste   König Etzels Weib.
Da ward auch viel geliebkost   der schönen Jungfraue Leib.

Zur Königin sprach sie: »Dünkt es Euch gut,
ich weiß wohl, daß es gerne   mein lieber Vater tut,
daß er mich zu Euch sendet   in der Hunnen Land.«
Daß sie getreu ihr wäre,   gar wohl das Kriemhild empfand.

Die Rosse waren gesattelt   von Bechlaren gekommen.
Die Königin hatte   Abschied nun genommen
von Rüdegers Weibe   und von der Tochter sein.
Mit seinem Gruß schied auch   gar manches schöne Mägdelein.

Gar selten sie sahen   einander nach den Tagen.
Aus Medelik in Händen   wurden da getragen
reiche Goldgefäße;   darin brachte man Wein
den Gästen auf der Straße   und hieß sie willkommen sein.

Ein Wirt war da gesessen,   Astold war der genannt;
der wies sie die Straße   ins Österreicher Land
gegen Mautaren   an der Donau nieder.
Viel Dienst ward geboten   der reichen Königin da wieder.

A 1263–1269, B 1323–1329, C 1350–1356

Minniglich der Bischof   von seiner Nichte schied;
daß sie den König bekehrte,   wie eifrig er ihr das riet,
und daß sie sich Ehre erwerbe,   wie Helche hätte getan!
Hei, was sie große Ehre   da bei den Hunnen noch gewann!

Zu der Traisen brachte   man die Gäste dann.
Eifrig pflegte ihrer,   wer Rüdegers Mann,
bis daß die Hunnen   ritten über Land.
Der Königin da wurde   große Ehre zuerkannt.

An der Traisen hatte   der König von Hunnenland
eine reiche Feste;   die war wohlbekannt,
geheißen Traisenmauer.   Frau Helche war da;
sie pflegte hoher Tugend;   wie schwerlich wieder das geschah,

es täte denn Frau Kriemhild: die mochte gerne geben;
sie wollte nach ihrem Leide   die Freude wohl erleben,
daß ihr Ehre zollte,   wer König Etzels Mann,
die sie in aller Fülle   bei den Helden wohl gewann.

König Etzels Herrschaft   war so weit bekannt,
daß man zu allen Zeiten   an seinem Hofe fand
die allerbesten Recken,   davon je ward vernommen
unter Christen und Heiden;   die waren zu der Hochzeit
                                                    kommen.

Bei ihnen fand sich allzeit,   was schwerlich sonst man sieht,
daß christlicher Glaube   und Heidenbrauch geschieht,
nach welcher Lebensweise   ein jeder sich betrug.
Das schuf der König Etzel,   daß jeglicher empfing genug.

A 1270–1275, B 1330–1335, C 1357–1362

Zweiundzwanzigstes Abenteuer

Wie Kriemhild und Etzel in der Stadt Wien Hochzeit feierten

Sie war zu Traisenmauer   bis zum vierten Tag;
der Staub auf der Straße   derweil nicht stille lag.
Er stob, als ob ihn triebe   überall der Brand.
Da ritten Etzels Mannen   durch der Österreicher Land.

Da ward auch dem König   die Kunde nun gesagt –
ihm schwand aus den Gedanken,   was er bisher beklagt –,
wie herrlich da Kriemhild   käme durch das Land.
Er begann rasch hinzueilen,   wo er die Minnigliche fand.

Von so mancher Sprache   sah man auf den Wegen
vor König Etzel reiten   manchen kühnen Degen,
Christen und Heiden,   so manche große Schar.
Wo sie die Fraue fanden,   ihre Fahrt gar fröhlich war.

Von Russen und von Griechen   ritt da so mancher Mann.
Polen und Wallachen   zogen schnell heran.
Gute Rosse und Pferde   sie nach Kräften ritten.
Gar wenig ward verhohlen,   was da waren ihre Sitten.

Aus dem Land zu Kiew   ritt da auch mancher Mann
und die wilden Petschenegen.   Da ward viel getan,
mit Bogen zu schießen   nach Vögeln, die da flogen,
kräftig sie die Pfeile   bis zur schärfsten Spannung zogen.

Eine Stadt an der Donau   liegt im Osterland;
die ist Tuln geheißen.   Da ward ihr bekannt
so manche fremde Sitte,   die sie noch nie gesehn.
Gar viele sie empfingen,   denen sollte Leid von ihr geschehn.

A 1276–1281, B 1336–1341, C 1363–1368

Vor Etzel, dem reichen,	seine Mannschaft ritt hin,
froh und gutes Mutes,	höfisch in heiterm Sinn,
wohl vierundzwanzig Fürsten,	reich sowie hehr;
als sie die Herrin sahen,	da begehrten sie nichts mehr.

Da war der Herzog Raming	aus Wallachenland,
mit siebenhundert Mannen	kam er vor sie gerannt.
Wie die wilden Vögel,	so sah man sie fahren.
Dann kam der Herzog Gibeche	mit vielen herrlichen Scharen.

Hornbogi, der schnelle,	wohl mit tausend Mann
ritt von dem König	zu dessen Frau heran.
Lauter Schall ertönte	nach des Landes Sitten.
Von der Hunnen Magen	eifrig ward da auch geritten.

Von Dänemark kam da	der kühne Hawart
und Iring, der starke,	vor Falschheit wohl bewahrt.
Von Thüringen kam Irnfried,	der Fürst lobesam.
Sie empfingen Kriemhild,	wie ihrer Ehre zu es kam,

mit zwölfhundert Mannen;	die zählte ihre Schar.
Auch brachte der Herr Blödelin	tausend Helden dar,
König Etzels Bruder	aus dem Hunnenland;
der eilte mit den Seinen,	wo die Königin er fand.

Dann kam der König Etzel	und auch Herr Dietrich
mit allen seinen Degen.	Da war gar löblich
mancher edle Ritter,	bieder und gut.
Der Königin wurde	wohl besänftigt der Mut.

Da sprach von Bechlaren	der edle Rüdeger:
»Herrin, Euch will empfangen	hier der König hehr;
wen ich Euch küssen heiße,	das möge sein getan!	[Mann.«
Auf gleiche Art nicht könnt Ihr	jeden begrüßen, der Etzels

Dann hob man von dem Rosse   die Königin hehr.
Etzel, der reiche,   säumte auch nicht mehr:
er schwang sich von dem Rosse   mit manchem kühnen Mann.
Man sah ihn in Freuden   zu Frau Kriemhild gehn heran.

Zwei reiche Fürsten –   so gab man uns Bescheid –
bei der Fraue gingen   und trugen ihr das Kleid;
als der König Etzel   ihr entgegenging,
sie den edeln Fürsten   mit gütigem Kusse empfing.

Sie schob hinauf die Binden: ihre Farbe wohlgetan
leuchtete aus dem Golde.   Da fand mancher Mann
und sagte, daß Frau Helche   nicht schöner konnte sein.
Da stand ihr ganz nahe   des Königs Bruder Blödelein.

Den hieß sie küssen Rüdeger,   der Markgraf ritterlich,
und den König Gibeche;   da stand auch Dietrich.
Zwölf der Recken küßte   Etzels Königin.
Zu manchen andern wandte   sie sich dann mit Grüßen hin.

Als derweil auch Etzel   bei Frau Kriemhild stand,
taten so die Jungen,   wie es heut noch Brauch im Land:
manchen weiten Buhurt   sah man da geritten;
das taten Christendegen   und Heiden auch nach ihren Sitten.

Wie sie fliegen ließen,   die folgten Dietrich,
die splitternden Schäfte   so recht hurtiglich
hoch über Schilden   aus guter Ritter Hand!
Die sie gerne sahen,   die wurden ihnen rasch bekannt.

Da ward vom Schäftebrechen   ein starker Krach vernommen.
Es waren aus dem Lande   die Recken alle kommen
und auch des Königs Gäste,   so mancher edle Mann.
Da ging der reiche König   mit der Königin alsdann.

A 1289–1295, B 1349–1355, C 1376–1382

Sie sahen bei sich stehen   ein herrliches Gezelt.
Erfüllt war von den Hütten   ringsum das ganze Feld,
wo sie ruhen sollten   nach ihrer Tätigkeit.
Von Helden ward geleitet   darunter manche schmucke Maid

mit Kriemhild von dannen,   wo sie nieder saß
auf reichem Gestühle.   Der Markgraf hatte das
so bestimmt. Man fand es   ausnehmend gut.
Da stand dem König Etzel   ganz besonders hoch sein Mut.

Was sie zusammen sprachen,   das ist mir unbekannt.
In seiner Rechten   lag ihre weiße Hand.
Minniglich sie saßen,   da Rüdeger, der Degen,
den König nicht lassen wollte   Kriemhilds heimlich zu pflegen.

Dann ließ man aufhören   den Buhurt überall.
In Ehren ward beendet   da der laute Schall.
Da gingen zu den Hütten,   die Etzel untertan;
Herberge gab man   geräumig ihnen allen dann.

Gut Gemach sie hatten   die Nacht vom Abend da,
bis man den lichten Morgen   wieder scheinen sah.
Gesattelt ward für Etzel   und jeden, der sein Mann.
Mannigfache Kurzweil   man ihm zu Ehren da begann.

Die Hunnen mit Ehren   der König zu wirken bat.
Von Tuln sie da ritten   bis nach Wien, der Stadt.
Da war gar wohl gezieret   so mancher Frauen Leib:
sie empfingen wohl mit Ehren   da des Königs Etzel Weib.

Alles war in Fülle   ihnen da bereit,
was sie haben sollten.   Mancher Held in Fröhlichkeit
nahm ab den reichen Sattel,   der des Königs Mann.
Dann hob mit hohen Ehren   des Königs Hochzeitsfeier an.

A 1296–1302, B 1356–1362, C 1383–1389

Sie konnten nicht bleiben   zu Wien in der Stadt,
die nicht Gäste waren.   Rüdeger sie bat
von der Burg von hinnen   zur Herberg auf das Land.
Ich weiß: man aller Zeiten   bei Frau Kriemhilden fand

den König Dietrich   und manchen andern Degen:
sie mußten ohne Muße   eifrig sich bewegen,
damit sie den Gästen   erheiterten den Mut.
Etzel und seine Freunde   hatten Kurzweil da gut.

Die Hochzeit war gefallen   auf einen Pfingsttag,
wo der König Etzel   bei Kriemhilden lag
zu Wien an der Donau.   Mich dünkt: so manchen Mann
einst ihr erster Gatte   ihr zu Diensten nie gewann.

Mit Gaben tat sie kund sich   dem, der sie nie geschaut.
So mancher von ihnen   zu den Gästen sprach laut:
»Wir wähnten, daß Frau Kriemhild   übrig blieb kein Gut,
nun ists ein großes Wunder,   was sie hier an Gaben tut.«

Die Hochzeit da währte   wohl siebzehn Tage.
Mich dünkt, daß von keinem   König sonst man sage,
des Hochzeit größer wäre;   das ist uns nicht bekannt.
Alle, die da waren,   trugen nagelneu Gewand.

Ich mein, im Niederlande   sie vordem nie saß
mit so vielen Recken.   Davon glaub ich das:
war Sigfrid reich an Gute,   nie waren untertan
ihm so viel edle Recken,   wie bei den Hunnen sie gewann.

Auch gab niemals jemand   zur eignen Hochzeit
so manchen guten Mantel,   lang, tief und breit,
noch so manche Kleider,   als man hier gewann,
wie um Kriemhilds willen   alle hatten hier getan.

A 1303–1309, B 1363–1369, C 1390–1396

Bekannte und Gäste,   die hatten einen Mut,
daß sie nicht ersparten   irgendwelches Gut.
Was jemand begehrte,   das gaben sie bereit.
Da stand so mancher Degen   aus Milde bloß und ohne Kleid.

Wie sie am Rhein gesessen,   sie dachte an das,
bei ihrem edeln Manne,   ihre Augen wurden naß.
Sie hielt es wohl verhohlen,   daß es niemand konnte sehn.
Ihr war nach vielem Leide   so viel an Ehre nun geschehn.

Was einer tat aus Milde,   das war doch ein Wind
gegen König Dietrich: was Botelungs Kind
ihm gegeben hatte,   das gar bald verschwand.
Da tat auch große Wunder   des milden Rüdegers Hand.

Auch von Ungarlande   der Fürst Blödelein,
der hieß da entleeren   manchen Reiseschrein
von Silber und von Golde;   das ward hingegeben.
Man sah des Königs Degen   da recht fröhlich alle leben.

Schwemmel und Werbel,   Etzels Spielmann,
mich dünkt, daß ihrer jeder   zur Hochzeit da gewann
an Mark wohl tausend   oder mehr als das,
da die Frau Kriemhild   bei Etzel mit der Krone saß.

Am achtzehnten Morgen   von Wien sie da ritten,
da ward im Ritterspiele   mancher Schild zerschnitten
von Speeren, die da führten   die Recken in der Hand.
So kam der König Etzel   mit Freuden in der Hunnen Land.

Zu Heimburg, der alten,   sie waren über Nacht.
Da konnte niemand wissen   wohl des Heeres Macht,
mit welchen Volkskräften   sie ritten durch das Land.
Hei, was man schöne Frauen   in ihrer Heimat da fand!

A 1310–1316, B 1370–1376, C 1397–1403

In Wieselburg, der reichen,   zu Schiff ging man dann.
Bedeckt war das Wasser   ganz von Roß und Mann,
als ob es Erde wäre,   was man da fließen sah.
Die wegmüden Frauen   hatten sanfte Ruhe da.

Manches Schiff zusammen-   gebunden war da gut,
daß ihnen nicht schaden konnte   die Welle und die Flut.
Gespannt war darüber   manches gute Zelt,
als ob sie noch wären   beides, auf dem Land und Feld.

Nun kam diese Kunde   zur Etzelburg heran,
so daß sich darinnen   freuten Weib und Mann.
Das Gesinde, dem Helchen   zu dienen oblag,
erlebte bei Kriemhild   noch manchen fröhlichen Tag.

Da stand, ihrer harrend,   so manche edle Maid,
die seit Helches Tode   erfahren manches Leid.
Sieben Königstöchter   Kriemhild da noch fand;
durch sie war gezieret   König Etzels ganzes Land.

Das Gesinde Herrat,   der Jungfrau, unterstand,
Helches Schwestertochter –   ihre Tugend war bekannt –,
der Verlobten Dietrichs,   dem Kind eines Königs reich,
der Tochter Näntwines,   der keine kam an Ehren gleich.

Nach der Gäste Kommen   ihr Herz Verlangen trug,
auch war dazu verwendet   an reichem Gut genug.
Wer könnte euch das schildern,   wie Etzel herrscht seitdem.
In dem Hunnenland sie lebten   mit keiner Herrin so angenehm.

Als Etzel mit seinem Weibe   geritten kam zum Strand,
wer eine jede führte,   der ward da wohl genannt
der edelen Kriemhild;   sie grüßte desto mehr.
Hei, wie an Helches Stelle   sie gewaltig saß gar sehr!

A 1317–1323, B 1377–1383, C 1404–1410

Von treuen, edlen Diensten   ward ihr viel bekannt.
Da verteilte Frau Kriemhild   Gold und auch Gewand,
Silber und Gesteine,   was sie des übern Rhein
ins Hunnenland mitbrachte,   das mußte ganz verschenket sein.

Auch wurden ihr mit Diensten   hinfort untertan
all des Königs Magen   und jeder, der sein Mann,
daß nie die Frau Helche   so gewaltig gebot,
als sie ihr dienen mußten   bis an Kriemhildes Tod.

Da stand in solchen Ehren   der Hof und auch das Land,
daß man zu allen Zeiten   die Kurzeweile fand,
wonach einem jeden   das Herz Verlangen trug
durch des Königs Liebe   und durch die Königin so gut.

Dreiundzwanzigstes Abenteuer

Wie der König Etzel und Frau Kriemhild zu ihren Gefreundten
nach Worms sandten

In also hohen Ehren –   das ist gewißlich wahr –
Wohnte sie bei dem König   bis in das siebente Jahr.
Der Zeit war eines Sohnes   die Königin genesen.
Da konnte König Etzel   nimmer froher sein gewesen.

Sie bemühte sich dauernd   und ließ nicht ab davon,
daß getauft würde   König Etzels Sohn
nach christlichem Brauche.   Ortlieb ward er genannt.
Darob ward große Freude   über Etzels ganzem Land.

Was je an guter Tugend   bei Frau Helche lag,
pflegte Frau Kriemhild   danach gar manchen Tag.
Die Sitten sie lehrte   Herrat, die fremde Maid.
Die trug noch im geheimen   nach Helche schmerzliches Leid.

A 1324–1329, B 1384–1389, C 1411–1416

Die Fremden und Bekannten   gestanden da sogleich,
daß keine milder säße   in einem Königreich
und edeler lebte;   das sagte man fürwahr.
Hohes Lob erwarb sie   bei den Hunnen bis zum zwölften Jahr.

Sie hatte wohl gesehen,   daß ihr niemand widerstand,
wie mans gegen Königinnen   bei den Recken sonst wohl fand,
und daß sie aller Zeiten   zwölf Könige um sich sah.
Da dachte sie des Leides,   des ihr daheim so viel geschah.

Sie dachte auch mancher Ehren   aus Nibelungenland,
die einst ihr eigen waren   und die ihr Hagens Hand
nach Sigfrids Tode   hatte ganz genommen.
Sie dachte, ob dafür jemals   ihm ein Leid möchte kommen.

Sie wünschte, daß ihre Mutter   wäre im Hunnenland.
Sie träumte, daß Giselher   ginge an ihrer Hand
bei dem König Etzel.   Sie kost ihn jeder Stund
innig in sanftem Schlafe.   Dann ward Trauer ihr wohl kund.

Sie konnte nicht vergessen,   ob gut man ihr auch tat,
den schweren Herzenskummer;   sie fühlte früh und spat
immer ihren Jammer.   Der ward wohlbekannt.
Da begann sie zu benetzen   mit heißen Tränen ihr Gewand.

In ihrem Herzen hat sie   früh und spät gedacht,
wie man wider Willen   sie dazu gebracht,
daß sie minnen mußte   einen heidnischen Mann.
Ihr Gesippe Hagen   und Gunther hatte dies getan.

Daß sie das rächen könnte,   sie wünschte es alle Tage:
»Ich bin nun wohl so mächtig,   wem es auch mißbehage,
daß ich meinen Feinden   kann zufügen Leid.
Dazu wär ich dem Hagen   von Tronje gerne bereit.

A 1330–1336, B 1390–1396, C 1417–1423

Nach den Getreuen schmerzlich   verlangt das Herze mein.
Die mir Leid da taten,   könnt ich bei denen sein,
gerächt dann würde   meines Mannes Tod.
Das kann ich kaum erwarten«,   sprach sie in ihrer Herzensnot.

Sie liebte ein jeder,   der des Königs Mann
und Kriemhildens Recke.   Das war wohlgetan.
Ihr Kämmerer war Eckewart;   Freunde er gewann.
Kriemhildens Willen   niemand widerstand alsdann.

Sie dachte zu allen Zeiten,   den König zu bitten,
daß er ihr vergönnte   mit gütlichen Sitten,
daß man ihre Gefreundten   brächte ins Hunnenland.
Die böse Absicht niemand   an Frau Kriemhild hat erkannt.

Als sie eines Abends   bei dem König lag,
umfangen mit den Armen,   wie er jeden Tag
die edle Frau koste –   das war ihm wie sein Leib –,
da dachte ihrer Feinde   das gar herrliche Weib.

Sie sprach zu dem König: »Viellieber Herre mein,
ich wollt Euch gerne bitten –   möchte mit Fug das sein! –,
daß Ihr mich sehen ließet,   wenn Ihr Dank mir zollt,
ob Ihr meinen Gesippen   wäret von Herzen hold.«

Da sprach der reiche König –   getreu war sein Mut –:
»Des sollt Ihr inne werden,   was so lieb und gut
den Helden wird erwiesen –   Freude hab ich daran –,
daß ich durch Weibes Minne   bessere Freunde nie gewann.«

Die Königin da sagte: »Ihr wißt wohl Bescheid:
ich habe hohe Gefreundten;   drum ist mir so leid,
daß mich zu sehen,   so selten sie begehren.
Ich höre, daß mich die Leute   immer nur für fremd erklären.«

A 1337–1343, B 1397–1403, C 1424–1430

Da sprach der König Etzel: »Vielliebe Fraue mein,
dünkt es sie nicht zu ferne, so lad ich übern Rhein,
wen Ihr da gerne sehet, hierher in mein Land.«
Die Rede ihr wohl behagte, da seinen Willen sie erkannt.

Sie sprach: »Wollt Ihr mir Treue leisten, König mein,
so müßt Ihr Boten senden von uns übern Rhein.
Dann entbiet ich meiner Magen, wen begehrt mein Mut;
so kommt in unsre Lande gar mancher edle Ritter gut.«

Er sprach: »Wenn Ihr es wünschet, so laßt es geschehn!
Ihr könnt Eure Gefreundten nimmer lieber sehn,
als ich hier jeden sehe, der der edeln Ute Kind.
Gar sehr ichs bedaure, daß sie uns so lange ferne sind.«

Er sprach: »Rätst du dieses, vielliebe Fraue mein,
meine beiden Fiedler nach den Gefreundten dein
will ich als Boten senden ins Burgundenreich.«
König Etzels Fiedler ließ man da holen alsogleich.

Die Knappen kamen beide, wo der Herrscher saß,
bei der edeln Kriemhild. Der König sagte das,
sie sollten ziehn als Boten in seiner Gefreundten Land.
Da ließ man ihnen bereiten alsogleich ein gutes Gewand

und ihren Fahrtgenossen, vierundzwanzig Mann,
die mit ihnen ziehen sollten zu den Burgunden alsdann.
Ihnen tat der König Etzel kund den Willen sein,
wie sie mit seinen Magen Gunther sollten laden ein.

Da sprach der reiche König: »Ich künde euch meinen Mut:
ich biete meinen Gefreundten alles, was lieb und gut,
daß sie sich entschließen, zu reiten in mein Land.
Solche lieben Gäste ich gar selten noch fand.

A 1344–1350, B 1404–1410, C 1431–1437

Wenn sie nach meinem Willen   gerne wollen tun,
meine lieben Schwäger,   so sollen sie nicht ruhn
und nach Wunsch mir kommen   zum Feste in mein Land.
Auf meiner Frauen Magen   bin mit Freuden ich gespannt.«

Da sprach der Knappen einer,   der hieß Schwemmelin:
»Benennet uns die Festlichkeit,   wann habt Ihr sie im Sinn,
daß meiner Herrin Freunde   dazu können kommen.«
Da ward der edlen Kriemhild   von ihrem Leid gar viel ge-
                                          nommen.
Da sprach der edle König: »Meine Festlichkeit
sollt ihr am Rhein verkünden,   daß ihr des sicher seid:
zur nächsten Sonnenwende,   da soll diese sein;
die unsre treuen Freunde,   die sollen kommen übern Rhein.«

»Wir tun, wie Ihr gebietet«,   sprach da Werbelin.
In ihre Kemenate   hieß da die Königin
insgeheim sie kommen,   wo sie die Boten sprach.
Dadurch manchem Degen   hartes Leid noch folgte nach.

Sie sprach zu beiden Boten: »Ihr verdient viel Gut,
wenn ihr meinen Willen   im geheimen tut
und sagt, wen ich entbiete   her in unser Land.   [Gewand.
Ich mache euch reich an Habe   und geb euch herrliches

Wen von meinen Gefreundten   ihr immer möget sehn
zu Worms an dem Rheine,   denen sollt ihr nicht gestehn,
daß ihr je gesehen   betrübt meinen Mut;
und saget meine Grüße   diesen Helden kühn und gut!

Und bittet, daß sie befolgen,   was der König entbot,
und mich dadurch befreien   von aller meiner Not.
Die Hunnen mögen wähnen,   daß ich ohne Freunde bin;
wäre ich ein Ritter,   ich ritte wohl zu ihnen hin.

A 1351–1356, B 1411–1416, C 1438–1444

Und saget auch Gernot,   dem lieben Bruder mein,
daß ihm auf Erden niemand   holder könne sein,
und bittet ihn, daß er bringe   mit in dieses Land
unsere besten Freunde!   So wird es ehrenvoll genannt!

Und saget auch Giselher,   daß er denke daran,
daß ich durch sein Verschulden   nie ein Leid gewann!
Drum sähen ihn sehr gerne   hier die Augen mein.
Immerfort ich wollte   voller Hulden ihm sein.

Dann sagt auch meiner Mutter,   welche Ehre man mir zollt;
und wenn von Tronje   Hagen zurückbleiben wollt,
wer wohl dann sie sollte   führen durch das Land?
Von Kind auf sind die Wege   zu den Hunnen ihm bekannt.«

Die Boten nimmer wußten,   warum dies sollte sein,
daß Hagen, der Kühne,   zurück an dem Rhein
nimmer bleiben sollte,   das schuf ihnen Leid.
Durch ihn ward mancher Degen   dem grimmen Tode geweiht.

Botschaft und Briefe   wurden ihnen gegeben,
reich an Gut sie zogen   und konnten herrlich leben.
Urlaub gab ihnen Etzel   und auch die Königin.
In reicher Kleidung zogen   wohlgezieret die beiden hin.

Als der König Etzel   zu dem Rheine sandte
von sich seine Boten,   aus so manchem Lande,
viele tapferen Recken   zu dem Fest er nahm,
von denen aber keiner   je zurück zur Heimat kam.

A 1357–1362, B 1417–1422, C 1445–1450

Vierundzwanzigstes Abenteuer

Wie die Boten zum Rheine kamen und wie sie von dort schieden

Die Boten eilten von hinnen   aus dem Hunnenland
zu den Burgunden;   sie waren hingesandt
zu drei edeln Königen   und auch zu ihrem Heer,
die zu Etzel kommen sollten;   darum beeilten sie sich sehr.

Hin nach Bechlaren   kamen sie geritten,
wo man sie gerne aufnahm;   sie brauchten nicht zu bitten.
Herberge bot Rüdeger   und auch Gotelind
auf der Fahrt zum Rheine   und auch des Markgrafen Kind.

Man ließ ohne Gabe   sie nicht scheiden von dort,
damit bequemer zögen   Etzels Boten fort.
Uten und ihren Kindern   entbot da Rüdeger,
so gewogen wäre   kein anderer Markgraf ihnen mehr.

Sie boten auch Brünhild   ihre Dienste gut,
Treue und Minne   und willigen Mut.
Nachdem sie das vernommen,   mußten die Boten fahren.
Gott im Himmel bat da   die Markgräfin, sie zu bewahren.

Bevor die Boten kamen   durch das Baierland,
Werbel, der schnelle,   den guten Bischof fand.
Was der seinen Gefreundten   hin zum Rhein entbot,
das hab ich nicht erfahren;   nur daß von seinem Golde rot

er ihnen gab zur Minne.   Dann ließ er reiten sie;
da sprach der Bischof Pilgerin: »Sollt ich sehen hie,
mir wäre wohl zumute,   die Schwestersöhne mein.
Ich kann leider selten   zu ihnen kommen an den Rhein.«

A 1363–1368, B 1423–1428, C 1451–1456

Welche Wege sie fuhren   zum Rheine durch das Land,
sagen kann ichs nimmer.   Ihr Gold und ihr Gewand,
das nahm ihnen niemand.   Man scheute Etzels Haß;
er war gar gewaltig.   Man wußte in allen Ländern das.

In zehn Tagen kamen   sie zum Rheine hin
nach Worms in die Feste,   Werbel und Schwemmelin.
Man sagte die Kunde   dem Könige alsdann,
es kämen fremde Boten.   Zu fragen Gunther da begann.

Da sprach der Vogt vom Rheine: »Wer macht uns bekannt
mit diesen fremden Recken,   die kommen in unser Land?«
Das wußte aber niemand,   bevor jene sah
Hagen, der kühne.   Der Held zu Gunther sagte da:

»Zu uns kommt neue Kunde.   Das will ich Euch gestehn:
Etzels Fiedler habe   ich jetzt hier gesehn.
Die hat Eure Schwester   gesandt an den Rhein.
Etzel zuliebe   sollen sie uns willkommen sein.«

Sie ritten wohlgerüstet   vor den Palas alsdann.
Herrlicher nie einherzog   eines Fürsten Spielmann.
Des Königs Ingesinde   war schnell bei der Hand.
Man stellte ein die Rosse   und hieß bewahren ihr Gewand.

Ihre Reisekleider waren   reich und so getan,
daß sie mit Ehren konnten   dem König Gunther nahn.
Doch wollten sie nicht länger·   die bei Hofe tragen.
Ob sie jemand haben wolle,   ließen da die Boten fragen.

Weil sie so beschaffen,   Leute man da fand,
die sie gerne nahmen;   denen wurden sie gesandt.
Reichere Kleidung   nahmen die Gäste dann,
wie sie Königsboten   zu tragen prächtig steht an.

A 1369–1375, B 1429–1435, C 1457–1463

Dann gingen zum Empfange,   wo der König saß,
Etzels Gesandte;   gerne sah man das.
Hagen auch vom Sitze   vor die Boten sprang
und eilte ihnen entgegen.   Die Knappen sagten dafür Dank.

Nach ihrem Auftrage   zu fragen er begann,
wie Etzel sich befinde   und die ihm untertan.
Da sagte der Fiedler: »Besser war nie das Land,
noch froher die Leute;   das geb ich wahrlich Euch bekannt.«

Er sagte es dem König.   Der Palas, der war voll.
Man empfing da die Gäste,   wie man immer soll
Boten freundlich grüßen   in anderer Könige Land.
Schwemmel viele Degen   da bei König Gunther fand.

Der König wohlgezogen   zu grüßen sie begann:
»Willkommen, ihr Spielmänner,   die Etzel untertan,
und euere Gefährten!   Warum hat euch gesandt
der König der Hunnen   her in das Burgundenland?«

In Züchten sie sich neigten.   Da sprach Werbelin:
»Seinen Gruß Euch sendet   mein lieber König hin
und Kriemhild, Euere Schwester,   ins Burgundenland.
Die haben uns zu Euch Helden   gar getreulich hergesandt.«

Da sprach der reiche König: »Die Kunde macht mich froh.
Wie geht es König Etzel«,   der Herrscher sprach also,
»und meiner Schwester Kriemhild   in dem Hunnenland?«
Der Fiedler da sagte: »Die Antwort geb ich gern bekannt.

Könige lebten –   Ihr sollt es wissen wohl –
noch in keinem Lande   so gut und freudevoll
und all ihre Gefolgschaft,   ihre Magen und Mannen;
sie freuten sich der Reise,   als der Weg uns führte von dannen.«

A 1376–1382, B 1436–1442, C 1464–1470

»Dank für seine Grüße,   die er euch bringen hieß,
und auch meiner Schwester!   Lieb ist mir dies,
daß sie in Freuden leben,   er und jeder Held.
Denn ich hab in Sorge   diese Frage jetzt gestellt.«

Die beiden jungen Könige   waren auch gekommen,
da sie diese Nachricht   eben erst vernommen.
Giselher, der junge,   die Boten gerne sah,   ⌈da:
aus Liebe zu seiner Schwester.   Zu ihnen freundlich sprach er

»Ihr Boten sollet herzlich   uns willkommen sein,
wenn zu uns ihr öfters   wollet reiten an den Rhein,
ich meine, ihr findet Freunde,   die ihr gern wollt sehn.
Euch sollte von uns Degen   nimmermehr ein Leid geschehn.«

»Wir vertrauen Euch in Ehren«,   sprach da Schwemmelin;
»ich kann Euch nicht erklären   wohl nach meinem Sinn,
wie minnigliche Grüße   Euch Etzel hergesandt
und Euere edle Schwester,   so hochgeehrt im Hunnenland.

An Euere Huld und Treue   mahnt Euch die Königin,
und daß ihr stets gewogen   sei Euer Herz und Sinn;
zuvorderst zum König   seien wir hergesandt,
daß Ihr geruht zu reiten   hin in König Etzels Land.

Es soll mit Euch reiten   der Herr Gernot.
Etzel, der reiche,   Euch allen das entbot.
Wenn Ihr auch Euere Schwester   nimmer wollet sehn,
so wolle er gerne wissen,   was Euch sei von ihm geschehn,

daß Ihr also meidet   ihn und sein Land;
wäre Euch Kriemhild   auch ganz unbekannt,
so hätte er doch verdienet,   daß Ihr ihn wollet sehn.
Wenn Ihr dieses tätet,   so wäre Liebes ihm geschehn.«

A 1383–1389, B 1443–1449, C 1471–1477

Da sprach der König Gunther: »Die Rede haltet an
und geht zur Herberge!   Ihr sollt es hören dann,
nach diesen sieben Tagen,   ob ich will in euer Land.
Wie ich mich entschlossen,   die Antwort geb ich euch bekannt.«

Da sprach der Bote Werbel: »Könnte das geschehn,
daß wir meine Herrin   zuvor möchten sehn,
Ute, die reiche,   eh wir gehn ins Gemach?«
Giselher, der edle,   so viel züchtiglich da sprach:

»Das soll euch niemand wehren,   wollt ihr zu ihr gehn;
nach meiner Mutter Wünschen   wird das wohl geschehn.
Sie wird euch gerne sehen   wegen der Schwester mein
und wegen des Königs Etzel;   da könnt ihr ohne Zweifel sein.«

Giselher sie brachte   hin, wo die Mutter saß.
Sie sah die Boten gerne.   Getreulich tat sie das.
Tugendlich sie grüßte;   denn ihr war wohlgemut.
Es deuchte die Botschaft   von der Königin sie gut.

»Meine Herrin Euch sendet«,   sprach da Schwemmelin,
»getreulich ihre Grüße.   Nehmt fürwahr das hin!
Daß Ihr so fern ihr weilet,   das heißt sie beklagen.
Herzeleid drum muß sie   schwer in ihrem Gemüte tragen.«

Die Königin sprach da: »Dieses kann nicht sein,
so gerne ich sähe   die liebe Tochter mein:
leider ist so ferne   die edle Königin.
Immer selig gehe   das Leben ihr und Etzel hin!

Bevor ihr von uns scheidet,   lasset wissen mich,
wann ihr reiten wollet!   Nie sah so gerne ich
seit langer Zeit Boten,   wie ich euch gesehn.«
Die Knappen ihr gelobten,   das würde gerne geschehn.

A 1390–1396, B 1450–1456, C 1478–1484

Zur Herberge gingen   die aus dem Hunnenland.
Da hatt nach seinen Freunden   der reiche Fürst gesandt.
Gunther, der edle,   fragte Mann für Mann,
wie sie darüber dächten;   so mancher Ratschlag da begann.

»Ihr rittet wohl mit Ehren   in König Etzels Land.«
So rieten wohl die Besten,   die er bei ihnen fand.
Hagen nur alleine,   dem war es grimmig leid.   [streit.
Er sprach zu Gunther heimlich: »Ihr seid mit Euch im Wider-

Allzuwohl Ihr wisset,   was wir ihr angetan.
Drum ziemt uns immer Sorge   vor Kriemhilds Plan.
Ich selbst schlug zu Tode   ihren Mann mit meiner Hand.
Wie dürften wir es wagen,   zu reiten nun in Etzels Land?«

Da sprach der edle König: »Ihr Zorn besänftigt schien.
Mit minniglichem Kusse   hat sie uns verziehn,
was je wir ihr taten,   eh sie verließ das Land.
Nur wider Euch, Hagen,   ihre Feindschaft nimmer schwand.«

»Laßt Euch nicht betrügen,   was sie auch sagen,
die Hunnenboten! Wollt Ihr   Kriemhild sehn«, sprach Hagen,
»Ehre und Leben   könnt Ihr verlieren dann:
König Etzels Gattin   lange wohl auf Rache sann.«

Da sprach in diesem Rate   der König Gernot:
»Wenn Ihr mit guten Gründen   fürchtet den Tod
im Reiche der Hunnen,   stünde es uns dann an,
zu meiden Eure Schwester?   Das wäre zaghaft getan.«

Da sprach der Herr Giselher   also zu dem Degen:
»Da Ihr Euch also   schuldig wisset, Hagen,
so mögt Ihr hierbleiben   und Euer Heil bewahren;
doch lasset, die es wagen,   mit uns zu den Hunnen fahren!«

A 1397–1403, B 1457–1463, C 1485–1491

Da begann zu zürnen   von Tronje der Degen:
»Ich will nicht, daß Ihr jemand   mitführt auf den Wegen,
der eher zu reiten wagte   mit Euch zum Hofe hin.
Wollt Ihr es nicht lassen,   zum Wagnis wohlbereit ich bin.«

Da sprach der Küchenmeister   Rumolt, der Degen:
»Die Gäste und Euch selber   mögt Ihr heißen pflegen
nach Euerm eigenen Willen.   Ihr habt gar guten Rat.
Und wisset, daß Euch Hagen   das nützlichste geraten hat!

Und wollt Ihr ihm nicht folgen,   so rät Euch Rumolt –
ich bin Euch in Treuen   dienstbeflissen hold –,
daß Ihr hier bleibet   nach dem Wunsche mein
und laßt den König Etzel   doch bei Kriemhilden sein.

Was wäre Euch auf Erden   besser wohl gewesen?
Ihr könnt von Euern Feinden   daheim hier wohl genesen.
Ihr sollt mit reicher Kleidung   zieren Euern Leib   ⌈Weib!
Trinkt von bestem Weine   und minnet manches schmucke

Dazu gibt man Euch Speise,   die beste, die man fand
irgendwo auf Erden.   Schön steht Euer Land.
Ihr mögt Etzels Festlichkeit   in Ehren lassen schießen
und mögt mit Euern Freunden   guter Kurzweil hier genießen.

Hättet Ihr nichts andres,   was Ihr wollt erleben,
ich wollt Euch eine Speise   in Fülle wohl geben;
Schnitten in Öl gebacken;   dieses Rumolt rät,
da es so gefährlich,   Ihr Herren, bei den Hunnen steht.

Ich weiß, daß Frau Kriemhild   Euch nie wird hold gesinnt;
anderes habt Ihr und Hagen   an ihr auch nicht verdient.
Drum sollt Ihr hierbleiben;   es wird Euch nur zum Leid.
Sie bringt es an ein Ende,   davon ich richtig gab Bescheid.

A 1404–1408, B 1464–1468, C 1492–1498

Drum rat ich Euch zu bleiben: reich ist Euer Land;
man erfüllt hier leichter   Euch der Treue Pfand
als dort bei den Hunnen.   Ich weiß nicht, wie es da steht.
Bleiben sollt Ihr Herrscher.   Das ist es, was treulich Rumolt
                                                                                rät.«

»Wir wollen hier nicht bleiben«,   sprach da Gernot,
»da uns meine Schwester   so freundlich entbot
und Etzel, der reiche,   wie ließen wir das sein?
Wer nicht gerne mitzieht,   der mag hier bleiben an dem Rhein.«

»Wahrlich«, sprach da Rumolt,   »ich will der eine sein,
den das Fest Etzels   bringt nimmer übern Rhein.
Soll aufs Spiel ich setzen,   was Beßres mir gegeben?
Solange ichs vermöchte,   will ich selbst bewahren mein Leben.«

»Auch ich will dem folgen«,   sprach Ortwein, der Degen,
»ich will der Geschäfte   daheim mit Euch pflegen.«
Da sprachen ihrer viele,   sie wären gern bewahrt: [Fahrt!«
»Gott lasse Euch, liebe Herren,   zum Hunnenland gedeihn die

Der König ward zornig,   da er das erkannt,
daß sie nur haben wollten   Ruhe im Heimatland.
»Wir wollen es nicht lassen;   wir müssen auf die Fahrt.
Wer gutes Sinnes waltet,   sich zu jeder Zeit bewahrt.«

»Laßt Euch nun verdrießen«,   sprach da Hagen, »nicht
darum meine Rede.   Ich rate Euch in Pflicht:
Ich rat Euch in Getreuen: wollt Ihr Euch bewahren,
so sollt Ihr zu den Hunnen   wohlgerüstet nun fahren.

Wollt Ihr es nicht lassen,   bietet auf den Heeresbann,
die besten, die Ihr findet   oder treffet an,
so wähle ich aus allen   tausend Ritter gut.
Dann kann uns nimmer schaden   der argen Kriemhilde Mut.«

A 1409–1412, B 1469–1472, C 1499–1505

»Dem will ich gerne folgen«,   der König sagte dies;
alsbald in seine Lande   er Boten reiten ließ.
Da brachten sie der Helden   dreitausend oder mehr.
Sie wähnten nicht zu finden   solchen Gram und Schmerz gar
                                                schwer.

Sie ritten gutes Willens   in König Gunthers Land.
Man hieß allen geben   Rosse und auch Gewand,
die mit ihm ziehen wollten   zu den Hunnen hin.
Viele fand der König,   die bereit in ihrem Sinn.

Da hieß von Tronje Hagen   Dankwart, den Bruder sein,
ihrer beider sechzig Recken   bringen an den Rhein.
Ritterlich die kamen: Harnisch und Gewand
brachten viel die Degen   da in König Gunthers Land.

Da kam der Herr Volker,   ein kühner Spielmann,
hin zum Hof in Ehren   nach Worms mit dreißig Mann.
Solches Gewand die hatten,   es könnte ein König tragen.
Daß er zu den Hunnen wollte,   das ließ er dem König sagen.

Wer dieser Volker wäre,   das geb ich euch nun an:
Er war ein Herr, ein edler;   ihm waren untertan
viele gute Recken   im Burgundenland.
Weil er fiedeln konnte,   ward er der Spielmann genannt.

Tausend wählte Hagen;   die waren ihm wohlbekannt;
und was in starken Stürmen   vollbrachte ihre Hand
und was sie je geleistet,   das hatte er gesehn.
Ihnen konnte keiner andres   als Tapferkeit zugestehn.

Die Boten der Hunnen,   gewaltig das verdroß:
die Furcht vor ihrem Herren,   die war bei ihnen groß.
Täglich sie hielten   um ihren Abschied an.
Nicht gönnte es ihnen Hagen: dieses war aus List getan.

A 1413–1419, B 1473–1479, C 1506–1512

Er sprach zu seinen Herren: »Wir wollen uns wohl bewahren,
daß wir sie nicht reiten lassen,   bevor wir selber fahren
sieben Tage später,   zurück in ihr Land.
Hegt jemand böse Absicht,   das wird uns eher dann bekannt.

So kann sich auch Frau Kriemhild   bereiten nicht dazu,
daß uns durch ihre Räte   jemand Schaden tu.
Hat sie aber die Absicht,   es kommt ihr teuer an.
Wir führen ja von hinnen   manchen auserwählten Mann.«

Sättel und Schilde   und all ihr Gewand,
das sie bringen sollten   hin in das Hunnenland,
dieses war nun fertig   für manchen kühnen Mann.
König Etzels Fiedler   hieß zu Hof man kommen dann.

Als sie die Fürsten sahen,   sagte Gernot:
»Tun will nun der König,   wozu man euch entbot;
wir wollen gerne kommen   zu Etzels Festlichkeit
und unsere Schwester sehen;   dazu sind wir bestimmt bereit.«

Da sprach der König Gunther: »Nun gebet uns Bescheid!
Wann will man bei den Hunnen   haben die Festlichkeit?«
Antwort gab dem König   der Bote Schwemmelin:
»Zur nächsten Sonnenwende;   da kommet Ihr richtig hin.«

Der König ihnen erlaubte   – es war noch nicht geschehn –,
falls sie gerne wollten   Brünhilde sehn,
so sei er einverstanden,   gingen sie zu ihr hin.
Dem widersprach Volker;   er handelte in ihrem Sinn.

»Es ist ja«, sprach Volker,   ein edler Ritter gut,
»jetzt der Frau Brünhild   nicht so wohl zumut.
Wartet bis morgen!   Da könnt ihr sie sehn.«
Als sie sie schauen wollten,   da konnte dies nicht geschehn.

A 1420–1426, B 1480–1486, C 1513–1519

Da ließ der reiche König   — er war ihnen hold —
in seiner Herzensmilde   hinbringen ihnen Gold
auf den breiten Schilden.   Er war reich daran.
Auch mit reichen Gaben   schlossen seine Freunde sich an.

Gernot und Giselher,   Gere und Ortwein,
daß die milde waren,   das sah man da wohl ein.
So reiche Gaben boten   sie den Fiedlern an,
daß die aus Furcht vor Etzel   sie nicht wagten zu empfahn.

Der Bote Werbel sprach dann,   zu dem König gewandt:
»Herr König, laßt die Gaben   bleiben in Euerm Land!
Wir dürfen sie heim nicht bringen.   Mein Herr es uns verbot,
Gaben anzunehmen;   auch ist nichts davon uns not.«

Darüber ward der hehre   Fürst sehr ungemut,
daß sie ablehnen wollten   so reiches Königsgut.
Drum mußten sie empfangen   sein Gold und sein Gewand,
das sie mit sich brachten   heim sodann in Etzels Land.

Sie wollten Uten nahen,   bevor sie trennten sich.
Giselher, der schnelle,   brachte sie züchtiglich
zum Hof vor seine Mutter.   Die Frau trug auf ihnen dann,
was Kriemhild Ehre brächte;   das sei auch ihr zu Liebe getan.

Die Königin ließ da   ihre Borten und ihr Gold
für Kriemhild ihnen geben —   denn der war sie hold —
und für den König Etzel   den Spielmännern hin.
Sie könnten es wohl empfangen: sie gab dies mit getreuem Sinn.

Abschied genommen hatten   nun von Weib und Mann
Kriemhildens Boten;   mit Freuden sie sodann
zogen bis nach Schwaben.   Dorthin hieß Gernot
sie seine Leute geleiten,   so daß kein Schaden ihnen droht'.

A 1427–1433, B 1487–1493, C 1520–1526

Als die von ihnen schieden,   die sie sollten pflegen,
schuf ihnen Etzels Herrschaft   Frieden auf allen Wegen:
es nahm ihnen niemand   ihr Roß und ihr Gewand.
Sie begannen stark zu eilen   wieder in das Hunnenland.

Wo sie Freunde hatten,   taten sie ihnen kund,
in kurzer Zeit kämen   die Herren von Burgund
vom Rheine hingezogen   in das Hunnenland.
Pilgerin, dem Bischof,   ward die Nachricht auch bekannt.

Als sie in solcher Eile   ritten nach Bechlaren,
Rüdeger sie es sagten —   er sollte es auch erfahren —
und auch Gotelinde,   der Markgräfin hehr,
daß sie sie sehen sollten,   darüber freuten sie sich sehr.

Mit den Rossen eilen   sah man die Boten dann.
Etzel sie fanden   in der Stadt zu Gran.
Grüße über Grüße,   wieviel man ihnen entbot,
sagten sie dem König.   Aus Neigung ward er freudenrot.

Als Etzels Gattin   die Nachricht ward bekannt,
daß ihre Brüder sollten   kommen in das Land,
da ward ihr wohl zumute.   Jedem Spielmann
gab sie reiche Geschenke,   daß vielen Nutzen er gewann.

Sie sprach: »Nun sagt mir beide,   ihr lieben Boten mein,
wer von meinen Freunden   bei uns wolle sein,
die wir als Höchste luden   her in unser Land!«   ⌈bekannt?«
Sie sprach: »Was sagt da Hagen,   als ihm die Nachricht ward

Er sprach: »Der kam zum Rate   früh am Morgen schon;
mit freundlicher Rede   sprach er nicht davon,
als sie die Reise gelobten   von Worms übern Rhein.
Königin, das wisset: nichts konnt ihm mehr zuwider sein.

A 1434–1440, B 1494–1500, C 1527–1533

Es kamen Eure Brüder,   die Könige alle drei,
in der besten Stimmung.   Wer von Recken war dabei,
genaue Auskunft drüber   ich Euch nicht geben kann.
Es versprach mit zu reiten   Volker, der kühne Spielmann.«

»Das kann ich leicht entbehren«,   sprach die Königin,
»daß ich hier kommen sehe   Volker zum Hofe hin.
Mir liegt mehr an Hagen: er ist ein Degen gut.
Daß er kommt zu den Hunnen,   das erhöht meinen Mut.«

Die Königin ging hin da,   wo sie den König sah.
Zu ihm so recht minnig   sprach Frau Kriemhild da:
»Wie gefällt Euch die Nachricht,   lieber Gatte mein?
Was je mein Herz begehrte,   das wird nun wohl vollendet sein.«

»Dein Wille ist meine Freude«,   der König sprach also;
»über meine Magen   ward ich nie so froh,
bis ich sie kommen wußte   her in dieses Land.
Durch deiner Freunde Liebe   meine Sorge ganz verschwand.«

Des Königs Beamte,   die ließen überall
mit Sitzen herrichten   Palas und Saal
für die lieben Gäste,   die dorthin sollten kommen.
Durch sie ward dem König   später Freude viel genommen.

Fünfundzwanzigstes Abenteuer

Wie die Könige zu den Hunnen zogen

Wir lassen nun beruhen,   was weiter taten die.
Hochgemute Recken   zogen noch nie
so herrlich ausgerüstet   in eines Königs Land.
Sie hatten, was sie wollten,   beides, Waffen und Gewand.

A 1441–1446, B 1501–1506, C 1534–1539

Neue Kleidung ihnen   der Vogt vom Rheine gab,
tausendsechzig Mannen,   wie ich vernommen hab,
und neuntausend Knechte   für die Festlichkeit.
Die sie zu Hause ließen,   beweinten sie nach dieser Zeit.

Da trug man das Reitzeug   zu Worms übern Hof.
Da sagte aus Speyer   ein alter Bischof
zur Königin Ute: »Unsere Freunde wollen fahren
hin zu dem Feste.   Gott möge ihre Ehre bewahren!«

Zu ihren Söhnen sprach da   die edle Ute doch:
»Ihr wackeren Helden   solltet bleiben noch:
ich sah im Traume heute   so viel Angst und Not,
wie die Vögel alle   in unserem Lande waren tot.«

»Wer an Träume glaubet«,   sagte da Hagen,
»der weiß wahre Kunde   nimmer zu sagen,
wie es um seine Ehre   ihm am besten steh.
Nun will ich, daß mein König   auf die Ladung zu Hofe geh.

Wir wollen gerne reiten   hin in Etzels Land.
Da kann wohl Königen dienen   guter Helden Hand,
da wir dort schauen müssen   Kriemhilds Festlichkeit.«
Hagen riet zur Reise;   doch brachte es ihm später Leid.

Er hätte widerraten,   wenn nicht Gernot
mit unfreundlichen Worten   ihm schweren Ärger bot.
Er mahnte ihn an Sigfrid,   Frau Kriemhilds Mann.
Er sprach: »Darum will Hagen   die Reise lassen ungetan.«

Da sprach der von Tronje: »Nichts aus Furcht ich tu.
Wenn Ihr Helden wollet,   so greifet nur zu!
Ich reite mit Euch gerne   in König Etzels Land.«
Von ihm ward noch zerhauen   mancher Helm und Schildesrand.

A 1447–1453, B 1507–1513, C 1540–1546

Klar die Schiffe waren,   zu fahren übern Rhein.
Was sie an Kleidern hatten,   das trug man da hinein.
Sie hatten wenig Muße   bis zur Abendzeit;
doch kamen sie von Hause   zur Reise fröhlich bereit.

Hütten und Zelte   spannten sie auf im Gras
jenseits des Rheines.   Als sie vollendet das,
den König bat zu bleiben   sein vielschönes Weib.
Nachts sie noch herzte   seinen weidlichen Leib.

Morgens früh erhob sich   Fiedel- und Flötenton.
Zu diesem sie griffen: sie mußten ja davon.
Wer ein Lieb im Arme hatte,   der herzte dessen Leib.
Es schied mit vielen Leiden   dereinst sie König Etzels Weib.

Rumolt, der Küchenmeister,   ein gar kühner Mann,
heimlich mit dem König   zu sprechen er begann.
Da sagte er dem König   vertraut, wie ihm zumut.
Er sprach: »Ich muß bedauern,   daß Ihr zum Hof die Reise tut.

Ich hab Euch viel gewarnet   und auch genug gemahnt.«
Er sprach: »Wem wollt Ihr lassen   Leute und Land,
da niemand kann wenden,   Ihr Recken, Euern Mut?
Die Nachrichten von Kriemhild,   die deuchten nimmermehr
                                          mich gut.«
»Mit allen meinen Leuten,   die ich lasse hier,
mein Land und meine Habe   anvertraut seien dir,
mein Kind und mein Gesinde   und Brünhilds Sicherheit.
Uns tut wahrlich nimmer   König Etzels Frau ein Leid.«

Eh sie von dannen schieden,   beriet der König dies
mit seinen höchsten Mannen.   Ungeordnet er nicht ließ
das Land und die Burgen: die ihrer sollten pflegen,
denen ließ zum Schutze   er manchen auserwählten Degen.

A 1454–1459, B 1514–1519, C 1547–1553

Die Rosse waren gesattelt   den Fürsten und ihren Mannen.
Mit minniglichen Küssen   schied mancher von dannen,
dem der Sinn erfüllet   war von hohem Mut.
Das mußte noch beweinen   manches Weib gar trefflich und gut.

Wehklagen und Weinen,   das hörte man genug.
Brünhild auf dem Arme   ihr Kind zum König trug.
»Wie könnt zurück Ihr lassen   als Waisen uns beid?
Ihr solltet bei uns bleiben«,   sprach das Weib voll Herzeleid.

»Ihr solltet nicht beweinen,   Frau, den Willen mein;
Ihr solltet hohen Mutes   daheim ohne Sorgen sein.
Wir kommen sicher wieder   in Freuden und gesund.«
Sie schieden gar fröhlich   von ihren Freunden da zur Stund.

Als man die schnellen Recken   zu den Rossen gehen sah,
gar manche Frau gewahrte   man weinend stehen da.
Daß ihr langes Scheiden,   sagte wohl ihr Mut,   ſtut.
ihnen vielen Schaden brächte,   was dem Herzen nimmer gütlich

Die schnellen Burgunden   hoben an die Fahrt.
Auf dem Land ein großes   Treiben da ward.
Beiderseits der Berge   weinten Weib und Mann.
Was das Volk auch täte,   sie zogen fröhlich alsdann.

Zu jenen Zeiten herrschte   der Glauben noch nicht lang.
Einen Kaplan sie hatten   der ihnen die Messe sang.
Der kehrte gesund wieder,   wiewohl mit knappem Glück.
Keiner der anderen kehrte   von den Hunnen da zurück.

Seinen Weg einschlug   gegen den Main sodann
hinauf durch Osterfranken   des Königs Heeresbann.
Dorthin führte sie Hagen;   ihm war es wohlbekannt.
Dankwart war ihr Marschall,   der Held von Burgundenland.

A 1460–1462, 1464, B 1520–1522, 1524, C 1554–1560

Als sie von Osterfranken   durch Swarfelde ritten,
konnte man sie erkennen   an den herrenhaften Sitten,
die Fürsten und ihre Magen,   die Helden lobesam.
An dem zwölften Morgen   der König zu der Donau kam.

Da ritt von Tronje Hagen   an der Spitze der Schar.
Den schnellen Nibelungen   ein hilfreicher Trost er war.
Es sprang der kühne Degen   nieder auf den Sand.
Sein Roß ohne Zögern   schnell an einen Baum er band.

Das Wasser war angeschwollen;   die Schiffe waren verborgen.
Das schuf den Nibelungen   alsbald schwere Sorgen,
wie sie hinüberkämen;   der Strom war zu breit.
Da stieg ab vom Pferde   mancher Ritter wohlbereit.

»Leid«, sprach da Hagen,   »mag dir hier wohl geschehn,
Vogt von dem Rheine.   Nun kannst du selber sehn:
das Wasser ist angeschwollen,   gar stark ist seine Flut.
Ich fürchte, wir verlieren   noch heute manchen Ritter gut.«

»Wohin weist Ihr mich, Hagen?«   sprach der König hehr.
»Eure hohe Tugend   schafft keinen Trost uns mehr.
Die Furt müßt Ihr suchen   hinüber zu dem Land,
daß wir von hinnen bringen   beides, Roß und auch Gewand.«

»Gewiß ist mir«, sprach Hagen,   »das Leben nicht so leid,
daß ich mich wollte ertränken   in dem Wasser breit.
Von meiner Hand soll vorher   sterben mancher Mann
in den Landen Etzels.   Das ist zunächst mein fester Plan.

Bleibet bei dem Wasser,   ihr stolzen Ritter gut!
Ich will die Fergen suchen   selber an der Flut,
die uns hinüberbringen   in König Etzels Land.«
Hagen, der kühne,   nahm den Schild an die Hand.

A 1465–1471, B 1525–1531, C 1561–1567

Der Held gute Waffen   an seinem Leibe trug:
den Helm aufgebunden;   hell war der genug.
Dann trug er ob der Brünne   eine Waffe breit,
die durch ihre Schärfe   gar gefährlich schnitt im Streit.

Er suchte hin und wider   nach einem Schiffersmann.
Er hörte Wasser plätschern –   zu lauschen er begann –:
in einem Brunnen taten   zwei weise Frauen das.
Sie kühlten sich darinnen   und badeten sich in dem Naß.

Hagen sie gewahrte.   Er schlich sachte hinzu.
Als sie den Helden sahen,   flohen sie im Nu.
Daß sie ihm entrannen,   freute sie gar sehr.   ⌐mehr.
Der Held nahm ihre Kleider   doch tat er Schaden ihnen nicht

Da sprach das eine Meerweib –   Hadeburg ward sie genannt:
»Herr Hagen, gebt uns wieder   unser Gewand!
Wenn Ihr uns, edler Recke,   zurück die Kleidung gebt,
so sage ich, was bei den Hunnen   auf Eurer Reise Ihr erlebt.«

Sie schwebten wie die Vögel   vor ihm auf der Flut,
ihn dünkten ihre Künste   verläßlich und gut.
Was sie ihm sagten,   das glaubt er um so mehr.
Ihrer eine sagte   ihm dieses, was sein Begehr:

Sie sprach: »Ihr mögt wohl reiten   in König Etzels Land.
Die Treue sei mein Bürge;   mein Haupt sei Euer Pfand,
daß Helden niemals zogen   in ein Reich so gut
mit also großen Ehren;   darauf vertraue Euer Mut!«

Der Rede froh ward Hagen   in seinem Herzen sehr.
Er gab zurück die Kleider   und säumte nicht mehr.
Als angetan sie wieder   ihr wunderbar Gewand,
da sagten sie ihm die Wahrheit   von der Fahrt in Etzels Land.

A 1472–1478, B 1532–1538, C 1568–1574

Da sprach das andere Meerweib,   sie hieß Winelind:
»Ich will dich warnen, Hagen,   Aldrians Kind,
der Kleidung zuliebe   hat meine Muhme dich belogen,
kommst du zu den Hunnen,   so bist du gar schwer betrogen.

Willst du wiederkehren,   so ist es an der Zeit,
da ihr kühnen Helden   also geladen seid,
daß ihr sterben müsset   in König Etzels Land.
Wer hin von euch reitet,   der hat den Tod an der Hand.«

Antwort gab da Hagen: »Ihr lügt ohne Not.
Wie könnte das sich fügen,   daß wir alle tot
bei dem Feste lägen   durch jemandes Haß.«
Da begann zu sagen   sie ihm noch genauer das.

Sie sprach: »Nun merket, Hagen!   Es wird sich so begeben,
daß von euch nicht einer   davonkommt mit dem Leben.
Allein des Königs Kaplan.   Von dem sei Euch bekannt:
der kommt gesund wieder   heim in König Gunthers Land.«

Da sprach grimmes Mutes   der kühne Degen Hagen:
»Das wäre meinem Herren   beschwerlich zu sagen,
daß wir bei den Hunnen   verlieren Leben und Leib.
Nun zeig uns übers Wasser,   du allerweisestes Weib!«

Sie sprach: »Wenn für die Reise   Ihr unseren Rat verschmäht,
oben an dem Wasser   eine Herberge steht.
Darinnen ist ein Ferge   und sonst nirgends mehr.«
Die Kunde, nach der er fragte,   an die glaubte gerne er.

Zu dem ungemuten Recken   noch die eine sprach:
»Nun wartet, Herr Hagen!   Die Hast lasset nach!
Vernehmt auch die Kunde,   wie Ihr kommt übern Sand!
Dieser Mark Herrscher,   er ist Else genannt.

A 1479–1485, B 1539–1545, C 1575–1581

Sein Bruder ist geheißen   der Degen Gelfrat,
ein Vogt im Donaulande.   Mühe Euch da naht.
Wollt Ihr durch seine Marken,   Ihr möget Euch wohl bewahren
und sollt mit dem Fergen   rücksichtsvoll genug verfahren.

Der ist grimmen Mutes,   er läßt Euch nimmer ein,
wollt Ihr bei dem Helden   in Freundlichkeit nicht sein;
wollt Ihr, daß er Euch fahre,   so gebet ihm den Sold!
Dieses Land er hütet   und ist dem Herrn Gelfrat hold;

und kommt er nicht beizeiten,   so ruft über die Flut
und sagt, Ihr heißet Amelrich: das war ein Degen gut,
der um Feindschaft mußte   räumen dieses Land.
Dann kommt zu Euch der Ferge,   wird der Name ihm genannt!«

Der übermütige Hagen   dankte den Frauen sehr,
für beides, Rat und Lehre.   Der Held sprach nicht mehr,
dann ging er längs des Flusses   aufwärts an den Strand,
wo an der andern Seite   eine Herberge er fand.

Er begann zu rufen   laut über die Flut:
»Nun holt mich hier, Ferge«,   sprach der Degen gut,
»so geb ich dir von Golde   einen Ring gar rot.
Diese Fahrt ist mir,   das wisset, wahrlich dringend not!«

So reich war der Ferge;   auf Verdienst er nicht sah.
Lohn nahm er drum selten   von jemandem da:
auch waren seine Knechte   erfüllt von stolzem Mut.
Allein stand noch Hagen   dieserhalb hier an der Flut.

Daß der Strom ertönte,   er rief mit aller Kraft;
denn des Recken Stärke   war groß und heldenhaft.
»Hole Elses Degen,   mich, den Amelrich,
der aus diesen Landen   wegen großer Feindschaft entwich!«

A 1486–1492, B 1546–1552, C 1582–1588

An des Schwertes Spitze   er ihm den Ring da bot,
schön und glänzend war er   und vom Golde rot,
daß er ihn übersetzte   in Herrn Elses Land.
Der übermütige Ferge   nahm selbst das Ruder in die Hand.

Auch zeigte dieser Ferge   nicht umgänglichen Mut.
Oft führt zu bösem Ende   die Gier nach großem Gut.
Er gedachte zu verdienen   Hagens Gold so rot.
Doch erlitt er von dem Degen   gar bald den grimmigen Tod.

Der Ferge ruderte eifrig   hinüber an den Strand.
Den er da finden wollte,   da er ihn nicht fand,
das kränkte ihn nicht wenig,   als er Hagen sah.
Der Held wider den Recken   in grimmem Zorne sprach er da:

»Ihr mögt wohl sein geheißen   mit Namen Amelrich;
doch seid Ihr dem gar ungleich,   den hier erwartet ich.
Vom Vater und von der Mutter   war er der Bruder mein.
Da Ihr mich so betrogen,   müßt Ihr am anderen Ufer sein.«

»Nein, um Gott den Reichen«,   sprach darauf Hagen:
»Ich bin ein fremder Recke,   besorgt um viele Degen.
So nehmet an freundlich   hier den fremden Sold
und fahrt mich hinüber!   Ich will auch immer sein Euch hold.«

Antwort gab der Ferge: »Das kann fürwahr nicht sein.
Es haben manche Feinde   die lieben Herren mein;
drum bringe ich keinen Fremden   her in dieses Land.
Ist dir lieb dein Leben,   so steig heraus an den Strand!«

»Das tu ich nicht«, sprach Hagen;   »mir ist die Reise not.
Nehmt von mir zum Lohne   diesen Ring, von Golde rot,
und setzt mir tausend Rosse   über und manchen Mann!«
»Wahrhaftig«, sprach der Ferge: »das wird nimmer getan.«

A 1493–1499, B 1553–1559, C 1589–1595

Er hob das starke Ruder,   mächtig und breit,
und schlug damit auf Hagen –   es ward ihm später leid –,
daß er in dem Schiffe   strauchelt auf die Knie;
solchen grimmgen Fergen   fand der Held von Tronje noch nie.

Den eigenwilligen Fremden   wollt er reizen mehr.
Über Hagens Haupt hieb er   eine Stange schwer,
daß sie ganz zersplittert.   Er war ein starker Mann.
Davon Elses Ferge   großen Schaden noch gewann.

Grimmigen Mutes   des kühnen Hagen Hand
griff nach der Scheide,   wo sein Schwert er fand.
Das Haupt er ihm abschlug   und warf es auf den Grund.
Gar bald wurde dieses   den stolzen Burgunden kund.

Im selben Augenblicke,   wo er den Schiffsmann schlug,
faßte das Schiff die Strömung;   das schuf ihm Mühe genug.
Eh ers wieder gerichtet,   zu ermatten er begann.
Mit allen Kräften ruderte   König Gunthers kühner Mann.

Hagen galt nur wenig   des starken Fergen Fall.
Da wandte er sich gar hurtig   längs des Stromes zu Tal.
Dort fand er seinen Herrn   am Gestade stehn.
Gar manchen schmucken Degen   sah er ihm entgegengehn.

Mit Gruß ihn wohl empfingen   die schnellen Ritter gut.
Da sahen in dem Schiffe   sie dampfen noch das Blut
von der schweren Wunde,   die er dem Fergen schlug.
Darum mußte Hagen   Fragen hören genug.

Als der König Gunther   das heiße Blut nun sah,
rauchend in dem Schiffe,   gar bald sprach er da:
»Was sagt Ihr mir, Hagen?   Wohin ist der Ferge gekommen?
Euere Kräfte haben,   glaube ich, das Leben ihm genommen.«

A 1500–1503, 1505–1507, B 1560–1563, 1565–1567, C 1596–1602

Lügenhaft sprach er: »Als ich das Schiff da fand
an einer starken Weide,   da löst' es meine Hand.
Keinen Fergen hab ich   irgendwo gesehn.   [geschehn.«
Auch ist ein Leid niemand   durch mein Verschulden hier

Da sprach von Burgunden   der starke Gernot:
»Befürchten muß ich heute   lieber Freunde Tod,
da wir bei dem Schiffe   keinen Schiffer sehn.
Wie wir hinüberkommen,   da muß die Freude mir vergehn.«

Laut rief da Hagen: »Legt auf den Boden hin
die Ausrüstung, ihr Knechte!   Ich denke, daß ich bin
der allerbeste Ferge,   den man am Rheine fand.   [Land.«
Ich getrau mich, euch zu setzen   wohl hinüber in Gelfrats

Damit sie desto schneller   kämen über die Flut,
trieb man hinein die Rosse.   Sie schwammen da so gut,
daß die starke Strömung   ihrer keines nahm.
Einige trieben weiter,   als Müdigkeit sie überkam.

Da trugen sie zum Schiffe   ihr Gold und ihr Gewand,
weil keiner für die Reise   etwas Besseres fand.
Der Meister war da Hagen.   Der führte zum andern Strand
so manchen kühnen Recken   in das unbekannte Land.

Zuerst setzte er über   tausend Ritter hehr
und sechzig seiner Degen,   dann kamen noch mehr:
neuntausend Knechte   bracht er an den Strand.
Den Tag fand keine Muße   des vielkühnen Hagens Hand.

Dieses Schiffes Länge   war stark, weit und groß,
was in dem Gedränge   so mancher Held genoß.
Es trug wohl miteinander   vierhundert über die Flut.
Am Riemen mußte ziehen   den Tag so mancher Recke gut.

A 1508–1513, B 1568–1573, C 1603–1609

Als er sie ohne Schaden   brachte über die Flut,
gedachte der fremden Märe   der schnelle Degen gut,
die ihm zuvor da sagte   das wilde Meerweib.
Da hätt des Königs Kapellan   beinah verloren Leben und Leib.

Bei dem Weihgeräte   er den Priester fand,
auf die Heiligtümer   gestützt mit einer Hand.
Es konnte ihm nichts helfen: als ihn Hagen sah,
der arme Priester Gottes,   Ungemach erlitt er da.

Er schwang ihn aus dem Schiffe   mit jäher Gewalt.
Da riefen ihrer viele: »Halt ein, Hagen, halt!«
Giselher, der junge,   zu zürnen da begann.
Er wollt es doch nicht lassen,   daß jemand ihn hinderte daran.

Von den Burgunden sprach da   der starke Gernot:
»Was hilft Euch nun, Hagen,   des Kaplanes Tod?
Tät es jemand anders,   es brächte ihm Leid.   ⌐zweit?«
Aus welchem Grunde habt Ihr   mit dem Priester Euch ent-

Der Pfaffe schwamm nach Kräften: er hoffte zu entgehn,
wenn ihm jemand hülfe;   das konnte nicht geschehn.
Denn zu sehr war Hagen   erfüllt von Zorn und Grimm.
Er stieß ihn zu dem Grunde.   Das schien sehr ungerecht und
                                                  schlimm.
Da dem armen Pfaffen   niemand Hilfe bot,
kehrt er zurück hinüber;   er litt da große Not,
da er nicht schwimmen konnte.   Ihm half Gottes Hand;
so kam er wohlgeborgen   hinüber wieder an den Strand.

Da stand der arme Pfaffe   und schüttelte das Gewand.
Als unvermeidlich hatte   Hagen da erkannt,
was ihm die weisen Weiber   da gesagt vorher.
Er dachte: diese Degen   leben nun nicht lange mehr.

A 1514–1520, B 1574–1580, C 1610–1616

Als sie das Schiff entluden   und weggetragen war,
was darauf hatte   der drei Könige Schar,
schlug Hagen in Stücke   und stieß es in die Flut,
darob waren verwundert   sehr die Degen kühn und gut.

»Warum tut Ihr das, Bruder«,   sprach da Dankwart;
»wie kommen wir hinüber,   wenn auf der Heimfahrt
wir von den Hunnen reiten   wieder an den Rhein?«
Da sagte ihm Hagen,   dieses könnte nimmer sein.

Da sprach der Held von Tronje: »Ich hab es darum getan:
gehört unserm Zuge   irgendein Feigling an,
der uns entrinnen wollte   in ängstlicher Not,
der muß an diesem Wasser   mit Schande dennoch liegen tot.«

Sie führten mit sich einen   aus Burgundenland,
der war ein Held behende,   Volker war er genannt.
Der redete verständig,   wie ihm stets zumut;
was Hagen auch begonnen,   das dünkt den Fiedler allzeit gut.

Als des Königs Kaplan   das Schiff zerhauen sah,
zurück übers Wasser   zu Hagen sprach er da:
»Ihr ungetreuer Mörder,   was ist durch mich geschehn,
daß ohne mein Verschulden   Ihr mich ertränkt wolltet sehn?«

Antwort gab ihm Hagen: »Die Rede lasset sein!
Meiner Treu, leid tut mir,   daß Ihr den Händen mein
wieder seid entronnen.   Das ist fürwahr kein Spott.«
Da sprach der arme Kaplan: »Dafür lob ich immer Gott.

Ich fürcht Euch nun gar wenig;   des sollt Ihr sicher sein.
Zieht Ihr nun zu den Hunnen,   so will ich an den Rhein.
Gott lasse Euch nimmer   zum Rheine wiederkommen!
Das wünsche ich Euch wahrlich.   Ihr habt mein Leben fast ge-
                                    nommen.«

A 1521–1524, B 1581–1584, C 1617–1623

Da sprach der König Gunther   zu seinem Kaplan:
»Es wird Euch reich gebüßet,   was Euch angetan
Hagen in seinem Zorne;   und komm ich an den Rhein
zurück wieder lebend,   so sollt Ihr ohne Sorge sein.

Zieht wieder heim zu Lande!   Denn es muß nun sein.
Ich entbiete meine Grüße   der lieben Fraue mein
und meinen andern Magen,   wie mit Recht ich soll.
Sagt ihnen liebe Kunde,   daß wir noch alle fahren wohl!«

Bereit waren die Rosse,   die Saumtiere beladen.
Sie hatten auf der Reise   bisher keinen Schaden
genommen, der sie beschwerte.   Nur des Königs Kaplan,
der mußte nun zu Fuße   wieder zu dem Rhein hinan.

Sechsundzwanzigstes Abenteuer

Wie sie mit Else und Gelfrat stritten und wie es ihnen da gelang

Als sie nun ohne Schaden   kamen auf den Strand,
der König begann zu fragen: »Wer soll uns durch das Land
die rechten Wege weisen,   daß wir nicht irre gehn?«
Da sprach der starke Volker: »Dieses will ich wohl versehn.«

»Nun haltet an«, sprach Hagen,   »Ritter und Knecht,
und eilet nicht zu hastig!   So dünket es mich recht.
Eine ungewohnte Märe,   die mach ich euch bekannt:
nimmermehr wir kommen   wieder heim in unser Land.

Zwei Meerweiber mir sagten   es heute morgen nun,
wir kämen nimmer wieder.   Nun rat ich, was zu tun:
daß ihr euch waffnet, Helden,   zum Streit euch wohl bewahrt –
wir haben starke Feinde –,   daß gut bewehrt ihr weiterfahrt.

A 1525–1528, B 1585–1588, C 1624–1628

Ich wähnte Lügen zu finden   der weisen Wasserfraun.
Sie sagten das besonders: die Heimat wiederschaun
würde mit Augen keiner,   außer dem Kaplan.
Drum hätte ich so gerne   heut ertränkt gesehn den Mann.«

Da flogen diese Mären   hin von Schar zu Schar.
Vor Leid die schnellen Helden   erblaßten ganz und gar,
da Sorge sie erfaßte   vor dem grimmen Tod
auf dieser Hofreise.   Das schuf fürwahr ihnen Not.

Als sie zu Mähringen   hinüber waren gekommen,
wo dem Fergen Elses   das Leben war genommen,
da sprach nochmals Hagen: »Da ich Feinde gewann
auf dieser unsrer Reise,   greift man sicherlich uns an.

Ich erschlug ihren Fergen   heute morgen früh.
Sie wissen wohl die Nachricht.   Nun gebe sich jeder Müh,
wenn Else mit Gelfrat   noch heute hier besteh
unser Gefolge,   daß es ihnen schlimm ergeh!

Ihre Kühnheit kenn ich;   sicher wird es geschehn.
Lasset euere Rosse   desto ruhiger gehn,
damit niemand glaube,   wir flöhen auf den Wegen!«
»Das wollen wir befolgen«,   sprach da mancher kühne Degen.

»Wer soll nun das Gefolge   führen über Land?«
Sie sagten: »Das tut Volker –   dem sind wohlbekannt
die Steige und Straßen –   der kühne Spielmann.«
Eh man es ausgesprochen,   kam er gewaffnet schon heran.

Der Fiedler, der schnelle,   den Helm er fester band.
Von herrlicher Farbe   war all sein Kampfgewand.
An seinen Schaft dann band er   ein Zeichen: das war rot.
Er kam mit seinen Königen   später noch in grimme Not.

A 1529–1535, B 1589–1595, C 1629–1635

Da war vom Tod des Fergen   zu Gelfrat gekommen
nun die sichre Kunde;   da hat es auch vernommen
dessen Bruder Else.   Es war ihnen beiden leid.
Sie sandten zu ihren Degen.   Die waren auch sofort bereit.

Binnen kurzer Weile,   wie ich vernommen recht,
sah man zu ihnen reiten,   die in scharfem Gefecht
verübt hatten manchen   Schaden gar schwer.
Derer kamen zu Gelfrat   wohl siebenhundert oder mehr.

Da man den grimmen Feinden   nachzureiten begann,
führten sie ihre Herren.   Die trieben zur Eile an
nach den kühnen Fremden.   Auf Rache stand ihr Sinn.
Da mußten ihrer Freunde   nachher noch mehr sie geben hin.

Wohlbedacht hatte Hagen   geschickt es so gestellt:
– Wie konnte seine Freunde   besser schirmen ein Held? –
er führte die Nachhut   mit seinen sechzig Mann
und seinem Bruder Dankwart.   Das war gar glücklich getan.

Der Tag war ihnen zerronnen;   nicht länger währte er.
Er bangte für seine Freunde   um Not und Wunden schwer.
Sie ritten unter den Schilden   durch das Baierland.
In kurzer Frist die Helden   da der Feinde Angriff fand.

Beiderseits der Straße   und hinter ihnen her
hörten sie Hufschläge.   Die Gegner eilten sehr.
Da sprach der kühne Dankwart: »Man greift jetzt uns an.
Bindet nun fest die Helme!   Das ist redlich getan.«

Sie hielten ein mit Reiten,   als es da mußte sein.
Sie sahen in dem Dunkel   der lichten Helme Schein.
Nicht länger schweigend zusehn   wollte da Hagen: ⌈sagen.
»Wer verfolgt uns auf der Straße?«   Das mußte Gelfrat ihnen da

A 1536–1542, B 1596–1602, C 1636–1642

Also der Markgraf   aus Baierland da sprach:
»Wir sind unsern Feinden   darum gefolget nach:
ich weiß nicht, wer mir heute   meinen Fergen erschlug.
Es war ein schneller Degen.   Das schuf mir Leides genug.«

Da sprach Hagen von Tronje: »War der Ferge dein?
Er wollte uns nicht fahren,   die Schuld daran war mein.
Erschlug ich deinen Fergen,   es tat fürwahr mir not.
Ich hatte von dem Degen   beinah erhalten den Tod.

Ich bot ihm zum Lohne   Gold, Silber und Gewand,
daß er uns führe   hin in Euer Land.
Gar schwer ihn das kränkte.   Im Zorn er mich da schlug
mit einer schweren Stange;   mühsam nur ich das ertrug.

Da griff ich zu dem Schwerte   und wehrte seinem Grimm
durch eine schwere Wunde.   Sein Ende traf ihn schlimm.
Ich biet Euch nun zur Sühne,   was Euch dünket gut.«
Da begann ein Streiten.   Gar zornig wurde ihr Mut.

»Ich wußte wohl«, sprach Gelfrat,   »als mit seinem Geleit
Gunther hier ritt vorüber,   daß uns geschähe Leid
durch den Übermut Hagens.   Der soll ihm nicht gedeihn:
für des Fergen Ende   soll er selbst das Pfand uns sein.«

Sie neigten über die Schilde   zum Stoß den starken Speer,
Gelfrat und Hagen.   Die Kampflust trieb sie her.
Else und Dankwart   auch zusammen ritten
in gar hohem Mute.   Da ward grimmig dort gestritten.

Wie konnten erproben   Helden jemals das?
Von seinem starken Stoße   hinter dem Rosse saß
Hagen, der kühne,   da von Gelfrats Hand:
ihm barst der Brustriemen.   Fallen ward ihm da bekannt.

A 1543–1549, B 1603–1609, C 1643–1649

Von ihrem Gefolge   erklang der Schäfte Schall.
Auf raffte sich da Hagen,   der da war zu Tal
gestürzt von dem Speerstoß   nieder auf das Gras.
Mich dünkt, wider Gelfrat   erbitterte ihn unsanft das.

Wer hielt ihre Rosse,   das ist mir unbekannt.
Sie waren aus den Sätteln   gekommen auf den Sand.
Gelfrat und Hagen   aufeinander stürmten an.
Ihre Gefährten halfen.   Da ward ein scharfer Streit getan.

Wider Gelfrat stürmte   Hagen kräftig genug.
Doch der edle Markgraf   ab vom Schild ihm schlug
ein Stück gleich einer Elle.   Das Feuer sprühte dann.
Da wäre fast erlegen   König Gunthers kühner Mann.

Dankwart anzurufen   er da begann:
»Hilf mir, lieber Bruder!   Mich hat gegriffen an
ein Held mit tapferm Arme.   Er läßt mich nicht gedeihn.«
Da sprach der kühne Dankwart: »Da will ich Schiedsrichter
                                            sein.«

Hinzu sprang er gar wuchtig   und hieb ihm einen Schlag,
so daß der Herre Gelfrat   tot vor ihm lag.
Else da begehrte,   daß gerächt werde der Held.
Doch mußte er mit Schaden   mit den Seinen räumen das Feld.

Erschlagen war sein Bruder;   selbst war er wund.
Wohl achtzig seiner Degen   blieben zur Stund
des grimmen Todes Beute.   Else mußte alsdann
zur Flucht davon sich wenden.   Das hatten die Gäste getan.

Als die vom Baierlande   wichen auf dem Wege,
hörte man noch hallen   die heftigen Schläge;
da jagten die von Tronje   ihren Feinden nach.
Die es nicht entgelten wollten,   erlitten alle Ungemach.

A 1550–1556, B 1610–1616, C 1650–1656

Da sprach bei der Verfolgung   Dankwart, der Degen:
»Wir müssen wiederkehren   bald auf diesen Wegen.
Lassen wir sie reiten!   Sie sind vom Blute naß.
Eilen wir zu den Freunden!   Getreulich rate ich euch das.«

Als zurück sie kamen,   wo der Streit war geschehn,
da sprach der kühne Hagen: »Ihr Helden müsset sehn,
wer uns hier fehlet   und wen wir haben verlorn
in diesem harten Streite   durch Gelfrates grimmen Zorn.«

Sie hatten vier verloren;   das nahmen sie wahr.
Es war wohl vergolten   mit Wunden ihrer Schar
denen vom Baierlande: sie ließen hundert tot.
Es waren derer von Tronje   ihre Schilde trüb und rot.

Inzwischen schien aus den Wolken   des hellen Mondes Licht.
Da sprach wieder Hagen: »Erzählen sollt ihr nicht
meinen lieben Herren,   was wir hier getan.
Sie sollen ohne Sorgen   bis zum Morgen reiten voran.«

Da die zu ihnen kamen,   die dort gekämpft vorher,
da spürte das Gefolge   die Müdigkeit sehr.
»Wie lange sollen wir reiten?«   So fragte mancher Mann.
Da sprach der kühne Dankwart: »Wir treffen keine Herberge
                                                              an.
Ihr müsset alle reiten,   bis es geworden Tag.«
Volker, der kühne,   dem die Fahne oblag,
ließ den Marschall fragen: »Wo soll es heute sein,
daß unsere Rosse rasten   und auch die lieben Herren mein?«

Da sprach der kühne Dankwart: »Ich kann es Euch nicht sagen.
Wir können nicht rasten,   eh es beginnt zu tagen.
Wo wir es dann finden,   legen wir uns ins Gras.«
Als sie es vernommen,   schien leidig gar manchem das.

A 1557–1563, B 1617–1623, C 1657–1663

Sie blieben ohne Meldung   vom heißen Blute rot,
bis daß die Sonne   den lichten Schein entbot
dem Morgen über die Berge.   Als das der König sah,
daß sie gestritten hatten,   gar erbittert sprach er da:

»Wie denn nun, Freund Hagen?   Ihr verschmähet, dünkt mich
daß ich bei Euch wäre,   da Euch die Ringe naß   [das,
wurden von dem Blute.   Wer hat Euch das getan?«
Er sprach: »Das tat Gelfrat;   der griff in der Nacht uns an.

Wegen seines Fergen   wurden wir berannt.
Da erschlug den Gelfrat   meines Bruders Hand.
Dann entrann uns Else;   ihn zwang schwere Not.
Vier von uns und hundert   von ihnen blieben im Kampfe tot.«

Wir können euch nicht melden,   wo man Nachtruhe fand.
All den Landleuten   ward es bald bekannt,
Utes Söhne zögen   zu Etzels Festlichkeit.
Sie wohl zu empfangen,   war man zu Passau da bereit.

Der edeln Fürsten Oheim,   der Bischof Pilgerin,
ward fröhliches Mutes,   da seine Neffen hin
kamen mit so vielen   Recken in das Land.
Daß er sie gerne sähe,   das ward ihnen gleich bekannt.

Sie wurden wohl empfangen   von Freunden auf den Wegen.
Da er nach Passau   nicht alle konnte legen,
mußten sie übers Wasser,   wo sich fand ein Feld.
Da schlugen auf die Knechte   viele Hütten und Gezelt.

Den ganzen Tag sie mußten   bleiben an dem Ort
und die volle Nacht auch.   Wie schön war es dort!
Darauf mußten sie reiten   in Rüdegers Land.   [bekannt.
Zu dem kam auch die Nachricht;   sie ward mit Freuden ihm

A 1564–1570, B 1624–1630, C 1664–1670

Als die Wegmüden   Ruhe genommen
und sie dann der Grenze   näher gekommen,
auf der Mark sie fanden   schlafend einen Mann,
dem Hagen von Tronje   eine starke Waffe abgewann.

Eckewart war geheißen   dieser Ritter gut;
ihm darob nun wurde   gar traurig zumut,
als er verlor die Waffe   durch der Helden Fahrt.
Rüdegers Grenzmark   fand man übel da bewahrt.

»O weh mir ob der Schande!«   sprach da Eckewart.
»Schwer muß ich beklagen   der Burgunden Fahrt.
Seit Sigfrid ich verloren,   ging meine Freude hin.
O weh mir, Herr Rüdeger,   wie untreu ich geworden bin!«

Hagen wohl es hörte: er klagte in Kummers Not.
Er gab zurück die Waffe,   dazu sechs Ringe rot.   [sein.
»Das nimm, Held, zum Gedenken!   Du sollst mein Freund nun
Du bist ein kühner Degen,   liegst du auch auf der Mark allein.«

»Gott lohn Euch Eure Gabe«,   sprach da Eckewart.
»Doch macht mir viele Sorge   zu den Hunnen Eure Fahrt.
Ihr habt Sigfrid erschlagen;   man hegt hier wider Euch Haß.
Daß Ihr Euch wohl behütet,   getreulich rate ich Euch das.«

»Nun möge uns Gott behüten!«   sprach da Hagen.
»Wir haben keine andre   Sorge jetzt zu tragen,
als wo meine Herren   Herberge diese Nacht
finden hierzulande   für sich und ihre Heeresmacht.

Die Rosse sind ermattet   auf den weiten Wegen.
Verbraucht ist unser Vorrat«,   sprach Hagen, der Degen.
»Wir finden nichts zu kaufen.   Es wäre ein Wirt uns not,
der uns noch heute   aus Milde gäbe sein Brot.«

A 1571–1577, B 1631–1637, C 1671–1677

Antwort gab da Eckewart: »Den Wirt ich zeigen kann,
daß Ihr in keinem Hause   so wohl es treffet an
in einem fremden Lande,   als es hier wird geschehn,
wenn Ihr schnellen Degen   wollet Rüdeger jetzt sehn.

Der wohnt an der Straße   als bester Wirt weithin,
der je ein Haus besessen;   tugendreich ist sein Sinn,
wie der lichte Vollmond   aufs Gras die Blumen streut.
Kann er euch Helden dienen,   so ist von Herzen er bereit.«

Da sprach der König Gunther: »Wollt Ihr mein Bote sein,
ob uns aufnehmen wolle   und die Recken mein
Rüdeger, der Markgraf,   mich mit Mage und Mann.
Das will ich stets verdienen   getreulich, so gut ich kann.«

»Der Bote bin ich gerne«,   sprach da Eckewart
voll redlichen Eifers   und machte sich auf die Fahrt
und sagte dem Rüdeger,   was er hätte gesehn,
und auch Gotelinde.   Das war aus Neigung geschehn.

Man sah zu Bechlaren   eilen einen Degen.
Selbst erkannte ihn Rüdeger.   Er sprach: »Auf diesen Wegen
eilt hierher dort Eckewart,   der Kriemhilde Mann.«
Er wähnte, daß Feinde   ihm etwas hätten angetan.

Da ging er zu der Türe,   wo er den Boten fand,
nahm ihm das Schwert vom Gürtel   und legte es aus der Hand.
Er sprach zu dem Degen: »Was habt Ihr vernommen,
daß Ihr also eilet?   Hat uns jemand etwas genommen?«

»Geschadet hat uns niemand«,   sprach Eckewart gewandt
»Mich haben drei Könige   her zu Euch gesandt:
Gunther von Burgund,   Giselher und Gernot.
Jeder von den Recken   seine Dienste Euch entbot.

A 1578–1584, B 1638–1644, C 1678–1684

Dasselbe tut auch Hagen   und auch Volker,
eifrig Euch zu dienen.   Ich sag Euch noch mehr,
daß des Königs Marschall   Dankwart mir entbot,
daß den guten Degen   Unterkunft hier wäre not.«

Mit lachendem Munde   sprach da Rüdeger:
»Wohl mir dieser Nachricht,   daß die Könige hehr
Herberge hier begehren!   Dazu bin ich bereit.   [zeit.«
Wenn sie ins Haus mir kommen,   stehe ich zu Diensten jeder-

»Des Königs Marschall läßt Euch   sagen, daß Ihr wißt,
wem Ihr Herberge   noch geben müßt:
sechzig kühnen Recken   und tausend Rittern gut
und neuntausend Knechten.«   Da ward ihm fröhlich zumut.

»Wohl mir dieser Gäste«,   sprach da Rüdeger,
»daß in mein Haus kommen   die Recken also hehr,
denen zum ersten Male   Dienste ich leisten kann.
Nun reite ihnen entgegen,   wer mein Mage und Mann!«

Sie eilten zu den Rossen.   Ein Drängen da begann
von Rittern und von Knechten.   Der Wirt wies da an
seine Amtsleute.   Sie schufen ein gut Gelaß.
Noch wußt es nicht Frau Gotelind,   die in der Kemenate saß.

Hin ging da der Markgraf,   wo er die Frauen fand,
sein Weib und seine Tochter.   Da sagte er kurzerhand
die erfreuliche Nachricht,   die er nun vernommen,
daß ihrer Herrin Brüder   nun zu ihrem Hause sollten kommen.

»Vielliebe Gattin«,   sprach da Rüdeger,
»Ihr sollt nun wohl empfangen   die edeln Könige hehr,
wenn sie und ihr Gefolge   zum Hofe gehn hinan,
Ihr sollt auch fröhlich grüßen   Hagen, König Gunthers Mann.

A 1585–1591, B 1645–1651, C 1685–1691

Mit ihnen kommt auch einer,   der heißt Dankwart.
Ein anderer heißt Volker,   von züchtiger Art.
Die sechs sollt ihr küssen,   Ihr und die Tochter mein,
und sollt bei den Degen   in züchtiger Gesellschaft sein.«

Das gelobten die Frauen   und waren wohl bereit.
Sie suchten aus den Truhen   manches schmucke Kleid,
darin sie den Recken   entgegen wollten gehn.
Da ward große Sorgfalt   der schönen Frauen gesehn.

Falsche Frauenfarbe   man da keine fand.
Sie trugen auf dem Haupte   lichtes Goldesband.
Das waren reiche Kränze,   damit ihr schönes Haar
die Winde nicht zerzausten;   meiner Treu ist das wahr.

Siebenundzwanzigstes Abenteuer

Wie der Markgraf die Könige mit ihren Recken in seinem Hause empfing
und wie er sie dann versorgte

Also geschäftig   lassen wir die Fraun.
Da war ein schnelles Eilen   über das Feld zu schaun
von Rüdegers Freunden,   als man die Gäste fand.
Sie wurden wohl empfangen   in des Markgrafen Land.

Als sie der Markgraf   zu ihm kommen sah,
Rüdeger, der schnelle,   wie fröhlich sprach er da:
»Seid willkommen, ihr Herren,   und auch wer euer Mann,
hier in diesem Lande!   Mich freut, daß ich euch sehen kann.«

Da dankten ihm die Recken   in Treuen ohne Haß.
Daß sie willkommen waren,   wohl zeigte er das.
Besonders grüßt er Hagen,   der ihm schon bekannt.
So tat er auch mit Volker,   dem Helden aus Burgundenland.

A 1592–1597, B 1652–1657, C 1692–1696

Da sprach zum Markgrafen   Dankwart, der Degen:
»Wollt Ihr uns hier versorgen,   wer soll uns da verpflegen
unser Ingesinde   aus Worms vom Rhein?«
Da sagte der Markgraf: »Die Sorge mögt ihr lassen sein.

Es wird wohl behütet,   was ihr in das Land
mit euch habt geführet,   Rosse, Silber und Gewand.
Ich schaffe solche Hüter,   daß nichts geht verloren,
was euch Schaden brächte   nur von einem halben Sporen.

Spannt auf, ihr Knechte,   die Hütten auf dem Feld!
Was ihr hier verlieret,   dafür leist ich Entgelt.
Nehmet ab die Zäume!   Die Rosse lasset gehn!«
So war davor noch selten   von einem Wirt ihnen geschehn.

Des freuten sich die Gäste,   als man geregelt das.
Die Herren ritten von dannen.   Es legten sich ins Gras
überall die Knechte.   Sie fanden gut es da.   [geschah.
Mich dünkt, daß auf der Reise   so angenehm ihnen nichts

Die Markgräfin war nun   gegangen vor die Tür
mit ihrer schönen Tochter.   Da sah man stehn bei ihr
die minniglichen Frauen   und manche schöne Maid.
Sie trugen viele Ringe   und auch manch herrliches Kleid.

Die edelen Steine   leuchteten von fern
aus der reichen Kleidung.   Man schaute es gern;
dann kamen auch die Recken   und sprangen auf den Sand.
Hei, was man edle Sitten   bei den Burgunden fand!

Sechsunddreißig Maide   und manche andern Fraun
von vollkommener Schönheit   und minnig anzuschaun,
die gingen ihnen entgegen   zu ihrem Empfang.
Freundliche Begrüßung   leicht den Frauen da gelang.

A 1598–1603, B 1658–1664, C 1697–1703

Die junge Markgräfin   küßte die Könige drei.
Dasselbe tat ihre Mutter;   auch Hagen stand dabei.
Ihr Vater gebot, ihn zu küssen.   Da blickte sie ihn an.
Er dünkte sie so grimmig;   sie hätt es lieber nicht getan.

Doch mußte sie vollbringen,   was Rüdeger gebot.
Sie wechselte die Farbe   bleich und rot.
Sie küßte auch Dankwart,   danach den Spielmann.
Dank seines Körpers Kräften   ward dieser Gruß ihm angetan.

Die junge Markgräfin   nahm da an die Hand
Giselher, den Recken   von Burgundenland.
Das tat auch ihre Mutter   mit Gunther, dem kühnen Mann.
Rüdeger führte Gernot   mit ihnen minniglich alsdann.

In der Burg, der schmucken,   lag ein weiter Saal.
Ritter so wie Frauen   setzten sich da all.
Dort ließ man bald den Gästen   schenken guten Wein.
Helden konnten nimmer   besser aufgenommen sein.

Mit zärtlichen Blicken   sahn da viele an
Rüdegers Tochter: die war so wohl getan.
Sie liebte von Herzen   gar mancher Ritter gut.
Das hatte sie auch verdienet;   denn sie war gar hochgemut.

Sie dachten, was sie wollten;   nur konnte es nicht geschehn.
Nach Maiden und Frauen   ward da genug gesehn
hin und auch wider.   Ihrer saßen da genug.
Der edele Fiedler   dem Wirt geneigten Willen trug.

Nach gewohntem Brauche   trennte man sie dann.
In andere Räume gingen   Frau und Rittersmann.
Man richtete die Tische   in dem Saale weit.
Den viellieben Gästen   war man zu jedem Dienst bereit.

A 1604–1610, B 1665–1671, C 1704–1710

Den Gästen zur Gesellschaft   ging zu Tische hin
die Markgräfin alleine.   Die Tochter ließ man drin
bei der Jugend bleiben,   wo nach dem Brauch sie saß.
Daß sie sie nicht sahen,   leid tat den Gästen das.

Als sie mit Freuden hatten   gegessen überall,
führte man die Schöne   wieder in den Saal.
Zu heiteren Reden   war man da bereit.
Viel redete Volker,   der Degen kühn und gescheit.

Da sprach vor aller Ohren   der edle Spielmann:
»Mächtiger Markgraf,   Gott hat Euch angetan
viele Gnadenbeweise,   da er Euch gegeben
eine so schöne Gattin,   dazu ein wonnigliches Leben.«

»Wenn ich ein Fürst wäre«,   sprach weiter der Spielmann,
»und eine Krone trüge,   zum Weibe wählt ich dann
Euere schöne Tochter,   daß wonnig sei mein Mut.
Sie ist minnig zu schauen,   dazu auch edel und gut.«

Da sagte der Markgraf: »Wie konnte das sein,
daß ein König begehrte   die liebe Tochter mein?
Wir hausen in der Fremde,   ich und Gotelind,   ⌈Kind?«
und haben keine Mitgift.   Was hilft die Schönheit meinem

Da sprach der Herr Gernot: »Die Rede lasset sein!
Sollte eine Liebste   nach Wunsch werden mein
ohne alle Habe,   so wäre ich immer froh.«
Darauf sagte Hagen   freundliches Sinnes so:

»Giselher sollte   ein Weib nehmen doch.
Nun ist die Markgräfin   an Abkunft so hoch,
daß wir ihr gerne dienten,   ich und wer sonst Euer Mann,
sollte bei den Burgunden   sie die Krone tragen fortan.«

A 1611–1616, B 1672–1678, C 1711–1717

Diese Rede deuchte   den Markgrafen gut
und auch die Markgräfin;   erfreut war ihr Mut.
So regten an die Helden,   daß sie zum Weibe nahm
Giselher, der edle,   da jeder seinen Wunsch bekam.

Soll sich etwas fügen,   wer mag ihm widerstehn?
Man bat da die Jungfrau,   hin zum Hof zu gehn.
Dann schwor man, ihm zu geben   die wonnigliche Maid.
Auch er versprach zu nehmen,   die zu minnen ihn bereit.

Man bestimmte der Jungfrau   Burgen und Land;
das sicherte mit Eiden   des reichen Königs Hand.
Auch Gernot, der hehre,   das Versprechen gab.
Da sagte der Markgraf: »Da ich keine Lande hab,

so wollet nicht schmähen   des Fremdlinges Sold!
Ich gebe meiner Tochter   Silber und Gold,
was zweihundert Rosse   im ganzen können tragen.«
Die Antwort mußte den Degen   auf beiden Seiten gut behagen.

Nach alter Gewohnheit   ließ man in einen Ring
treten die Minnigliche.   Manch schneller Jüngling
entzwei im Gemüte   ihr gegenüberstand.
Sie dachten in ihrem Sinne,   wie oft sichs bei der Jugend fand.

Als man nun fragte   die minnigliche Maid,
ob sie den Recken wolle,   das schuf ihr Schwierigkeit.
Sie wünschte doch zu nehmen   den trefflichen Mann;
doch schämte sie sich der Frage,   wie manche Maid schon hat
                                                        getan.
Ihr Vater ihr zuraunte,   daß sie sagte »ja«
und ihn gerne nähme.   Eilend war da
mit weißen Händen,   der sie nun umschloß,
Giselher, der junge.   Wie wenig sie doch sein genoß!

A 1617–1623, B 1679–1685, C 1718–1724

Der Markgraf da sagte: »Ihr edeln Könige reich,
wenn Ihr Euch wieder wendet,   nach dem Brauch sogleich,
heim zu Euerm Lande, gebe ich Euch mein Kind,
daß Ihr sie mit Euch führet.« Das versprachen sie geschwind.

Was man da klingen hörte, das mußte enden nun.
Man hieß die Jungfrauen in der Kemenate ruhn
und auch die Gäste schlafen. Sie warteten bis zum Morgen.
Dann richtete man die Speisen. Der Wirt ließ gütig sie ver-
                                                    sorgen.

Als sie gegessen hatten und weiter nun hin
zum Hunnenlande wollten: »Ich laß Euch noch nicht ziehn,«
sprach der edle Markgraf. »Bleiben müsset Ihr,
da ich so liebe Gäste niemals noch gewonnen hier.«

Antwort gab da Dankwart: »Das kann doch nicht sein.
Wo nehmt Ihr die Speisen, das Brot und auch den Wein,
der für so viele Männer wäre hier bereit?«
Als der Wirt das hörte, ward es ihm über die Maßen leid.

Da sagte der Markgraf: »Darum ist keine Not.
Für vierzehn Tage Wein und auch Brot
gebe ich euch in Fülle und euerm Heerbann.
Ihr müsset hierbleiben. Es wird nichts geändert dran.«

Ob sie auch fort begehrten, sie mußten bleiben da
bis zum vierten Morgen. Auch dieses dort geschah
durch des Wirtes Milde, wie fernhin ward bekannt.
Er gab seinen Gästen beides, Waffen und Gewand.

Er konnte es nicht verwehren; sie mußten weiterfahren.
Rüdeger, der konnte wenig nur ersparen
dank seiner Milde. Was jemand wollte haben,
das versagt er keinem; er schenkte ihnen allen Gaben.

A 1624–1630, B 1686–1692, C 1725–1731

Das edle Ingesinde   brachte vor das Tor
gesattelt viele Rosse.   Ihrer harrten davor
viele gute Recken,   die Schilde an der Hand,
da sie mitreiten wollten   nieder in das Hunnenland.

Der Wirt seine Gaben   verteilte überall,
eh die hohen Gäste   kamen vor den Saal.
Mildiglich er konnte   in hohen Ehren leben.
Seine schöne Tochter,   die hatt er Giselher gegeben.

Darauf gab er Gunther,   dem König ruhmreich,
das er trug mit Ehren   und dem keines gleich,
wie er noch nie empfangen,   ein gutes Streitgewand.
Da neigte der hehre König   sich vor Rüdegers milder Hand.

Dann gab er dem Gernot   eine Waffe, gut genug,
die er in den Kämpfen   gar ehrenvoll trug.
Ihm gönnte wohl die Gabe   des Markgrafen Weib.
Durch sie mußte Rüdeger   verlieren Leben und Leib.

Die Markgräfin bot Hagen   ihre Gabe an
mit minniglicher Bitte,   wie Gunther man getan,
daß ohne ihre Spende   er zu der Festlichkeit
nimmer ziehen sollte.   Er versprach es ohne Widerstreit.

»Was ich je gesehen«,   sagte da Hagen,
»davon begehrt ich nimmer   etwas zu haben
außer jenem Schilde,   der dort hängt an der Wand.
Den wollt ich gerne führen   mit mir in das Hunnenland.«

Als die Markgräfin   Hagens Bitte vernahm,
an ihr Leid er sie mahnte,   die Träne zu ihr kam.
Mit Schmerzen sie gedachte   da an Nudungs Tod,
den Wittich hat erschlagen.   Es zwang sie Jammer und Not.

A 1631–1637, B 1693–1699, C 1732–1738

Sie sprach zu dem Degen: »Den Schild will ich Euch geben.
Das wolle Gott im Himmel, daß er noch wäre am Leben,
der ihn am Arm getragen; er lag im Kampfe tot.   [Not.«
Den muß ich stets beweinen; das schafft mir armem Weibe

Von ihrem Sitze ging da die Markgräfin mild.
An der Schildfessel hob sie herab den Schild.
Dann brachte sie ihn Hagen hin mit eigner Hand.
Die Gabe war mit Ehren diesem Recken zugewandt.

Eine Hülle lichten Stoffes ob seiner Farbe lag –
einen Schild, der besser, bestrahlte nie der Tag –
von edeler Farbe; wer ihn zu kaufen begehrt
oder ihn feilgeboten, er war tausend Mark wohl wert.

Den Schild hinweg zu tragen, gebot Hagen dann.
Da kam sein Bruder Dankwart zum Hofe heran.
Ihm gab reiche Kleider Rüdegers Kind genug,
die er bei den Hunnen ehrenhaften Ansehns trug.

Alles, was an Gaben ward von ihm genommen,
wäre in ihre Hände niemals gekommen,
nur durch des Wirtes Güte, der ihnen so Schönes bot.
Sie wurden ihm so feindlich, daß sie ihn mußten schlagen tot.

Volker kam, der schnelle, mit seiner Fiedel dann
in edelen Züchten zu Gotelind heran.
Er fiedelt süße Töne und sang manches Lied.
Damit nahm er Urlaub, als er von Bechlaren schied.

Da hieß die Markgräfin eine Truhe zu ihr tragen.
Von freundlicher Gabe müßt ihr hören sagen.
Daraus nahm sie sechs Ringe und streifte sie ihm auf die Hand:
»Die sollt Ihr führen, Volker, von mir in das Hunnenland.

Ihr sollt nach meinem Wunsche   sie dort bei Hofe tragen.
Wenn zurück Ihr kehrt,   so möge man mir sagen,
wie Ihr mir gedienet   da bei der Festlichkeit.«
Was sie von ihm begehrte,   dazu war er gar wohl bereit.

Der Wirt sprach zu den Gästen: »Ihr sollt sicherer fahren.
Ich will euch selbst geleiten   und lasse euch wohl bewahren,
daß man euch auf der Straße   nehme kein Pfand.
Ich will euch selbst geleiten   bis in König Etzels Land.«

Der Wirt war ausgerüstet   und fünfhundert Mann
mit Rossen und mit Kleidern,   die führt er mit sodann
fröhliches Mutes   zu dem Fest einher.
Von ihnen kehrte keiner   zurück nach Bechlarn nimmermehr.

Mit minniglichem Gruße   der Wirt von dannen schied;
also tat auch Giselher,   wie ihm die Liebe riet.
In inniger Umarmung   sie herzten schöne Fraun.
Drum konnte manche Jungfrau   man später in Tränen schaun.

Viele Fenster wurden   da weit aufgetan.
Der Wirt mit seinen Mannen   zu den Rossen ging hinan.
Mich dünkt, im Herzen ahnten   sie das Leid so schwer,
daß ihre lieben Freunde   sie sehen sollten nimmermehr.

Um ihre lieben Freunde   viele trugen Leid.
Da weinten ohne Maßen   viele Fraun und manche Maid.
Doch ritten sie mit Freuden   nieder über den Strand
die Donau hinunter   bis in das hunnische Land.

Zu dem Burgunden sprach da   der Ritter unverzagt,
Rüdeger, der edle: »Nicht länger sei vertagt
die Meldung an Etzel,   daß wir zu den Hunnen kommen,
und auch an meine Herrin;   so Liebes hat sie noch nicht ver-
                                          nommen.«

A 1645–1651, B 1707–1713, C 1746–1752

Durch Österreich hernieder   mancher Bote ritt.
Den Leuten allenthalben   teilten sie es mit,
daß die Herren kämen   von Worms übern Rhein.
Etzels Ingesinde   konnte gar nichts lieber sein.

Die Boten eilten vorwärts   mit diesen Mären,
daß die Nibelungen   bei den Hunnen wären.
»Du sollst sie wohl empfangen,   Kriemhild, Fraue mein,
dir kommen zu hohen Ehren   her die stolzen Brüder dein.«

Als nun die Fürstin   vernommen diese Mär,
begann ihr zu weichen   ein Teil der Sorgen schwer:
aus ihrem Vaterlande   kam zu ihr mancher Mann,
wodurch der König Etzel   vielen Kummer noch gewann.

Sie gedachte im geheimen: nun könnte werden Rat,
der mich meiner Freude   so beraubet hat,
wie ich vollbringen könnte,   daß ihn treffe Leid –
darauf geht mein Wille –   wohl bei dieser Festlichkeit.

Ich muß es also schaffen,   daß meine Rache ergeht
bei diesen Festtagen,   wie es danach auch steht,
an seinem argen Leibe,   der mir hat genommen
so viel meiner Wonne.   Dafür muß die Vergeltung kommen.

Achtundzwanzigstes Abenteuer

Wie die Nibelunge zu Etzels Burg kamen
und wie sie da empfangen wurden

Als die Nibelunge   kamen in das Land,
erfuhr es von Berne   Meister Hildebrand.
Er sagt es seinem Herrscher   – dem war es grimmig leid –
und bat ihn zu empfangen   die kühnen Ritter tatbereit.

A 1652–1653, 1656, B 1714–1715, 1718, C 1753–1758

Da ließ der starke Wolfhart   die Rosse bringen heran.
Es ritt auch mit Dietrich   manch starker Kriegsmann,
wo er sie treffen wollte,   zu ihm auf das Feld.
Sie hatten aufgebunden   gar manches herrliche Gezelt.

Als Hagen von Tronje   von fern sie kommen sah,
zu seinen Herren eilig   sprach der Recke da:
»Nun steigt, ihr schnellen Degen,   aus dem Sattel sogleich
und geht denen entgegen,   die hier wollen empfangen euch!

Her kommt dort ein Gefolge;   das ist mir wohlbekannt:
es sind gar schnelle Degen   aus Amelungenland.
Die führt der Herr von Berne;   sie sind gar wohlgemut.
Ihr sollt sie wohl erwarten;   das rat ich«, sprach der Degen gut.

Sie stiegen von den Rossen –   das war recht –
nieder mit Dietrich,   Ritter sowie Knecht.
Sie gingen zu den Gästen,   wo man die Helden fand.
Minniglich sie grüßten   die aus Burgundenland.

Als sie der Herr Dietrich   zu ihm kommen sah,
Liebe und Leid, beides,   darum ward ihm da.
Er wußte wohl die Kunde,   ihre Reise war ihm leid.
Er wähnte, es sei Rüdeger,   der den Helden gesagt Bescheid.

»Seid willkommen, Herr Gunther,   Gernot und Giselher,
Hagen und Dankwart,   dazu auch Volker
und alle eure Degen!   König Sigfrids Tod
beweint noch Frau Kriemhild   sehr in jämmerlicher Not.«

»Sie mag viel beweinen«,   sagte da Hagen;
»er liegt seit manchen Jahren   tot und erschlagen.
Den König der Hunnen,   den sie genommen drauf,
den mag sie jetzt minnen.   Sigfrid steht sobald nicht auf.«

A 1657–1663, B 1719–1725, C 1759–1765

»Den Tod des kühnen Recken   lassen wir jetzt ruhn.
Solange Kriemhild lebet,   wird sie Euch Schaden tun«,
so sagte von Berne   der König Dietrich.
»Trost der Nibelunge,   davor behüte du dich!«

»Wie soll ich mich behüten?«   sprach der König hehr.
»Etzel sandte uns Boten   – was sollte ich fragen mehr? –
Daß wir zu ihm kämen   her in dieses Land.
Auch hat uns unsre Schwester   in aller Treue angemahnt.«

»So will ich Euch raten«,   sprach da Hagen,
»bittet nun die Märe   genauer Euch zu sagen
den König Dietrich   und seine Helden gut,
daß sie Euch wissen lassen   der Frau Kriemhilde Mut.«

Da gingen die drei Könige   und besprachen sich,
Gunther und Gernot   und auch Herr Dietrich:
»Nun saget uns, von Berne   vieledler Ritter gut,
was Ihr sicher wisset   von Frau Kriemhildes Mut!«

Da sprach der Vogt von Berne: »Was soll ich mehr Euch sagen?
Nur daß ich jeden Morgen   weinen und klagen
höre voll Jammers   König Etzels Weib
dem reichen Gott im Himmel   um des starken Sigfrids Leib.«

»Das ist nun nicht zu ändern«,   sprach der Spielmann,
Volker, der kühne,   »was Ihr uns kundgetan.
Zu Hof müssen wir reiten   und müssen dort sehn,
was uns schnellen Degen   bei den Hunnen mag geschehn.«

Die kühnen Burgunden   hin zum Hofe ritten.
Sie kamen herrenmäßig   nach ihres Landes Sitten.
Da wundert bei den Hunnen   sich mancher kühne Held
über Hagen von Tronje,   wie es wäre um ihn bestellt.

A 1664–1670, B 1726–1732, C 1766–1772

Weil man die Märe erzählte –   man sprach von ihm genug –
daß er von Niederlanden   Sigfrid erschlug,
aller Recken stärksten,   Frau Kriemhildes Mann.
Drum war großes Fragen   bei Hofe nach Hagen getan.

Der Held war wohl gewachsen   – das ist sicher wahr –,
seine Brust war gewaltig,   durchsetzt war sein Haar
mit grauer Farbe,   die Beine waren lang
und sein Gesicht gar schrecklich;   herrenhaft war sein Gang.

Zur Herberge wies man   manchen kühnen Mann.
Das Gefolge vom Rheine   ward versammelt sodann.
Das riet die stolze Kriemhild,   die arge Absicht trug.
Darum man die Knechte   in der Herberge erschlug.

Dankwart, Hagens Bruder,   war der Marschall.
Der König seine Gefolgschaft   ihm sorglich anbefahl,
daß er sie reich mit Speise   sollte verpflegen.
Das tat guten Willens   Dankwart, der kühne Degen.

Die Königin Kriemhild   mit ihrem Gefolge ging,
da sie die Nibelunge   falschen Sinnes empfing.
Giselher sie küßte   und gab ihm die Hand.
Als Hagen das schaute,   den Helm er sich fester band.

»Nach solcher Begrüßung«,   sagte da Hagen,
»müssen Bedenken haben   wohl schnelle Degen.
Man begrüßt hier verschieden   Fürsten samt Heerbann.
Keine gute Reise   haben zum Feste wir getan.«

»Seid«, sprach sie, »willkommen,   wer euch gerne sieht.
Um der Verwandtschaft willen   mein Gruß nicht geschieht.
Nun sagt, was ihr mir bringet   von Worms übern Rhein!
Darum ihr so herzlich   solltet mir willkommen sein.«

A 1671–1677, B 1733–1739, C 1773–1779

»Hätt ich gewußt die Märe«,   sagte da Hagen,
»daß Euch Gaben sollten   bringen wir Degen,
reich genug ich wäre,   hätt ichs gut bedacht,
daß ich Euch meine Gaben   zu den Hunnen hätte gebracht.«

»Nun sollt Ihr mir die Märe   fürwahr geben an:
den Hort der Nibelunge,   wohin habt Ihr ihn getan?
Der war doch mein eigen;   das ist Euch wohlbekannt.
Den solltet Ihr mir bringen   her in König Etzels Land.«

»Meiner Treu, Frau Kriemhild,   das ist seit manchem Tag,
daß mir keine Sorge   für den Hort oblag.
Den hießen meine Herren   versenken in den Rhein.
Dort muß er wahrscheinlich   bis zum Jüngsten Tage sein.«

Die Königin sprach da: »Ich habe es schon gedacht.
Mir ist davon so wenig   her ins Land gebracht,
wo er doch mein eigen   und in meiner Obhut lag.
Um ihn in meinem Herzen   hab ich manchen trüben Tag.«

»Das ist verlorene Arbeit«,   sprach darauf Hagen.
»Wie könnte ich ihn Euch bringen?   Ich habe viel zu tragen
an Schild und Halsberge,   an meinem Helm gar licht.
Das Schwert an meiner Seite,   darum bringe ich ihn nicht.«

»Darum ich nicht spreche,   daß ich Goldes wünschte mehr.
Ich habe so viel zu geben,   daß ich Euere Gabe entbehr.
Ein Mord und zwei Raubtaten,   was mir dadurch genommen,
dafür möchte ich Arme   meine Sühne nun bekommen.«

Die Frau ließ verkünden   den Recken überall,
daß niemand Waffen sollte   bringen in den Saal.
»Ihr Helden sollt sie mir geben;   ich lasse sie hüten dann.«
»Wahrlich«, sprach da Hagen,   »das wird nimmermehr getan.

A 1678–1683, B 1740–1745, C 1780–1786

Ich begehre nicht die Ehre,   Königin mild,
daß Ihr zur Herberge   trüget meinen Schild
und meine andern Waffen: Ihr seid eine Königin!
Das lehrte mich mein Vater: der Kämmerer ich selber bin.«

»Wehe mir des Leides!«   sprach da Kriemhild.
»Warum will mein Bruder   und Hagen seinen Schild
nicht forttragen lassen?   Warnung man ihnen bot.
Wüßte ich den Täter,   fürwahr, ich schüfe ihm den Tod.«

Antwort gab voll Zornes   Dietrich ihr sogleich:
»Ich bins, der hat gewarnet   die edeln Fürsten reich
und Hagen, den starken,   den Burgundenmann.   [an!«
Nun zu, du Weib des Teufels: du tust mir nichts deswegen

Gar sehr sich da schämte   König Etzels Weib.
Sie fürchtete gar bitter   Dietrichs Heldenleib.
Da ging sie von dannen;   kein Wort mehr sie sprach.
Nur daß sie schnelle Blicke   sandte ihren Feinden nach.

An den Händen faßten   sich da zwei Degen.
Der eine war Dietrich;   der andre war Hagen.
Da sprach edlen Sinnes   der Recke kampfbereit: [Leid.«
»Daß Ihr kamt zu den Hunnen,   das bringt mir gar schweres

Sie standen beieinander,   die Recken löblich,
Hagen von Tronje   und auch Herr Dietrich
in ihren hohen Züchten,   die Ritter wohlgetan.
Das sah der König Etzel.   Darob zu fragen er begann.

»Die Mär wüßt ich gerne«,   sprach er königlich,
»wer jener Recke wäre,   den dort Herr Dietrich,
so freundlich hat empfangen –   er trägt wohl hohen Mut –,
und wer sein Vater wäre.   Es muß wohl sein ein Recke gut.«

A 1684–1690, B 1746–1752, C 1787–1793

Antwort gab dem König   von Kriemhild ein Mann:
»Er ist geboren von Tronje;   sein Vater hieß Aldrian.
Wie freundlich er sich zeiget,   er ist ein grimmer Mann.
Ich lasse es wohl Euch schauen;   nichts Unwahres ist daran.«

»Wie soll ich das erkennen,   daß er so grimmig ist?«
Noch hatt er nichts erfahren   von der argen List,
die seine Gattin   ihren Gefreundten erwies,
daß sie mit dem Leben   nicht einen entkommen ließ.

»Wohl erkannt ich Hagen: der war einst mein Mann.
Lob und hohe Ehre   er bei mir gewann:
ich machte ihn zum Ritter   und gab ihm mein Gold.
Helche, die getreue,   war ihm von ganzem Herzen hold.

Daran ich wohl erkenne   Hagen in allem hier.
Zwei treffliche Kinder   wurden Geiseln bei mir:
eins war Walther von Spanien,   die erwuchsen hier zum Mann.
Hagen sandte ich heimwärts,   Walther mit Hildegund entrann.«

Er gedachte ferner Dinge,   die einst waren geschehn.
Seinen Freund von Tronje,   ihn hatt er recht gesehn,
der ihm in seiner Jugend   wertvolle Dienste bot.
Später schuf er im Alter   noch manchem lieben Freunde Not.

Neunundzwanzigstes Abenteuer

Wie er nicht vor ihr aufstand

Da schieden sich die beiden   Recken löblich,
Hagen von Tronje   und auch Herr Dietrich.
Da blickte über die Schulter   König Gunthers Mann
nach einem Heergesellen,   den er eilend da gewann.

A 1691–1696, B 1753–1758, C 1794–1799

Er sah da den Fiedler   bei Giselher stehn,
Volker, den vielkühnen.   Den bat er, mit ihm zu gehn,
da er wohl erkannte   dessen grimmen Mut.
Er war an jeder Tugend   ein Ritter kühn sowie gut.

Sie ließen ihre Herren   auf dem Hofe stehn.
Nur diese beiden   sah man von dannen gehn
über den Hof gar ferne   zu einem Palas weit.
Die auserwählten Helden   fürchteten niemandes Neid.

Sie setzten sich vor dem Hause   gegenüber dem Saal,
der Kriemhild gehörte,   auf einer Bank zu Tal.
Ihr glänzte an dem Leibe   ihr herrliches Gewand.
Viele, die das sahen,   die wären gern mit ihr bekannt.

Gleich den wilden Tieren   gegafft wurden an
die übermütigen Helden   von manchem hunnischen Mann.
Da sah durch ihr Fenster   die Hunnenkönigin.
Drum ward schwer betrübet   der Frau Kriemhilde Sinn.

Des Leides sie es gemahnte.   Zu weinen sie begann.
Das sahn gar verwundert   Etzels Mannen an,
wer ihr so schnell betrübet   ihren hohen Mut.
Sie sprach: »Das tat Hagen,   ihr Helden tapfer und gut.«

Sie sprachen: »Hehre Fraue,   wie ist das geschehn?
Wir haben Euch vor kurzem   so frohgemut gesehn.
So dreist ist doch niemand.   Wer Euch das angetan,
heißet Ihr es rächen,   es geht ihm an sein Leben dann.«

»Dem wollt ich immer danken,   der rächte mein Leid.
Alles, was er begehrte,   dazu wär ich bereit.
Ich falle ihm zu Füßen«,   sprach die Königin,
»rächtet ihr mich an Hagen,   daß sein Leben ginge hin.«

A 1697–1703, B 1759–1765, C 1800–1806

Da rüsteten sich die Tapfern,   wohl sechzig Mann.
Der Fraue zuliebe   sie wollten gehn hinan
und wollten Hagen erschlagen,   den vielkühnen Mann,
und auch den Fiedler;   das ward einmütig getan.

Als die stolze Kriemhild   so klein die Menge sah,
zornigen Mutes   zu den Helden sprach sie da:
»Was ihr euch vorgenommen,   davon mögt ihr abgehn.
So wenige könnt ihr   Hagen nimmermehr bestehn.

Wie stark und auch wie tapfer   der von Tronje sei,
der ist noch viel kühner,   der jetzt sitzet dabei,
Volker, der Fiedler;   er ist ein übler Mann.
Ihr könnt diese Degen   so leicht fürwahr nicht greifen an.«

Als sie dieses hörten,   da rüsteten sich noch mehr,
dreihundert schnelle Recken.   Die Königin hehr
war sehr danach begierig,   zu rächen ihr Leid.
Daher stand den Degen   große Mühe noch bereit.

Als sie nun wohl bewaffnet   ihr Gefolge sah,
zu den schnellen Degen   sprach die Fürstin da:
»Nun wartet eine Weile!   Ihr sollt noch stillestehn.
Die Krone auf dem Haupte,   will ich mit euch zu jenen gehn.

Höret nun den Vorwurf,   was mir getan
Hagen von Tronje,   König Gunthers Mann!
Ich weiß ihn so verwegen: er leugnet es nimmermehr.
Ich will auch nicht fragen,   was mit ihm geschieht nachher.«

Da schaute der Fiedler,   der Degen ausersehn,
eine Treppe hinunter   die Königin gehn,
von dem Hause nieder.   Als er dieses sah,
zu seinem Heergesellen   sprach der kühne Degen da:

»Nun schauet, Freund Hagen,   wie von dort sie naht,
die uns in Untreue   in ihr Haus geladen hat.
Ich sah mit einer Königin   nie so manchen Mann,
die Schwerter in den Händen,   also kampflustig nahn.

Wisset, Freund Hagen,   sie hegen wider Euch Haß!
Hütet desto besser –   in Treue rat ich das –
Leben und Ehre!   Das dünkt mich wahrlich gut.
Soweit ich es erkenne,   hegen sie gar übeln Mut.

Es ist auch bei vielen   die Brust also breit –
wer sich will behüten,   der tue es zur Zeit –;
mich dünkt, daß unter Seide   sie feste Brünnen tragen.
Was sie damit meinen,   das kann ich niemandem sagen.«

Zorngemut sprach da   der vielkühne Mann:
»Ich weiß, es ist alles   wider mich getan,
daß sie die lichten Waffen   tragen in der Hand.
Vor denen aber reit ich   noch in der Burgunden Land.

Nun saget mir, Freund Volker,   wollt Ihr bei mir stehn,
wenn mit mir kämpfen wollen,   die mit Kriemhild gehn?
So lasset michs hören,   so lieb ich Euch sei!
Ich stehe auch mit Diensten   immer Euch getreulich bei.«

»Sicherlich, ich helfe Euch«,   sprach der Spielmann,
»käme uns entgegen   hier ein König heran
mit allen seinen Recken;   solang ich nicht sterben muß,
aus Furcht ich von Euch weiche   zur Rettung auch nicht einen
                                                     Fuß.«
»Nun lohn Euch Gott im Himmel,   vieledler Volker!
Wenn sie mit mir kämpfen,   was bedürft ich dann mehr?
Wenn Ihr mir helfen wollet,   wie ich jetzt vernommen,
so mögen diese Degen   gar behutsam näher kommen.«

»Stehn wir auf vom Sitze!«   sprach da der Spielmann.
»Sie ist eine Königin,   und lassen sie kommen heran!
Bieten wir ihr die Ehre!   Sie ist eine edle Frau.
Damit auch geehret   in Züchten man uns selber schau.«

»Nein, mir zuliebe«,   sprach Herr Hagen.
»Es könnten vielleicht wähnen   hier diese Degen,
daß ich aus Furcht es täte   und dächte fortzugehn.
Vor keinem von ihnen   denk ich vom Sitze aufzustehn.

Ja, es ziemt uns beiden   fürwahr, zu lassen das.
Wie sollte ich den ehren,   der wider mich hegt Haß?
Dieses tue ich nimmer,   solange ich leben bleib.
Ich kümmere darum mich wenig,   ob mich hasset Etzels Weib.«

Hagen, der starke,   legte übers Bein
eine lichte Waffe.   Im Knauf strahlte rein
ein viellichter Jaspis,   grüner als das Gras.
Wohl erkannte Kriemhild,   daß den Sigfrid einst besaß.

Als sie das Schwert erkannte,   ergriff sie grimme Not.
Sein Griff, der war golden,   der Scheidenrand rot.
Es mahnte sie ihres Leidens;   zu weinen sie begann.
Mich dünkt, das hatte Hagen,   um sie zu reizen, getan.

Volker, der vielkühne,   zog näher auf der Bank
einen starken Fiedelbogen;   der war groß und lang
gleich einem scharfen Schwerte,   gar licht und breit.
Da saßen unerschrocken   die beiden Degen kampfbereit.

Die beiden kühnen Recken   dünkten sich so hehr,
daß sie aufstehn wollten   vom Sitz nimmermehr,
irgend etwas scheuend.   Da trat ihnen vor den Fuß,
die Königin, die edle,   und bot ihnen feindlichen Gruß.

A 1718–1724, B 1780–1786, C 1821–1827

Sie sprach: »Nun sagt mir, Hagen,   wer hat Euch gesandt,
daß Ihr es waget, zu reiten   ins Hunnenland
bei dem schweren Leide,   das Ihr mir angetan?
Wäret Ihr recht bei Sinnen,   Ihr hättet es billig gelassen dann.«

»Nach mir sandte niemand«,   sprach da Hagen.
»Man lud zum Hunnenlande   nur drei Degen.
Die hießen meine Herren,   und ich bin ihr Mann,
bei jeder Hofreise   schließ ich mich immer ihnen an.«

Sie sprach: »Nun sagt mir weiter,   warum tatet Ihr das,
daß Ihr es habt verdienet,   daß ich fühle Haß?
Ihr erschluget Sigfrid,   meinen lieben Mann,
so daß ich bis an mein Ende   immer nur weinen kann.«

»Was soll das Gerede?«   sprach Hagen, »es ist genug.
Ich bin es, der Hagen,   der Sigfrid erschlug,
mit meiner Hand den Helden.   Wie schwer er das entgalt,
daß die Frau Kriemhild   die schöne Brünhilde schalt!

Es ist nicht zu leugnen,   daß ich schuldig bin
an allem schlimmen Schaden,   reiche Königin.
Nun räche, wer es wolle;   es sei Weib oder Mann!
Ich will darum nicht lügen.   Ich hab Euch Leid genug getan.«

Sie sprach: »Nun hört, ihr Recken,   wie er mir dreist gesteht
alle meine Leiden!   Wies ihm darum ergeht,
darum will ich nicht fragen   den, der hier Etzels Mann.«
Die dreistmütigen Degen   blickten starr einander an.

Hätt einer den Kampf begonnen,   so wäre es geschehn,
daß man den zwei Gesellen   müßte Ehre zugestehn,
was sie in Kämpfen hatten   oftmals getan.
Wes jene sich vermaßen,   das ging bei ihrer Furcht nicht an.

A 1725–1731, B 1787–1793, C 1828–1834

Da sprach einer der Recken: »Was sehet ihr mich an?
Was ich vorher gelobte, ich nicht leisten kann.
Ich will durch niemandes Gabe erreichen, daß tot ich bleib.
Dazu will uns verleiten König Etzels grimmes Weib.«

Darauf sprach ein anderer: »Ich habe denselben Mut.
Gäbe mir jemand Türme von rotem Golde gut,
diesen Fiedler wollte ich nimmermehr bestehn
bei den scharfen Blicken, die ich habe von ihm gesehn.

Auch kenne ich Hagen von seinen jungen Tagen,
das mag man vor dem Recken gar leicht mir sagen.
In zweiundzwanzig Schlachten habe ich ihn gesehn,
wo so manchen Frauen Herzeleid ist geschehn.

Er und der von Spanien schritten manchen Pfad,
als sie bei Etzel vollbrachten manche Tat,
dem König zu Ehren. Das ist oft geschehn.
Drum muß man Hagen Ehre von Rechts wegen zugestehn.

Dennoch war der Recke an Jahren ein Kind.
Die damals Knaben waren, Männer sie nun sind.
Er ist klug geworden und ist ein grimmer Mann.
Auch trägt er den Balmung. Dagegen trete ich nicht an.«

Damit war entschieden, daß da niemand stritt.
Deshalb die Frau Kriemhild Herzenskummer litt.
Die Männer gingen von dannen. Sie fürchteten den Tod
von der Hand des Fiedlers. Das schuf fürwahr ihnen Not.

Da sprach der kühne Volker: »Wir haben wohl ersehn,
daß wir hier Feinde finden, wie wir es hörten gestehn.
Wir wollen zu den Königen gehn zum Hof hinan.
Dann wagt unsere Herren im Kampf niemand zu greifen an.«

A 1732–1738, B 1794–1800, C 1835–1841

Wie sehr man in Ängsten   manches unterläßt,
wo der Freund beim Freunde   getreulich steht und fest;
dann hat er kluge Sinne,   daß ers weislich tut.
Vor Schaden hält sich mancher   durch Besonnenheit in Hut.

»So will ich Euch folgen«,   sprach da Hagen.
Dahin sie gingen,   wo sie viele der Degen,
des Empfanges harrend,   auf dem Hofe sahn.
Volker, der vielkühne,   laut zu rufen begann.

Er sprach zu seinen Herren: »Wie lange wollt Ihr stehn
und Euch umdrängen lassen?   Ihr müßt zu Hofe gehn,
und von dem König hören,   wie ihm sei zumut.«
Da sah man sich sammeln   die Helden kühn sowie gut.

Der König von Berne,   der nahm bei der Hand,
Gunther, den reichen,   von Burgundenland,
Irnfrid den Gernot,   den kühnen Mann.
Giselher da sah man   mit seinem Schwäher gehn hinan.

Wie man sich gesellte   und zu Hofe ging einher,
Volker und Hagen   trennten sich nimmermehr
denn bis zu einem Kampfe   an ihres Endes Zeit.
Das mußten beweinen   viel schöne Jungfrauen voll Leid.

Da sah man mit den Königen   zum Hofe hinan
von ihrem edeln Gefolge   gehen tausend Mann,
dazu noch sechzig Recken,   die mit ihnen gekommen.
Die hatte aus seinem Lande   der kühne Hagen mitgenommen.

Hawart und Iring,   zwei Degen ausersehn,
sah man in Freundschaft   mit den Kühnen gehn;
Dankwart und Wolfhart   sah man sich bewegen,
in edeler Hofzucht   ihres dreisten Mutes pflegen.

A 1739–1745, B 1801–1807, C 1842–1848

Als der Vogt vom Rheine   in den Palas kam,
Etzel, der reiche,   nicht länger Zeit sich nahm:
er sprang auf vom Sitze,   als er sie kommen sah.
So schöne Begrüßung   von einem König nie geschah.

»Seid willkommen, Herr Gunther,   und auch Herr Gernot
und Euer Bruder Giselher,   den ich hierher entbot
in eifriger Treue   von Worms an dem Rhein,
und alle Eure Degen   sollen mir willkommen sein!

Seid uns sehr willkommen,   ihr besten Degen,
Volker, der kühne,   und ebenso Herr Hagen,
mir und meiner Fraue,   hier in diesem Land!
Sie hat in großer Treue   eifrig mich an euch gemahnt.«

Da sprach der starke Hagen: »Das haben wir vernommen.
Wäre ich durch meine Herren   nicht zu den Hunnen gekom-
ich wäre Euch zu Ehren   geritten in dieses Land.«   ⌊men,
Da nahm der edle König   die lieben Gäste bei der Hand

und brachte sie zum Sitze,   wo er selber saß.
Da schenkte man den Gästen   – mit Eifer tat man das –
in weiten Goldesschalen   Maulbeertrank und Wein
und hieß die fremden Gäste   herzlich willkommen sein.

Da sprach der Hunnenkönig: »Nun will ich euch gestehn,
mir konnte in diesen Zeiten   nichts Lieberes geschehn
als durch euch, ihr Recken,   daß ihr zu uns gekommen.
Dadurch ist meiner Fraue   viele Trauer genommen.

Mich nimmt das sehr wunder   bei dem, was ihr getan,
so viele edle Gäste   ich auch gewann,
daß ihr niemals kamet   her in mein Land.
Daß ich euch jetzt gesehen,   hat sich zur Freude nun gewandt.«

A 1746–1752, B 1808–1814, C 1849–1855

Da antwortete Rüdeger,   der Ritter hochgemut:
»Ihr mögt sie gerne sehen,   ihre Treue, die ist gut,
die meiner Herrin Magen   wissen so schön zu pflegen;
in Euer Haus sie bringen   so manchen trefflichen Degen.«

Am Sonnenwendenabend,   wie wir es vernommen,
zur Etzel-Burg sie waren   in das Königshaus gekommen.
Ein Wirt nie seine Gäste   so minniglich empfing,
worauf er zu den Tischen   mit ihnen in Freuden ging.

Ein König bei seinen Gästen   schöner saß noch nie.
Es gaben ihnen in Fülle   Getränk und Speise sie;
und alles, was sie wollten,   das wurde ihnen gewährt.
Man hatte von den Degen   manches große Wunder gehört.

Etzel, der reiche,   hatte seinem Schloß
gewidmet Fleiß und Aufwand.   Sein Umfang war groß:
Palas und Türme,   Kemenaten ohne Zahl
in der weiten Feste   und einen herrlichen Saal,

den hatt er bauen lassen,   lang, hoch und weit,
weil ihn so viele Recken   aufsuchten allzeit,
ohne sein edles Gefolge   zwölf Könige hehr
und vieler werten Degen   hat er zu allen Zeiten mehr,

als sie Fürsten je gewannen,   so viel ich sagen kann;
er hatte hohe Wonnen   von Magen und Mann.
Lärmen und sich drängen   hieß der König gut
viele schnellen Degen.   Drum stand auch so hoch sein Mut.

A 1753–1755, B 1815–1817, C 1856–1861

Dreißigstes Abenteuer

Wie die Könige mit ihren Recken schlafen gingen
und was ihnen da geschah

Der Tag hatte ein Ende;   es nahte die Nacht
den wegmüden Degen.   Ihre Sorge war erwacht.
Die Herren wollten ruhen   und zu Bette gehen dann.
Anregte es Hagen.   Es ward bald ihnen kundgetan.

Gunther sprach zum Wirte: »Gott lasse Euch freudig leben!
Wir wollen schlafen gehen.   Ihr sollt uns Erlaubnis geben.
Wie Ihr uns gebietet,   kommen wir morgen früh.«
Es schritten die Gäste   gar minnig nach der Wegesmüh.

Sich allenthalben drängen   die Gäste man da sah.
Volker, der vielkühne,   zu den Hunnen sprach er da:
»Wie wagt ihr es, den Recken   vor die Füße zu gehn?
Wollt ihr euch nicht mäßigen,   so wird euch Leides geschehn.

Etlichen dann schlag ich   so schweren Schwertes Schlag,
hätte er einen Getreuen,   daß ders beweinen mag.
Wann weicht ihr uns Recken?   Fürwahr, es dünkt mich gut.
Alle heißen Degen;   doch sind sie nimmer gleich an Mut.«

Da der schnelle Fiedler   also zornig sprach,
Hagen, der kühne,   über die Schulter sah danach.
Er sagte: »Euch rät richtig   der kühne Spielmann,
ihr Degen der Kriemhild,   zur Herberge macht euch hinan!

Was ihr da habt im Sinne,   das wird wohl nicht getan.
Wollt ihr es beginnen,   kommt morgen früh heran
und laßt uns Wegmüde   ruhen diese Nacht!
Ich glaube wohl, daß Helden   williger es noch nie vollbracht.«

A 1756–1761, B 1818–1823, C 1862–1867

Da brachten sie die Gäste   in einen weiten Saal,
wo später sie erlitten   den tödlichen Fall.
Dort fanden sie gerichtet   viele Betten breit.
Die Königin schuf ihnen   das allergrößeste Leid.

So manche üppigen Decken   von Arras man dort sah,
aus glänzendem Felle,   und manches Deckbett da
von Seide aus Asien,   so gut sie konnten sein.
Auch lag auf ihren Borten   von Gold ein herrlicher Schein.

Aus Hermelin Laken   viele man dort sah
und auch schwarzen Zobel.   Sie sollten darunter da
des Nachts in Ruhe liegen   bis an den lichten Tag.
Ein König mit seinen Freunden   noch niemals so herrlich lag.

»O weh des Nachtlagers«,   sprach Giselher, das Kind,
»und weh meinen Freunden,   die mit mir gekommen sind!
So gütig meine Schwester   es mir auch bot,
ich fürchte, wir müssen   ihrethalben hier liegen tot.«

»Nun laßt eure Sorgen!«   sprach Hagen, der Degen.
»Ich will der Schildwache   noch heute selber pflegen.
Ich hüte euch wohl in Treue,   bis uns kommt der Tag.
Nun wisset, schnelle Degen!   So bleibe heil denn, wer es mag!«

Da neigten sich ihm alle   und sagten ihm Dank.
Sie gingen zu den Betten.   Die Zeit ward nicht lang,
bis sich entkleidet hatte   jeder fremde Mann.
Hagen, der starke,   sich zu wappnen da begann.

Da sprach der schnelle Fiedler,   Volker, der Degen:
»Verschmäht Ihrs nicht, Hagen,   so will ich mit Euch pflegen
der Schildwache heute   bis morgen zum Tag.«
Gar minniglich dankte   der Held Volker und sprach:

A 1762–1768, B 1824–1830, C 1868–1874

»Nun lohn Euch Gott im Himmel,   vieledler Volker,
bei allen meinen Sorgen   begehrt ich niemand mehr
als Euch alleine,   hätte ich Not.
Ich will es wohl vergelten,   mich hindere denn der Tod.«

Da kleideten sich beide   in ihr lichtes Gewand.
Da nahm ihrer jeder   den Schild in seine Hand
und ging aus dem Hause,   vor der Tür zu stehn.
Dort hüteten sie die Degen;   es war in Treuen geschehn.

Volker, der vielkühne,   lehnte aus der Hand
seinen Schild, den guten,   an des Hauses Wand.
Dann ging hin er wieder;   die Fiedel er nahm
und diente seinen Freunden,   wie dem Degen zu es kam.

Unter der Tür des Hauses   saß er auf dem Stein.
Einen kühneren Fiedler   traf nie der Sonnenschein,
da der Saiten Tönen   so süß ihm erklang.
Die stolzen Fremdlinge   dafür ihm sagten großen Dank.

Da klangen seine Saiten,   daß erscholl das Schloß.
Sein Geschick und seine Kräfte,   die waren beide groß.
Sanfter und süßer   zu fiedeln er begann.
Er schläferte ein im Bette   so manchen sorgenvollen Mann.

Da sie wohl entschlafen waren   und er dies fand,
da nahm der Degen wieder   den Schild an seine Hand.
So ging er aus dem Hause.   Dort nahm er wahr
die Hut seiner Freunde   vor der grimmen Feinde Schar.

Nach dem ersten Schlafe,   wenn es nicht eher geschah,
Volker, der vielkühne,   einen Helm scheinen sah
fernhin durch das Dunkel: wer Kriemhildes Mann,
hätte den Gästen   großen Schaden gern getan.

A 1769–1775, B 1831–1837, C 1875–1881

Als Kriemhild diese Recken   hatte abgesandt,
sprach sie: »Wenn ihrs findet,   so seid bei Gott gemahnt,
daß ihr da niemand erschlaget   außer dem einen Mann,
dem ungetreuen Hagen!   Die andern laßt am Leben dann!«

Der Fiedler da sagte: »Nun sehet, Herr Hagen –
mir ziemt, was ich sehe,   offen zu sagen:
ich sehe in Waffen   dort Leute hergehn;
so weit ichs erkenne,   scheint mir, sie wollen uns bestehn.«

»Nun schweigt!« sprach da Hagen;   »Laßt sie näher her!
Bevor sie uns merken,   mancher Helm wird ehr
zerschroten durch die Klinge   von meiner Hand.
Nächtlich zu ihrer Herrin   werden sie übel heimgesandt.«

Einer der Hunnenrecken   gar bald dieses sah,
daß behütet die Türe,   eilend sprach er da:
»Was unsere Pläne gewesen,   das kann fürwahr nicht gehn;
denn Volker, den Fiedler,   seh ich hier auf Posten stehn.

Ihm strahlt von dem Haupte   seines Helmes Glanz,
hart ist er und lauter,   fest und ganz.
Es lohen seine Ringe,   wie das Feuer tut.
Bei ihm steht auch Hagen.   Die Gäste sind in guter Hut.«

Alsbald sie umkehrten.   Als Volker das sah,
zu seinem Heergesellen   zornig sprach er da:
»Nun laßt mich zu den Recken   vor dem Hause gehn!
Kriemhilds Schar will ich fragen,   daß ihre Absicht sie gestehn.«

»Nein, mir zuliebe!«   sprach Hagen, der Degen;
»wollt Ihr einen Zweikampf   mit den Feinden pflegen,
sie greifen Euch an mit Schwertern   und bringen Euch in Not.
Ich müßte Euch dann helfen,   wärs auch aller meiner Freunde
                                                    Tod.

A 1776–1781, B 1838–1843, C 1882–1888

Wenn wir dann beide   kommen in den Streit,
zwei oder viere   in einer kurzen Zeit,
die liefen zu dem Hause   und täten uns an Leid,
das nimmer wir verschmerzen   in unserer ganzen Lebenszeit.«

Da sprach wieder Volker: »So laßt doch das geschehn,
daß sie es erkennen,   daß ich sie habe gesehn,
dann kann es nimmer leugnen   der Kriemhilde Schar,
daß sie Mordtaten   hätten gern vollbracht fürwahr.«

Da rief der Fiedler ihnen   laut hinterher:
»Was geht ihr bewaffnet?   Was eilt ihr so sehr?
Eilt ihr, um zu morden,   wer Kriemhildes Mann,
so nehmt mich zu Hilfe   und meinen Heergesellen an!«

Antwort gab ihm niemand;   zornig war sein Mut.
»Pfui, ihr bösen Feigen!«   sprach der Degen gut.
»Wollt ihr im Schlafe   uns ermordet sehn?
Das ist von guten Degen   wohl noch niemals geschehn!«

Der Königin ward dieses   wahrheitsgemäß gesagt,
daß nichts erreicht ihre Boten.   Das ward von ihr beklagt.
Da begann sie es anders;   gar grimmig war ihr Mut.
Das mußten noch entgelten   viele Degen kühn und gut.

Einunddreißigstes Abenteuer

Wie die Herren zur Kirche gingen

»Mir werden so kühl die Ringe«,   sprach da Volker.
»Mich dünkt, die Nacht werde   nicht länger dauern mehr.
An der Luft ichs spürte: es kommt bald der Tag.«
Da weckten sie die Menge,   die im Schlafe noch lag.

A 1782–1787, B 1844–1849, C 1889–1894

Da schien der lichte Morgen   den Gästen in den Saal.
Hagen begann zu fragen   die Recken überall,
ob sie zum Münster wollten   zur Messe gehn hinan.
Nach christlicher Sitte   viel zu läuten man begann.

Ungleich sie sangen: erklärlich mußte es sein:
die Christen und die Heiden   stimmten nicht überein.
Da wollte zu der Kirche   König Gunthers Schar,
die aus den Betten   sämtlich aufgestanden war.

Da holten sich die Helden   ein also gutes Gewand,
daß noch niemals Recken   in eines Königs Land
bessere Kleidung brachten.   Das war Hagen leid.
Er sprach: »Ihr Degen solltet   tragen hier ein andres Kleid.

Euch ist doch genügend   die Nachricht wohlbekannt.
Traget statt der Rosen   die Waffen in der Hand,
statt der Kränze mit Edelsteinen   die lichten Helme gut,
da wir wohl erkennen   der argen Kriemhilde Mut.

Wir müssen heute kämpfen;   das will ich euch sagen.
Ihr sollt statt Seidenhemden   die lichten Brünnen tragen,
statt der langen Mäntel   die festen Schilde breit.
Wenn jemand euch zürne,   daß ihr da gar wehrlich seid.

Meine lieben Herren,   dazu Mage und Mann,
ihr sollt gutes Willens   zur Kirche gehen hinan.
Klaget Gott, dem reichen,   eure Sorge und Not
und wisset es sicher,   daß uns nahet der Tod!

Ihr sollt auch nicht vergessen,   was ihr habt getan,
und sollt innig flehen   und Gott rufen an.
Ihr sollt sein gewarnet,   Recken also hehr!
Fügt es Gott im Himmel,   eine Messe hört ihr nimmermehr.«

A 1788–1794, B 1850–1856, C 1895–1901

Sie gingen zu dem Münster, die Fürsten und wer ihr Mann,
auf des Herren Friedhof.   Da hieß sie halten an
Hagen, der kühne, daß keiner sie vermied.   [geschieht.
Er sprach: »Es weiß noch keiner, was von den Hunnen uns

Legt, meine Freunde, die Schilde vor den Fuß!
Vergeltet es, wenn einer euch bietet schlechten Gruß,
mit tiefen Todeswunden! Das ists, was Hagen rät,
so wäre es erfunden, daß es löblich um euch steht!«

Volker und Hagen, die beiden gingen dann
vor das weite Münster. Das ward darum getan,
weil sie erreichen wollten, daß die Königin
sich durchdrängen müsse. Fürwahr, grimmig war ihr Sinn.

Da kam der Herr des Landes und sein schönes Weib.
Mit reichen Gewanden geziert war ihr Leib.
Zahlreiche Recken, die sah man mit ihr gehn.
Man konnte aufwallen den Staub von Kriemhilds Scharen sehn.

Da der König Etzel also gewaffnet sah
die Recken von dem Rheine, wie bald sprach er da:
»Was sehe ich meine Freunde in den Helmen gehn?
Meiner Treu, es kränkt mich. Ist ihnen denn ein Leid geschehn?

Ich will es gerne büßen, was sie dünket gut.
Hat jemand ihnen beschweret ihr Herz und auch den Mut,
sie sollen wohl erkennen: mir ist das leid.
Was sie von mir verlangen, zu dem allen bin ich bereit.«

Da sprach Hagen von Tronje: »Uns hat niemand etwas getan.
Es ist meiner Herren Sitte, daß sie Waffen legen an
bei allen Festlichkeiten an drei vollen Tagen.
Wer etwas getan uns hätte, das würden wir Euch billig sagen.«

A 1795–1801, B 1857–1863, C 1902–1908

Die Königin hörte,   was Hagen sagte da.
Wie feindlich sie dem Degen   unter die Augen sah!
Sie wollte doch nicht melden   die Sitte von ihrem Land,
wie lange sie daheim auch   in Freuden hatte sie gekannt.

Wie stark und wie grimmig   sie ihnen feindlich wäre,
hätte jemand anders   gesagt die rechte Märe,
er hätte es verhindert,   daß etwas wäre geschehn.
Sie ließ es aus Übermut,   da sie nichts wollte gestehn.

Die Königin ging da   mit ihrem Volk hinein.
Jedoch kein Platz wurde   ihr gemacht von diesen zwein,
auch nicht von drei Schritten;   das ward den Hunnen leid.
Da mußte sie sich drängen   mit den Degen kampfbereit.

Die Kämmerer Etzels   deuchte das nicht gut.
Sie hätten gern den Recken   gezeigt feindlichen Mut.
Doch wagten sie es nimmer   vor dem König hehr.
Es gab viel Gedränge,   jedoch nichts anderes mehr.

Nachdem man Gott gedienet   und als sie wollten gehn,
zu Roß gar viele Hunnen   konnte man kommen sehn.
Auch war bei Kriemhilde   da manche schöne Maid.
Wohl siebentausend Degen   ritten in der Fürstin Geleit.

An des Saales Fenster   Kriemhilde saß
mit mancher schönen Fraue   in Freuden ohne Haß.
Etzel, der reiche,   setzte sich zu ihr nieder.
Sie sahen Kampfspiele   von den guten Recken wieder.

Nun war auch der Marschall   mit den Rossen gekommen,
Dankwart, der schnelle.   Er hatte zu sich genommen
seines Herrn Gesinde   aus Burgundenland.
Die Rosse man wohl gesattelt   bei den fremden Recken fand.

A 1802–1808, B 1864–1870, C 1909–1915

Da sie zu den Rossen kamen,   die Könige und ihr Heer,
da begann ihnen zu raten   der kühne Volker,
sie sollten Buhurt spielen   nach ihres Landes Sitten.
Da ward von den Degen   bald gar herrlich geritten.

Auf den Hof, den weiten,   kam da mancher Mann.
Etzel und Kriemhild   sahn es alles an:
den Buhurt und das Lärmen –   beide waren groß –
von Christen und von Heiden.   Wie wenig jemand das verdroß!

Zu dem Buhurt kamen   alsbald da geritten
König Dietrichs Recken   mit gar stolzen Sitten.
Sie wollten zum Kampfe   mit den Gästen heran.
Er wollte es nicht erlauben   und hieß sogleich sie halten an.

Das Spiel mit Gunthers Mannen   er ihnen verbot.
Er fürchtete für die Degen;   das schuf ihnen große Not.
Dann kam von Bechlaren   Rüdegers Heer heran.
Darüber der edle Markgraf   zu zürnen da begann.

Er kam zu ihnen eilend   und drängte sich durch die Schar.
Er sagte seinen Degen,   sie nähmen es wahr,
wie mißgestimmt wären,   die Gunther untertan.
Wenn sie den Buhurt ließen,   das wäre ihm zuliebe getan.

Als sie sich von ihm trennten,   wie man uns gesagt,
von Thüringen da kamen   die Helden unverzagt
und von Dänemark die Recken,   wohl tausend Mann.
Von den Stößen sah man fliegen   viele Splitter hoch hinan.

Haward und Irnfried,   gesellt sie da ritten.
Da zeigten die vom Rheine   ihre stolzen Sitten.
Sie boten manchen Zweikampf   denen von Thüringenland.
Von Stichen ward durchlöchert   da manches schmucken Schil-
                                                     des Rand.

A 1809–1816, B 1871–1878, C 1916–1922

Da kam auch zu dem Lärmen   der Herr Blödelin
mit tausend seiner Recken;   die konnten auf sich ziehn
die Blicke durch ihre Reitkunst.   Ungemach war da.
Kriemhild es gar gerne   aus Haß auf die Burgunden sah.

Sie dacht in ihrem Sinne,   wie es danach geschehn:
geschähe ihnen Leides,   ich möcht es gerne sehn,
daß es begonnen würde.   An den Feinden mein,
wenn geracht ich würde,   dann wollt ich ohne Sorgen sein.

Schrutan und Giebeche   auf den Buhurt ritten,
Hornboge und Ramung,   nach hunnischen Sitten
wider die Helden   aus Burgundenland.
Hoch wirbelten die Schäfte   mit Kraft vor der Saaleswand.

Wie sie da alle ritten,   es war doch eitler Schall.
Man hörte von Schildes Stößen   Palas und Saal
gewaltig ertönen   durch Gunthers Heerbann.
Den Gang seine Gefolgschaft   mit großen Ehren da gewann.

Ihr Waffenspiel war nun   lang und auch so groß,
daß durch die Satteldecken   der blanke Schweiß floß
von den guten Rossen,   die die Helden ritten.
Sie erprobten an den Hunnen   sich mit hochgemuten Sitten.

Darauf sprach der Fiedler,   Volker, der kühne Mann:
»Mich dünkt, daß diese Recken   uns nicht greifen an.
Ich hört es immer sagen,   sie trügen wider uns Haß.
Nun könnte sich auf Erden   fürwahr nie besser fügen das.«

»Zur Herberge führen«,   sprach der König hehr,
»soll man nun die Rosse   und dann reiten mehr
an den Abendstunden,   wenn die Zeit ging hin.
Ob dann wohl den Fremden   den Preis gibt die Königin?«

A 1817–1821, B 1879–1884, C 1923–1929

Da sahen sie einen   so stattlich reiten daher,
wie es von allen Hunnen   tat kein zweiter mehr.
Ihm war wohl an den Fenstern   eine von Herzen traut.
Er war so schmuck gekleidet   wie eines werten Ritters Braut.

Da sprach wieder Volker: »Wie ließe ich das hingehn?
Jener Weiberzärtling   muß einen Stoß bestehn.
Ihm könnte niemand helfen: es trifft seinen Leib!
Nicht frage ich, ob zürne   drum des Königs Etzel Weib.«

»Nein, mir zuliebe«,   sprach der König sodann.
»Es schmähen uns die Leute,   greifen wir sie an.
Laß es anheben die Hunnen!   Besser fügt sich das.«
Noch der König Etzel   nahe bei der Königin saß.

»Ich mags nicht unterlassen«,   sprach da Volker.
Den Buhurt ritt er wieder: mit voller Absicht schwer
stieß er dem reichen Hunnen   den Speer durch den Leib.
Das sah man bald beweinen   beide Jungfrau und Weib.

Da rückte in großer Eile   Hagen nun heran;
mit sechzig seiner Degen   zu reiten er begann
nach dem Fiedler Volker,   als der Kampf geschah.
Etzel und Kriemhild   sahn es beide deutlich da.

Da wollten auch die Könige   ihren Spielmann gut
nicht bei seinen Feinden   lassen ohne Hut.
Da ward von tausend Helden   gar kunstreich geritten.
Sie taten, was sie wollten,   mit gar hochgemuten Sitten.

Da der reiche Hunne   nun ward totgeschlagen,
hörte man seine Magen   weinen und klagen.
Da fragte das Gefolge: »Wer hat das getan?«
Da sagten, die es gesehen: »Das tat der starke Spielmann.«

A 1822–1824, 1826–1829, B 1885–1887, 1889–1892, C 1930–1936

Nach Schwertern und nach Schilden   riefen schneller Hand
des Markgrafen Magen   aus dem Hunnenland.
Zu Tode schlagen wollten   sie da den Spielmann.
Der König von dem Fenster   sehr zu eilen da begann.

Da hob sich von den Leuten   also heller Schall.
König Gunthers Recken   nachsprangen überall.
Die Rosse zurück stießen   die Könige, und wer ihr Mann.
Da kam der König Etzel;   die Helden zu scheiden er begann.

Einem Magen des Hunnen,   den er da bei sich fand,
eine gar starke Waffe   brach er aus der Hand.
Er trieb zurück sie alle;   er war in starkem Zorn:
»Wie hätte ich meine Dienste   an diesen Helden hier verlorn!

Wenn ihr diesen Spielmann   darum hättet erschlagen,
ich ließ euch alle hängen;   das will ich euch sagen.
Als er erstach den Hunnen,   ihn reiten wohl ich sah,
daß es ohne seinen Willen   durch ein Straucheln nur geschah.

Ihr sollt meine Gäste   in Frieden lassen sein.«
Er geleitete sie selber.   Die Rosse zog man herein
alsdann in die Ställe.   Sie hatten manchen Knecht,
der seine Dienste leistete   mit allem Fleiße gut und recht.

Der König mit seinen Gästen   in den Palas ging.
Mit irgendwelchem Zorne   da keiner mehr anfing.
Da richtete man die Tische;   das Wasser hin man trug.
Doch hatten die vom Rheine   der starken Feinde genug.

Wie leid es Etzel wäre,   mit Waffen manche Schar
nachdrängte den Fürsten.   Ihr Eifer, der war klar,
die zu den Tischen gingen   wider die Gäste voll Haß.
Ihren Magen sie rächen wollten,   falls sich fügen ließe das.

A 1830–1835, B 1893–1898, C 1937–1943

»Seid ihr lieber gewaffnet,   esset mit Panzer bloß!«
sprach der Herr des Landes.   »Die Unruhe ist zu groß.
Wer aber meinen Gästen   hier tut irgendein Leid,
um sein Haupt geht es.   Nun wißt ihr Hunnen Bescheid.«

Eh die Herren sich setzten,   das dauerte gar lang.
Kriemhildens Sorge   sie allzusehr zwang.
Sie sprach: »Mein Herr Dietrich,   ich suche Euern Rat,
Hilfe und Gnade;   mir Angst um meine Sache naht.«

Da sprach für seinen Herren   Hildebrand eifrig:
»Wer angreift die Gäste,   der tut es ohne mich,
um keines Hortes willen.   Es mag ihm werden leid:
sie sind noch unbezwungen,   die schnellen Degen kampf-
                                                    bereit.«
Sie sprach: »Mir hat Hagen   so viel angetan:
er mordete Sigfrid,   meinen lieben Mann.
Wer ihn von den anderen schiede,   dem wäre mein Gold bereit.
Entgälte es jemand anders,   es schüfe mir Herzeleid.«

Da sprach der Meister Hildebrand: »Wie könnte das geschehn,
daß man jenen erschlüge,   ich lasse Euch das sehn.
Griffe man an den Helden,   dann erhöbe sich Not,
daß Arme und Reiche   darum müßten liegen tot.«

Da sprach in edeln Züchten   dazu Herr Dietrich:
»Ich bitte Euch, Fürstin   es bleibe sicherlich!
Mir haben deine Magen   nichts zuleide getan,
daß ich die edeln Degen   im Streit könnte greifen an.

Die Bitte ehrt dich wenig,   vieledles Fürstenweib,
daß du deinen Magen   trachtest nach Leben und Leib.
Vertrauend auf deine Gnade   kamen sie her ins Land.
Ungerächt bleibt Sigfrid   durch Dietrichs von Berne Hand.«

A 1836–1839, B 1899–1902, C 1944–1950

Da sie den Berner   ihr nicht zu Willen fand,
alsbald sie da gelobte   Blödelin in die Hand
eine Mark, eine weite,   die Nudung einst besaß;
nachher erschlug ihn Dankwart,   daß er der Gabe ganz vergaß.

Sie sprach: »Du sollst mir helfen,   Herr Blödelin.
Es sind meine Feinde   hier im Hause darin,
die Sigfrid erschlugen,   meinen lieben Mann.
Wer mir das hülfe rächen,   dem wäre ich immer zugetan.«

Antwort gab ihr Blödel,   da er bei ihr saß:
»Ich wage nicht zu schüren   wider deine Magen Haß;
denn es sieht mein Bruder   bei sich so gerne sie.
Wenn ich sie angriffe,   das vergäbe er mir nie.«

»Nein, mein Herr Blödel,   ich bin dir immer hold.
Ich gebe dir zum Lohne   mein Silber und mein Gold
und eine schöne Fraue,   die einst Nudungs Weib.
Dann magst du gern kosen   ihren minniglichen Leib.

Das Land mitsamt den Burgen   soll gehören dir.
Teuerlicher Recke,   das mußt du glauben mir,
daß ich dir ganz sicher   alles dies gewähr,
was dir genannt ich habe,   tust du jetzt, was ich begehr.«

Als der Herr Blödel   diesen Lohn vernahm
und ihm in ihrer Schönheit   die Frau entgegenkam,
im Kampf wollte er dienen   dem minniglichen Weib.
Drum mußten viele Recken   mit ihm verlieren Leben und Leib.

Er sprach: »Man soll verschweigen   die Rede überall.
Eh man sie noch vernommen,   mein Aufruf dann erschall!
Büßen muß es Hagen,   was er Euch angetan.
Oder ich will mein Leben   darum gerne geben daran.

A·1840–1846, B 1903–1909, C 1951–1957

Nun waffnet euch«, sprach Blödel,   »wer mir untertan!
Wir wollen zu der Feinde   Herberge gehn hinan.
Das will mir nicht erlassen   König Etzels Weib.
Darum sollen wir Degen   alle wagen Leben und Leib.«

Als nunmehr den Blödel   verließ die Königin,
daß er den Kampf erhöbe,   zu Tisch ging sie hin
mit dem König Etzel   und seinem Heerbann.
Sie hatte grimmen Mutes   ihn wider die Gäste gestiftet an.

Wie sie zu Tische gingen,   das will ich euch sagen:
Man sah da reiche Könige   die Krone vor ihr tragen,
gar manchen reichen Fürsten   und manchen werten Degen.
Große Zucht sah man   vor der Königin da pflegen.

Der Wirt, er schuf den Gästen   Sitze überall,
den höchsten und den besten   bei ihm in dem Saal.
Den Christen und den Heiden   die Speisen man unterschied.
Genug gab man beiden,   wie es der weise König riet.

Ihr anderes Ingesinde   in der Herberge aß.
Truchsesse sie hatten   zum Dienst ohne Maß.
Die mußten ihrer Speise   wohl mit Fleiß nun pflegen.
Bewirtung und Freude   ward mit Leid vergolten den Degen.

Da gesetzt die Fürsten   waren überall
und nun zu essen begannen,   da ward in den Saal
zu den Fürsten getragen   König Etzels Kind,   [schwind.
wodurch der reiche König   viel schweres Leid gewann ge-

Alsbald vier da kamen   von Etzels Ingesind,
sie trugen den Ortlieb,   das junge Königskind,
zu dem Königstische,   wo auch Hagen saß.
Das Kind mußte sterben   durch seinen mörderischen Haß.

A 1847–1850, B 1910–1913, C 1958–1964

Als der reiche König   seinen Sohn nun sah,
zu seinen Schwägern   gütig sprach er da:
»Nun seht, meine Freunde!   Es ist mein einziger Sohn ⌈von.
und auch Euerer Schwester;   viel Dienste könnt Ihr haben da-

Schlägt er nach der Abkunft,   er wird ein kühner Mann,
mächtig und edel,   stark und wohlgetan.
Erleb ichs, ich geb ihm   von dreißig Fürsten das Land.
So mag Euch Dienste leisten   wohl des jungen Ortliebs Hand.

Darum bitt ich gerne   Euch, liebe Freunde mein:
kehrt Ihr zu Lande   wieder an den Rhein,
so sollt Ihr mit Euch führen   Euerer Schwester Sohn.
Ihr sollt auch dem Kinde   gnädig leisten seinen Lohn.

Zieht ihn auf in Ehren,   bis er erwachsen zum Mann!
Hat Euch in den Landen   jemand etwas getan,
so hilft er Euch es rächen;   versprochen es Euch bleib!«
Die Rede hörte auch Kriemhild,   König Etzels stolzes Weib.

»Auf ihn sollten vertrauen   wohl diese Degen,
erwächst er zum Manne«,   also sprach Hagen.
»Doch ist der junge König   so schwächlich anzusehn. ⌈gehn.«
Man soll mich schwerlich schauen   nach Ortlieb zum Hofe

Der König blickte auf Hagen: die Rede war ihm leid,
wenn auch nichts drauf sagte   der Fürst allbereit.
Sein Herz es ihm betrübte   und beschwerte seinen Mut.
Da war Hagens Wille   zur Erheiterung nicht gut.

Es tat den Fürsten allen   mit dem König weh,
wie Hagen von dem Knaben   hatte gesprochen eh.
Daß sie es dulden sollten,   das ging ihnen allen nah.
Sie konnten es nicht wissen,   was von dem Recken noch geschah.

A 1851–1857, B 1914–1920, C 1965–1971

Viele, die es hörten   und hegten auf ihn Haß,
hätten bekämpft ihn gerne;   auch Etzel täte das,
erlaubte es seine Ehre.   Dann käme der Held in Not.   [tot.
Darauf tat mehr noch Hagen: er schlug vor seinen Augen ihn

Zweiunddreißigstes Abenteuer

Wie Blödel mit Dankwart in der Herberge stritt

Blödelins Recken,   die waren allbereit.
Mit tausend Halsbergen   erhoben sie sich zum Streit,
wo Dankwart mit den Knechten   an dem Tische saß.
Da erhob sich unter den Degen   Mord und feindlicher Haß.

Als der edle Blödel   vor die Tische ging,
Dankwart, der Marschall,   freundlich ihn empfing.
»Willkommen hier im Hause,   mein Herr Blödelin!
Weswegen Ihr kommet,   gar sehr verwunderts meinen Sinn.«

»Du sollst mich nicht begrüßen«,   sprach da Blödelin.
»Denn dies mein Kommen führet   zu deinem Ende hin,
um Hagen, deinen Bruder,   der Sigfrid erschlug.
Das vergiltst du bei den Hunnen   und andere Degen genug.«

»Nein, mein Herr Blödel!«   sprach da Dankwart.
»Dann müßte sehr uns reuen   zum Hofe diese Fahrt.
Ich war ein kleiner Knabe,   als Sigfrid sein Ende fand.
Ich weiß nicht, was mir vorwirft   Etzels Weib im Hunnenland.«

»Ich weiß von diesen Dingen   nicht mehr zu sagen.
Es taten deine Magen   Gunther und Hagen.
Nun wehrt euch, ihr Gäste!   Ihr könnet nicht entgehn.
Ihr müsset mit dem Tode   die Haftung für Kriemhild ein-
                                        gestehn.«

A 1858–1862, B 1921–1925, C 1972–1977

»Und wollt Ihr es nicht lassen«,   sprach da Dankwart,
»so reut mich meine Bitte;   es wäre besser erspart.«
Der kühne schnelle Degen   vom Tische aufsprang.
Er zog eine scharfe Waffe;   die war groß sowie lang.

Da schlug er dem Blödel   einen schnellen Schwertesschlag.
Das Haupt mitsamt dem Helme   ihm vor den Füßen lag.
»Das sei deine Morgengabe«,   sprach Dankwart, der Held,
»für die Witwe Nudungs,   die du zur Freude dir erwählt!

Sie mag sich morgen vermählen   mit einem andern Mann,
will er den Brautschatz haben,   wird ihm wie dir getan.«
Ein getreuer Hunne   hatte ihm hinterbracht,
wie grimmig Frau Kriemhild   auf ihr Verderben war bedacht.

Da sahen Blödels Mannen   ihren Herrn erschlagen.
Sie wollten von den Gästen   dies länger nicht ertragen.
Mit hocherhobnen Schwertern   auf die Knappen ein
drangen sie grimmen Mutes;   sie mußten später dies bereun.

Gar laut rief der Marschall   alle Knappen an:
»Ihr seht wohl, edle Knechte,   es ist um euch getan!
Ihr Fremden hier, wehrt euch –   denn euch zwingt die Not –,
daß ihr nach tapferm Streite   ohne Schande lieget tot!«

Die keine Schwerter hatten,   griffen zu der Bank.
Sie erhoben von dem Boden   manchen Schemel lang.
Der Burgunden Knechte   wollten es nicht ertragen.
Da ward mit schweren Stühlen   manche Beule durch den Helm
                                                geschlagen.

Wie grimm sie sich da wehrten,   dieser fremden Schar!
Sie trieben aus dem Hause   die Bewaffneten sogar.
Dennoch blieben drinnen   fünfhundert oder mehr noch tot.
Dankwarts Ingesinde   vom Blute war da naß und rot.

A 1863–1869, B 1926–1932, C 1978–1984

Diese schlimme Nachricht   ward in kurzer Zeit
gesagt Etzels Recken –   es war ihnen leid –,
daß da erschlagen waren   ihr Herr und jeder Mann.
Das hatte Hagens Bruder   mit seinen Knechten getan.

Eh mans am Hof erfahren,   die Hunnen in ihrem Haß
rüsteten sich, zweitausend   oder mehr als das.
Sie gingen zu den Knechten –   das war mit Fug gewesen –
und ließen von dem Gesinde   auch nicht einen Mann genesen.

Als die gar Ungetreuen   drangen in das Gemach,
da hob sich zwischen den Recken   ein ungeheurer Krach.
Was half ihre schnelle Stärke?   Sie mußten liegen tot.
Dort nach kurzer Pause   erhob sich schwere Angst und Not.

Nun mögt ihr von den Wundern   Ungeheures sagen:
neuntausend Knechte,   die lagen da erschlagen,
außerdem zehn Ritter,   die mit Dankwart im Verein.
Man sah ihn bei den Feinden   stehen einzig und allein.

Der Lärm, der war vergangen,   das Tosen eingestellt;
da schaute über die Schulter   Dankwart, der Held.
Er sprach: »Wehe der Freunde,   die ich sah verlorengehn!
Nun muß ich leider einsam   hier bei meinen Feinden stehn!«

Die Schwerter fielen heftig   auf des einen Leib.
Das mußte noch beweinen   manches Helden Weib.
Den Schild rückte er höher;   die Fessel ward gesenkt.
Da hat er viele Ringe   mit feindlichem Blute getränkt.

»Weh mir dieses Leides!«   sprach Adrians Kind.
»Nun weicht, ihr Hunnenrecken!   Laßt mich an den Wind,
daß die Lüfte kühlen   mich kampfmüden Mann!«
Wider ihren Willen   im Streit zur Tür drang er heran.

A 1870–1876, B 1933–1939, C 1985–1991

Der Held in scharfem Zorne   aus dem Hause sprang.
Von neuem manche Klinge   auf seiner Brünne erklang.
Die nicht gesehen hatten   die Wunder seiner Hand,
die mußten da erliegen   dem aus Burgundenland.

»Nun wolle Gott«, sprach Dankwart,   »daß da ein Bote käme,
so daß mein Bruder Hagen   die Nachricht vernähme,
daß ich vor diesen Recken   stehe in solcher Not!
Er hülfe mir von hinnen,   oder er läge bei mir tot.«

Da sprachen die Hunnenrecken: »Der Bote mußt du sein,
wenn wir tot dich tragen   vor deinen Bruder hinein,
so sieht seinen Kummer   erst König Gunthers Mann.
Du hast dem König Etzel   so großen Schaden hier getan.«

»Nun laßt das Drohen bleiben   und weichet von mir!
Sonst mache ich noch manchem   naß die Ringe hier.
Wehre mirs, wer es wolle!   Zu Hofe geht mein Schritt.
Ich will selbst diese Kunde   meinen Herren teilen mit.«

Er erwies sich so furchtbar   jedem Etzelsmann,
daß sie ihn mit den Schwertern   nicht wagten zu greifen an.
Da warfen sie ihm Gere   so viel in den Schildesrand,
daß er den so schweren   lassen mußte aus der Hand.

Von beiden Seiten rannten   die Hunnen voller Müh;
von ihnen kamen manche   zum Kampfe doch zu früh.
Er ging vor seinen Feinden   wie ein Eberschwein
im Walde vor den Hunden.   Wer mochte kühner da sein?

Sie wähnten, ihn zu bezwingen,   da keinen Schild er trug.
Hei, was er tiefe Wunden   durch die Helme schlug!
Da mußte vor ihm fallen   mancher kühne Mann.
Dadurch hohe Ehre   der kühne Dankwart gewann.

A 1877–1883, B 1940–1946, C 1992–1998

Sein Weg, der ward von neuem   benetzt von heißem Blut.
Nicht konnte ein einziger Recke   streiten also gut
mit so vielen Feinden,   als es durch ihn geschehn.
Da mußten sie ihn lassen   ohne ihren Dank zu Hofe gehn.

Die Truchsesse und Schenke,   die hörten Schwerterklang.
Gar mancher die Getränke   aus den Händen schwang,
ebenso die Speisen,   die er zum Hofe trug.
Doch traf er vor den Stiegen   noch starke Feinde genug.

»Wie nun, ihr guten Knechte«,   sprach der müde Degen;
»ihr sollet doch die Gäste   reichlich verpflegen
und sollet nun den Herren   die edeln Speisen tragen
und mich die Kunde lassen   bei Hof meinen Herren sagen.«

Wer in großer Eile   ihm vor die Stiege sprang,
von ihnen schlug er manchen   mit schwerem Schwertesschwang,
so daß aus Furcht die meisten   wichen höher hinan.
Seine Stärke hatte   den Tod so manchem angetan.

Also der kühne Dankwart   in die Türe trat,
Etzels Gesinde   zurück zu weichen er bat.
Mit Blut war beronnen   all sein Gewand.
Eine starke Waffe   trug er entblößt in seiner Hand.

Der Augenblick war es grade,   als vor die Tür er kam,
wo man den kleinen Ortlieb   auf den Armen nahm
von Tisch zu Tische,   den Fürsten wohlgeboren.
Durch diese schlimme Nachricht   ging das Kindlein verloren.

A 1884–1888, B 1947–1951, C 1999–2004

Dreiunddreißigstes Abenteuer

Wie Dankwart die Nachricht seinen Herren zum Hofe brachte

Die Nachricht rief Dankwart   gar laut dem Degen:
»Ihr sitzet allzulange,   Bruder Hagen.
Euch und Gott im Himmel   klage ich unsere Not:
die Ritter und Knechte   sind in der Herberge tot!«

Der rief ihm entgegen: »Wer hat das getan?«
»Das tat der Herr Blödel   und mancher, der sein Mann.
Auch hat ers nicht genossen,   das will ich Euch sagen.
Ich habe sein Haupt ihm   mit meinen Händen abgeschlagen.«

»Das ist ein kleiner Schade«,   sprach wieder Hagen,
»wenn man die Kunde   sagt von einem Degen,
daß er von Heldenhänden   sei totgeschlagen:
ihn sollen desto minder   die schmucken Frauen beklagen.

Nun sagt mir, lieber Bruder,   wie seid Ihr so rot?
Mich dünkt, daß Ihr von Wunden   leidet schwere Not.
Ist er hier im Lande,   durch den das geschehn,
ihm hülfe denn der Teufel,   es muß ihm an sein Leben gehn.«

»Ihr seht mich unverwundet;   meine Kleidung nur ist naß.
Von anderer Männer Wunden   ist mir geschehen das,
da ich so viele   heute habe erschlagen.   ⌈sagen.«
Wenn ichs beschwören sollte,   die Zahl könnt ich nimmer

Er sprach: »Bruder Dankwart,   so hütet uns das Tor
und laßt keinen der Hunnen   kommen da hervor!
Will reden mit den Recken,   da uns zwingt die Not.
Unser Ingesinde   liegt hier unverschuldet tot.«

A 1889–1894, B 1952–1957, C 2005–2010

»Soll ich ein Kämmerer werden«,   sprach der kühne Mann,
»also reichen Königen   Dienste ich leisten kann,
so hüte ich die Stiege,   wie es ziemt der Ehre mein.
Kriemhildes Degen   könnte da nichts leider sein.«

»Mich nimmt das sehr wunder«,   Hagen also sprach,
»was die Recken raunen   in diesem Gemach.
Sie würden ihn gern entbehren,   der dort die Tür bewacht
und der die schlimme Nachricht   den Burgunden hat gebracht.

Ich habe gehört schon lange   von Kriemhilde sagen,
ihr Herzeleid könne   sie länger nicht ertragen.
Nun trinken wir die Minne   und zahlen Etzels Wein.
Der junge Hunnenkönig,   der muß hier der erste sein.«

Da schlug das Kind Ortlieb   Hagen, der Recke gut,
daß ihm von dem Schwerte   zur Hand strömte das Blut
und daß das Haupt des Kindes   Kriemhild sprang in den Schoß.
Da erhob sich unter den Hunnen   ein Morden, grimmig und
                                                                            groß.

Auch schlug er dem Zuchtmeister   einen schnellen Schlag
mit seinen beiden Händen,   dem Ortliebs Pflege oblag,
daß ihm alsbald vor dem Tische   das Haupt am Boden lag.
Es war ein jämmerlicher Lohn   an des Erziehers letztem Tag.

Er sah vor Etzels Tische   den einen Spielmann.
Hagen in seinem Zorne   zögerte nicht alsdann:
er schlug ihm auf der Fiedel   ab die eine Hand.
»Das habe für die Botschaft   im Burgundenland!«

»Weh mir«, sprach Werbel,   Etzels Spielmann.
»Herr Hagen von Tronje,   was habe ich Euch getan?
Ich kam in Getreuen   in Eurer Herren Land.
Wie bring ich hervor die Töne,   da ich verloren meine Hand?«

A 1895–1901, B 1958–1964, C 2011–2017

Gering achtete Hagen,   ob jener spielte mehr.
Er frönte in dem Hause   der grimmen Mordlust sehr
an den Recken Etzels,   davon er manchen erschlug.
Er brachte in dem Saale   zum Tod ihrer manchen noch genug.

Volker, sein Geselle,   am Tische aufsprang,
sein Fiedelbogen kräftig   in seiner Hand erklang.
Da fiedelte unmäßig   Gunthers Spielmann.
Hei, was er sich zu Feinden   an kühnen Hunnen gewann!

Auf sprangen an dem Tische   die drei Könige hehr.
Sie wollten es gerne schlichten,   eh Schaden geschah noch mehr.
Doch konnten mit ihrer Absicht   sie nicht dawider an,
da Volker mit Hagen   so sehr zu wüten begann.

Da sah der Vogt vom Rheine   ungeschieden den Streit.
Da schlug der Fürst selber   gar manche Wunden weit
durch die lichten Ringe   den Feinden ein.
Er war ein Held behende.   Das wies der klare Augenschein.

Da begann auch zu streiten   der starke Gernot.
Er schlug fürwahr den Hunnen   gar manche Helden tot
mit dem scharfen Schwerte,   das Rüdeger ihm gab.
Von Etzels Freunden   brachte manchen er ins Grab.

Der junge Sohn Frau Utes   in den Streit auch sprang;
herrlich seine Waffe   durch die Helme klang
bei den Recken Etzels   aus dem Hunnenland.
Viele Wunden vollbrachte   im Streite da Giselhers Hand.

Wie kühn sie alle waren,   die Könige und ihre Schar,
der vorderste von ihnen   Giselher doch war
bei seinen Feinden.   Er war ein Recke gut;
er zwang durch die Wunden   so manchen Ritter in das Blut.

A 1902–1908, B 1965–1971, C 2018–2024

Mit allen Kräften wehrten   sich Etzels Mannen sehr.
Da sah man die Gäste   hauend gehn einher
mit den lichten Schwertern   durch den Königssaal:
da hörte allenthalben   vom Streite man mächtigen Schall.

Da wollten die da draußen   mit ihren Freunden hinein.
Das trug an der Stiege   wenig Gewinn ihnen ein.
Da wollten die darinnen   gerne vor das Tor.
Doch ließ der Torwächter   ihrer keinen davor.

Da hob sich an der Türe   schärferer Andrang
und auch von den Schwertern   und Helmen lauter Klang.
Da kam der kühne Dankwart   in gar schwere Not.
Das gedachte Hagen,   wie seine Treue ihn bewog.

Gar laut rief da Hagen   Volker, den Fiedelmann:
»Sehet dort, Geselle,   meinen Bruder an
von hunnischen Recken   unter starken Schlägen!
Rettet, Freunde, mir den Bruder,   ehe wir verloren den Degen!«

»Das tu ich ohne Zögern«,   sprach der Spielmann.
Fiedelnd durch den Palas   zu gehn er begann.
Sein scharfes Schwert ihm kräftig   in seiner Hand erklang.
Die Recken von dem Rheine   sagten ihm drum großen Dank.

Volker, der vielkühne,   da zu Dankwart sprach:
»Ihr habt heut erlitten   großes Ungemach.
Mich bat Euer Bruder,   zu Hilfe zu Euch zu gehn.
Wollt Ihr dort außen bleiben,   so will ich innerhalb nun stehn.«

Dankwart, der schnelle,   stellte sich außen auf.
Denen wehrt er die Treppe,   wer sie kam herauf.
Da hörte man Waffen klingen   in der Feinde Hand.
Dasselbe tat von innen   Volker aus Burgundenland.

A 1909–1915, B 1972–1978, C 2025–2031

Volker, der kühne Spielmann,   rief zu den Degen:
»Das hast du nun trefflich   beschlossen, Freund Hagen.
Also ist versperret   König Etzels Tor
durch zweier Recken Hände,   als wären tausend Riegel davor.«

Als der starke Hagen   die Tür sah in solcher Hut,
warf den Schild auf den Rücken,   der kühne Degen gut.
Dann erst begann er zu rächen   seiner Freunde Leid.
Seinen Zorn mußt entgelten   mancher Ritter tatbereit.

Als der Vogt von Berne   das Wunder recht erkannt,
wie manche Helme durchschlagen   des starken Hagen Hand,
der Herr der Amelunge   sprang auf eine Bank
und sprach: »Hier schenket Hagen   den allerübelsten Trank.«

Der Wirt war sehr in Sorge –   sein Weib war in Gram –,
da man ihm liebe Freunde   vor seinen Augen nahm
und er kaum sich bergen konnte   vor seiner Feinde Schar.
Er saß in großen Ängsten.   Was half ihm, daß er König war?

Kriemhild, die Fraue,   rief da Dietrich an:
»Hilf mir von dem Sessel,   daß ich entrinnen kann,
in aller Fürsten Tugend   aus Amelungen Land!
Erreicht mich hier Hagen,   so hab den Tod ich in der Hand.«

»Wie soll ich Euch helfen?«   sprach da Dietrich,
»vieledle Königin,   ich sorge selbst um mich.
Es sind so sehr erzürnet,   die Gunther untertan,
daß ich in dieser Stunde   niemand Frieden schaffen kann.«

»Nicht doch, Herr Dietrich,   vieledler Ritter gut,
laßt heute erkennen   den tugendlichen Mut,
daß du mir hilfst von hinnen,   oder ich bleibe tot.
Nun hilf mir und dem König   in dieser drangvollen Not!«

A 1916–1922, B 1979–1985, C 2032–2038

»So will ich es versuchen,   ob es könne geschehn,
obwohl seit langen Zeiten   ich nimmer habe gesehn
so bitterlich erzürnet   manchen Ritter gut.   [Blut.«
Ich sehe durch die Helme   von den Schwertern fließen das

Mit Kraft begann zu rufen   der Degen auserkorn,
daß seine Stimme tönte   wie ein Wisenthorn,
daß weithin der Palas   von seiner Kraft erscholl.
König Dietrichs Stärke   war da Übermaßes voll.

Da hörte König Gunther   rufen diesen Mann.
In dem starken Kampfe   zu horchen er begann.
Er sprach: »Dietrichs Stimme   ist mir zu Ohren gekommen.
Mich dünkt: unsre Degen   haben der Seinen einen genommen.

Ich seh ihn auf dem Tische,   er winket mit der Hand.
Ihr Freunde und Magen   aus Burgundenland,
hört auf mit dem Kampfe!   Laßt hören und sehn,
was dem König Dietrich   von uns Schaden sei geschehn!«

Da der König Gunther   bat und auch gebot,
senkten sich die Schwerter   in des Kampfes Not.
Mit seiner Macht erreichte   er, daß gestoppt der Streit.
Es sprachen miteinander   die kühnen Recken tatbereit.

Er sprach: »Vieledler Dietrich,   was ist Euch getan
von meinen Magen?   Meinen Willen höret an!
Zu Sühne und Buße   bin ich Euch bereit.
Was jemand Euch täte,   das wäre mir von Herzen leid.«

Da sprach der Herr Dietrich: »Mir ist noch nicht getan,
daß ich einen Schaden   von Euch beklagen kann.
Nur laßt mich aus dem Kampfe   mit dem Gefolge mein!
Dafür will ich Euch Degen   immerdar auch hilfreich sein.«

A 1923–1929, B 1986–1992, C 2039–2045

»Was flehet Ihr so eifrig?«   sprach da Wolfhart.
»Bis jetzt hat der Fiedler   die Tür nicht so verwahrt,
so weit wir sie erschließen,   daß man hindurchgehn kann.«
»Nun schweiget«, sprach Herr Dietrich;   »Ihr habt den Teufel
getan!«

Da sprach der König Gunther: »Erlauben ich Euch will:
führet aus dem Hause   wenig oder viel
ohne meine Feinde!   Die sollen bleiben hier:
sie haben bei den Hunnen   schweres Leid bewirket mir.«

Der Herrscher von Berne   mit den Armen umschloß
die Königin, die edle;   ihre Angst war groß;
auf der anderen Seite   führte er Etzel dann.
Auch gingen mit ihm von dannen   von Dietrich noch sechs-
hundert Mann.
Da sagte der Markgraf,   der edle Rüdeger:
»Soll aus dem Hause   jemand kommen mehr,
der Euch doch gern zu Diensten,   so lasset es uns hören!
So sollen Frieden den Gästen   gute Freunde Euch stets ge-
währen.«
Giselher da sagte   dem Schwäher kurzerhand:
»Friede und Versöhnung   seien Euch bekannt!
Ihr seid uns stets getreulich   und auch, wer Euer Mann.
Drum sollt mit Euern Freunden   gemeinsam ihr gehen fortan.«

Als nun der Markgraf   räumte das Gemach,
fünfhundert oder mehr noch   folgten ihm nach.
Sie stiegen von dem Hause,   jeder, der sein Mann,
von denen König Gunther   großen Schaden noch gewann.

Da sah ein Hunnenrecke   König Etzel gehn
mit dem Herrn von Berne.   Er glaubte sein Heil zu sehn.
Da gab ihm der Fiedler   einen so schweren Schlag,
daß alsbald sein Haupt ihm   da vor Etzels Füßen lag.

A 1930–1936, B 1993–1999, C 2046–2052

Als der Herr des Landes   kam von dem Hause dann,
da wandte er sich wieder   und sah Volker an:
»Weh mir dieser Gäste!   Das ist grimme Not,
daß meine Freunde sollen   vor mir alle liegen tot.

Weh der Festlichkeiten!«   sprach der König hehr.
»Da ficht einer drinnen,   der heißet Volker,
wie ein wilder Eber,   und ist ein Spielmann.
Ich dank es meinem Heile,   daß ich dem Teufel entrann.

Seine Leiche klingen übel;   sein Bogenstrich ist rot,
seine Töne fällen   manchen Helden zu Tod.
Ich weiß nicht, was uns vorwirft   dieser Spielmann.
Solchen Gast noch niemals   mir zu Leide ich gewann.«

Zur Herberge gingen   die Recken also hehr,
der Herrscher von Berne   und auch Rüdeger.
Sie wollten nichts zu schaffen   haben mit dem Streit
und hießen auch alle Degen   Frieden halten da allzeit.

Hätten aber jene   geahnt so schwere Leiden,
die künftig kommen sollten   ihnen von den beiden,
sie wären von dem Hause   so sanft nicht entkommen.
Sie hätten ihre Rache   an den Vielkühnen erst genommen.

Sie hatten, die sie wollten,   gelassen aus dem Saal.
Da hob sich im Innern   gewaltiger Schall.
Die Gäste rächten grimmig,   was ihnen zuvor geschah.
Volker, der vielkühne,   hei, welche Helme zerhieb er da!

Nach dem Klang sich wandte   Gunther, der König hehr.
»Hört Ihr die Töne, Hagen,   die dort Volker
mit den Hunnen fiedelt,   wer der Türe naht?
Es ist ein roter Anstrich,   den er am Fiedelbogen hat.«

A 1937–1941, B 2000–2004, C 2053–2059

»Mich reut es über die Maßen«,   sprach da Hagen,
»daß ich je mich setzte   vor Volker, den Degen.
Ich war sein Geselle   und er der Geselle mein.
Kehren wir jemals wieder,   dann soll es noch in Treuen sein.

Nun sieh, König Gunther,   Volker ist dir hold.
Er verdient durch seinen Willen   dein Silber und dein Gold,
wie sein Fiedelbogen   schneidet durch den harten Stahl.
Er schlägt von den Helmen   den lichten Zierat allzumal.

Man sah nie einen Fiedler   so herrlich greifen an,
als der Degen Volker   heute hat getan.
Seine Leiche hallen   durch Helm und Schildesrand.
Er reite gute Rosse   und trage herrlich Gewand!«

Wer von den Hunnenmagen   in dem Haus gewesen,
von denen war keiner   da innen genesen.
Da war der Lärm verklungen,   weil niemand mehr im Streit.
Die Schwerter aus den Händen   legten die Degen kampfbereit.

Die kampfmüden Herren   setzten sich zu Tal.
Volker und Hagen,   die gingen vor den Saal.
Auf die Schilde sich lehnten   die Übermütigen dann.
Da ward genug der Rede   von diesen beiden getan.

Da sprach von Burgunden   Giselher, der Degen:
»Noch mögt ihr lieben Freunde   der Ruhe nicht pflegen.
Ihr sollt die toten Mannen   aus dem Hause tragen.
Man greift an uns wieder;   das will ich fürwahr euch sagen.

Sie sollen zu eueren Füßen   länger hier nicht liegen.
Bevor uns die Hunnen   im Sturme hier besiegen,
hauen wir manche Wunde,   die gar wohl mir tut.
Des habe ich«, sprach da Giselher,   »einen willigen Mut.«

A 1942–1948, B 2005–2011, C 2060–2065

»Nun wohl mir solches Herren!«   sagte da Hagen;
»der Rat geziemte niemand   als diesem einen Degen,
den uns mein junger Herrscher   heute gegeben hat.
Das mag, ihr Burgunden,   in Fröhlichkeit nun finden statt.«

Da folgten sie dem Jungen   und trugen vor das Tor
wohl zweitausend Tote;   die warfen sie davor.
Vor des Saales Treppe   fielen sie zu Tal.
Da hob von ihren Magen   sich ein klagereicher Schall.

Darunter war mancher,   der war nur mäßig wund.
Bei rechter Pflege   würde noch gesund,
der bei dem hohen Falle   mußte liegen tot.
Drum klagten ihre Freunde.   Es zwang sie jämmerliche Not.

Da sagte der Fiedler,   der Recke unverzagt:
»Ich seh wohl, daß sie haben   die Wahrheit mir gesagt:
die Hunnen sind erbärmlich,   sie klagen wie ein Weib.
Sie sollten nun pflegen   den schwer Verwundeten den Leib.«

Da wähnte ein Markgraf,   er spräche ehrlich und gut.
Er sah einen Magen   gefallen in das Blut.
Er schloß ihn in die Arme   und wollte ihn tragen alsdann.
Mit dem Speer warf ihn zu Tode   der vielkühne Spielmann.

Da die andern das sahen,   flohen sie sodann.
Sie begannen alle zu fürchten   diesen Spielmann.
Er hob von seinen Füßen   einen Ger gar hart,
der von einem Hunnen   in das Haus geworfen ward.

Den warf dahin er weiter   durch die Burg alsdann
mit seiner Kraft so ferne.   Wer da Etzels Mann,
der suchte Herberge   weiter von dem Saal.
Seine Kraft und Stärke   fürchtete man überall.

A 1949–1955, B 2012–2018, C 2066–2072

Da standen vor dem Hause   Etzel und wer sein Mann.
Volker sowie Hagen   zu reden da begann
mit dem Hunnenkönig   nach ihrem Willen und Mut.
Drum kamen bald in Sorge   die Helden kühn sowie gut.

»Es ziemt sich«, sprach Hagen,   »Volksherrscher, wohl,
daß als allererster   der König fechten soll,
wie der König Gunther   und Gernot hier tut: [Blut.«
die hauen durch die Helme: von ihren Schwertern fließt das

Etzel war nicht feige;   er faßte seinen Schild.
»Gehet vor behutsam«,   sprach Frau Kriemhild,
»und bietet Gold den Recken   auf dem Schildesrand!
Erreichet Euch dort Hagen,   Ihr habt den Tod an der Hand.«

Doch wollte sich der König   dem Kampf entziehen nicht;
so reichen Fürsten selten   so wenig an Mut gebricht.
An der Schildfessel mußte   man zurück ihn ziehn.
Hagen, der grimme,   verspottete noch schärfer ihn.

»Es war eine nahe Sippe«,   sprach da Hagen,
»die Sigfrid und Etzel   hatten zusammen:
er minnte Kriemhild,   eh sie gesehen dich;
erbärmlicher König,   warum rätst du wider mich?«

Diese Rede hörte   wohl die Königin.
Da ward voller Unmut   der Kriemhilde Sinn,
daß er sie höhnen durfte   vor manchem Etzelmann.
Darum sie mehr zu reizen   wider die Gäste begann.

Sie sprach: »Wer mir Hagen   von Tronje erschlüge
und sein Haupt als Gabe her vor mich trüge,
dem füllte ich mit Golde   Etzels Schildesrand;
auch gäbe ich ihm zum Lohne   viele gute Burgen und Land.«

A 1956–1962, B 2019–2025, C 2073–2079

»Ich weiß nicht, was sie zaudern«,   sprach der Spielmann.
»Nie sah ich noch, daß Helden   so vor Zagen getan,
da man bieten hörte   solchen reichen Sold;
sie möchten gerne verdienen   die Burgen und das rote Gold.«

Etzel, der vielreiche,   hatte Jammer und Not.
Bitter er beklagte   der Magen und Mannen Tod.
Da standen aus manchen Landen   viele Recken bereit;
die weinten mit dem König   um sein also schweres Leid.

Da begann zu spotten   der kühne Volker:
»Ich sah hier heftig weinen   so manchen Recken hehr.
Beistehn dem Herrn sie übel   in seiner schweren Not.
Fürwahr, sie aßen mit Schande   nunmehr lange hier sein Brot.

Die hier mit Schimpf und Schande   aßen des Königs Brot
und nun im Stiche ihn lassen   in seiner größten Not,
von denen seh ich manchen   so recht verzagt hier stehn.
Sie wollen als kühn doch gelten,   können nie der Schmach
                                                    entgehn.«
Da dachten die Besten: er hat die Wahrheit gesagt.
Dennoch hat es niemand   so herzlich da beklagt
als einzig Iring,   der Held aus Dänenland,
daß in kurzer Frist man   mit der Wahrheit ward bekannt.

Vierunddreißigstes Abenteuer

Wie Iring erschlagen ward

Da rief vom Dänenlande   der Markgraf Iring:
»Ich hab auf Ehre lange   gesetzt all mein Ding
und hab in Volkes Stürmen   des Besten viel getan.
Nun bringt mir meine Waffen!   Fürwahr, ich greife Hagen an.«

A 1963–1965, B 2026–2028, C 2080–2084

»Das will ich widerraten«,   sprach da Hagen;
»so erhalten Euere Magen   mehr zu beklagen,
stürmen ihrer zweie   oder drei auf mich her.   ⌈schwer.«
Wollen sie mich bestehen,   sie scheiden mit Schaden gar

»Darum will ichs nicht lassen«,   sprach darauf Iring.
»Ich habe versucht schon früher   manch gefährlich Ding.
Jetzt will ich mit dem Schwerte   alleine dich greifen an,
hast du auch im Kampfe   mehr als ein anderer getan.«

Da ward bewaffnet Iring   nach ritterlicher Art.
Desgleichen dies von Thüringen   der Landgraf Irnfrid ward
und Hawart, der starke,   wohl mit tausend Mann.
Sie wollten Iring beistehn,   was der Held auch begann.

Der Fiedeler sah da   diese große Schar,
die zusammen mit Iring   gewaffnet gekommen war.
Sie trugen aufgebunden   gar manche Helme gut.
Da ward dem kühnen Volker   gar zornig darum zumut.

Er sprach: »Seht Ihr, Hagen,   dort den Iring stehn,
der Euch hier mit dem Schwerte   alleine wollte bestehn?
Wie ziemt es Helden zu lügen?   Tadeln muß ichs sehr.
Es gehn mit ihm gewaffnet   wohl tausend Recken oder mehr.«

»Heißet mich nicht lügen!«   sprach Hawarts Rittersmann.
»Ich will es gerne leisten,   was ich gekündigt an.
Von keiner Furcht behoben   will ich davon abgehn.
Wie gefährlich sei Hagen,   ich will allein ihn bestehn.«

Zu Füßen warf sich Iring   jedem Magen und Mann,
daß sie allein ihn ließen   Hagen greifen an.
Wohl taten sie es ungern: ihnen war gut bekannt
der Übermut Hagens   aus Burgundenland.

A 1966–1972, B 2029–2035, C 2085–2091

Doch bat er so lange,   bis es schließlich geschah,
da das Gefolge   seinen Willen sah,
daß er nach Ehre strebte.   Da ließen sie ihn gehn.
Da war ein großes Streiten   von den beiden nun geschehn.

Iring, der vielstarke,   hoch erhob den Ger.
Den Schild hervor er zückte,   der teure Degen hehr.
Nun lief er los auf Hagen   stürmisch vor den Saal.
Da erhob sich von den Degen   ein gewaltiger Schall.

Dann warf mit allen Kräften   den Ger ihre Hand
durch die festen Schilde   auf ihr lichtes Gewand,
daß die Speerschäfte   flogen hoch hinan.
Dann griff zu dem Schwerte   jeder grimme, kühne Mann.

Die Kraft und die Stärke Hagens   war über die Maßen groß.
Doch schlug auf ihn auch Iring   mit dröhnenden Hieben los.
Palas und Türme   hallten von den Schlägen.
Doch konnte nicht vollbringen   seinen Willen da der Degen.

Da ließ Iring Hagen   unverwundet stehn.
Den Fiedler unternahm er   stürmend anzugehn.
Er dacht ihn zu bezwingen   mit seinen grimmen Schlägen.
Jedoch sich wohl beschirmen   konnte der gar schmucke Degen.

Zuschlug da der Fiedler,   daß über Schildes Rand
wirbelte das Gespänge   durch die Kraft von Volkers Hand.
Den ließ er da stehen: es war ein übler Mann.
Er griff den König Gunther   da von Burgunden an.

Da war ihrer jeder   zum Kampfe stark genug.
Wie Gunther und Iring   aufeinander schlug,
das brachte nicht aus Wunden   das fließende Blut.
Ihre Waffen sie schützten;   die waren sicher und gut.

A 1973–1979, B 2036–2042, C 2092–2098

Gunther ließ er bleiben.   Gernot lief er an.
Feuer aus den Ringen   zu hauen der ihm begann.
Da hatte aus Burgunden   der starke Gernot
den kühnen Recken Iring   beinah gesendet in den Tod.

Da lief er von dem Fürsten;   schnell war er genug.
Vier von den Burgunden   er alsbald erschlug
des edeln Gefolges   von Worms an dem Rhein.
Darüber konnte Giselher   nimmer zorniger sein.

»Gott weiß, Herr Iring«,   sprach Giselher, das Kind,
»Ihr müßt mir die entgelten   die sterbend vor Euch sind
gefallen soeben.«   Da lief er ihn an,
er schlug den von Dänemark,   daß zu straucheln er begann.

Er stürzte vor seinen Füßen   nieder in das Blut,
so daß alle wähnten,   daß der Recke gut
nimmermehr im Kampfe   schlüge einen Schlag.
Doch Iring ohne Wunden   hier vor Giselher noch lag.

Von des Helmes Dröhnen   und von des Schwertes Klang
Iring das Bewußtsein   also versank,
daß von seinem Leben   er nichts spürte mehr.
Das tat mit seiner Stärke   der kühne Degen Giselher.

Als ihm das Getöse   aus dem Haupte wich
vom Helm und auch vom Schwerte   – das war gewaltiglich –,
dacht er: ich bin noch lebend,   mein Leib ist noch gesund.
Zum ersten Male wurde   Giselhers Kraft ihm kund.

Er hörte auf beiden Seiten   seine Feinde stehn.
Wenn sie gewußt es hätten,   es wäre um ihn geschehn.
Auch hatte er bei sich   Giselher vernommen.
Er dachte, wie er sollte   lebend da von dannen kommen.

A 1980–1986, B 2043–2049, C 2099–2105

Geradezu rasend   aus dem Blut er sprang.
Seiner Schnelligkeit mochte   er da sagen Dank.
Dann lief er aus dem Hause,   wo er Hagen fand.   [Hand.
Dem schlug er schnelle Schläge   mit seiner kraftgewohnten

Da dachte Hagen: meine Beute sollst du sein.
Hilft dir nicht der Teufel,   so kannst du nicht gedeihn.
Doch verwundete ihn Iring   durch seines Helmes Hut.
Das tat der Held mit Waske.   Das war eine Waffe gut.

Als der grimme Hagen   die Wunde empfand,
da schwang er gewaltig   das Schwert in seiner Hand.
Da mußte vor ihm fliehen   Hawarts Rittersmann.
Hinab vor dem Hause   Hagen zu verfolgen ihn begann.

Übers Haupt Iring   den Schild eilend schwang.
Und wäre die Treppe   drei Treppen lang,
derweil ließ ihn Hagen   nicht schlagen einen Schlag.
Hei, was an roten Funken   da auf seinem Helme lag.

Da sahen seine Freunde   Iring noch gesund.
Da wurde diese Nachricht   Kriemhilde kund,
was er dem von Tronje   im Kampfe hatte getan,
wofür ihm die Königin   inniglich zu danken begann.

»Nun lohne Gott dir, Iring,   ruhmreicher Degen gut!
Du hast mir wohl getröstet   das Herz und auch den Mut.
Nun sehe ich gerötet   von Blut Hagens Gewand.«
Da nahm sie ihm liebevoll   den Schild aus der Hand.

»Ihr mögt ihm mäßig danken«,   sprach da Hagen.
»Ja, es ist nur wenig   davon zu sagen.
Wollt ers nochmals versuchen,   er wäre ein kühner Mann.
Die Wunde nützt Euch wenig,   die ich jetzt von ihm gewann.

A 1987–1993, B 2050–2056, C 2106–2112

Daß Ihr von meiner Wunde   die Ringe sehet rot,
das hat mich gereizet   zu manches Helden Tod.
Jetzt bin ich zornig   auf ihn und manchen Mann.
Mir hat der Degen Iring   geringen Schaden nur getan.«

Dem Winde stand entgegen   Iring von Dänenland.
Er kühlte sich die Ringe;   den Helm ab er band.
Dann sagten die Leute,   seine Kraft sei gut.
Darüber trug der Markgraf   mit Recht gar hoch seinen Mut.

Iring, der vielkühne,   seinen Freunden sagte dann:
»Nun waffnet mich eilend,   daß ich versuchen kann,
ob ich kann bezwingen   den übermütigen Mann.«
Sein Schild, der war zerhauen.   Einen besseren er gewann.

Schleunig ward er wieder   gewaffnet mit beßrer Wehr.
Er nahm in seinem Zorne   einen starken Speer,
mit dem er da Hagen   wollte greifen an.
Es ging um Ruhm und Ehre,   hätte er dieses nicht getan!

Ihn wollte nicht erwarten   Hagen, der Degen;
er lief ihm entgegen   mit Stichen und mit Schlägen
bis an der Treppe Ende;   sein Zorn, der war groß.
Iring seiner Stärke   da gar wenig nur genoß.

Sie schlugen durch die Schilde,   daß es zu lohen begann
von feuerrotem Winde.   Hawarts Untertan
ward von Hagens Schwerte   allzuschwer nun wund
durch Schild und durch die Brünne;   da ward nimmer er
                                         gesund.
Als der Degen Iring   die Wunde empfand,
deckte er sich mit dem Schilde   über das Helmband.
Schwer deucht ihn der Schaden,   den er da gewann.
Darauf tat ihm aber   noch mehr der grimme Hagen an.

A 1994–2000, B 2057–2063, C 2113–2119

Hagen zu seinen Füßen   einen Ger liegen fand;
den warf er auf Iring,   den Helden aus Dänenland,
daß ihm aus dem Haupte   ragte der Schaft.
Ein grimmes Ende schuf ihm   des Übermütigen Kraft.

Iring mußte weichen   zu denen aus Dänenland.
Ehe man dem Degen   ab den Helm da band,
zog man den Ger aus dem Haupte;   da nahte ihm der Tod.
Des beweinten ihn Magen;   es zwang sie wahrhaftige Not.

Kriemhild, die Fraue,   zu klagen auch begann
um den kühnen Iring,   den schwertwunden Mann.
Sie beweinte seine Wunden.   Denn es war ihr leid.   [Streit:
Da sprach vor seinen Magen   der schnelle Degen kühn im

»Laßt Eure Klagen ruhen,   hehre Königin!
Was hilft Euer Weinen?   Mein Leben muß dahin
gehen von den Wunden,   die mir Hagen bot.
Euch und Etzel dienen   läßt mich länger nicht der Tod.«

Zu den Thüringern sprach er   und denen von Dänenland:
»Die Gabe soll empfangen   von euch keine Hand,
von Etzels Gattin   ihr lichtes Gold so rot.
Greifet an ihr Hagen,   so müßt leiden ihr den Tod.«

Seine Farbe war erblichen,   Todesmale trug
Iring, der kühne;   das schuf ihr Leid genug.
Genesen nicht konnte   Hawarts Rittersmann.
Da mußten seine Freunde   zu kämpfen nun fangen an.

Irnfrid und Hawart,   die eilten vor das Gemach
wohl mit tausend Helden.   Tobenden Kampfes Krach
hörte man allenthalben,   kräftig und groß.
Hei, was man starker Gere   auf die Burgunden schoß.

A 2001–2007, B 2064–2070, C 2120–2126

Irnfrid von Thüringen   griff an den Spielmann,
dadurch er schweren Schaden   von dessen Hand gewann.
Der Fiedler, der kühne,   den Landgrafen schlug
durch den Helm, den festen;   ja, das war grimmig genug.

Da schlug der Landgraf   den kühnen Spielmann,
daß ihm bersten mußte   der Ringe Gespann.
Sich von Funken färbte   die Brünne feuerrot.
Dennoch fiel der Landgraf   vor dem Fiedeler da tot.

Hawart und Hagen   waren zusammengekommen;
da konnte Wunder sehen,   wer es wahrgenommen.
Die Schwerthiebe fielen   heftig von ihrer Hand.
Hawart mußte sterben   vor dem Helden aus Burgundenland.

Die Thüringer und Dänen   sahen ihrer Herren Tod.
Da hob sich vor dem Hause   grimme Kampfesnot,
eh sie die Tür gewannen   mit kampfgewaltiger Hand.
Da wurde zerhauen   mancher Helm und Schildesrand.

»Weichet«, sprach da Volker,   »laßt sie kommen herein!
Was sie im Sinne haben,   wird dennoch nicht sein.
Sie müssen drinnen sterben   in gar kurzer Zeit;
sie büßen mit dem Tode,   was ihnen Kriemhild verleiht.«

Als die Übermütgen   waren im Saale drin
sank das Haupt gar manchem   so zu Boden hin,
daß er sterben mußte   von ihren grimmen Schlägen.
Gut stritt der kühne Gernot,   so tat auch Giselher, der Degen.

Tausendundvier Krieger,   die drangen dorthin,
sie zeigten unverzüglich   heldenhaften Sinn.
Sie wurden von den Gästen   alsbald alle erschlagen.
Man konnte große Wunder   von den Burgunden sagen.

A 2008–2014, B 2071–2077, C 2127–2133

Darauf ward es stille,   nachdem der Lärm verklang.
Das Blut allenthalben   durch die Löcher drang
und aus den Rinnsteinen   von den Recken gut.
Das taten die vom Rheine   mit ihrer Kraft und ihrem Mut.

Dann saßen aber ruhig,   die kamen in das Land.
Sie legten ihre Schilde   und Waffen aus der Hand.
Da stand auch vor dem Hause   der kühne Spielmann,
ob jemand zu ihm wollte   im Kampfe gehn zum Saal hinan.

Der König klagte bitter   und auch die Königin.
Mägde und Frauen   zermarterten sich den Sinn.
Ich wähne, der Tod hätte   sich gegen sie verschworen,
drum gingen viele Degen   durch die Gäste ihnen verloren.

Fünfunddreißigstes Abenteuer

Wie die drei Könige mit ihrer Schwester über die Sühne redeten

»Nun bindet ab die Helme!«   sagte da Hagen.
»Wir lassen hier den Hunnen   so viel zu beklagen,
daß sie von dem Feste nimmer vergessen dies.		[ließ?«
Was hilft uns nun Kriemhild,   daß sie uns am Rheine nimmer

Sein Haupt da entblößte   mancher Ritter gut.
Sie saßen auf den Gefallnen,   die von ihnen ins Blut
waren in dem Kampfe in den Tod gekommen.		[men.
Da wurden Etzels Gäste   von den Hunnen übel wahrgenom-

Vor der Abendstunde   schuf der König hehr
und ebenso auch Kriemhild,   daß sie versuchten noch mehr,
die hunnischen Recken,   den Gästen zu bringen Leid.
Was man von ihnen begehrte,   dazu waren sie bereit.

Ein harter Sturm erhob sich   draußen und auch darin.
Dankwart, Hagens Bruder,   in heldenhaftem Sinn
sprang vor seine Herren   zu dem Feind vor das Tor.
Sie wähnten, er sei gefallen;   doch kam er heil daraus hervor.

Der harte Kampf nun währte,   bis die Nacht begann.
Da wehrten sich die Gäste –   wohl stand es ihnen an –
wider Etzels Degen   den sommerlangen Tag.
Hei, was noch an Helden   tot vor ihnen da lag!

Zu einer Sonnenwende   der große Mord geschah,
daß Etzels Gattin   ihr Leid rächte da
an ihren nächsten Magen   und an so manchem Mann,
wodurch der König Etzel   so manchen Siechen gewann.

Die große Schlacht hatte   sie also nicht gedacht;
sie hätte in ihrem Plane   es gern dahin gebracht,
daß Hagen alleine   verlor das Leben sein.
Das schuf der üble Teufel,   daß es über alle brach herein.

Der Tag war nun vergangen;   das schuf ihnen Sorge und Not.
Sie dachten, daß ihnen besser   sei ein rascher Tod,
als sich so lange zu quälen   in ungefügem Leid.
Frieden da begehrten   die stolzen Ritter tatbereit.

Sie baten, daß man brächte   Etzel ihnen her.
Die blutbespritzten Degen,   gefärbt vom Harnisch schwer,
drei Könige, die hehren,   traten aus dem Saal.
Sie wußten nicht, wem zu klagen   ihres Leides grimme Qual.

Als Etzel mit Kriemhild   zu ihnen gekommen war –
das Land, das war ihr eigen;   drum mehrte sich ihre Schar –,
sprach er zu den Königen: »Sagt, was ihr wollt von mir!
Ihr wähnet, Frieden zu schließen.   Das könnt schwerlich ge-
                                                              winnen ihr.

A 2021–2026, B 2084–2089, C 2140–2146

Also großen Schaden   wie ihr mir getan,
sollt ihr nicht genießen,   wenn ichs erleben kann.
Mein Kind, das ihr erschluget,   und viele der Magen mein,
mit eurem Leben sollt ihr   dafür ein jeder haftbar sein.«

Da antwortete Gunther: »Uns zwang schwere Not.
All mein Gesinde   lag von den Deinen tot
in der Herberge.   Verdient ich diesen Sold?
Ich kam zu dir in Treuen   und wähnte, du seiest mir hold.«

Da sprach von Burgunden   Giselher, das Kind:
»Ihr Recken Etzels,   die noch am Leben sind,
was werfet mir vor ihr Degen?   Was habe ich euch getan,
da ich in aller Freundschaft   ritt in dieses Land hinan?«

Sie sprachen: »Durch deine Güte   ist die Burg hier voll
von Jammer gleich dem Lande;   wir gönnten dir es wohl,
daß du nie gekommen seiest   von Worms über den Rhein.
Alles Land ist verwaiset   durch dich und auch die Brüder dein.«

Da sprach im Zornmute   Gunther, der Degen:
»Wollt Ihr die starke Feindschaft   durch Sühne beilegen
mit uns fremden Gästen,   das ist für beide gut.
Es ist unverschuldet,   was uns König Etzel tut.«

Der Wirt sprach zu den Gästen: »Mein und euer Leid
ist nicht zu vergleichen: die große Not im Streit,
der Schaden und die Schande,   die ich habe genommen;
dafür soll von euch keiner   lebend nun von hinnen kommen.«

Da sprach zu dem König   Gernot hochgemut:
»Das soll Euch Gott gebieten,   daß Ihr Gutes tut.
Weichet von dem Hause   und laßt zu Euch uns gehn,
da wir auf unser Leben   nur geringe Hoffnung sehn.

A 2027–2033, B 2090–2096, C 2147–2153

Was uns geschehen könne,   das lasset schnell geschehn!
Ihr habt viel Gesunde,   die können uns bestehn,
daß sie uns Sturmmüde   lassen nicht gedeihn.
Denn das ist unvermeidlich: wir müssen hier vernichtet sein.«

Von König Etzels Recken   wäre es fast geschehn,
daß sie aus dem Hause   sie wollten lassen gehn.
Als Kriemhild das hörte,   tat es ihr heftig leid.
Drum war man den Fremden   nicht zum Frieden bereit.

»Nein, ihr Hunnenrecken,   wozu euch lockt der Mut,
ich rate euch in Treuen,   daß ihr das nicht tut,
daß ihr die Mordgrimmen   lasset von dem Saal.
Sonst müssen eure Freunde   erleiden tödlichen Fall.

Lebten sie nur alleine,   die Utes Söhne sind,
meine edeln Brüder;   kämen sie an den Wind
und kühlten ihre Brünnen,   so wäret ihr alle verloren:
kühnere Degen wurden   nie auf Erden geboren.«

Da sprach der Herr Giselher: »Vielliebe Schwester mein,
wie konnt ich das erwarten,   das du mich übern Rhein
so freundlich einlüdest   her in dieses Land,
daß mir so großer Kummer   sollte werden hier bekannt?

Getreu war ich dir immer;   nie tat ich Leid dir an.
Ich bin hier zu Hofe   geritten in dem Wahn,
daß du mir freundlich seiest,   vieledle Schwester mein.
Gewähre uns Gnade!   Denn es darf nicht anders sein.«

»Ich schenk euch keine Gnade.   Ungnade ich gewann.
Mir hat Hagen von Tronje   solches Leid getan:
daheim, und hierzulande   erschlug er mir mein Kind.
Dies müssen schwer entgelten,   die mit ihm hergekommen sind.

A 2034—2040, B 2097—2103, C 2154—2160

Doch wollt ihr mir als Geisel   meinen Feind nun geben,
so will ich nicht verweigern,   euch zu lassen am Leben;
denn ihr seid meine Brüder,   derselben Mutter Kind;
so rede ich um die Sühne   mit den Recken, die hier sind.«

»Nicht wolle es Gott im Himmel«,   sprach da Gernot,
»ob unser tausend wären,   wir lägen alle tot,
unsrer Sippe Magen,   eh wir den einen Mann
hier als Geisel geben.   Das wird nimmermehr getan.«

»Wir müssen doch sterben«,   sprach da Giselher;
»uns soll niemand scheiden   von ritterlicher Wehr.
Wer gerne mit uns streitet,   der komme zu uns her!   [mehr.«
An meinen Freunden ließe   von meiner Treue ich nimmer-

Da sprach der kühne Dankwart   vor den Degen:
»Noch steht nicht alleine   mein Bruder Hagen.
Die hier den Frieden versagen,   es sei von uns beklagt.
Des sollt ihr inne werden;   das sei für wahr euch gesagt.«

Die Königin da sagte: »Ihr Helden tatbereit,
nun geht der Treppe näher   und rächet unser Leid!
Das will ich stets belohnen   wie ich mit Recht es soll.
Den Übermut Hagens,   den vergelte ich ihm wohl.

Eilet zu dem Hause,   ihr Recken überall!
Ihr sollt an den vier Ecken   anzünden den Saal;
so wird gerächt es völlig,   all unser Leid.«
Die Degen König Etzels,   die waren alle schnell bereit.

Die noch draußen standen,   hinein man sie trieb
wieder in den Palas   mit Speerwurf und manchem Hieb.
Da wollten sich nicht trennen   die Fürsten und ihr Heer.
Sie wollten in ihrer Treue   voneinander lassen nimmermehr.

A 2041–2047, B 2104–2110, C 2161–2167

Etzels Weib ließ da   anzünden den Saal.
Mit dem Feuer den Recken   schuf man grimme Qual.
Das Haus durch die Kraft des Windes   geriet in hohen Brand.
Mich dünkt: größerer Schrecken   ward keinem Heere je be-
                                                     kannt.

Viele riefen drinnen: »O weh, diese Not!
Wir wollen viel lieber   sein im Kampfe tot.
Möge Gott sich erbarmen!   Wie geht unser Leben hin!
Nun rächt über die Maßen   ihren Zorn an uns die Königin.«

Da sprach einer drinnen: »Wir müssen liegen tot
durch Rauch und durch Hitze;   das ist eine schlimme Not.
Mir tut vor starker Hitze   der Durst so grimmig weh.
Ich meine, daß bald mein Leben   in diesem Leiden vergeh.«

Da sprach Hagen von Tronje: »Ihr edeln Ritter gut,
wen der Durst nun zwinget,   der trinke hier das Blut!
Das ist in solchen Nöten   besser noch als Wein.
An Trank und an Speise   kann nichts andres hier nun sein.«

Hin ging der Recken einer,   wo er einen Toten fand.
Er kniete bei der Wunde;   den Helm ab er band.
Dann begann er zu trinken   das fließende Blut.
Wie ungewohnt es ihm wäre,   es deuchte ihn wahrlich gut.

»Nun lohne Euch Gott im Himmel«,   sprach der müde Mann,
»daß nach Euerem Rate   so wohl ich trinken kann.
Geschenkt ist mir selten   noch ein besserer Wein.
Leb ich noch eine Weile,   ich will dankbar dafür sein.«

Da die andern das hörten,   daß es ihn deuchte gut,
viele noch da waren,   die tranken auch das Blut.
Davon kam zu Kräften   der guten Recken Leib.
Das büßte an lieben Freunden   noch gar manches schöne Weib.

A 2048–2054, B 2111–2117, C 2168–2174

Das Feuer fiel gewaltig   auf sie in den Saal.
Sie lenkten es mit den Schilden   von sich ab zu Tal.
Der Rauch und auch die Hitze   taten ihnen beide weh.
Ich meine, daß solch ein Jammer   an Helden nimmermehr ergeh.

Da sprach Hagen von Tronje: »Stellt euch an die Wand!
Laßt nicht die Brände fallen   auf euer Helmesband,
sondern tretet mit den Füßen   sie nieder in das Blut!
Ein übles Fest ist es,   was uns die Königin jetzt tut.«

Unter solchen Leiden   verrann jedoch die Nacht.
Noch hielten vor dem Hause   die zwei Kühnen Wacht,
Volker und Hagen,   gelehnt auf den Schildesrand.
Sie schützten ihr Gefolge   aus dem Burgundenland.

Sehr half das den Gästen,   daß der Saal gewölbet war,
wodurch mehr von ihnen   bestanden die Gefahr,
nur daß sie an den Fenstern   von dem Feuer litten Not.
Da schirmten sich die Degen,   wie es ihnen ihre Kraft gebot.

Da sagte der Fiedler: »Gehn wir in den Saal!
Dann wähnen die Hunnen,   wir seien allzumal
in der Not gestorben,   die sie uns angetan.
Dann sehn sie noch etliche   von uns wider sie treten an.«

Da sprach von Burgunden   Giselher, das Kind:
»Mich dünkt, es wolle tagen.   Es weht ein kühler Wind.
Nun lasse uns Gott im Himmel   eine bessere Zeit erleben!
Uns hat die Schwester Kriemhild   eine arge Festlichkeit ge-
                                                      geben.«
Da sprach wieder einer: »Ich spüre nun den Tag.
Da es für uns besser   schwerlich werden mag,
bereitet euch, ihr Recken,   zum Streit, das ist not –   [tot.«
wir können doch nie von hinnen –,   daß wir in Ehren liegen

König Etzel wähnte,   die Gäste seien tot,
und auch seine Gattin,   durch des Feuers Not.
Doch lebten von den Kühnen   drinnen noch sechshundert
daß niemals ein König   beßre Degen gewann.   [Mann,

Die Hüter der Fremden   hatten wohl gesehn,
daß die Gäste noch lebten,   wieviel ihnen auch geschehn
zum Schaden und zum Leide,   dem König und der Schar.
Man sah ihrer manchen,   der noch unbeschädigt war.

Der Königin man sagte,   es seien viele genesen,
Da sprach die hehre Fraue: »Wie wäre das gewesen,
daß noch jemand lebte   nach des Feuers Not?
Ich muß vielmehr glauben,   daß sie alle liegen tot.«

Noch wären gerne entkommen   die Fürsten und wer ihr Mann,
hätte ihnen jemand   Gnade angetan.
Die konnten sie nicht finden   bei denen vom Hunnenland.
Da rächten sie ihr Sterben   mit gar tatkräftiger Hand.

Schon früh am Morgen Grüße   man ihnen bot
mit heftigem Angriff.   Da kamen Helden in Not.
Da ward auf sie geworfen   gar mancher scharfe Ger.   [Wehr.
Doch setzten sich von ihnen   die kühnen Recken noch zur

Dem Gefolge Etzels   ward erregt der Mut.
Sie wollten wohl verdienen   der Kriemhilde Gut
und wollten dazu auch leisten,   was der König gebot.
Dadurch kamen aber   die Degen in gefährliche Not.

Von Versprechungen und Gaben   könnte man Wunder sagen.
Sie ließ das Gold, das rote,   in den Schilden tragen.
Sie gabs, wer sein begehrte   und es empfangen wollt.
Nie ward wider Feinde   gewährt ein höherer Sold.

A 2061–2067, B 2124–2130, C 2182–2188

Eine starke Macht der Recken   gewaffnet ging zur Tür.
Da sagte der Fiedler: »Wir sind aber noch hier.
Nie sah ich zum Tode   Helden lieber kommen,
die das Gold des Königs   uns zum Schaden haben genommen.«

Da riefen ihrer viele: »Näher, ihr Helden, bereit!
Da wir hier enden sollen   und tun das in kurzer Zeit,
bleibet hier niemand,   als wer doch sterben soll.«
Da sah man bald ihre Schilde   stecken der Gere voll.

Was soll man sagen weiter?   Zwölfhundert oder mehr
versuchten es der Streiter   eifrig hin und her.
Da kühlten an den Feinden   die Gäste ihren Mut.
Sie konnte niemand trennen.   Drum sah man fließen das Blut.

Tiefe Todeswunden   wurden da viel geschlagen.
Da hörte man viele   um ihre Freunde klagen.
Die Tapfern starben alle   dem reichen König hehr.
Holde Magen erlitten   darum Schmerzen gar sehr.

Sechsunddreißigstes Abenteuer

Wie Rüdeger erschlagen ward

Die fremden Gäste hatten   gegen Morgen viel getan.
Der Gotelinde Gatte   kam zu Hof heran.
Da sah auf beiden Seiten   er Schmerzen gar so schwer;
darüber weinte inniglich   der getreue Rüdeger.

»O weh«, sprach der Recke,   »daß ich das Leben gewann!
Diesem starken Jammer   niemand wehren kann.
So gern ich Frieden schüfe,   der König tut es nicht,
da ihm das Leid der Seinen   mehr und mehr trübt das Gesicht.«

Da sandte zu Dietrich   der gute Rüdeger,
ob sie es nicht wenden könnten   bei den Königen hehr.
Da bestellt ihm der von Berne: »Wer möchte ihm widerstehn?
Es will der König Etzel   keinen lassen entgehn.«

Da sah ein Hunnenrecke   Rüdeger dort stehn
mit weinenden Augen: ihm war viel Leid geschehn.
Zur Königin sprach er: »Nun seht, wie er dort steht,
dessen Gewalt am höchsten   bei Euch und bei Etzel geht

und dem alles dienet,   die Leute und das Land!
Wieviel hat er an Burgen   und an Eigen in der Hand,
des er so viel von Etzel   erlangt haben mag!
Er schlug in diesen Stürmen   noch keinen löblichen Schlag.

Mich dünkt, ihn kümmert wenig,   was hier findet statt,
wenn er nur seinen Willen   uneingeschränkt hat.
Man erkennt ihn an als kühner,   denn sonst jemand war;
Das ist in diesen Nöten   durchaus nicht worden offenbar.«

Mit traurigem Mute   der vielgetreue Mann,
den er da reden hörte,   den blickte er an.
Er dachte: du sollst es büßen.   Du sagst, ich sei verzagt;
du hast deine Schmähung   bei Hofe allzu laut gesagt.

Die Faust er da ballte   und griff jenen an.
Mit solcher Kraft schlug er   den hunnischen Mann,
daß der ihm vor den Füßen   sofort da lag tot.
Dadurch aber mehrte   er des Königs Etzel Not.

»Weg, du zager Bösewicht«,   sprach Rüdeger da.
»An Leid und an Schmerzen   mir doch genug geschah.
Daß ich hier nicht fechte,   was rügst du mir das?
Wohl trug auch ich den Gästen   erbitterten Haß,

A 2074–2080, B 2137–2143, C 2195–2201

und was ich vermöchte,   hätt ich getan im Streit.
Doch habe ich den Degen   gewährt mein Geleit
und habe sie hergeführet   in meines Herren Land.
Drum soll sie nicht bekämpfen   meine unheilvolle Hand.«

Da sprach zum Markgrafen   Etzel, der König hehr:
»Wie habt Ihr uns geholfen,   vieledler Rüdeger,
da wir so viel der Toten   haben hier im Land?
Nicht mehr wir ihrer bedürfen;   viel Übles tat Eure Hand.«

Da sprach der edle Ritter: »Er beschwerte mir den Mut
und hat mir vorgeworfen   Ehre und Gut,
davon aus deinen Händen   so vieles ich nahm,
was jedoch dem Lügner   gar übel zustatten kam.«

Kriemhild saß bei Etzel.   Sie hatte es auch gesehn,
was von des Recken Zorne   dem Hunnen war geschehn.
Sie empfand es mit Schmerzen;   ihre Augen wurden naß.
Sie sagte zu Rüdeger: »Wie haben wir verdienet das,

daß Ihr mir und dem König   mehret unser Leid?
Ihr habt uns doch, Rüdeger,   versprochen allezeit,
Ihr wolltet für uns wagen   die Ehre und das Leben.
Ich hörte viele Recken   den Preis Euch vor allen geben.

Ich mahne Euch zur Treue   und was Ihr geschworen habt,
da Ihr mir her zu Etzel   den Rat zu fahren gabt
und Ihr mir dienen wolltet,   bis eines von uns tot.
Des ward mir armem Weibe   noch nie so grimmige Not.«

»Das kann ich nicht leugnen.   Ich schwor Euch, Königin,
Leben und Ehre wollt ich   für Euch geben hin.
Die Seele zu verlieren,   das hab ich nicht geschworen.
Ich bracht in diese Lande   ja Eure Brüder auserkoren.«

A 2081–2087, B 2144–2150, C 2202–2208

Sie sprach: »Bedenke, Rüdeger,   der hohen Eide dein,
der Festigkeit und Treue,   daß du den Schaden mein
immer wolltest rächen,   sowie all mein Leid.
Daran mahn ich dich heute,   Degen kühn und kampfbereit!«

Etzel, der reiche, zu flehen   auch begann.
Sie warfen sich beide   zu Füßen dem Mann.
Den guten Markgrafen   trauern man da sah.
Der vielgetreue Recke   sprach voll schweren Kummers da:

»Wehe, Gott, mir Armem!«   sprach der treue Mann.
»Alle meine Ehre   muß ich geben dran,
alle Zucht und Treue,   die Gott mir gebot.
Reicher Gott im Himmel,   daß mir nicht wenden will der Tod!

Welches ich nun lasse,   das andere zu begehn,
stets ist durch mich Böses   und Übeles geschehn.
Laß ich aber beides,   so schmäht mich alle Welt.
Nun möge mich erleuchten,   der ins Leben mich gestellt!«

Dann baten sie ihn dringend,   der König und sein Weib.
Drum mußten noch verlieren   Degen Leben und Leib
durch Rüdegers Hände.   Der Held selber starb.
Ihr möget bald es hören,   welchen Jammer er erwarb.

Er wußte, daß Leid und Schaden   ohne Maßen sein Gewinn.
Er hätte gern dem König   und auch der Königin
versagt den Gehorsam.   Doch sehr scheute er das,
erschlüge er ihrer eines,   daß die Welt ihm trüge Haß.

Da sagte der Markgraf,   Rüdeger, der kühne Mann:
»Herr König, nehmt nun wieder,   was ich von Euch gewann,
das Land und die Burgen;   die will ich nicht mehr sehn.
Ich will auf meinen Füßen   ins Elend von hinnen gehn.

A 2088–2094, B 2151–2157, C 2209–2215

Ohne all mein Eigen   räume ich dieses Land.
Mein Weib und meine Tochter   nehme ich an die Hand,
ehe ich ohne Treue   bleiben müßte tot.
Zum Unheil genommen   hab ich Euer Gold so rot.«

Da sprach der König Etzel: »Was hülfe dieses mir?
Das Land und auch die Burgen,   das gebe ich alles dir,
rächst du mich, Rüdeger,   an den Feinden mein;
du sollst ein mächtiger König   neben mir im Lande sein.«

Da sprach wieder Rüdeger: »Wie sollt ich ihnen schaden?
Heim zu meinem Hause   hab ich sie geladen.
Speise und Getränke   ich ihnen treulich bot.
Ich gab ihnen meine Gaben.   Soll ich darauf sie schlagen tot?

Die Leute mögen glauben,   ich sei nun verzagt.
Keinen Dienst hab ich   ihnen aufgesagt.
Sollt ich mit ihnen kämpfen,   das wäre mißgetan.   [wann.
Nun schmerzt mich die Freundschaft,   die ich mit ihnen ge-

Meine Tochter gab ich   dem Degen Giselher.
Auf Erden konnte nimmer   Gutes sie finden mehr,
galt es Zucht und Ehre,   Treue oder Gut.
Nie zeigte ein junger König   solchen tugendreichen Mut.«

Da sprach wieder Kriemhild: »Vieledler Rüdeger,
nun laß dich erbarmen,   was uns kränkt so sehr,
mich und auch den König!   Denke wohl daran,
daß ein Wirt noch niemals   so üble Gäste gewann!«

Zu dem edeln Weibe   sprach da Rüdeger:
»So muß ich mit dem Leben   es entgelten nunmehr,
was Ihr und auch mein Herrscher   mir Liebes habt getan.
Dafür muß ich sterben;   mir steht kein längeres Zögern an.

A 2095–2100, B 2158–2163, C 2216–2222

Ich weiß wohl, daß noch heute, meine Burgen und mein Land
Euch erledigt werden müssen durch manches Degen Hand.
Ich empfehle Euerer Gnade mein Weib und mein Kind
und all die Heimatlosen, die dort zu Bechlaren sind.«

»Nun lohne Gott dir, Rüdeger«, der König sprach also;
er und seine Gattin, sie wurden beide froh.
»Uns sollen deine Leute gar wohl befohlen sein.   [deihn.«
Auch trau ich meinem Heile, daß du selbst magst wohl ge-

Da setzt er auf die Waage die Seele und auch den Leib.
Da begann zu weinen König Etzels Weib.
Er sprach: »Ich will es leisten, was ich Euch versprach.
Wehe meinen Freunden, denen ich den Frieden brach!«

Man sah ihn von dem König in schwerem Kummer gehn.
Da sah von seinen Recken er manchen nahe stehn.
Er sprach: »Ihr sollt euch wappnen, jeder, der mein Mann!
Die kühnen Burgunden muß ich nun leider greifen an.«

Da gab man den Recken ihre Waffen in die Hand,
ob der Helm es wäre oder Schildesrand.
Von ihrem Ingesinde ward es herbeigetragen.
Bald hörten schlimme Kunde die kühnen Fremdlinge sagen.

Gewaffnet ward da Rüdeger mit fünfhundert Mann;
dazu noch zwölf Recken zur Hülfe er auch gewann.
Die wollten Ruhm erwerben in des Kampfes Not.
Noch nicht sie es wußten, daß ihnen so nahe war der Tod.

Unterm Helme gehen sah man Rüdeger.
Es trug scharfe Schwerter des Markgrafen Heer,
dazu in seiner Linken die lichten Schilde breit.
Dieses sah der Fiedler. Es war ihm über die Maßen leid.

A 2101–2107, B 2164–2170, C 2223–2229

Auch sah der junge Giselher   seinen Schwäher gehn
mit aufgebundnem Helme,   wie konnt er das verstehn,
was der damit meinte,   außer daß alles gut?
Da ward dem edeln König   von Herzen fröhlich zumut.

»Nun wohl meine Freunde«,   sprach Giselher, der Degen,
»die wir gewonnen haben   hier auf diesen Wegen!
Um meines Weibes willen   genießen Hilfe wir.   [hier.«
Lieb ist mir, meiner Treue,   daß die Heirat ward geschlossen

»Ich weiß nicht, was Euch tröstet«,   sprach da der Spielmann,
»wo saht Ihr zur Versöhnung   so viele gehn heran
mit aufgebundenen Helmen,   die Schwerter in der Hand?
An uns will nun Rüdeger   verdienen Burgen und Land.«

Bevor noch der Fiedler   das Wort gesprochen aus,
den guten Markgrafen   sah man vor dem Haus.
Seinen Schild, den guten,   setzt er vor den Fuß.
Da mußte er den Gästen   nun versagen Dienst und Gruß.

Der edle Markgraf   rief hinauf sogleich:
»Nun wehrt euch, edle Recken   vom Burgundenreich!
Ich wollte Freud euch bringen,   nun bring ich Leid herein.
Einst waren wir Freunde,   nun muß ich euer Feind sein.«

Auf dieses Wort erschraken   die Notbedrängten schwer.
Der Trost war ihnen entfallen,   den sie erhofft vorher,
da sie der bekämpfen wollte,   dem sie da waren hold.
Sie hatten ihren Feinden   doch schwere Arbeit gezollt.

»Das verhüte Gott im Himmel«,   sprach Gunther, der Degen,
»daß Ihr Eurer Güte   handelt so entgegen
und der steten Treue,   die erfüllte Euern Mut.
Ich will drauf fest vertrauen,   daß Ihr solches nimmer tut.«

A 2108–2114, B 2171–2177, C 2230–2236

»Ich darf davon nicht lassen«,   sprach der Held erprobt.
»Ich muß mit Euch kämpfen,   weil ich es gelobt.
Nun wehrt euch, kühne Degen,   wenn ihr das Leben liebt,
da König Etzels Gattin   keine andere Wahl mir gibt.«

»Ihr kündigt spät die Freundschaft«,   sprach da Giselher.
»Euch möge Gott vergelten,   vieledler Rüdeger,
Treue und Minne,   die Ihr an uns getan,
wenn Ihr bis zum Ende   halten wolltet fest daran.

Wir sollten es stets entgelten,   was Ihr uns gegeben,
ich und meine Magen,   lasset Ihr uns leben,
die herrlichen Gaben,   da Ihr und Euere Mannen
uns in Freundschaft führtet   zu dieser Festlichkeit von dannen.«

»Wie wohl ich euch sie gönnte«,   sprach da Rüdeger,
»daß ich an Gaben sollte   gewähren euch noch mehr,
wie es nach freiem Willen   meine Absicht war,
wenn man mir deswegen   nimmer Tadel brächte dar.«

»Laßt ab, edler Rüdeger«,   sprach da Gernot,
»da es ein Wirt noch niemals   seinen Gästen bot
so in edler Freundschaft,   als Ihr das uns getan.
Das sollt Ihr wohl genießen,   dauert unser Leben an.«

»Das walte Gott«, sprach Rüdeger,   »vieledler Gernot,
daß Ihr am Rheine wäret   und ich wäre tot
mit ungetrübter Ehre,   soll ich Euch greifen an!   [tan.«
Noch niemals wurde Degen   von Freunden Schlimmeres ge-

»Nun lohn Euch Gott, Herr Rüdeger«,   sprach wieder Gernot.
»Euere reichen Gaben!   Mich reuet Euer Tod.
Soll mit Euch vergehen   so tugendlicher Mut,
ich trag hier Eure Waffe,   die Ihr mir gabet, Ritter gut.

A 2115–2121, B 2178–2184, C 2237–2243

Sie hat mir nie versaget   in aller meiner Not:
unter ihrer Schneide   liegt mancher Ritter tot.
Sie ist stark und lauter,   herrlich und gut;
mich dünkt: so reiche Gabe   ein Recke nie gewähren tut.

Doch wollt Ihrs nicht vermeiden,   wollt Ihr nicht zu uns gehn,
erschlagt Ihr mir die Freunde,   die hier bei mir stehn,
mit Euerm eignem Schwerte   nehm ich Euch Leben und Leib.
So reuet Ihr mich, Rüdeger,   und Euer herrliches Weib.«

»Das wollte Gott, Herr Gernot,   und möchte es ergehn,
daß euer aller Wille   wäre hier geschehn
und daß eurer Freunde   Leben bestehen bleib,
so will ich anvertrauen   euch meine Tochter und mein Weib.«

Antwort gab ihm Giselher,   der edeln Ute Kind:
»Wie tut Ihr so, Herr Rüdeger?   Die mit mir kommen sind,
sind Euch alle gewogen.   Übel ist Eure Müh.
Eure schöne Tochter   macht Ihr zur Witwe allzufrüh.

Wollt Ihr und Eure Recken   im Kampfe mich bestehn,
wie wenig von der Freundschaft   ließet Ihr dann sehn,
daß ich Euch wohl vertraue   vor jedem andern Mann,
da ich zu meinem Weibe   Eure Tochter mir gewann?«

»Gedenket Eurer Treue,   vieledler König hehr,
führt Euch Gott von hinnen«,   so sprach da Rüdeger,
»so laßt es die Tochter   nicht entgelten mein!
In aller Fürsten Tugend   geruhet gnädig ihr zu sein!«

»Das wäre ich Euch wohl schuldig«,   sprach Giselher, das Kind.
»Meine edeln Magen,   die noch hier innen sind,
sollen die durch Euch sterben,   so muß geschieden sein
die so feste Freundschaft   mit Euch und mit dem Weibe mein.«

A 2122–2128, B 2185–2191, C 2244–2250

»Nun sei Gott mir gnädig!« sprach da der kühne Mann.
Da erhoben sie die Schilde, da sie wollten hinan,
zu kämpfen mit den Gästen in Kriemhildes Saal.
Gar laut rief da Hagen von der Treppe hin zu Tal:

»Bleibt noch eine Weile, vieledler Rüdeger!«
Also sprach da Hagen. »Wir wollen reden mehr,
ich und meine Herren, da uns zwingt die Not.
Was mag es Etzel helfen, trifft uns Fremde der Tod?

Ich stehe in großen Sorgen, vieledler Fürst so mild:
die Markgräfin gab mir diesen reichen Schild.
Den haben die Hunnen zerhaun mir vor der Hand.
Ich brachte ihn in Freundschaft her in König Etzels Land.

Das wollte Gott im Himmel«, sprach weiter Hagen,
»hätt ich einen so guten Schild hier zu tragen,
wie du ihn hast am Arme, vieledler Rüdeger,
so braucht ich wider die Hunnen keine Halsberge mehr.«

»Gerne böt ich Gutes dir mit meinem Schild,
dürfte ich ihn geben dir vor Kriemhild.
Doch nimm ihn hin, Hagen, und trag ihn an der Hand!
Hei, solltest du ihn führen noch im Burgundenland!«

Da er ihm so willig den Schild als Gabe bot,
da wurden viele Augen vom Weinen gar rot.
Es war die letzte Gabe, wie sie nimmermehr
geboten einem Degen von Bechlaren Rüdeger.

Wie grimm auch Hagen wäre und wie hartgemut,
doch erbarmt ihn die Gabe, die der Recke gut
nahe seinem Ende hatte ihm angetan.
Gar mancher edle Ritter mit ihm zu trauern begann.

A 2129–2135, B 2192–2198, C 2251–2257

»Nun lohn Euch Gott im Himmel, vieledler Rüdeger!
Euresgleichen gibt es keinen andern mehr,
der den fremden Recken so mild etwas gäbe.
Gott soll es gebieten, daß Eure Tugend immer lebe!

So lohn ich Euch die Gabe«, sprach Hagen, der Degen,
»ich lasse mich zu nichts Übelm wider Euch bewegen,
daß nimmer Euch berühre im Kampfe meine Hand,
erschlüget Ihr auch alle, die aus Burgundenland.«

Da neigte sich in Züchten ihm der Markgraf hehr.
Die Leute weinten alle, daß nicht zu hindern wär
dieser schwere Schaden. Das war eine große Not.
Der Vater aller Tugend fand in Rüdeger den Tod.

Da sprach auch vor dem Hause Volker, der Spielmann:
»Da mein Gefährte Hagen Euch bot den Frieden an,
sollt Ihr den so sicher auch haben von meiner Hand.
Ihr habt ihn wohl verdienet, als wir kamen in das Land.

Vieledeler Markgraf, du sollst mein Bote sein.
Diese roten Ringe gab mir die Gattin dein,
daß ich sie tragen sollte auf dieser Festlichkeit.
Das habe ich geleistet, daß Ihr dessen Zeuge seid.«

»Das wollte Gott im Himmel«, sprach da Rüdeger,
»daß Euch die Markgräfin könnte geben noch mehr.
Die Nachricht bring ich gerne der Herzensfreundin mein,
wenn ich gesund sie sehe, des sollt Ihr ohne Zweifel sein.«

Als er ihm das gelobte, den Schild hob Rüdeger.
Sein Mut in ihm tobte; er zögerte nicht mehr.
Er lief zu den Gästen, einem Recken gleich;
der Markgraf, der reiche, schlug so manchen schnellen Streich.

A 2136, 2138–2143, B 2199, 2201–2206, C 2258–2264

Zurück wichen die beiden,   Volker und Hagen,
wie es zuvor gelobet   die schnellen Degen.
Doch traf er also Kühne   noch bei dem Turme an,
daß Rüdeger das Streiten   in schweren Sorgen begann.

In mörderischer Absicht   ließen ihn hinein
Gunther und Hagen;   sie mochten Helden sein.
Giselher stand noch hinten: fürwahr, es war ihm leid.
Er hoffte noch zu leben;   drum mied er Rüdeger im Streit.

Da stürmte auf die Feinde,   wer Rüdegers Mann.
Reckenhaft sie eilten   hinter ihm hinan.
Die gar scharfe Waffe   führte ihre Hand.
Da barsten viele Helme   und mancher schmucke Schildesrand.

Da schlugen die Müden   manchen schnellen Schlag
auf die von Bechlaren,   der wohl gezielet lag,
durch die lichten Ringe   bis auf des Lebens Mark.
Im Kampf sie vollbrachten   diese Werke kühn und stark.

Das edle Ingesinde   war nun alles darin.
Volker und Hagen,   die eilten beide hin.
Sie gaben keinem Frieden   außer dem einen Mann.
Von ihrer beider Händen   das Blut durch Helme niederrann.

Wie rechten Gram zu mehren,   manches Schwert erklang,
herausgeschlagen manche   Schildspange sprang,
ihr Schildgestein zerhauen   flog in das Blut.
Sie fochten gar grimmig,   wie sonst niemand mehr es tut.

Der Vogt von Bechlaren   hin und her da schritt
als einer, der mit Kräften   im Kampfessturme stritt.
Dem tat des Tages Rüdeger   in dem Streite gleich;
es bewährte sich der Degen   muterprobt und ruhmesreich.

A 2144-2150, B 2207-2213, C 2265-2271

Dort standen diese beiden,   Gunther und Gernot.
Sie schlugen in dem Streite   gar manchen Helden tot.
Giselher und Dankwart,   denen schuf es wenig Plag,
sie brachten manchen Degen   bis an seinen jüngsten Tag.

Wohl zeigte der Markgraf,   daß er stark genug,
kühn und wohlgewaffnet.   Hei, was er Helden schlug!
Ein Burgunde sah es;   da zwang ihn Zornes Not.
Da begann zu nahen   dem edeln Rüdeger der Tod.

Das war der starke Gernot.   Den Helden rief er an;
zum Markgrafen sprach er: »Ihr wollt mir keinen Mann
der Meinen leben lassen,   vieledler Rüdeger.   [mehr.
Es kränkt mich ohne Maßen.   Ich kanns nicht länger ansehn

Nun muß Euch Eure Gabe   wohl zu Schaden kommen,
da Ihr meiner Freunde   habt so viele genommen.
Euch wider mich nun wendet,   vieledler, kühner Mann!
Euere Gabe wird verdienet,   so wie ich es bestens kann.«

Ehe noch der Markgraf   zu ihm gekommen ganz,
mußten lichte Ringe   verlieren ihren Glanz.
Aufeinander stürmten   die Ehrbegierigen an.
Ihrer jeder zu schirmen   vor schweren Wunden sich begann.

Zu scharf waren die Schwerter;   es schützte nichts dagegen.
Dann schlug dem König Gernot   Rüdeger, der Degen,
den Helm, den kieselharten,   daß niederfloß das Blut.
Das vergalt ihm nach Kräften   dieser Ritter kühn und gut.

Rüdegers Gabe   seine Hand schwang hoch.
Ob wund er war zum Tode,   einen Hieb schlug er doch
durch den Schild, den guten,   bis auf den Helmbeschlag,
davon der Gotelinde, der schönen,   Mann nun sterbend lag.

A 2151–2157, B 2214–2220, C 2272–2278

Nie ward so schlimm gelohnet   eine Gabe noch mehr.
Da fielen erschlagen   die Recken so hehr
zugleich in dem Kampfe   von ihrer beider Hand.
Da erst ergrimmte Hagen,   als er den großen Schaden fand.

Da sprach der Held von Tronje: »Es ist uns übel bekommen.
Wir haben an den beiden   so schweren Schaden genommen,
den nimmer überwinden   die Leute und das Land.
Rüdegers Leute,   die müssen sein nun unser Pfand.«

Da wollte ihrer keiner   den anderen mehr ertragen.
Gar mancher ohne Wunden   nieder ward geschlagen,
der wohl genesen wäre   in allem Tatendrang.
Wie heil er sonst auch wäre,   er in dem Blute doch ertrank.

»Weh mir um den Bruder,   den der Tod hier nahm,
wie mir der Leiden Kunde   zu allen Zeiten kam.
Auch muß mich immer schmerzen   mein Schwäher Rüdeger.
Der Schaden trifft uns beide   und die Schmerzen alsosehr.«

Da die Recken sahen,   daß beide waren tot,
die da innen waren,   die mußten leiden Not.
Der Tod, der suchte eifrig,   wer seines Gefolges wär.
Von denen von Bechlaren   entgehen konnte keiner mehr.

Gunther und Giselher   und dazu auch Hagen,
Dankwart und Volker,   die trefflichen Degen,
gingen, wo sie fanden   die beiden Helden liegen.   ⌈schwiegen.
Aus Jammer von den Recken   ward ihr Weinen nicht ver-

»Der Tod uns schwer beraubet«,   sprach Giselher, das Kind.
»Lassen wir das Weinen   und gehn wir an den Wind,
daß sich uns Kampfmüden   die Ringe kühlen ab.   ⌈gab.«
Mir scheint, daß uns nicht länger   Gott unsers Lebens Dauer

A 2158–2163, B 2221–2226, C 2279–2285

Den sitzen, den sich lehnen   sah man da manchen Degen,
sie waren aber müßig: da waren tot gelegen
Rüdegers Helden.   Das Tosen war verhallt.
So lange währte die Stille,   daß Kriemhild ward verdrossen bald.

»Weh mir dieses Kummers!«   sprach des Königs Weib.
»Sie sprachen allzu lange.   Mich sorgt, daß frei nun bleib
unsrer Feinde Leben   von Rüdegers Hand.
Er will sie wieder bringen   heim ins Burgundenland.

Was hilft es, König Etzel,   daß wir ihm freigestellt
alles, was er wollte?   Übel tat der Held,
der uns rächen sollte.   Er will Versöhnung pflegen.«
Antwort gab da Volker,   der gar stattliche Degen.

»Nicht ziemt üble Rede   einer Königin.
Und dürfte ich heißen lügen   so edle Herrscherin,
so hättet über Rüdeger   gar schändlich Ihr gelogen.
Er und seine Degen   sind um Versöhnung schwer betrogen.

Er tat das gehorsam,   was Etzel ihm gebot,
so daß er und sein Gefolge   nun hier liegen tot.
Nun seht Euch um, Frau Kriemhild,   wem Ihr gebieten wollt!
Es hat bis zu dem Tode   Rüdeger gedient Euch hold.

Wollt Ihr es nicht glauben,   so mögt Ihrs sehen an.«
Zu ihrem Herzeleide   wurde das getan.
Man trug ihn erschlagen,   wo ihn der König sah
und alle Degen Etzels.   So tiefer Kummer nie geschah.

Als sie den Markgrafen   tot sahen tragen,
konnte kein Schreiber   schildern und sagen
die mannigfachen Klagen,   die da Weib und Mann
in ihres Herzens Kummer   nun zu äußern begann.

A 2164–2170, B 2227–2233, C 2286–2292

Da ward Etzels Jammer   so stark und so voll;
wie eines Löwen Stimme   die des Königs scholl
in herzbetrübtem Wehruf.   Kriemhild Gleiches bot;
ungestüm beklagten   sie Rüdegers, des guten, Not.

Siebenunddreißigstes Abenteuer

Wie Dietrichs Recken alle erschlagen wurden

Der Jammer allenthalben   in solchem Maße schwoll,
daß Palas und Türme   von den Klagen scholl.
Da hörte es auch von Berne   einer, der Dietrichs Mann.
Bei der gewichtigen Botschaft   gar bald zu eilen er begann.

Da sprach er zu dem Fürsten: »Hört mich, Herr Dietrich!
Was ich noch je erlebte,   so gewaltiglich
hört ich noch nie eine Klage,   wie ich sie jetzt vernommen.
Mir scheint, daß König Etzel   sei zu Schaden selbst gekommen.

Wie möchten sonst wohl alle   leiden solche Not?
Der König oder Kriemhild,   eins von ihnen ist tot
durch die kühnen Gäste,   ihrem Zorn erlegen.
Es weinet übermäßig   so mancher auserwählte Degen.«

Da sprach der Vogt von Berne: »Ihr lieben Mannen mein,
seid nun nicht allzu eilig,   was auch brach herein
durch die fremden Recken!   Es trieb sie schwere Not.
Und laßt sie das genießen,   daß ich ihnen Frieden bot!«

Da sprach der kühne Wolfhart: »Ich will dorthin nun gehn
und nach der Kunde fragen,   was durch sie geschehn,
und will alsdann Euch sagen,   viellieber Herrscher mein,
wie ich es recht erkundet,   was da geschehen möge sein.«

A 2171–2176, B 2234–2239, C 2293–2298

2309–2315]   *37. Abenteuer*   341

Da sprach Dietrich: »Muß man   des Zornes sich versehn,
wenn unbedachte Fragen   dann danach geschehn,
das kann leichtlich Recken   kränken ihren Mut.
Drum will ich nicht, Wolfhart,   daß Ihr die Frage danach tut.«

Helferich da hieß er   hingehen geschwind
und bat ihn zu erkunden   bei Etzels Heergesind
oder den Gästen selber,   was da sei geschehn,
da er bei den Leuten   so großen Jammer noch nie gesehn.

Der Bote fragte eilend: »Was ist hier geschehn?«
Da sagte man ihm die Kunde: »Es mußte ganz vergehn,
was wir an Freude hatten   in der Hunnen Land.
Hier liegt erschlagen Rüdeger   von der Burgunden Hand.

Gerettet ist nicht einer,   der mit ihm kam hierher.«
Helferich konnte erfahren   da kein Leid so schwer.
Nie hatte eine Nachricht   so ungern er gesagt.
Weinend hat der Bote   auf dem Rückweg das beklagt.

»Was habt Ihr uns erkundet?«   sprach da Dietrich.
»Was weinet Ihr so schmerzlich,   Degen Helferich?«
Da sprach der kühne Recke: »Ich kann wohl schmerzlich
den Rüdeger haben   die Burgunden uns erschlagen.« [klagen:

Da sprach der Held von Berne: »Das kann nicht wollen Gott.
Es wär eine schlimme Rache   und auch des Teufels Spott.
Womit hätte Rüdeger   verdient solchen Sold?
Wohl weiß ich ja dieses: er ist den Burgunden hold.«

Da sprach der kühne Wolfhart: »Wars durch sie geschehn,
so soll es ihnen allen   an ihr Leben gehn.
Wenn wir das ertrügen,   es brächte uns Schand.
Um uns hat viel verdienet   Rüdegers, des guten, Hand.«

A 2177–2183, B 2240–2246, C 2299–2305

Der Vogt der Amelunge   gebot zu fragen mehr.
Er setzte sich in ein Fenster;   sein Sinn, der ward schwer.
Da hieß er zu den Gästen   Hildebrand gehn,
daß er von ihnen erfragte,   was da wäre geschehn.

Der kampfkühne Recke,   Meister Hildebrand,
weder Schild noch Waffen   trug er in der Hand.
Er wollte zu den Gästen   gehn in Höflichkeit.
Sein Schwestersohn hatte   Tadel da für ihn bereit.

Da sprach der grimme Wolfhart: »Wollt unbewehrt Ihr gehn,
so mag es ohne Schelte   nimmer wohl geschehn,
so müsset Ihr mit Schanden   tun die Heimfahrt.   ⌈wahrt.
Kommt Ihr dorthin bewaffnet,   gar mancher sich davor be-

Da rüstete der Alte   sich nach des Jungen Rat.
Eh Hildebrand es bemerkte,   die Wehr an da tat
jeder, der Dietrichs Recke,   das Schwert in der Hand.
Leid war es dem Helden;   gerne hätt ers abgewandt.

Er fragte, was sie wollten: »Wir wollten mit Euch hin,
sehn, ob Hagen von Tronje   es wagt in seinem Sinn,
voll Spott zu Euch zu sprechen,   wie er es wohl mag pflegen.«
Als er dieses hörte,   erlaubte es ihnen der Degen.

Da sah der kühne Volker   gewaffnet gehn heran
die Recken von Berne,   die Dietrich untertan,
gegürtet mit den Schwertern,   die Schilde vor der Hand.
Er sagt es seinen Herren   aus dem Burgundenland.

Da sagte der Fiedler: »Ich seh kommen heran
recht in Feindes Weise,   die Dietrich untertan,
gewaffnet unterm Helme.   Sie wollen uns greifen an.
Mich nimmt das sehr wunder,   was wir den Recken hätten
                                             getan.«

A 2184–2190, B 2247–2253, C 2306–2312

Mit ihnen gleichzeitig　kam auch Hildebrand.
Er setzte vor die Füße　seinen Schildesrand.
Er begann zu fragen　Gunthers Heeresbann:
»Weh, ihr guten Degen,　was hat euch Rüdeger getan?

Mich hat mein Herrscher Dietrich　zu euch hergesandt,
ob erschlagen hätte　eines der Euern Hand
den edeln Markgrafen,　wie uns ward Bescheid.
Wir können nicht überwinden　dieses schmerzliche Leid.«

Da sprach der grimme Hagen:　»Das ist nicht gelogen,
wie gerne ich es Euch gönnte,　hätte Euch der Bote betrogen,
Rüdeger zuliebe,　daß er am Leben wär,
den immer mögen beweinen　Frauen und Männer allzusehr.«

Als ihnen es so bestätigt,　daß Rüdeger wäre tot,
beklagten ihn die Degen;　ihre Treue es gebot.
Den Mannen König Dietrichs　sah man die Tränen gehn
über Kinn und Bärte.　Ihnen war viel Leid geschehn.

Sigesstab da sagte,　der Herzog von Bern:
»Aller Trost ist nun　geblieben uns fern,
den Rüdeger geschaffen　uns nach des Leides Tagen.
Der Heimatlosen Freude　liegt von euch Degen nun erschla-
　　　　　　　　　　　　　　　　　　　　gen.«
Da sprach von Amelungen　der Degen Wolfwein:
»Und wenn ich heute sähe　tot den Vater mein,
mir würde Leid nicht schwerer　als um Rüdegers Leben.
Wehe, wie soll man　seinem Weibe Tröstung geben?«

Da sprach im Zornesmute　der kühne Wolfhart:
»Wer führt nun die Recken　auf manche Heerfahrt,
wie so oft der Markgraf　solches hat getan?
Weh, vieledler Rüdeger,　dessen Tod nun kam heran!«

A 2191–2197, B 2254–2260, C 2313–2319

Wolfbrand und Helferich   und auch Helmnot
mit allen ihren Freunden   beweinten seinen Tod.
Vor Seufzen mochte fragen   mehr nicht Hildebrand.
Er sprach: »Nun tut ihr Degen,   wonach mein Herr euch ab-
                                                    gesandt!

Gebet uns Rüdeger,   den Toten, aus dem Saal,
durch den mit Jammer schwanden   unsere Freuden all,
und laßt uns das vergelten,   was er getan
an uns mit steter Treue   und an so manchem fremden Mann!

Wir sind auch Heimatlose   wie Rüdeger, der Degen.
Warum laßt ihr uns warten?   Laßt ihn auf den Wegen
uns tragen und im Tode   lohnen noch dem Mann.
Mit Fug hätten wir das   in seinem Leben getan.«

Da sprach der König Gunther: »Nie ward ein Dienst so gut,
als der Freund dem Freunde   nach dessen Tode tut.
Das nenn ich stete Treue,   wer das leisten kann.
Ihr lohnet dem mit Rechten;   denn er hat Liebes euch getan.«

»Wie lange sollen wir flehen«,   sprach da Wolfhart, der Degen,
»da unser Trost, der beste,   ist durch euch tot gelegen
und wir ihn leider länger   mögen nicht haben?   ⌈graben!«
Laßt ihn von hinnen tragen,   daß wir den Recken nun be-

Antwort gab da Volker: »Niemand gibt ihn heraus.
Wo drinnen er lieget,   nehmt ihn aus dem Haus,
mit seinen tiefen Wunden,   gefallen in das Blut.
So sind es volle Dienste,   die ihr Rüdeger hier tut.«

Da sprach der kühne Wolfhart: »Laßt es sein, Herr Spielmann!
Ihr dürft uns nicht reizen: Ihr habt uns Schmerz getan.
Dürft ichs vor meinem Herren,   so kämet ihr in Not.
Doch müssen wir es lassen,   weil er uns Streit mit euch verbot.«

A 2198–2204, B 2261–2267, C 2320–2326

Der Fiedler da sagte: »Der fürchtet sich zuviel,
der, was man ihm verbietet, alles lassen will.
Das kann ich nimmer nennen rechten Heldenmut.«
Die Rede deuchte Hagen von seinem Heergesellen gut.

»Wollt Ihr den Spott nicht lassen«, sprach da Wolfhart,
»ich verstimme Euch die Saiten, wenn Ihr die Heimfahrt
richtet nach dem Rheine, daß Ihrs wohl möget sagen.
Eueren Übermut kann ich länger nicht ertragen.«

Der Fiedler da sagte: »Wenn Ihr den Saiten mein
nehmt die guten Töne, Eueres Helmes Schein
mag dann trübe werden durch meine Hand,
wie ich auch reite nach der Burgunden Land.«

Da wollt er auf ihn springen. Doch nimmer ließ ihn hin
Hildebrand, sein Oheim; kräftig faßt er ihn:
»Mir scheint, du wollest wüten in deinem Jugendzorn.
Meines Herren Hulde hätten für immer wir verlorn.«

»Laßt los den Leuen, Meister! Grimmig ist sein Mut.
Kommt er mir zu nahe«, sprach der Fiedler gut,
»wenn alle Welt er hätte mit seiner Hand erschlagen,
ich schlüg ihn, daß die Kunde er nimmermehr kann jemand
                                                    sagen.«
Da ward gar schwer erzürnet den Bernern der Mut.
Den Schild erhob Wolfhart, der schnelle Degen gut.
Wie ein wilder Löwe lief er ihn dann an.
Seine Freunde folgten ohne Zögern ihm alsdann.

Tat er auch weite Sprünge vor des Saales Wand,
doch erreicht ihn vor der Stiege der alte Hildebrand.
Er wollt ihn vor ihm selber nicht lassen in den Streit.
Wie sie suchten, fanden ihre Feinde sie bereit.

A 2205–2211, B 2268–2274, C 2327–2333

Da sprang hin auf Hagen   der Meister Hildebrand.
Die Schwerter hört man klingen   in ihrer beider Hand;
sie waren schwer erzürnet.   Man erkannte es geschwind:
von ihrer beider Waffen   ging der feuerrote Wind.

Sie wurden da geschieden   in des Streites Not.
Da taten die von Berne,   wie ihre Kraft gebot.
Alsbald wandte Hildebrand   sich von Hagen dann.
Da lief der starke Wolfhart   den kühnen Volker nun an.

Er schlug kräftig den Fiedler   auf den Helm so blank,
daß des Schwertes Schneide   bis auf die Spangen drang.
Das vergalt mit Kräften   der kühne Spielmann:
da schlug er den Wolfhart,   daß der zu straucheln begann.

Feuer aus den Ringen   hieben sie genug:
heftigen Haß jeder   wider den andern trug.
Dann schied sie von Berne   der Degen Wolfwein.
Wenn er ein Held nicht wäre,   könnte dieses nimmer sein.

Gunther, der vielkühne,   mit williger Hand
empfing die hehren Helden   aus Amelungenland.
Giselher, der starke,   der lichten Helme gut
schuf er, daß so manche   wurden rot und naß von Blut.

Dankwart, Hagens Bruder,   war ein grimmiger Mann.
Was er zuvor hatte   im Streite getan
den Recken König Etzels,   das war nur ein Wind.
Nun erst begann tobend   zu fechten König Adrians Kind.

Gerbart und Wichard,   Helferich und Rischard,
die hatten in manchen Stürmen   gar selten die Kraft gespart.
Das mußte wohl erkennen,   wer Gunthers Mann.
Da sah man den Wolfbrand   im Sturme herrlich gehn voran.

A 2212–2218, B 2275–2281, C 2334–2340

Da stritt in seiner Kampfwut   der alte Hildebrand.
Mancher kühne Recke   von Wolfharts Hand
mußte sterbend fallen   vom Schwerte in das Blut.
Den Rüdeger rächten   diese Recken kühn und gut.

Sigesstab von Berne,   wie seine Kraft ihn trieb,
hei, was er in dem Kampfe   die harten Helme zerrieb
seinen kühnen Feinden.   Dietrichs Schwestersohn
erwarb in dem Kampfe   da den allerbesten Lohn.

Volker, der vielstarke,   als er das erkannt,
daß aus harten Ringen   da Sigesstabs Hand
hieb den Strom des Blutes,   faßte den Degen Zorn.
Ihm entgegen sprang er;   da hatte Sigesstab verlorn

an Volker, den Fiedler,   alsobald das Leben.
Der begann von seinen Künsten   ihm solche darzugeben,
daß er von Volkers Schwerte   mußte liegen tot.
Hildebrand das rächte,   wie seine Kraft es ihm gebot.

»Weh, um den lieben Helden«,   sprach Meister Hildebrand,
»der hier gefallen   liegt von Volkers Hand.
Des soll dieser Fiedler   sich länger nicht erfreun.«
Hildebrands Zürnen   konnte grimmiger nicht sein.

Darauf schlug er Volker,   daß des Helmes Band
stob allenthalben   an des Saales Wand
vom Helm und auch vom Schilde   dem vielkühnen Mann,
wodurch da der Fiedler   nun sein Ende rasch gewann.

Da drang zu dem Streite   alsbald, wer Dietrichs Mann.
Sie hieben, daß die Ringe   hinauf flogen alsdann
und daß der Schwerter Spitze   ins Gewölbe stach.
Sie schlugen aus den Ringen   den heißfließenden Bach.

A 2219–2225, B 2282–2288, C 2341–2347

Da Hagen von Tronje   sah, daß Volker tot,
das schuf ihm auf dem Feste   die allergrößte Not,
die ihn getroffen hatte   an Magen und Mann.
Weh, wie grimmig Hagen   den Helden zu rächen begann!

»Das soll nun nicht genießen   der alte Hildebrand!
Mein Gefährte liegt erschlagen   von des Helden Hand,
der beste Kampfgenosse,   den jemand gewann.«
Den Schild er höher rückte;   und dann ging er hauend heran.

Helferich, der gute,   den Dankwart erschlug.
Gunther und Giselher,   denen schuf es Leid genug,
als sie ihn fallen sahen   in der schweren Not.
Er hatte wohl vergolten   mit seinen Händen seinen Tod.

Wieviel von manchen Landen   gesammelt da war,
viele starke Fürsten   gegen die kleine Schar,
wären die Christenleute   dawider nicht gewesen,
sie wären mit ihrer Stärke   vor allen Heiden wohl genesen.

Derweil ging da Wolfhart   wieder und heran,
jeden niederhauend,   der König Gunthers Mann.
Er war zum dritten Male   zum Ende des Saals gekommen.
Fürwahr, dem König hat er   so viele Recken da genommen.

Da rief der starke Giselher   Wolfhart nun an:
»Weh, daß ich so grimmen   Feind je gewann!
Edler, kühner Ritter,   nun wendet Euch gegen mich!«
Sie kamen aufeinander   alsbald voll Kampfzorn kräftiglich.

Wolfhart gegen Giselher   sich wandte in den Streit.
Da schlug ihrer jeder   so manche Wunde weit.
Mit allen seinen Kräften   er zu dem König drang,
daß von seinen Füßen   über das Haupt das Blut ihm sprang.

A 2226–2231, B 2289–2294, C 2348–2354

Mit grimmen, schnellen Schlägen   der edeln Ute Kind,
gar bitterlich empfing er   den kühnen Recken geschwind.
Wie kühn auch Wolfhart wäre,   er konnte nicht gedeihn
vor dem jungen König: niemand konnte kühner sein.

Da schlug er den Wolfhart   durch die Brünne gut,
daß ihm aus der Wunde   strömend floß das Blut.
Er verwundete zum Tode   Dietrichs Untertan.
Es hatte an einem Recken   niemand solch ein Werk getan.

Sobald der kühne Wolfhart   die Wunde empfand,
ließ seinen Schild er fallen.   Höher seine Hand
schwang die starke Waffe;   die war scharf genug.
Durch Helm und durch Ringe   der Held Giselher da schlug.

Beide hatten den grimmen   Tod sich angetan.
Keiner mehr da lebte,   der König Dietrichs Mann.
Nur Hildebrand alleine,   der den Neffen fallen sah.
Mich dünkt, vor seinem Tode   solch ein Leid ihm nie geschah.

Da waren alle gefallen   König Gunthers Degen
bis auf die zwei alleine: er sowie Hagen.
Sie standen in dem Blute   bis an die Kniee tief.
Hildebrand gar eilend   hin zu seinem Neffen lief.

Er umschloß ihn mit den Armen   und wollte ihn tragen fort
mit sich aus dem Hause;   er mußte ihn lassen dort.
Er war ihm zu gewichtig.   Wieder in das Blut
glitt er ihm aus den Händen.   Da blickte auf der Degen gut.

Da sprach der Todwunde: »Viellieber Oheim mein,
Ihr könnt zu dieser Stunde   mir förderlich nicht sein.
Nun hütet Euch vor Hagen;   wahrlich, es dünkt mich gut.
Er trägt in seinem Herzen   einen grimmigen Mut.

A 2232–2238, B 2295–2301, C 2355–2361

Wollen meine Magen   meinen Tod beklagen,
den nächsten und den besten   sollt Ihr dieses sagen,
daß sie mich nicht beweinen.   Dieses tut nicht not:
durch eines Königs Hände   liege ich hier herrlich tot.

Ich hab auch so vergolten   hier innen meinen Tod,
daß der Ritter Fraun beweinen   mögen ihre Not.
Fragt danach Euch jemand,   so könnt Ihr ihm sagen:
von meiner Hand liegen   wohl hundert Helden hier erschla-
                                                      gen.«

Da dachte auch Hagen   an den Spielmann,
dem der alte Hildebrand   das Leben abgewann.
Da sprach er zu dem Degen: »Ihr vergeltet mein Leid.
Ihr habt uns hier beraubet   um manchen Recken tatbereit.«

Hildebrand schlug er,   daß man wohl vernahm
den Balmung erklingen,   den von Sigfrid nahm
Hagen, der kühne,   da er ihn erschlug.
Da widerstand ihm Hildebrand,   der sich wehrte kühn genug.

Des kühnen Wolfharts Oheim   schwang eine Waffe breit,
auf Hagen von Tronje,   die trefflich schnitt im Streit.
Doch konnte er nicht verwunden   König Gunthers Mann.
Da schlug ihm aber Hagen   durch die Brünne wohlgetan.

Sobald Meister Hildebrand   die Wunde empfand,
besorgt er größern Schaden,   nun durch Hagens Hand.
Den Schild warf auf den Rücken   da König Dietrichs Mann.
Mit der schweren Wunde   er mit genauer Not entrann.

Darinnen lebte niemand,   wie ich gegeben an,
nur die zwei alleine,   Gunther und sein Mann.
Mit Blut ging beronnen   der alte Hildebrand.
Er brachte schmerzliche Kunde,   als er seinen Herren fand.

Da sah er in Trauer   sitzen diesen Mann.
Doch vielmehr des Leides   nun der Fürst gewann,
als er Meister Hildebrand   sah vom Blute rot.
Da fragt er nach dem Grunde,   wie seine Sorge ihm gebot.

»Saget mir nun, Meister: wie seid Ihr so naß
worden von dem Blute,   und wer tat Euch das?
Mich dünkt: mit den Gästen   habt Ihr im Haus gestritten.
Ich verbot es Euch so strenge.   Ihr hättet billig es vermieden.«

»Wie übel diese Kunde   mir ansteht zu sagen«,
sprach er, »diese Wunde   schlug mir da Hagen,
als ich aus dem Hause   den Heimweg gewann.
Kaum daß mit dem Leben   dem bösen Teufel ich entrann.«

Da sprach der Fürst von Berne: »Ganz recht ist Euch geschehn,
da Ihr meine Freundschaft   mit den Helden habt gesehn
und Ihr den Frieden brachet,   den ich Ihnen gegeben.
Brächte mirs nicht Schande,   verlieren solltet Ihr das Leben.«

»Nun zürnet nicht so heftig,   mein Herr Dietrich.
Mir und meinen Freunden!   Der Schaden ist schmerzlich:
Rüdeger wir wollten   tragen von dannen;   [Mannen.«
das wollten uns nicht gönnen,   die des Königs Gunther

»Weh mir dieses Leides!   Ist Rüdeger doch tot?
Dieser Jammer muß mir   vermehren meine Not.
Gotelind, die edle,   ist meiner Base Kind.
Weh, der armen Waisen,   die dort zu Bechlaren sind!«

Herzeleid und Kummer   schuf ihm da sein Tod.
Er begann stark zu weinen.   Es zwang den Helden Not.
»Weh, getreuer Gehilfe,   dessen Verlust so schwer!
König Etzels Degen   verschmerzt ich wahrlich nimmermehr.«

A 2246–2252, B 2309–2315, C 2369–2375

Zu Hildebrand sprach er: »Nun mögt Ihr mir sagen,
Wer der Degen gewesen, der ihn da hat erschlagen.«
Er sprach: »Mit seinen Kräften tat es Gernot.
Von der Hand Rüdegers mußt auch der Degen liegen tot.«

Er sprach: Meister Hildebrand, nun sagt meiner Schar,
daß sie alsbald sich waffne! Ich will dorthin fürwahr;
und heißet mir bringen mein lichtes Kampfgewand!
Ich will fragen die Helden aus Burgundenland.«

Da sprach Meister Hildebrand: »Wer soll zu Euch gehn?
Die Ihr noch lebend habet, die seht Ihr vor Euch stehn.
Das bin nur ich alleine. Die andern, die sind tot.«   [Not.
Er erschrak ob dieser Antwort: sie schuf dem Helden grimme

Da er so großes Leiden in der Welt nie gewann,
sprach er: »Ist gestorben jeder, der mein Mann,
so hat Gott mein vergessen. Ein König reich war ich.
Nun muß wohl ich heißen der gar arme Dietrich.

Wie konnte das geschehen«, sprach Herr Dietrich,
»daß alle sind gefallen, die Recken löblich,
durch die Kampfmüden, die dort litten Not?
Wär es nicht mein Unglück, ihnen wäre fremd noch der Tod.

Weh, du lieber Wolfhart, hab ich dich verloren,
so muß ich es bereuen, daß ich je ward geboren.
Sigesstab und Wolfwein und auch Wolfbrand,
wer soll mir wieder helfen in der Amelunge Land?

Und Helferich, der kühne, ist mir der erschlagen,
Gerbart und Wichart, wie sollt ich die beklagen?
Das ist von meinen Freunden mir der letzte Tag.
Wehe, daß vor Leide niemand sterben doch mag!

A 2253–2257, 2259–2260, B 2316–2320, 2322–2323, C 2376–2382

Wollte es mein Unheil,   es sollte sich ergeben,
so sagt: ist von den Fremden   einer noch am Leben?«
Da sprach Meister Hildebrand: »Weiß Gott, niemand mehr
als Hagen alleine   und Gunther, der König hehr.«

Achtunddreißigstes Abenteuer

Wie Dietrich Gunther und Hagen bezwang

Da suchte der Herr Dietrich   selber sein Gewand.
Da half ihm, sich zu waffnen,   Meister Hildebrand.
Also sehr da klagte   der kräftige Mann,
daß das Haus zu dröhnen   von seiner Stimme begann.

Der Held gewann doch wieder   rechten Kampfesmut.
Grimmig ward gewaffnet   da der Degen gut:
seinen Schild, den besten,   den nahm er an die Hand.
Ihn tröstete nach dem Schaden   der vielkühne Hildebrand.

Da sprach von Tronje Hagen: »Ich seh hierher dort gehn
von Berne König Dietrich.   Der will uns bestehn
nach dem schweren Leide,   das wir ihm angetan.
Man soll heute sehen,   wen man den Besten nennen kann.

Fürwahr, dünkt von Berne   sich Herr Dietrich
gar so starken Leibes   und auch so grimmiglich,
und will er an uns rächen,   was ihm ist geschehn«,
also sprach da Hagen,   »ich wage wohl ihn zu bestehn.«

Die Rede hörte Dietrich   und auch Hildebrand.
Er ging, wo er die Recken   beide stehend fand
außen an dem Hause,   gelehnt an den Saal.
Seinen Schild, den guten,   den setzte Dietrich zu Tal.

A 2258, 2261–2265, B 2321, 2324–2328, C 2383–2387

In Kummer und Sorgen   sprach da Dietrich:
»Wie habt Ihr so geworben,   Gunther, wider mich?
Ich vertriebener Recke,   was ist mir geschehn?
Alles meines Trostes   muß ich nun beraubt mich sehn.

Euch deuchte nicht genügend   diese große Not,
da Ihr uns Rüdeger,   den Recken, schluget tot.
Nun habt Ihr mich beraubet   meiner ganzen Schar.
Ich hätte nicht Euch Degen   solches Leid getan fürwahr.

Gedenkt an Euch selber   und an Euer Leid,
den Tod Euerer Freunde   und auch die Müh im Streit,
ob es Euch guten Degen   nicht beschwert den Mut!
Ach, wie so wehe   mir Rüdegers Ende tut!

Es geschah auf Erden   niemandem Leides mehr.
Ihr gedachtet übel   unser beider Not so schwer.
Was ich an Freunden hatte,   das liegt von Euch erschlagen.
Nimmermehr kann ich   meine Magen recht beklagen.«

»Wir sind nicht so schuldig«,   sagte da Hagen.
»Es kamen her zum Hause   alle Euere Degen
mit Sorgfalt wohl gewaffnet   mit ihrer Schar so breit.
Mich dünkt, von diesen Degen   ward Euch richtig nicht
                                                    Bescheid.«

»Was soll ich anders glauben?   Mir sagt es Hildebrand,
daß meine Recken wollten   aus Amelungenland,
daß Ihr Rüdeger ihnen   gebet aus dem Saal;
da tatet nur verspotten   Ihr die kühnen Helden all.«

Da sprach der Fürst vom Rheine: »Sie sagten, sie wollten
Rüdeger von hinnen.   Das hieß ich ihnen versagen,   ⌊tragen
Etzel zuleide,   nicht deinem Heeresbann.
Bis daß da Wolfhart   darum zu schelten begann.«

                A 2266–2272, B 2329–2335, C 2388–2394

Da sprach der Held von Berne: »So muß es also sein.
Gunther, edler König,   bei aller Tugend dein,
vergütet mir den Kummer,   der mir angetan,
und sühnt es, kühner Ritter,   daß ich die Schuld vergeben kann!

Ergib dich mir als Geisel,   du und auch dein Mann!
So will ich euch beschirmen,   wie ichs am besten kann,
daß euch hier bei den Hunnen   niemand etwas tut.
Ihr sollt an mir nichts finden,   was nicht treulich ist und gut.«

»Das verhüte Gott im Himmel«,   sprach darauf Hagen,
»daß sich dir ergeben   sollten zwei Degen,
die du so herrlich   siehst bewaffnet stehn!
Das hieß eine arge Schande   und wäre übel geschehn.«

»Ihr solltet es nicht verweigern«,   sprach darauf Dietrich.
»Gunther und Hagen,   ihr habt ja beide mich
so sehr gekränket,   mein Herz und meinen Mut.
Wollt ihr mirs vergüten,   billig wäre das und gut.

Ich gelob bei meiner Treue   und reich euch drauf die Hand,
daß ich mit euch reite   heim in euer Land.
Ich geleite euch in Ehren,   oder ich liege tot.
Ich will durch euch vergessen   meine schmerzliche Not.«

»Erwähnt es nun nicht weiter!«   sprach darauf Hagen.
»Nicht ziemt es, diese Kunde   von uns zu sagen,
daß zwei so kühne Degen   mit Euch als Geiseln gehn;
sieht man bei Euch doch niemand   als Hildebrand alleine stehn.«

Antwort gab drauf Hildebrand: »Ihr braucht euch nicht zu
meines Herren Frieden   ruhig anzunehmen.   [schämen.
Es kommt noch die Stunde,   vielleicht in kurzer Zeit,
wo ihr ihn gerne nähmet,   den euch doch niemand hält bereit.«

A 2273–2279, B 2336–2342, C 2395–2401

»Die Sühne nähm ich eher«,   sprach darauf Hagen,
»eh ich so lästerlich   vor nur einem Degen
flöhe, Meister Hildebrand,   wie Ihr habt getan.
Ich meinte wohl, Ihr könntet   besser stehen Euern Mann.«

Da sprach Meister Hildebrand: »Was verweist Ihr mir das?
Der wars, der auf dem Schilde   beim Wasgensteine saß,
als ihm Walther von Spanien   so viele Freunde erschlug.
Ihr habet zu zeigen   an Euch selber genug.«

Da sprach König Dietrich: »Wie ziemt es den Degen,
daß sie einander schelten,   wie alte Weiber pflegen?
Ich verbiet Euch, Hildebrand,   daß Ihr sprechet mehr.
Mich heimatlosen Recken   zwingt die Sorge gar sehr.

Laßt hören, Freund Hagen«,   sprach da Dietrich,
»was vorher Ihr sagtet,   Recke löblich,
als Ihr mich gewappnet   zu Euch sahet gehn!
Ihr sagtet, daß im Streite   Ihr mich alleine wollt bestehn.«

»Dieses leugnet niemand«,   sprach Hagen, der Degen,
»ich will es hier versuchen,   mit Stichen und mit Schlägen.
Es sei, daß mir zerbräche   das Nibelungenschwert.
Mich kränkt, daß meinen Herren   und mich als Geisel Ihr
                                        begehrt.«
Als der Recke hörte   des grimmen Hagen Mut,
den Schild alsbald zückte   der schnelle Degen gut.
Wie rasch auf ihn Hagen   von der Stiege sprang!
Nibelungs Schwert, das gute,   gar laut auf Dietrich erklang.

Das wußte wohl Herr Dietrich,   daß der kühne Mann
grimmen Mutes wäre;   zu schirmen sich begann
der König von Berne   vor gefährlichen Schlägen.
Wohl erkannte er Hagen: das war ein auserwählter Degen.

A 2280–2286, B 2343–2349, C 2402–2408

Auch scheute er Balmung,   die Waffe stark genug.
Dietrich derweilen   mit List darwiderschlug,
bis daß er Hagen   im Kampfe doch bezwang.
Er schlug ihm eine Wunde;   die war tief und auch lang.

Da dachte der Herr Dietrich: du bist erschöpft in Not.
Mir bringt es wenig Ehre,   sollst du hier liegen tot.
Ich will es versuchen,   ob ich zwingen kann
dich mir zum Geisel.   Das wurde sorglich getan.

Den Schild ließ fallen Dietrich.   Seine Kraft war groß.
Mit seinen beiden Armen   Hagen er umschloß.
Da ward von ihm bezwungen   der vielkühne Mann.
Gunther, der edle,   darum zu trauern begann.

Dietrich band da Hagen   und führte ihn, wo er fand
die edle Kriemhilde   und gab ihr in die Hand
den allerkühnsten Recken,   der je ein Schwert trug.
Nach ihrem schweren Leide   ward ihr Freude da genug.

Voll Freude da dem Recken   dankte Etzels Weib:
»Immer sei dir selig   dein Herz und auch dein Leib!
Du hast mich wohl getröstet   nach aller meiner Not.   [Tod.«
Ich will dirs immer lohnen,   mich nähme denn von hinnen der

Da sprach der König Dietrich: »Lasset ihm das Leben,
Königin, vieledle!   Er kann wohl noch geben
durch seinen Dienst Vergütung   dessen, was Euch geschehn.
Er soll es nicht büßen,   daß man ihn sieht gebunden stehn.«

Da ließ sie Hagen führen   in ein Haftgemach,
wo niemand ihn schaute   und er geschlossen lag.
Gunther, der edle König,   zu rufen da begann:
»Wo bleibt der Held von Berne?   Er hat mir Leides getan.«

Da ging ihm entgegen   der König Dietrich,
Gunthers Stärke zeigte   sich da so mächtiglich:
er wartete nicht länger;   er lief von dem Saal.
Von ihrer beider Schwertern   hob sich ein gewaltiger Schall.

So sehr man König Dietrich   seit langem auch gelobt,
Gunther in seinem Grimme   so zornig hat getobt;
er war nach schwerem Leide   von Herzen feind dem Mann.
Man nannte es ein Wunder,   daß da Dietrich doch gewann.

Ihre Kraft und Stärke   waren beide groß.
Mit Palas scholl und Türmen   von den Schlägen das Schloß,
da sie mit Schwertern hieben   auf die Helme gut.
Der König Gunther hatte   einen gar herrlichen Mut.

Doch zwang ihn der von Berne,   wie es Hagen auch geschah.
Das Blut man auf die Ringe   des Helden fließen sah
von dem scharfen Schwerte   des Herren Dietrich. [reich sich.
Ob auch schwer ermattet, hatte   Gunther bewährt gar ruhm-

Der Herr ward gefesselt   da von Dietrichs Hand,
wie nie Könige sollten   erleiden solch ein Band.
Er dachte, wenn er ließe   sie ungebunden sein,
die beiden in dem Lande   ließen niemand mehr gedeihn.

Der Herrscher von Berne,   der nahm ihn bei der Hand.
Er brachte ihn gefesselt   hin, wo er Kriemhild fand.
Da war mit Gunthers Leide   der Schmerz ihr ganz genommen.
Sie sprach: »König Gunther,   seid von Herzen mir will-
                                        kommen!«

Er sprach: »Ich müßte danken,   vieledle Schwester mein,
wenn Euere Grüße   möchten gnädiger sein.
Ich weiß Euch, edle Fürstin,   also zorngemut,
daß Ihr mir und Hagen   einen schwachen Gruß nur tut.«

A 2294–2300, B 2357–2363, C 2416–2422

Da sprach der Herr von Berne: »Vieledle Königin,
nie wurden so gute Ritter als Geiseln gegeben hin,
wie ich, hehre Frau, gab in Euere Hut.
Nun laßt die Heimatlosen meine Freundschaft genießen gut!«

Sie sprach, sie tät es gerne. Da ging der kühne Mann
mit weinenden Augen von ihr fort sodann.
Da rächte sich grimmig König Etzels Weib:
den auserwählten Degen nahm sie Leben und Leib.

Sie ließ im Haftgemache getrennt sie liegen da,
so daß von ihnen jeder den andern nicht sah.
Was sie auch versprochen, das edle Weib sofort
dachte, ich räche heute meines lieben Mannes Mord.

Die Königin ging hin dann, wo sie Hagen sah.
Voll grimmigen Hasses zu dem Recken sprach sie da:
»Wollt Ihr mir wiedergeben, was Ihr mir habt genommen,
so mögt Ihr mit dem Leben zu den Burgunden wieder
                                                    kommen.«

Da sprach der grimme Hagen: »Die Rede ist ganz verloren,
Königin, vieledle; denn ich habe es geschworen,
daß ich den Hort nicht zeige, solange einer lebe,
meiner edeln Herrin, und ihn niemanden gebe.«

Er wußte ihre Absicht: sie ließ ihn nicht gedeihn.
Wie konnte Untreue jemals stärker sein?
Er fürchtete, hätte sie ihm das Leben genommen,
daß sie dann ihren Bruder zu seinem Lande ließe kommen.

Ich bringe es zu Ende, dachte das edle Weib.
Sie ließ heißen ihrem Bruder nehmen Leben und Leib.
Man schlug ihm das Haupt ab; an den Haaren sie es trug
vor den Helden von Tronje. Dies schuf ihm Leides genug.

A 2301–2306, B 2364–2369, C 2423–2429

Als voll Unmut Hagen   seines Herren Haupt nun sah,
wider Kriemhilde   der Recke sagte da:
»Du hast es jetzt zu Ende   nach deinem Willen gebracht.
Es ist recht ergangen,   wie ich mirs hatte gedacht.

Nun ist von Burgunden   der edle König tot,
Giselher und Volker,   Dankwart und Gernot.
Den Hort, den weiß nun niemand   als Gott und ich allein.
Dir Teufelin soll er   immer wohl verborgen sein.«

Sie sprach: »So habt Ihr üble   Vergeltung mir gewährt.
So will ich doch behalten   meines Sigfrids Schwert;
es trug mein treuer Friedel,   da Ihr ihn schluget tot
mörderisch in Untreu«,   sprach das Weib in Jammers Not.

Sie zog es aus der Scheide;   er konnt es ihr nicht wehren.
Dann dachte sie, dem Recken   das Leben zu versehren.
Sie hob es mit ihren Armen;   das Haupt sie ab ihm schlug.
Das sah der König Etzel;   es war ihm Leides genug.

»Waffen!« sprach der Herrscher.   »Nun ist tot gelegen
von eines Weibes Händen   der allerbeste Degen,
der je kam zu kämpfen   und seinen Schild da trug.
Wie feindlich ich ihm wäre,   es ist mir Leides genug.«

Da sprach der Meister Hildebrand: »Es kommt ihr nicht zugut,
daß sie ihn erschlagen durfte,   was man mir auch tut.
Ob er mich selbst auch brachte   in angstvolle Not,
so will ich dennoch rächen   des vielkühnen Helden Tod.«

Hildebrand im Zorne   auf Kriemhilde sprang.
Auf die Königin grimmig   sein Schwert er da schwang.
Schuf ihr die Sorge   höchste Todespein,
ihr mochte wenig helfen   ihr angstvolles Schrein.

Da war gelegen aller   der Todgeweihten Leib.
In Stücke lag zerhauen   da das edle Weib.
Etzel sowie Dietrich   zu weinen da begann.
Jammervoll sie klagten   um jeden Magen und Mann.

Die Blüte der Helden   war da gelegen tot.
Die Leute fühlten alle   Jammer und Not.
Mit Leid war beendet   des Königs Festlichkeit,
wie die Freude gerne   am Ende sich wandelt in Leid.

Ich kann euch nicht bescheiden,   was später nun geschah.
Die Christen und die Heiden   man weinen da sah,
Weiber und Knechte   und manche schöne Maid.
Die trugen um ihre Freunde   das allergrößeste Leid.

Ich sage euch nicht weiter   von der großen Not –
die da erschlagen waren,   die lasset liegen tot –,
was das Geschick den Hunnen   fürderhin beschied.
Hier hat die Mär ein Ende.   Das ist der Nibelunge Lied.

A 2314–2316, B 2377–2379, C 2437–2440

Anmerkungen

Die nachstehenden knappen Angaben zur Übersetzung Felix Genzmers sollen dem Leser, der mit mittelalterlichen Texten und besonders mit dem *Nibelungenlied* (im folgenden zit. als: NL) weniger vertraut ist, die textlichen Zusammenhänge und ihre historischen und kulturhistorischen Hintergründe erläutern. Die Strophen- und Versangaben beziehen sich auf die vorliegende Ausgabe Genzmers.

1,1 ff. Diese nicht in allen Hss. überlieferte Strophe (sie fehlt z. B. in B) bietet einen knappen Prolog, der einige wichtige und für das Publikum interessante Themen vorweg anzeigt: *alte Mären* (überlieferte alte Sagen und Geschichten), *Helden* (Sagenfiguren), *Wunder* (spannende Seltsamkeiten), *Kühnheit* (mhd. *arebeit* ›Kampf‹), höfische *Feste*, *Recken* (urspr. landfremde, oft vertriebene Einzelkämpfer, die häufig als Söldner dienten; in der Heldenepik auch Bezeichnung aller Kämpfer). Das ebenfalls dominierende Hauptthema Liebe und Liebesleid und die daraus resultierende Rache werden nicht erwähnt, es sei denn, *Freude* und *Weinen* und *Klagen* implizieren diese Thematik.

2,1 *in Burgunden:* Gebiet der Burgunden, hier: am Oberrhein um Worms. – *Degen:* metonymische Bezeichnung für ›Ritter, Kämpfer‹.

2,3 Bereits die erste Strophe des Epos bietet die im NL häufig anzutreffende Vorausdeutung künftigen Geschehens (vgl. B. Wachinger).

3,3 Der Schönheitspreis Kriemhilds wählt – der Volks- bzw. Heldenepik entsprechend – das Stilmittel der Übersteigerung (Hyperbolé).

4,1 Kriemhild wird nach dem Tod ihres Vaters von ihren drei Brüdern, die offenbar gemeinsam das Erbe verwalten, »gepflegt«, d. h. in rechtlicher Vormundschaft gehalten. Zur Dreizahl der Namen vgl. das Nachwort.

6,1 *milde:* ›freigebig‹. Die Freigebigkeit, die sich besonders in Geschenken an Gäste, Spielleute und Boten zeigt (vgl. Str. 40; 42; 43 u. ö.).

9,1 *Hagen* wird in 8,3 zwar als Recke bezeichnet; doch genießt er am burgundischen Hof die vasallenartige Sonderstellung eines engsten königlichen Beraters und Helfers, der sich aber eigene

Machtentscheidungen erlauben kann, ohne daß bei ihm ein Lehen oder anderer Besitz erwähnt wird.

10 ff. Die bis in karolingische Zeit zurückgehenden vier Hofämter erlebten in der zeremonienfreudigen höfischen Zeit mit der zunehmenden Macht der Fürsten eine Neubewertung. Das Amt des Küchenmeisters war erst zu Beginn des 13. Jh.s eingeführt worden, weshalb diese Erwähnung mitunter zur Datierung des NL herangezogen wird.

12,4 Dieser Unsagbarkeitstopos findet sich häufiger in der mhd. Heldendichtung.

13,2 ff. Der (Jagd-)Falke wurde beim Adel sehr geschätzt. Kaiser Friedrich II. verfaßte das *Falkenbuch*, ein (lat. geschriebenes) Buch über die Kunst der Falknerei. Das Bild des Falken für den Geliebten begegnet auch mehrmals im mhd. Minnesang (bei Der von Kürenberg, Dietmar von Eist, Heinrich von Mügeln).

17,3 Die Abfolge von *Liebe* (Freude) und *Leid* bildet eine Hauptthematik des Werkes (vgl. auch F. Maurer, *Leid*, 1951 [u. ö.], bes. S. 38 ff.).

19,3 *Magen:* mhd. *mâc, mâge* ›Verwandte‹.

20,1 ff. Als *niderlant* wird in obd. Texten des Mittelalters das gesamte norddeutsche Tiefland ab Köln nordwärts bezeichnet. Mit *Santen* wird wohl Xanten als Zentrum im Gebiet der Niederfranken gemeint. Der Königsbegriff bezieht sich ursprünglich auf die Kleinkönige der Völkerwanderungszeit.

24,3 Die *Ehre* als Anerkennung in der adligen Gesellschaft galt schon bei den Germanen wie auch im Mittelalter als hoher gesellschaftlicher Wert und Leitbegriff. Der schöne, stattliche und vielgerühmte junge Mann war danach selbstverständlich begehrenswert für die jungen adligen Frauen.

30,4 ff. Das Fest der *Schwertleite*, der Aufnahme junger Adliger in den Ritterstand in einer weltlich-kirchlichen Zeremonie (mit der Verleihung eines eigenen Schwertes und der Ablegung des Rittereides mit der Schutzverpflichtung für Arme und Schwache) war ein hohes gesellschaftliches Ereignis, das seit dem Mainzer Hoffest Pfingsten 1184 mit der Schwertleite zweier Söhne Kaiser Friedrichs I. (Barbarossa) auch in der Literatur stets hervorgehoben wurde.

38,3 In den Schildbuckel (Mittelpunkt) kostbarer Schilde wurden Edelsteine eingesetzt, denen man eine magische Schutzwirkung zusprach.

41,1 Sigfrid als nun vollwertiger Fürst und designierter Königserbe darf demnach anläßlich des Festes selbst Lehen verteilen.

43,2 ff. Der Königin obliegt es, gemäß der geforderten *Milde* (lat. *clementia*) des Königs (vgl. Anm. zu 6,1) reichlich Geschenke zu verteilen, auch an die fahrenden Spielleute, aus denen mitunter auch die Dichter kamen, die deshalb diese Sitte loben.

43,3 Vor dem Tod sollte man sich von seinem Besitz trennen, damit man dafür den Lohn im Himmel erhält.

46,3 ff. Sigfrids »Streitsucht« ist eher als Suche nach kämpferischer Bewährung denn als schlechte Charaktereigenschaft zu verstehen.

48,2 *Hochgemüte* entspricht dem mhd. Begriff des *hohen muotes*, als dem freudigen Hochgefühl, das man vom adligen Menschen forderte. In Verbindung mit *Schönheit* (48,1) verkörpert Kriemhild so das aus der Antike stammende Ideal der äußerlichen und inneren Idealität (Kalokagathie, aus griech. *kalós kai agathós* ›schön und gut‹). Erst in einer negativen Übersteigerung kann aus dem »hohen Mut« der »Hochmut« werden.

50,1 *Hohe Minne:* Sigfrids Liebessehnsucht wird mit dem Zentralbegriff des höfischen Minnedenkens benannt, das die entsinnlichte dienende Liebe zu einer sittlich-moralisch als hochstehend anerkannten Frau der adligen Gesellschaft kennzeichnet. Die Hohe Minne des Minnesangs war allerdings nicht auf eine spätere Heirat ausgerichtet. Auch die hier betonte selbständige Liebesentscheidung steht im Widerspruch zur dynastisch bestimmten Heiratspolitik des Adels um 1200.

56,4 ff. Der Begriff des *Übermutes* (vgl. auch 57,2 u. ö.) meint vor allem die Maßlosigkeit im sittlich-moralischen Sinn (lat. *superbia*), die als Hauptsünde galt. Der Begriff bezieht sich jedoch hier eher auf die Kampfesstärke.

79,3 Sigfrid will sich durch das Wegführen der Pferde die Möglichkeit zum Reiterkampf oder zur Flucht nicht nehmen lassen (vgl. auch 132,1).

84,3 ff. Mit Hagens »Mauerschau«-Bericht über die unbekannten Gäste verknüpft der unbekannte NL-Dichter geschickt eine Zusammenfassung der sonst nur aus der altnordischen Sagenüberlieferung stammenden Einzelheiten über Sigfrids Jugenderlebnisse, soweit sie für den weiteren Handlungsverlauf wichtig sind (Nibelungenhort, Tarnkappe, Hornhaut).

111,1 ff. Sigfrids hier gegebene Motivierung seines Kommens, nach der er im Zweikampf mit den burgundischen Fürsten deren Herrschaft erstreiten oder seine eigene verlieren will, entspricht nicht der in 55,2 und 62,1 gegebenen; eher entspricht die 58,2 ff. als Alternative gebotene Lösung nach einer Verweigerung freundschaftlicher Werbung diesem Auftreten. Es können hier aber auch zwei verschiedene Erzählweisen (aus verschiedenen Kulturstufen) kontaminiert sein.

116,1 ff. Gunther setzt dem Prinzip des Ländergewinns durch Kampf, das noch aus dem germanischen Denken der Völkerwanderung stammt, das Prinzip der Legitimität der Erbfolge gegenüber. – Vielleicht findet sich hier ein Reflex des Erbreichplans Heinrichs VI. für das deutsche Königreich?

122,2 ff. Sigfrid betont, trotz seines archaisch wirkenden reckenhaften Auftretens, Ortwin gegenüber die adlige Rangordnung, wonach der Vasall eines Königs nicht mit einem König oder Königssohn kämpfen darf.

124,1 ff. Gernot, der gleichrangige Königsbruder, versucht erneut zu vermitteln – wie schon 119,1 ff. so in 127,1 ff. und 129,4.

130,1 Die Bezeichnung »das Kind« (für den jüngsten Königsbruder Giselher) kann im Mhd. noch einen jungen Mann bezeichnen.

131,1 ff. Erst nach seinen Vasallen und Brüdern meldet sich Gunther, der »Herr (mhd. *wirt*) des Landes«, mit versöhnlichen Angeboten wieder zu Wort und erreicht einen Sinneswandel Sigfrids.

137,2 ff. Sigfrid muß gemäß der strengen höfischen Etikette am burgundischen Königshof, die auch Kriemhild keine direkte Begegnung mit Sigfrid erlaubt (vgl. 138,3 ff. u. ö.), ein Jahr warten, bis er Kriemhild sehen und sprechen darf.

145,1 ff. Lüdeger von Sachsen und Lüdegast von Dänemark sind nach 214,2 Brüder.

155,2 Der Tod im Kampf wird als ein zugedachtes Schicksal begriffen.

156,3 Hagen denkt hier realistischer und schaltet Sigfrid ein.

157,2 Die Integrität der Boten wird ebenso geachtet wie die Gastfreundschaft ihnen gegenüber. Die Boten werden sogar reichlich belohnt (169,3; 171,1 ff.).

179,1 Sigfrids Rat an Gunther ist für den König beschämend.

181,3 Raub und Verwüstung gehörten zu den mittelalterlichen Kriegstaktiken.

182,1 *Mark:* Grenzgebiet.

184,2 *Warte pflegen:* ausspähen.

194,2 Die Namensnennung des Unterlegenen bedeutet seine Auslieferung an den Gegner.

220,2 Die Bemalung der Schilde mit Wappenzeichen o. ä. wird seit dem späten 12. Jh. üblich.

221,4 Sigfrids Überkraft wird offenbar als teuflisch angesehen und gefürchtet.

222,1 Das Fallen oder Senken der Fahne signalisiert die Niederlage.

227,1 Gernot ist hier der ranghöchste Fürst.

229,2 ff. Kriemhilds Neigung zu Sigfrid ist noch heimliche Liebe (mhd. *tougen minne*).

241,1 ff. Sigfrids Taten werden zweimal aufgeführt (vgl. 232 ff.).

247,2 ff. Der Botenlohn war bei guten Nachrichten besonders hoch.

254,1 ff. Auch der besiegte Feind wurde höflich begrüßt.

260,2 *ohne Waage:* ohne es genau abzuwiegen.

263,2 ff. Sigfrid wird mehrmals um Kriemhilds willen von der Heimreise abgehalten (vgl. 265; 326 ff.).

265,4 Die Vorausdeutung bezieht sich auf Sigfrids Heimreise nach der Hochzeit mit Kriemhild.

271,1 ff. *Gestühle:* Sitzgelegenheiten für die Zuschauer bei Festmahl, Turnier u. ä.

272 ff. Gunther hält sich hier offenbar zurück.

276 Das Fest der Schwertleite Sigfrids fand zur Sommer-Sonnenwende statt (33,4); in Worms wählt man wie in der Artusepik (und bei Barbarossa 1184) Pfingsten als Festtermin.

287,1 ff. Sigfrid sieht Kriemhild jetzt zum ersten Mal. Die jungen adligen Damen durften auch deshalb nur wenig in die Öffentlichkeit, damit ihre weiße Haut keinen Schaden erlitt. Dem Vergleich Kriemhilds mit der Morgenröte steht der mit dem Mond und den Sternen gegenüber. Beide Vergleiche finden sich auch im Minnesang und in der Marienlyrik der Zeit.

298,4 Auch im Minnesang und in der Artusepik erwächst aus Minnebegegnungen der »hohe Mut«.

304,2 ff. D. h., wegen Sigfrids Liebe zu Kriemhild half er den Burgunden kämpfen und siegte.

307,2 *Sälde:* von mhd. *saelde* ›Seligkeit, Glück‹.

310,1 ff. Sigfrids Verpflichtung zum stetigen Dienst für Kriemhild entspricht den Verpflichtungen der *hohen minne* im Minnesang seit Friedrich von Hausen (etwa seit 1180).

321,1 ff. Sigfrids Vorschlag, die gefangenen Könige ohne Lösegeld ziehen zu lassen, folgt zwar ritterlicher Großmut, entspricht aber nicht der politischen Realität der Zeit. So hat Kaiser Heinrich VI.

den auf der Heimreise von einem Kreuzzug gefangenen englischen König Richard Löwenherz erst nach Zahlung von 100 000 Mark in Silber und einem Lehnseid freigelassen.

330,3 Sigfrids Nachgeben gegenüber dem Zwang der Minne gereicht ihm später zum Unglück.

333,1 ff. Das Brünhild-Kapitel beginnt wie eine eigene Erzählung.

333,3 f. Die Verbindung von *Schönheit* und gewaltiger *Kraft* entspricht keineswegs dem mittelalterlichen Frauenideal. Darin paßt Brünhild eher zu Sigfrid.

334,2 ff. Brünhilds dreifache Freierprobe entspricht nicht der germanisch-mythischen Überlieferung, in der nur der Flammenwall zu Brünhild durchritten werden mußte. Die Dreizahl der Proben erinnert mehr an Märchen oder östliche Sagen, z. B. Turandot (vgl. F. Panzer).

337,3 ff. Gunthers plötzliche unbedingte Entscheidung für Brünhild ist hier psychologisch und kausal wenig motiviert, zumal Sigfrid ihm hier mehrfach energisch davon abrät (vgl. 338,1; 339,4).

344,2 Kriemhild wird also doch zum Objekt eines Tauschgeschäfts.

350,1 ff. Diese Eigenschaft der Tarnkappe ist früher (vgl. 101) nicht erwähnt worden.

354,1 *Reckenweise:* D. h. als Einzelkämpfer bzw. in sehr kleiner Zahl.

367,3 *zu Wettspielen:* mhd. heißt es: *höfschen riten* ›zu höfischem Dienst reiten, höfisch auftreten‹. Ob hier eine Umschreibung für das Liebeswerben vorliegt, ist nicht sicher. Nach der Hs. B versteht es Kriemhild aber so.

375 ff. Es folgen einige jener Strophen der Kleiderbeschreibung, die man spöttisch »Schneiderstrophen« genannt hat. Sie tragen wenig zur Handlung bei, sprechen aber offenbar das Interesse des adligen Publikums für höfische Pracht an, die nur in der Phantasie entwickelt wurde.

375,2 ff. Die nun folgenden Herkunftsnamen (Zazamanc, Marokko, Libia) zeigen, daß man Nordafrika und dem Orient eine besonders reiche Kleiderpracht zusprach. Darin zeigt sich wahrscheinlich eine Nachwirkung der Kreuzzugserfahrungen und des Handels mit dem Orient.

394,3 ff. Im Text wird nicht berücksichtigt, daß die Reise nach Island an Santen (Xanten) vorbeiführen mußte.

395,3 ff. Von Island, seiner Lage und Beschaffenheit bestehen offenbar nur vage Vorstellungen.

398,1 Sigfrids Kenntnis über Brünhild und Island stammt von seiner früheren Begegnung mit ihr, bleibt hier aber unerwähnt (in den nordischen Sagenbearbeitungen ist dies expliziert); es ergibt sich jedoch aus dem Wiedererkennen durch Brünhild (433,3).

411 ff. Daß Sigfrid Gunthers Pferd und Steigbügel hält und 434,4 Gunther als seinen Herrn bezeichnet, wird von Brünhild auch später noch (631,3; 836,2 ff.) als Beweis für seine Vasallenstellung gegenüber Gunther angesehen und führt letztlich zum Frauenstreit (14. Abenteuer) und zu Sigfrids Ermordung. Der nun fortdauernde Betrug an Brünhild führt schließlich zum schlimmen Ende aller.

424 ff. Die folgende Szene erinnert an Hagens Auskünfte über Sigfrid.

430 Brünhild rechnet damit, daß Sigfrid um sie wirbt (vgl. 433).

464 Mit ihren Waffen fühlen sich Hagen und Dankwart sicherer.

473 Die *Ringe* stehen metonymisch für: Kettenhemd (vgl. auch 1902).

474,1 Es bleibt unklar, ob Sigfrid vom Wurfspeer (Ger) getroffen worden ist oder vom Sturz aus dem Munde blutet.

482 Nach Gunthers vermeintlichem Sieg verkündet Brünhild ihre Selbst- und Machtübergabe an Gunther.

491 ff. *Gefreunde* ist eine Neubildung Genzmers zum mhd. Pl. *vriunt*, was sowohl Freund wie Verwandter meinen kann. – Es ist selbstverständlich, daß die Herrscherin ihren Verwandten und Vasallen den Machtwechsel mitteilt und den Treueid für den neuen Herrscher leisten läßt. Hagen sieht jedoch (493) darin eine Gefahr, was Sigfrid veranlaßt, Hilfstruppen von den Nibelungen zu holen (495 ff.).

499,2 Sigfrid segelt also nicht, sondern rudert in der Tarnkappe mit der Kraft von zwölf Mann.

500,3 Der etymologisch unklare Name »Nibelungen«, den im 2. Teil auch die Burgunden tragen, taucht zum ersten Mal auf. Auch hier spielen reale Entfernungen und geographische Verhältnisse keine Rolle.

502,2 Der Hinweis auf die städtischen Verhältnisse seiner Zeit unterstreicht die auktoriale Erzählhaltung des Autors.

507 ff. Die obligatorische Waffe der Riesen ist in der Spielmanns- und Heldenepik die Eisenstange.

509 ff. Alberich ist der Herr der Nibelungen, der einstmals (vgl. 102,4) Sigfrid Treu- und Lehneside geschworen hatte. Die Geißel gilt als Waffe der Zwerge.

524 ff. Der Sigfrid gehörende Nibelungenhort ist offenbar so uner-
meßlich, daß eine Verringerung gar nicht auffällt.

535,4 Ein Vogt (aus lat. *advocatus*), oder hier: *Landvogt*, war der
Stellvertreter des jeweiligen Herrschers. – *Magen*: vgl. Anm. zu
19,3.

537,1 *Gesinde* bezeichnete ursprünglich die Reisegefährten (von
*sindan ›reisen, auf Kriegszug gehen‹).

538 Je größer der Hofstaat einer Fürstin war, um so höher war ihr
Ansehen.

540 Eine wirkliche Seefahrt war jedoch im Mittelalter eine ziemliche
Strapaze.

552,3 Während Gunther mit der Braut und den übrigen rheinauf-
wärts rudert, soll Sigfrid mit den Boten nach Worms reiten.

563,4 »Nie geboren zu sein« ist im Mittelalter eine oft gebrauchte
Verwünschungsformel (vgl. H. Rölleke: *O wär ich nie geboren!*
Zum Topos der Selbstverwünschung in der europäischen Literatur,
Mönchengladbach 1979).

568,2 Indem Sigfrid von Kriemhild Gaben annimmt, verpflichtet er
sich ihr zugleich. Es ist somit eine wechselseitige Huldzusage.

573,2 Kriemhild durfte Sigfrid noch nicht ohne Gunthers Erlaubnis
und auch nicht heimlich küssen.

583,1 Auch Brünhild hatte 86 Frauen im Hofstaat (s. 538).

606,2 Bei der Begrüßung fürstlicher Gäste waren Ritterspiele be-
liebt.

611,3 Der Empfang der vielen Gäste fand auf den Rheinwiesen
statt; erst am Abend zieht man in die etwas weiter entfernt
gedachte Stadt Worms.

617,1 »Vogt vom Rhein« ist eine metonymische Kennzeichnung
König Gunthers.

623,3 Gunther als Familienoberhaupt verlobt Sigfrid seiner Schwester Kriemhild.

625,3 Die Eheschließung wurde früher vor den Verwandten in
einem Kreis vollzogen.

629,3 Brünhild sieht in einer Ehe ihrer Schwägerin mit dem vermeintlichen *eigenman* Sigfrid eine standesungleiche Heirat (Mes-
alliance).

641,3 Brünhild ist also für Gunther nicht die erste Frau, mit der er
sich vereinigt.

648 Das groteske Ende von Gunthers Hochzeitsnacht stammt
wahrscheinlich aus spielmännischer Erzähltradition (vgl. B. Nagel). Wenn Gunther die wahren Zusammenhänge um Sigfrids

Hilfe offenbart hätte, hätte er den Betrug an Brünhild gestehen
müssen.

656,3 Mit der öffentlichen Krönung wurde Brünhild zur Königin
der Burgunden.

667,1 *kosest:* mhd. steht: *triutest* ›liebst‹. Im mhd. NL hält sich
Sigfrid an diese Abmachungen; in anderen Versionen vergewaltigt
er Brünhild.

677 ff. Brünhild überwältigt zunächst auch Sigfrid, der unsichtbar
in die Kemenate eingedrungen ist und Gunther vertritt.

684,2 *Magd:* Jungfrau; *Weib:* Ehefrau. Brünhild besitzt ihre Rie-
senstärke nur als Jungfrau, danach nicht mehr.

694,3 ff. Brünhilds Ring und Gürtel werden später (861, 863) von
Kriemhild als Beweise für eine Defloration Brünhilds durch Sigfrid präsentiert.

701,1 *Hochzeit:* mhd. *hôhzît* bezeichnete jedes Fest.

706 ff. Kriemhild besteht hier auf der Aufteilung der burgundischen
Herrschaft und der Übertragung ihres Anteils an sie bzw. an
Sigfrid, unter dessen Rechtsschutz (*munt*) sie nun steht. Inwieweit
ein tatsächliches Erbrecht für sie besteht, z. B. das fränkische
Teilungsrecht, ist unklar. – Sigfrid verzichtet großzügig auf ein
solches Erbe, billigt jedoch die Überlassung von Personen an
Kriemhild. In nordischen Texten, z. B. der Thidreksaga, wird das
Burgunderreich zwischen Gunther und Sigfrid (Sigurd) geteilt,
was ein zusätzliches politisches Streitmotiv liefert.

726 Sigfrid wird König in Santen; in Worms trug er (656,4) nur die
Krone der Nibelungen.

729 Über das Schicksal dieses Sohnes wie auch Gunthers Sohnes
wird später nichts mehr erzählt.

737 Brünhild bleibt im lehnsrechtlich fundierten Machtdenken be-
fangen.

752,2 Demnach hielten sich Sigfrid und Kriemhild im fernen Nibelungenland auf.

764,4 Sigfrid hat anfänglich Bedenken gegen eine Reise nach Worms
(vgl. auch 771,4). Erst seine Berater (Recken; 773) und sein Vater
stimmen ihn um.

778,2 Der Graf Eckewart ist als Kämmerer Kriemhilds für die
Ausstattung ihres Gefolges verantwortlich.

786,4 Hagen denkt hier schon an eine Aufteilung von Sigfrids
Nibelungenhort bei den Burgunden.

818,3 *Wirt:* Gemeint ist der Hausherr = Gunther.

825,2 Brünhild weiß noch nichts von dem Betrug an ihr in der Hochzeitsnacht.

828,1 Brünhilds Ansinnen, Sigfrids vermeintliche Stellung als »Eigenmann« Gunthers zu klären, das letztlich alle folgenden Katastrophen auslöst, wird hier als Werk des Teufels gedeutet. Diese Strophen 827 und 828 haben in den Hss. A und B keine Entsprechung.

830 ff. Der nun beginnende Frauenstreit, der den Wendepunkt der bisherigen höfischen Harmonie bedeutet, ist im NL zunächst lehnsrechtlich motiviert. Mit dem Vorschlag Kriemhilds, vor Brünhild in die Kirche zu gehen, gewinnt der Streit jedoch ehrenrührigen öffentlichen Charakter, der schließlich in der öffentlichen Beschuldigung Brünhilds als Kebse Sigfrids (854) kulminiert (s. Nachwort).

865,3 Genzmers Formulierung (»meinen Leib«) entspräche der im Mhd. häufigen pars-pro-toto-Metonymic (für »mich«), ist jedoch wegen des Reims gewählt.

874 Sigfrid kann guten Gewissens diesen Eid leisten, da wahrscheinlich Kriemhild eine Defloration Brünhilds durch Sigfrid aus den »Beutestücken« nur vermutet hat (s. Nachwort). Gunther hingegen verzichtet auf die Eidleistung Sigfrids, um Weiterungen über das Geschehen in der Hochzeitsnacht zu vermeiden. Die öffentliche Beleidigung der Königin verlangt allerdings öffentliche Genugtuung. Da eine solche unterbleibt, führt die Kränkung zur Rächung am vermeintlichen Verursacher.

881,1 *Gauche:* Kuckucksjunge (?) (mhd. *gutzgouch*). Diese Redensart setzte jedoch eine Schwängerung Brünhilds durch Sigfrid voraus, so daß ein von ihm gezeugtes Kind in fremdem Neste aufwuchs. Möglicherweise entstammt diese Redensart einer älteren Fassung. Hagen setzt (881,3) ein Prahlen Sigfrids über die Defloration Brünhilds als Faktum voraus und betreibt nun dessen Ermordung.

882 Gunther hält die hier geäußerte Absicht, Sigfrid wegen seiner bisherigen Treue zu schonen, jedoch nicht durch und zeigt darin seine Schwäche gegenüber den Vasallen Hagen und Ortwin.

907 Sigfrid hat also Kriemhild heftig wegen des Frauenstreits geschlagen.

911 Hagen gehört demnach zur Königssippe und genießt eine Sonderstellung am Hofe Gunthers.

914 ff. Kriemhild verrät dem künftigen Mörder guten Glaubens und aus Sorge um Sigfrid (vgl. 918) die einzige verwundbare Stelle

Sigfrids und macht sich so unbewußt erneut schuldig am Tod ihres Gatten.

919 Gunther ist nun mit der Ermordung Sigfrids einverstanden und setzt (924 ff.) das Täuschungsmanöver fort.

929 Die Mitschuld Gernots und Giselhers, die in dieser Textfassung (nach Hs. C) nicht an der Jagd und Ermordung teilnehmen, besteht im Unterlassen einer Warnung Sigfrids.

932,2 Nach 921,4, 932,2 und 968 müssen Sigfrids Kriegsgewand und Jagdgewand identisch sein, was sonst weniger üblich war.

935 ff. Die Unheilsträume Kriemhilds und ihre vergeblichen Warnungen verstärken die tragischen Vorausdeutungen. Kriemhild sagt Sigfrid allerdings nichts von Hagens Erkundigungen nach seiner Verwundbarkeit.

949,4 Daß Sigfrid im Odenwald einen Löwen erlegt haben soll, wird allgemein als Jägerlatein des Autors angesehen.

951,2 *Schelch:* vermutlich Wildpferdhengst (s. Ausg. de Boor zu V. 937,2).

979 Sigfrids Unbekümmertheit und Vertrauensseligkeit kontrastiert mit dem wiederholt betonten bevorstehenden Mordanschlag.

985,4 Der Trunk an einer Quelle, der Sigfrid zum Bücken zwang, war von Hagen als Mordort vorgeplant.

1005 Der Makel des Verwandtenmordes haftete (nach dem Gesetz der Blutrache) auch an den Nachkommen der Mördersippe.

1019 Die Bezeichnung des Mordortes für das Publikum des Dichters findet sich nur in der Hs. C und ihren Folge-Hss.

1020,4 *Weigand:* archaisches Wort für ›Kämpfer‹ (mhd. *wigant*).

1030,4 Diese Angabe (wie auch 1042, 1051,4) scheint 1028,4 zu widersprechen, wo Kriemhild den Mörder sofort kannte, was aber zum Beweis offenbar nicht ausreicht. Deshalb läßt sie 1061 ff. die Bahrprobe vornehmen, bei der nach Auffassung der Zeit (vgl. 1062) die Wunden beim Vorübergang des Mörders neu bluten.

1055,4 Hier werden erstmals die Stadtbürger als Mittrauernde erwähnt.

1051,2 Kriemhild will ein Blutvergießen zwischen Sigfrids Rittern und den Burgunden vermeiden, behält sich jedoch eine spätere Rache vor.

1063,4 Gunther deckt mit seiner Lüge Hagen gegen das Zeugnis der Bahrprobe und verstößt so zugleich gegen seine Königspflicht als oberster Richter, der den Mörder zu richten hätte.

1076 Die Verteilung des Besitzes an Arme und Klöster (die Kriemhild auch nach Eintreffen des Nibelungenhortes in Worms zum

Grimm Hagens fortsetzt, vgl. 1147 ff.) soll dem Seelenheil des Toten zugute kommen, zugleich aber auch Anhänger für Kriemhild gegen Hagen werben.

1081 Kriemhild wurde wahrscheinlich ohnmächtig am Grab und durch frisches Wasser neu belebt. Nach der Beerdigung wiederholt sich die Ohnmacht bei Kriemhild und Sigmund (1088).

1100 Trotz Sigmunds Angebot der Alleinherrschaft an Kriemhild (1092, 1103) und der Erinnerung an ihren Sohn (1104) entschließt sich Kriemhild zum Bleiben in Worms. Nach mittelalterlichem Recht konnte die Witwe zu ihrer früheren Familie zurückkehren.

1117 Brünhild wird hier zum letzten Mal als unversöhnt geschildert, später nur noch erwähnt (vgl. 1524 ff.).

1124 Hagen denkt machtpolitisch, wenn er den Hort nach Worms und eine Versöhnung zwischen Gunther und Kriemhild wünscht.

1134 Nach 1133 wird die Versöhnung zwischen Gunther und Kriemhild nur wegen des Hortes zustande gebracht. Dieser Gedanke fehlt in anderen Hss.

1143 Wie das Reich der Zwerge, die den Schatz hüten, so gehört auch die unmotivierte Erwähnung der Wünschelrute der Märchenschicht im NL an.

1159 Der Dichter moralisiert hier über Hagens Raub und Betrug, die ihm nichts nützen.

1164 ff. Die Strophen 1164–71 mit dem Umzug Kriemhilds und Utes und der Umbettung Sigfrids nach Lorsch fehlen in Hs. A und B.

1172 Hier beginnt der zweite Teil des Nibelungenliedes, den man »Nibelungennot« oder »Kriemhilds Rache« nennen kann. Von jetzt an werden die Burgunden als Nibelungen bezeichnet. – Aus dem Rheintal wird die Handlung in die Gegend der mittleren Donau verlegt. Ein neuer Heldenkreis – die unter Etzels Herrschaft stehenden Fürsten – tritt auf. – *Helche* war nach der Sage Etzels (Attilas) erste Frau.

1176,3 Als Nachfolgeort des einstigen Bechlaren gilt das heutige Pöchlarn bei Melk an der Donau.

1191,3 Nieder- und Oberösterreich gelten hiernach als hunnisches Gebiet.

1207,4 Wieder muß Hagen die Gäste identifizieren.

1244 Zum ersten Mal widersprechen (1237) alle drei Könige und handeln gegen Hagens politisch vorausschauendes Urteil.

1246 Kriemhild hält sich also nicht mehr in Lorsch, sondern in Worms auf.

1272 Giselher, der jüngste Bruder, und Ute, die Mutter, sind offenbar Kriemhilds einzige Vertraute.

1274,2 *Rotten:* Rhône (lat. *Rhodanus*).

1281,4 *König Botelungs Erben:* Gemeint ist Etzel.

1284 ff. Nachdem Rüdeger Kriemhild im Zwiegespräch (1283,1 ff.) angeboten hatte, ihr Leid zu rächen, läßt sie ihn und seine Mannen dies noch beschwören (1285 f.). Der Schwur kostet Rüdeger später (2235 ff.) das Leben. Die so gebotene Möglichkeit der Rache an Hagen bringt nun Kriemhild dazu, Etzel zu heiraten.

1289 Die religiösen Bedenken Kriemhilds gegen den »Heiden« Etzel werden von ihrem Rachebegehren und durch Rüdegers geschicktes Argumentieren verdrängt.

1305,4 Gernot verhindert Hagens zweiten Raub von Kriemhilds Gold, indem er es an Rüdegers Leute und Kriemhilds Mägde verteilen läßt.

1322 Mit dem Hinweis auf den Ritt der Boten wendet sich der Dichter unmittelbar an sein Publikum.

1327 ff. Die Hervorhebung des Passauer Bischofs wie auch die genaue Kenntnis der nachfolgenden Orte lassen darauf schließen, daß der Dichter des mhd. NL sich hier auskannte und möglicherweise am Hof des Bischofs zu suchen wäre. Um 1200 residierte in Passau Wolfger von Erla, der auch als Mäzen Walthers von der Vogelweide bezeugt ist. – Ein Bischof Pilgrim von Passau residierte hier 971–991. Seine Erwähnung konnte eine Huldigung an den lebenden Bischof Wolfger sein.

1364 f. An der Traisen beginnt das eigentliche Reich der Hunnen. Rüdegers Ritter werden nun von hunnischen Reitern abgelöst.

1368 Etzels Hof wird auch vom Dichter (wie vorher schon von Rüdeger, vgl. 1291) als Stätte der Toleranz zwischen Christen und Heiden geschildert.

1371 ff. Die Aufzählung der verschiedenen Völker und Fürsten soll das reiche Völkergemisch in Etzels germanisch-hunnischem Großreich verdeutlichen.

1391,3 Bis zur Hochzeit ist Rüdeger Kriemhilds Beschützer und achtet auf ihr und Etzels Verhalten.

1398 Daß die unvergleichlich große Hochzeit nach Wien verlegt wurde, kann zugleich als Würdigung der Stadt durch den Dichter angesehen werden.

1424 ff. Kriemhild hat nach zwölf Jahren Ehe mit Etzel das ihr von Hagen angetane Leid nicht vergessen. Sie sieht nun ihre Ehe mit Etzel als Intrige Hagens und Gunthers (vgl. 1428).

1451,2 Kriemhild legt Wert darauf, daß erstens niemand von ihrem
Leid und möglicher Racheabsicht erfährt und daß zweitens Hagen
unbedingt mitkommt, der als Kind schon Geisel am Hunnenhofe
war (vgl. das *Waltharilied* und 1805) und den Weg gut kennt.

1483 Die Boten halten sich genau an Kriemhilds Weisung.

1492,4 ff. Wieder rät Hagen ab aus Sorge um Kriemhilds Rache
(vgl. 1235 ff.). Doch duldet er nicht, daß man seine Weigerung als
Feigheit auslegt (1498).

1500 ff. Der Rat des Küchenmeisters Rumold, der hier ausführli-
cher als in anderen Hss. ausgeführt ist, wird in Wolframs *Parzival*
erwähnt (um 1205); zu dieser Zeit muß das NL schon bekannt
gewesen sein.

1520 Indem Hagen die Boten zurückhält, hindert er Kriemhild an
einer frühzeitigen Rüstung gegen die Burgunden.

1548 Obwohl Frau Ute die Reise der Brüder zu ihrer Schwester
begrüßt, warnt sie wegen der als übernatürliche Botschaft emp-
fundenen Träume vor dieser Reise. Hagen stellt (1549) die Wah-
rung der Ehre über derlei Warnungen.

1565 Der Dichter dieser in Hs. C singulären Strophe gibt hier eine
historische Einstufung des Geschehens in die Frühzeit des germanischen Christentums.

1566 Die Burgunden nehmen also einen anderen Weg zur Donau als
Rüdeger mit Kriemhild.

1568,2 Die bisher als »schnelle (d. i. kühne) Recken« (1563) bzw.
»schnelle Burgunden« (1564) Bezeichneten werden nun – eigentlich zu Unrecht – die »schnellen Niblungen« genannt, eine
Kennzeichnung, die auch den Titel der Dichtung prägte.

1573 *Ferge:* Fährmann.

1575 ff. Auch die folgende Begegnung Hagens mit den Donaunixen
entstammt der Märchenschicht der Dichtung. Ihre Weissagung
vom Tod der Burgunden, der Rettung des Kaplans und der
Erlistung der Fähre stehen jedoch im direkten Handlungszusam-
menhang. Die Weiterreise des Heeres wird nun zur bewußten
heroischen Reise in den Tod.

1596,2 Der Autor verurteilt die Besitzgier in einer moralischen
Maxime.

1609 Warum Hagen seine eigenen Leute belügt, bleibt unklar. Diese
befürchten, nicht über die Donau zu gelangen.

1615 Bei einem Fassungsvermögen von etwa 400 Mann hätte Hagen
über 25mal über den Fluß rudern müssen. Aber wie alle Zahlenan-
gaben im NL, so sind auch die Angaben zur Fähre übertrieben.

1618 Mit dem Hinauswurf des Kaplans, der gemäß 1621,3 (gegen 1620,1) nicht schwimmen kann, will Hagen die Weissagung der Nixen auf ihren Wahrheitsgehalt überprüfen. Erst nach der Rettung des Kaplans glaubt er an den gemeinsamen Untergang der Burgunden und zerschlägt schließlich die Fähre für eine Rückkehr (1623,3).

1634 Erst nach dem Übersetzen über den Fluß und der Zerschlagung der Fähre teilt Hagen dem Gefolge die Unheilsweissagung der Nixen mit.

1675 Zu Bischof Pilgerin vgl. Anm. zu 1327.

1679 ff. Bei dem schlafenden Grenzwächter in Rüdegers Dienst (?, vgl. 1680,4) handelt es sich um den Grafen Eckewart aus Sigfrids und Kriemhilds Gefolge (vgl. 1118; 1689,3), der wohl nicht nur aus Dank für die ehrenvolle Schonung und Beschenkung durch Hagen diesen vor dem Haß der Hunnen warnt. Die darin liegende Untreue gegenüber Kriemhild läßt vermuten, daß es sich um ein erzählerisches Relikt aus einer älteren Fassung handelt, nach der der goldgierige Etzel die Burgunden ausrauben wollte.

1684 Die Burgunden wissen offenbar nicht, daß sie schon in Etzels von Rüdeger verwalteten Grenzmark sind.

1686 Rüdegers vorbildliche Gastfreundschaft, die die Burgunden nun mehrere Tage genießen sollen, war schon um 1170 weithin bekannt, vgl. die Erwähnung bei dem frühen Spruchdichter Herger, in: MF 25,34 ff.

1695 ff. Nach 1683,3 erfolgen Ankunft und Aufnahme in der Nacht.

1704,3 Rüdeger kannte Hagen schon aus einer früheren Zeit als Geisel an Etzels Hof. Natürlich kannte Rüdeger auch alle anderen durch seinen Aufenthalt als Werber um Kriemhild am Wormser Königshof.

1722 ff. Volker und Hagen (vgl. 1725 ff.) fädeln geschickt die Verlobung zwischen Giselher und Rüdegers Tochter ein, die mit einem förmlichen öffentlichen Eheversprechen (vgl. 625,3) besiegelt wird. Sie bringen so den wegen der darin liegenden Rangerhöhung überglücklichen Markgrafen später (vgl. 2228 ff.) in einen tragischen Pflichtenkonflikt.

1746 Nudung, ein naher Verwandter Gotelinds, war ein Held aus dem Dietrich-Sagenkreis, der durch Wittich (Witege), einen anderen Sagenhelden, erschlagen worden war. Hagen ersetzt so seinen von Gelfrat beschädigten Schild durch einen wertvolleren.

1760,4 Rüdeger scheint von dem bevorstehenden Unheil der Burgunden am Etzelhof nichts zu ahnen (trotz Dietrichs gegenteiliger Annahme vgl. 1771,4). Die Voranmeldung der Ankunft, die nach anderen Hss. nur an Etzel geht, ist hier doppeldeutig formuliert.

1764 Kriemhild will mit ihrer Rache nur Hagen treffen.

1773 Hagen nimmt Dietrichs Warnung mit zynischem Sarkasmus auf.

1774,4 Der Anredetitel »Trost der Nibelunge« kommt (nach 1568,2) eigentlich Hagen zu, doch antwortet (1775) Gunther auf Dietrichs Anrede.

1782 Die hier gegebene Beschreibung Hagens ergänzt die in 427 gebotenen Angaben.

1785 Kriemhild begrüßt nur den unschuldigen Giselher herzlich, die anderen Brüder nicht, was Hagen sofort begreift und worauf er symbolisch reagiert.

1787 Kriemhild verweigert Hagen den verwandtschaftlichen Gruß und fragt sogleich nach dem Nibelungenhort, den Hagen ihr entwendet hatte und zurückgeben müßte, worauf Hagen stets höhnisch erwidert.

1794 Die Abgabe der Waffen gehörte zu den Regeln der Höflichkeit bei Einladungen, die hier jedoch von Hagen und seinem Gefolge (aus Sorge wegen des bevorstehenden Unheils) gröblich verletzt werden.

1796 »Leid« kann auch ›Beleidigung‹ bedeuten. Kriemhild ahnt, daß die Burgunden gewarnt sein müssen, worauf Dietrich sich dazu bekennt und sich auf Hagens Seite stellt. Die Anrede »Teufelin« (mhd. *valandinne*) an die Königin aus dem Munde eines Asylanten Etzels ist allerdings ein Mißgriff des letzten NL-Autors, zumal später Dietrich Hagen und Gunther besiegt.

1799 Das Motiv für Dietrichs Sympathie für Hagen ist wahrscheinlich in einer älteren Freundschaft zu sehen.

1800,4 Die Gäste sind Etzel offenbar noch nicht vorgestellt worden, wie es sich gebührte. Kriemhild hatte hierin wohl die höfischen Regeln verletzt.

1803,2 Auch Etzel erweist sich wie zuvor Rüdeger (im Gegensatz zu Dietrich) als ahnungslos gegenüber Kriemhilds Racheplan (wie ihm auch zu Hagen nur positive Erinnerungen einfallen).

1812 ff. Durch ihr Weinen und durch Versprechen sucht Kriemhild die Krieger Etzels zur Ausführung der Rache an Hagen zu motivieren.

1819,4 Bisher war Kriemhild den Burgunden nur privat als beleidigte Verwandte begegnet; nun fordert sie deren Achtung als

Hunnenkönigin heraus. Eine Beleidigung unter der Krone müßte
– den gleichen Ehrenkodex vorausgesetzt – von den Hunnen
gerächt werden.

1829 ff. Als Volker die Königin gebührend grüßen will, veranlaßt
ihn Hagen, sich seiner Weigerung anzuschließen.

1832 Indem Hagen Sigfrids Schwert Balmung provokativ zeigt,
reizt er Kriemhilds Rachewillen noch mehr.

1839 Mit seinem Eingeständnis der Ermordung Sigfrids beschuldigt
Hagen zugleich Kriemhild wegen ihrer öffentlichen Beleidigung
Brünhilds als die eigentlich Schuldige.

1841 Kriemhild wendet sich offenbar an die hunnischen Krieger, die
sich jedoch feige zurückziehen.

1845 ff. Der Sprecher kennt Hagen noch aus seiner Geiselzeit bei
Etzel als einen sehr tapferen und siegreichen Kämpfer.

1846 *der von Spanien* meint Walther von Aquitanien aus dem lat.
Waltharilied.

1850 Wieder eine nur moralisch reflektierende Strophe.

1853,4 *Schwäher:* hier ›Schwiegervater‹, nämlich Rüdeger.

1857 ff. In den folgenden Strophen wird Etzel als höfisch vorbildli-
cher Herrscher geschildert, der nichts von Kriemhilds Racheplä-
nen weiß.

1886 Volker ist ritterlicher Kämpfer und begabter Musiker und
Sänger zugleich.

1902 *die Ringe:* d. h., das aus lauter kleinen Stahlringen bestehende
Kettenhemd (vgl. Anm. zu 473).

1905 ff. Die burgundischen Ritter wollen gewohnheitsgemäß in
festlicher Kleidung zur Messe gehen, während Hagen empfiehlt,
Rüstung zu tragen.

1908 ff. Hagen übt hier eine ihm unangemessene Rolle als Seelsorger
seines Heeres aus.

1917 ff. Kriemhild widerlegt aus Vermessenheit (*übermuot*, 1918,4)
nicht Hagens Lüge, um den Konflikt zu beschleunigen.

1924,3 *Buhurt:* ein Reiterspiel, bei dem Gruppen gegeneinander
reiten, meistens ohne Waffen oder mit den Schilden, wobei man
sich mitunter auch gegeneinander in Zweikämpfen vom Pferd zu
stoßen sucht. Vgl. J. Bumke, *Höfische Kultur*, Bd. 1, München
1986, S. 357 ff.

1926 ff. Sowohl Dietrich als auch Rüdeger verbieten ihren Reitern
die Teilnahme am Buhurt, weil sie bei den Burgunden das Um-
schlagen vom Spiel in ernsthafte Kämpfe fürchten. Kriemhild
jedoch wünscht solche Konflikte herbei (vgl. 1931,4 ff.).

1939,2 ff. Volkers Kampf mit dem hunnischen »Frauenritter« war wohl eine Tjost, ein gegenseitiges Anreiten, um den Gegner mit der Lanze vom Pferd abzustechen, wobei allerdings Volker unerlaubte Mordabsichten hegte.

1940 *der König:* Gemeint ist Gunther.

1946 ff. Als Hunnen und Burgunden wegen der Tötung des Hunnen durch Volker bewaffnet aufeinander losgehen wollen, kann Etzel den Streit in letzter Minute zornig untersagen.

1954 ff. Hildebrand weist an Dietrichs Statt Kriemhilds Versuch, Helfer gegen Hagen zu finden, entschieden ab. Dietrich tut dies anschließend in höflicher, Kriemhild tadelnden Form.

1959 ff. In Blödelin, Etzels Bruder, findet Kriemhild gegen das Versprechen einer Grenzmark und der Witwe Nodungs einen Helfer gegen Hagen.

1976 ff. Es kam im Hochmittelalter häufiger vor, daß Fürsten ihre Kinder an anderen Fürstenhöfen erziehen ließen. Etzels Vorschlag dürfte allerdings kaum Kriemhilds Zustimmung gefunden haben.

1984 ff. Dankwart rechtfertigt seine Unschuld an Sigfrids Tod durch Verweis auf sein kindliches Alter; die Gesetze der Blutrache als Sippenhaftung machen allerdings auch vor Kindern nicht halt.

2021,3 *Minne* hat hier noch den ursprünglichen Sinn ›Gedenken‹. Auf eines Menschen Minne trinken war ein gemeinsamer Gedächtnistrunk auf einen Toten. Hagens zynische Aufforderung bezieht sich auf die kommenden Toten, als ersten auf Etzels Sohn. Nach anderen Hss. (z. B. A 1981 ff.) hat Kriemhild die Tötung Ortliebs durch Hagen bewußt einkalkuliert, um Etzel gegen Hagen aufzubringen. Der Bearbeiter der Hs. C hat diese Deutung abgeschwächt.

2027 Volkers Todesstreiche werden oft metaphorisch als Fiedelstriche bezeichnet (vgl. 2037, 2063, 2067 ff. u. ö.).

2028 Die Haltung der Burgundenkönige ist widersprüchlich: nach 2028,2 wollen sie den Streit noch schlichten, vermögen jedoch nichts gegen Hagens und Volkers Mordlust; dann beteiligen sie sich selber am Kampf.

2054 ff. Dietrich weist Hildebrands Neffen, den jugendlichen Heißsporn Wolfhart, der den Ausgang erkämpfen will, energisch zurück.

2060 Dietrich duldet nicht, daß sein Waffenstillstand mit Gunther durch einen fliehenden Hunnen gebrochen wird.

2063,1 Der *Leich* war eine mittelalterliche Gedichtform. Die Worte entsprechen wieder der Fiedelmetaphorik (vgl. 2027, 2067 ff. u. ö.).

2064,3 Dietrich und Rüdeger versuchen, sich aus dem Kampf herauszuhalten, was ihnen allerdings nicht lange gelingt.

2072,1 *zu Tal:* nieder.

2083 Hagen erwartet, germanischem Führerdenken entsprechend, daß die Könige im Kampf vorangehen, wie es die Burgundenkönige tun, und kritisiert und verspottet damit Etzel.

2085,4 ff. Die Verspottung des Gegners im Wortstreit (ahd. *gelph*) vor dem Kampf mit Waffen diente der wechselseitigen Steigerung der Kampfeswut.

2102 ff. Hagen und Iring, der aus Ehrgeiz auf einem Zweikampf bestanden hatte, liefern nun den ersten Zweikampf, der ausführlich beschrieben wird. Allerdings vermag Iring keinen der burgundischen Helden zu bezwingen und wird in einem zweiten Kampf von Hagen getötet. – Auch in den historisch bezeugten Hunnenkämpfen standen sich oft Germanen gegenüber, z. B. auch in der großen Schlacht auf den Katalaunischen Feldern bei Troyes 451 n. Chr., als der römische Feldherr Aetius mit den Westgoten, Alanen, Teilen der Franken und den Burgunden die Hunnen unter Attila und ihre zahlreichen ostgermanischen Hilfstruppen besiegte.

2137 ff. Thüringische Krieger kämpften 451 auf hunnischer Seite mit. Einen Landgrafen von Thüringen gibt es allerdings erst seit 1131.

2153 Der Bearbeiter der Hs. C versucht wiederholt, Kriemhilds Racheabsicht allein auf Hagen zu lenken und die Ausweitung zum Massensterben als Werk des Teufels zu deuten.

2160 Etzels »Güte« wird von den Burgundenkönigen ironisch verspottet, nachdem der Hunnenkönig sich unversöhnlich zeigte.

2164 Gernot hat sich mit seinem bevorstehenden Tod abgefunden und möchte sich mit seinen Brüdern im Einzelkampf außerhalb des belagerten Hauses beweisen, um die übrigen Burgunden zu retten.

2170 ff. Kriemhild besteht wie Etzel auf einer Kollektivhaftung der Burgunden, will jedoch alle außer Hagen ziehen lassen, wenn sie sich von ihm trennen, was Gernot und die übrigen strikt ablehnen.

2178 ff. Da die hunnische Königshalle wahrscheinlich zumindest teilweise ein Holzbau war, konnte Kriemhilds unritterlicher, aber nach Ausweis nordischer Sagas nicht ungewöhnlicher Befehl zum

»Mordbrand« (vgl. die NL-Ausgabe von de Boor zu V. 2109) leicht realisiert werden. Der Dichter stellt sich allerdings die Halle als romanisches Steingewölbe vor (vgl. 2188,1).

2181 Hagens Ratschlag, das Blut der Toten gegen Hunger und Durst zu trinken, ist zwar ungewöhnlich, aber wirkungsvoll.

2206 ff. Der Vorwurf der Feigheit und des Eigennutzes seitens des hunnischen Kriegers erfolgt aus dessen Sicht zu Recht, er ist allerdings für Rüdeger ehrenrührig und kann nur durch den Gegenbeweis widerlegt werden, so sehr ihm das Gewissensqualen bereitet.

2216 Rüdeger ist beiden Seiten jeweils zweifach verpflichtet: Etzel und Kriemhild durch den Lehnseid und den persönlichen Hilfeeid für Kriemhild (vgl. 1286) und den Burgunden als Gastgeber und Freund und als Schwiegervater Giselhers.

2218 ff. Den Verlust der Seele sieht Rüdeger sowohl darin, daß er seine Eide bricht und nicht kämpft, als auch darin, daß er sie erfüllt und gegen die Burgunden kämpft. Durch diese Reflexion der Teilnahme am Kampf erfährt das mörderische Kampfgeschehen nach dem retardierenden Moment der Verhandlungen mit der Figur Rüdegers eine metaphysische Vertiefung (vgl. auch 2235).

2225 ff. Rüdeger will sogar sein Lehen und alles Gut zurückgeben und mit seiner Familie als Elender (»Heimatloser«) wieder ehr- und schutzlos in die Fremde wandern, wenn er dem Kampf gegen die Burgunden entfliehen kann, was sich allerdings als illusionär erweist, da zumindest der Eid für Kriemhild nicht an das Lehen gebunden ist.

2241 Giselhers Freude über Rüdegers vermeintliche Hilfe erweist sich schnell als tragische Ironie, die jedoch Rüdegers eigene Einwände gegen diesen Kampf bestätigt.

2244 ff. Die sprachlichen Gegensatzpaare kennzeichnen die widerspruchsvolle Situation, die auch von den Burgundenkönigen unterstrichen wird.

2260 Giselher kündigt sowohl die Bindung an Rüdeger als auch an seine Verlobte auf.

2263 ff. Der Schildtausch zwischen Hagen und Rüdeger unterstreicht noch einmal die Freundschaft zwischen beiden und führt zur Weigerung Hagens und Volkers, gegen ihn zu kämpfen, wobei sie sogar die Treue gegen die Burgunden (die aus Treue zu Hagen ihr Leben opfern) außer acht lassen (vgl. 2269,4). Rüdeger respektiert dann ebenfalls ihrer beider Leben.

2270,4 Als ›Vater aller höfisch-ritterlichen Eigenschaften‹ (»Tugenden«) und somit als Ideal höfischen und ritterlichen Verhaltens wird Rüdeger in allen Hss. charakterisiert. Mit seinem Tod, der hier vordeutend allgemein betrauert wird, endet für die ritterlichen Asylanten (*Elenden*) die höfische Freude an Etzels Hof (vgl. 2311,3).

2297 Kriemhild folgert aus der Todesstille einen Verrat Rüdegers.

2307 Dietrich hatte sich offenbar mit seinen Leuten vom Kampfplatz entfernt und begrüßt zunächst den vermeintlichen Tod Etzels und Frieden für die Burgunden. Als er von Rüdegers Tod hört (2313), kann er das nicht glauben und schickt Hildebrand zu weiterer Erkundung aus, der sich durch seinen Neffen Wolfhart zur Bewaffnung überreden und später entgegen Dietrichs Gebot in den Kampf drängen läßt.

2332 Auch Dietrich und seine Leute waren ja wie Rüdeger als heimatlose Vertriebene (›Elende‹) an Etzels Hof gelangt. Rüdeger erreichte als Markgraf und Beschützer (*Trost* und *Freude*, vgl. 2327) der Fremden eine machtvolle Sonderstellung. Hildebrand verlangt für Dietrich und seine Leute die Herausgabe von Rüdegers Leichnam, der den Hunnen nur gezeigt (2301), aber nicht übergeben worden war.

2335 ff. Volker verweigert die Herausgabe und reizt Wolfhart durch den Vorwurf der Feigheit (2337) zu weiterem Kampf, den Hildebrand nur vorübergehend meiden kann, bis er schließlich selbst in den Streit gerät, den die Männer Dietrichs nicht mehr beenden können.

2377 f. Hildebrand kann sich verwundet noch vor Hagen aus dem Saal retten, wo nur noch Gunther und Hagen leben.

2379 Dietrich trauert über den (ihm nicht mehr bekannten) Verlauf der Ereignisse, die seine Friedensbemühungen zunichte machten. Hildebrand muß sich sogar gegen seine Vorwürfe, den Frieden gebrochen zu haben, zur Wehr setzen.

2389 Dietrichs Selbstmitleid beweist zwar auch eine höhere Stufe psychologischer Figurengestaltung als die der übrigen Figuren, reicht indes nicht an die vertiefte Gestaltung Rüdegers heran.

2405,2 Nach 2335 ist es Volker, der die Herausgabe der Leiche Rüdegers versagt.

2407 Dietrich bietet Gunther und Hagen mit dem Kampfverzicht und der Selbstübergabe als Geiseln an Dietrich (nicht an Kriemhild) eine letzte Lebenschance.

2413 Hagen versucht, über Hildebrands Flucht aus dem Kampf zu spotten, worauf Hildebrand Hagen an seine Passivität beim Kampf mit Walther im *Waltharilied* erinnert.

2416 Durch die Aufforderung zum Zweikampf isoliert Dietrich Hagen von Gunther und kann so beide getrennt besiegen.

2440 Die von Kriemhild veranlaßte Ermordung ihres Bruders ist durch Hagens vorangegangene Berufung auf den Eid zur Verschwiegenheit nur wenig motiviert.

2443 ff. Kriemhild rächt durch die Erschlagung Hagens mit Sigfrids Schwert nicht nur den Raub des Hortes, sondern zugleich die Ermordung Sigfrids.

2444,4 ff. Etzel mißbilligt trotz des ihm angetanen Leides die schmachvolle Tötung des größten Kämpfers durch eine (seine) Frau und beweist damit ebenso wie Hildebrand, der die Königin dann erschlägt, seine Kriegerethik.

2449 Diese Strophe beginnt mhd. *diu vil michel ére*, d. h., ›die große höfische Herrlichkeit‹ (die auf den großen Gefolgschaften an Rittern und ihrem höfischen Bewußtsein beruhte) war damit zerstört. Wie am Anfang (1,3; 17,3), so wird auch am Schluß das Leid als Folge der Freude gegenübergestellt. Die große Klage der Überlebenden, die nun anhob, wurde um 1230 in einer eigenen Dichtung von etwa 5000 Versen geschildert, die als *Diu klage* mit den meisten NL-Hss. zusammen überliefert ist.

2451 Der letzte Halbvers bestimmte den Titel des Werkes, obwohl diese epische Aufschwellung kaum noch an die wahrscheinlich ursprüngliche *Heldenlied*-Überlieferung erinnert.

Literaturhinweise

Textausgaben

Das Nibelungenlied. Nach der Ausgabe von Karl Bartsch hrsg. von Helmut de Boor. 21., rev. und erg. Aufl. von Roswitha Wisniewski. Wiesbaden: Brockhaus, 1979. [Handschrift B.]

Das Nibelungenlied nach der Handschrift C. Hrsg. von Ursula Hennig. Tübingen: Niemeyer, 1977. (Altdeutsche Textbibliothek. 83.)

Forschungsliteratur

Beyschlag, Siegfried: Das Motiv der Macht bei Sigfrids Tod. In: Germanisch-Romanische Monatsschrift 33 (1951/52) S. 95–108.

Bischoff, Karl: Die 14. Aventiure des Nibelungenliedes. Zur Frage des Dichters und der dichterischen Gestaltung. Wiesbaden 1970.

Curschmann, Michael: »Nibelungenlied« und »Klage«. In: Die deutsche Literatur des Mittelalters. Verfasserlexikon. Bd. 6. Berlin / New York ²1987. Sp. 926–969.

Ehrismann, Otfried: Das Nibelungenlied in Deutschland. Studien zur Rezeption des Nibelungenlieds von der Mitte des 18. Jahrhunderts bis zum Ersten Weltkrieg. München 1975.

– Nibelungenlied. Epoche – Werk – Wirkung. München 1987. [Mit Bibliographie.]

Eifler, Günter: Ritterliches Tugendsystem. Darmstadt 1970. (Wege der Forschung. 56.)

Heinzle, Joachim: Das Nibelungenlied. München/Zürich 1987.

Heusler, Andreas: Nibelungensage und Nibelungenlied. Die Stoffgeschichte des deutschen Heldenepos. Dortmund 1921. 6. Aufl. 1965. Nachdr. Darmstadt 1982.

Hoffmann, Werner: Das Siegfriedbild in der Forschung. Darmstadt 1979.

– Das Nibelungenlied. Stuttgart ⁵1982. (Sammlung Metzler. 7.)

– Das Nibelungenlied. Frankfurt a. M. 1987.

Horacek, Blanka: Zum Handlungsaufbau des Nibelungenliedes. In: Studien zur deutschen Literatur des Mittelalters. Hrsg. von Rudolf Schützeichel. Bonn 1979. S. 249–263.

Nagel, Bert: Das Nibelungenlied. Stoff – Form – Ethos. Frankfurt a. M. 1965.

Neumann, Friedrich: Das Nibelungenlied in seiner Zeit. Göttingen 1967.

Rupp, Heinz (Hrsg.): Nibelungenlied und Kudrun. Darmstadt 1976. (Wege der Forschung. 54.)

Schröder, Werner: Die Tragödie Kriemhilds im Nibelungenlied. In: Zeitschrift für deutsches Altertum und deutsche Literatur 90 (1960/61) S. 41–80, 123–160.

Schulze, Ursula: Nibelungenlied. In: Deutsche Dichter. Leben und Werk deutschsprachiger Autoren. Hrsg. von Gunter E. Grimm und Frank Rainer Max. Bd. 1: Mittelalter. Stuttgart 1989. S. 142 bis 163.

Wachinger, Burghart: Studien zum Nibelungenlied. Vorausdeutungen, Aufbau, Motivierung. Tübingen 1960.

Wahl-Armstrong, Marianne: Rolle und Charakter. Studien zur Menschendarstellung im Nibelungenlied. Göppingen 1979.

Wiehl, Peter: Über den Aufbau des Nibelungenliedes. In: Wirkendes Wort 16 (1966) S. 309–323.

Nachwort

Das Nibelungenlied um 1200

Das um 1200 oder kurz danach entstandene *Nibelungenlied* ist heute wahrscheinlich die in Deutschland bekannteste Dichtung des Mittelalters. Im 13. Jahrhundert stand es dagegen in Konkurrenz mit den modisch gewordenen Versromanen um den keltischen Sagenkönig Artus, die als Übersetzungen oder Bearbeitungen französischer Texte in der deutschen Adelskultur heimisch geworden waren. Während diese teilweise märchenhaften Erzählungen immer bekannter wurden, wagte es ein uns noch immer unbekannter Dichter, vermutlich aus dem Passauer Raum (wo er sich besonders gut auskannte), *alte maeren*, überlieferte heimische Geschichten von Liebe, Mord und Heldenkampf aus einstigen burgundischen und fränkischen Sagen, die ihm vielleicht aus nördlicheren Gebieten zugetragen wurden, in einer großen strophischen Dichtung von fast 10000 Versen neu zu gestalten. Er hatte Erfolg damit, wie die Überlieferung von 35 Hss. und Hs.-Fragmenten aus dem 13.–15. Jh. beweist, die zahlenmäßig nur von Wolfram v. Eschenbachs *Parzival* übertroffen wird.

Was die Gründe dieses Erfolgs waren, wissen wir nicht. Vielleicht war es die Vertrautheit mit den hier episch ausgestalteten Sagen, vielleicht auch das Hineingestelltsein der geschilderten Ereignisse in eine geographisch und historisch bekannte Welt und die Aufnahme mancher Tagesprobleme, vielleicht auch ein nostalgisches Sichversenken in die vergangene Heldenzeit angesichts des Rückgangs eines tätigen Rittertums und des Machtzuwachses der Territorialfürsten gegenüber einem schwachen oder damals im Schisma befindlichen Königtums. Alle hier erwähnten Probleme, die in der märchenhaften und formal glatteren Artusepik fehlten, konnte man im Nibelungenlied zumindest andeutungsweise finden. Kein Wunder also, daß es so für bestimmte Publikumsschichten von größerem Interesse war als

der französische Literaturimport und seine deutschen Nachge-
staltungen.

Allerdings standen sich so auch zwei unterschiedliche Weltsich-
ten und Zukunftsperspektiven gegenüber: die realistischere und
zugleich pessimistischere Sicht des Nibelungenliedes, in der
Betrug, Mord und Rache letztlich den Untergang ganzer Heerscharen bedingen, und das idealisierende Bild eines sich in
Abenteuern (*aventiuren*) bewährenden Rittertums, das im *Parzival* sogar eine religiöse und soziale Steigerung und Verklärung
erfuhr. Thomasin von Zerclaere hat wenig später Wolframs
Hauptwerk der Jugend zur Lektüre empfohlen; das Nibelungenlied schien ihm dazu nicht geeignet, es evozierte aber in einer
späteren Generation die größte »Klage«-Dichtung des Mittelalters.

Sagengeschichtliches

In den *alten maeren*, die in der Eingangszeile des Nibelungenliedes erwähnt werden, sind zweifellos die sagenhaften Überlieferungen über die *Nibelungen* gemeint, die zur Zeit der Abfas-
sung des mhd. Nibelungenlieds existierten. In welcher Form
und in welchem Umfang solche erzählerischen Vorstufen vor-
handen waren, ist uns nicht bekannt. Darauf aber, daß es solche
Vorstufen gab, weisen mehrere Fakten hin, allerdings aus dem
nordeuropäischen Raum:

1. Bei dänischen Chronisten des 12. Jahrhunderts wird zum
Jahre 1131 berichtet, daß ein (nieder)sächsischer Sänger vor
Herzog Knut Lavard das Lied von dem sehr bekannten heim-
tückischen (*notissimam perfidiam*) Verrat Kriemhilds an ihren
Brüdern vorgetragen habe.
2. Etwa 100 Jahre später, um 1250, stellt ein norwegischer
Schreiber am Hof König Hakon Hakonarsons die Geschichten
von Dietrich von Bern, die ihm niederdeutsche Kaufleute aus
Westfalen zugetragen haben, in der großen Prosafassung der
Thidreksaga zusammen. Darunter befinden sich auch die

Erzählungen von Sigfrids (Sigurd) Liebe und Tod, von Kriemhilds Rache und vom Untergang der Burgunden.

3. Bedeutender, weil zweifellos älter, sind die altnordischen, aus Island stammenden balladenartigen Lieder der erst um 1270 aufgeschriebenen *Lieder-Edda*, vor allem das *Alte Sigurdlied* (*Brot af Sigurdarquida*) und das *Alte Atlilied* (*Atlamál*), in denen einerseits die Lebens- und Liebesgeschichte Sigurds bis zu seiner Ermordung und andererseits die Einladung und Ermordung der Brüder Gudrun/Kriemhilds durch deren zweiten Mann, den goldgierigen Atli, sowie Gudruns Sippenrache an ihm geschildert werden.

4. Neben den altnordischen Liedern aus dem Nibelungensagenkreis existieren auch bedeutende Prosafassungen, die seit dem 13. Jahrhundert aufgezeichnet wurden. Die wichtigsten hierzu sind die sog. *Snorri-Edda*, eine Art Dichterhandbuch des isländischen Dichters Snorri Sturluson (um 1220) über alte Literaturstoffe und darauf zurückgehende metaphorische Wendungen (*kenningar*); ferner die vermutlich noch aus dem 13. Jahrhundert stammende *Völsungasaga* mit der umfangreichen Erzählung der nordischen Nibelungensaga, vor allem auch der Herkunft und der Jugendabenteuer Sigurds. Daneben gibt es in der nordischen Literatur noch eine Reihe von Sproßliedern zu den einzelnen Ereignissen oder Figuren der Nibelungensage (z. B. Gudruns Gattenklage; Gudruns Sterbelied; Erweckung der Walküre [Brynhild]; Brynhilds Helfahrt u. a.).

Zieht man das Resultat aus diesen Darstellungen, so ergibt sich folgendes:

1. Es gab vor und neben dem mhd. Nibelungenlied eine reiche, in manchem davon abweichende Sagenüberlieferung, sowohl in Nordeuropa (Island, Norwegen, Dänemark) als auch in Norddeutschland (Westfalen, Niedersachsen).

2. Gemeinsame Erzählkerne dieser Überlieferungen sind Sigurds frühe Begegnung mit Brynhild und spätere Heirat mit Gudrun/Kriemhild, der Schwester Gunnars/Gunthers und Högnis/Hagens, auf deren Betreiben Sigurd schließlich ermordet

wird, sowie die Geschichte der Einladung und Ermordung der Brüder Gudruns durch deren zweiten Ehegatten Atli.

3. Ein entscheidender Unterschied zwischen der altnordischen und der niederdeutsch-westfälischen Sagentradition besteht in der Darstellung des Untergangs der Brüder Gudruns/Kriemhilds: Während die ältere altnordische Überlieferung sie durch Atlis List, Habgier und Grausamkeit sterben läßt, woraufhin Gudrun ihre Brüder an Atli rächt, kennt die auf deutschen Traditionen fußende Darstellung im sächsischen Lied von 1131 und in der *Thidreksaga* wie das mhd. Nibelungenlied die Rache Kriemhilds an ihren Brüdern für die Ermordung ihres Gatten Sigfrid. Hier stehen sich also mit den erzählerischen Unterschieden zwei unterschiedliche ethische Schichten (stärkere Sippenbindung der Frau an ihre Herkunftssippe mit Pflicht zur Blutrache im heidnisch-germanischen Bereich und stärkere Gattenbindung im mittelalterlich-christlichen Bereich) und zwei historisch bedingte unterschiedliche Attilabilder (gotisch-bayrische Idealisierung : burgundisch-nordische Negativdarstellung Atlis) gegenüber.

Wir haben es allerdings sehr wahrscheinlich nicht von vornherein mit zwei unterschiedlichen Sagenfassungen zu tun, sondern nur mit einer, die erst auf späteren Stufen zu einer Differenzierung führte. Zumindest gilt das für die Entstehung der Nibelungensage, deren beide Teile, die Sigfrid-Brünhild-Erzählungen und die Sage vom Untergang der Burgunden, jeweils nur einen historischen Ausgangspunkt haben. Vor allem für letztere ist dieser noch einigermaßen klar erkennbar. Folgende historische Fakten liegen hier zugrunde:

Sage vom Untergang der Burgunden

Der ursprünglich im Ostseeraum beheimatete Germanenstamm der Burgunden oder Burgunder war im Rahmen der germanischen Völkerwanderung im frühen 5. Jahrhundert über den Rhein gedrungen und hatte sich in der mittel- und oberrheini-

schen Landschaft um Worms angesiedelt. Dabei kam es zu
Grenzstreitigkeiten mit den nur allmählich zurückweichenden
Römern. Im Jahr 436 wurden die Burgunden von einem mit den
Römern zusammenwirkenden hunnischen Heer (das nicht von
Attila geführt wurde) vernichtend geschlagen; ihr König Gun-
dahar oder Gundicarius (mhd. Gunther, an. Gunnar) und die
meisten seiner Männer fielen im Kampf. Die Reste ihres Volkes
erhielten von den Römern im oberen Rhônetal neue Siedlungs-
plätze. Der spätere König Gundobad, der im Jahr 501 die
Gesetze der Burgunden aufzeichnen ließ (in der »Lex Burgun-
dionem«) nennt unter seinen Ahnen die Namen *Gibica* (mhd.
Gibiche, an. Gjuki, der in allen Texten, außer dem mhd.
Nibelungenlied, der Vater der Königsbrüder ist), ferner *Gunda-
harius, Gislaharius* (mhd. *Giselher*, der im Norden fehlt) und
Godomarius (an. *Guttorm*, mhd. dafür *Gernot*). Ob es sich bei
den Königsbrüdern des Nibelungenliedes um historisch gleichzeitig oder nacheinander lebende Burgundenkönige handelte,
wird nicht deutlich.
Der historisch verbürgte ›Untergang‹ der Burgunden im Jahr
436 ist später mit Attila in Verbindung gebracht worden, der –
nach dem Bericht des byzantinischen Chronisten Jordanes – im
Jahr 453 in der Hochzeitsnacht mit einer germanischen Nebenfrau Ildico (Hildchen) an einem Blutsturz starb. Wenig später
wurde dieser Tod als Mord Ildicos ausgegeben, den diese aus
Blutrache für den Tod ihrer Brüder, der von Hunnen getöteten
Burgundenkönige, begangen haben soll. Damit war die motivi-
sche Grundstruktur der Lieder vom Untergang der Burgunden
und von Gudrun/Kriemhilds Rache geboren. Nun brauchte nur
noch die Vorgeschichte hinzuerfunden zu werden. Der enthi-
storisierenden und individualisierenden Tendenz der Heldenlie-
der gemäß, die die politische Geschichte in Sippengeschichten
und Einzelbiographien mit menschlichen Schwächen und Stär-
ken umformten, wurde Atli zum goldgierigen Schwager der
Gjukunge, der diese unter einem Vorwand zu sich lockt, um
den Schatz seiner Schwäger zu erpressen, und, als das scheitert,
diese tötet, weshalb Gudrun sich danach zur Sippenrache entschließt.

Mit der Durchsetzung des Christentums bei Ost- und Westgermanen (noch nicht gleichzeitig bei den Nordgermanen) und der Betonung der stärkeren Gattenbindung Kriemhilds an ihren ersten Mann (Sigfrid) mußte die Sippenrache als Motiv zurücktreten und die Tötung Atlis wegfallen. Auch mag die Ablösung des negativen Attilabildes der Burgunden und Nordgermanen durch das positive Bild der Dietrichepik hier eingewirkt haben. Dies setzte allerdings die Verbindung der Sage vom Burgundenuntergang mit der Sigfridsage voraus, die zur kausalen und zeitlichen Vorstufe der ersteren wurde.

Sigfridsage

Im Unterschied zur Sage vom Untergang der Burgunden läßt sich für die Sigfridsage keine eindeutige historische Entstehungsgrundlage ermitteln. Helmut de Boor (1939 und Ausg., S. XXVI) sieht in Sigfrid »einen vertriebenen Merowingersproß, der am Hofe Gundaharis Aufnahme fand, dort zu Ansehen gelangte, eine Tochter des Königshauses heiratete, schließlich aber wegen seiner wachsenden Machtstellung von einer burgundischen Partei unter Führung eines Verwandten des Königshauses ermordet wurde«. Ins Fränkische verweisen auch die *sigi-*Namen (*Sigfrid, Sigmund*), die Stadt Xanten am Niederrhein (noch heute nfrk. Dialektgebiet), aber auch die Ermordung des ostfränkischen Königs Sigibert, des Gatten der Königin Brunichildis, auf Betreiben seines Vetters Chlotar II. und seiner einstigen Geliebten und späteren Frau Fredegunde, was zu einer Reihe weiterer Morde führte. Allerdings erscheint der hier notwendige Namentausch (Gudrun/Kriemhild hätte so als literarische Sagenfigur Brunichildis historische Rolle als Gattin und Rächerin Sigibert/Sigfrids übernommen) den meisten Forschern unwahrscheinlich.

Herkunft und Einbezug der Brünhild-Figur, die sowohl im mhd. Nibelungenlied als auch in den nordischen Dichtungen einen mythischen Charakter aufweist, sind allerdings nicht

erklärt. Das Erzählmotiv der verschmähten Braut, die schließlich die Ermordung des ihr untreu gewordenen früheren Geliebten durch ihren späteren Gatten und seine Verwandten veranlaßt, kommt jedoch in den nordischen Versionen als auch –
zumindest kaschiert – im Nibelungenlied vor und könnte in
beiden Bereichen das Machtmotiv verdrängt haben.

In der Sagenentwicklung sind die Sigfrid-Brünhild-Sage und die
Sage vom Burgundenuntergang, die in der *Lieder-Edda* noch
getrennt begegnen, an einer bestimmten Stelle verbunden worden, wobei die Untergangssage sich als Folgeentwicklung der
Sigfrid-Sage ergab. Möglicherweise wurde dies durch die Profi-
lierung der Figur Kriemhilds veranlaßt, die im ersten Teil durch
Hagen und Gunther zweimal großes Unrecht erleidet und sich
dafür rächt. Dem Liedvortrag von 1131 zufolge muß dies schon
vor 1131 geschehen sein, denn die dort erwähnte Rache Kriemhilds an ihren Brüdern setzt die enge Bindung der Schwester an
den ermordeten Gatten, also die Sigfridsage, voraus. Eine Vertiefung dieser Bindung zwischen Sigfrid und Kriemhild ist
möglicherweise schon vor 1200 durch die Umgestaltung zum
höfischen Minneroman und die Einbeziehung der Rüdeger-
handlung erfolgt, während die vorliegende mhd. Fassung aufgrund historischer und literarischer Anspielungen (Amt des
Küchenmeisters nicht vor 1203 erwähnt; Anspielung auf Ru-
molts Rat im *Parzival* um 1205) erst zwischen 1203 und 1205
geschaffen sein dürfte.

Einen eigenen Bereich in der Sagengeschichte des Nibelungenliedes stellt Sigfrids Jugendgeschichte dar. Während sie in der
nordischen Literatur sowohl in eigenen Texten als auch als Teil
der Gesamtgeschichte erscheint (*Völsungasaga, Thidreksaga,
Snorri-Edda*), wird sie im mhd. Nibelungenlied nur in Hagens
erläuternder Erzählung über Sigfrids Drachentötung, Hort- und
Tarnkappenerwerb in den Strophen 87–100 gestreift. Sigurd ist
in den nordischen Versionen als Sohn eines im Kampf gefallenen
Vaters und einer früh verstorbenen Mutter ein Findelkind, das
bei einem Schmied erzogen wird, dann von einem Drachen
getötet werden soll, aber selbst den Drachen tötet. Im Nibelun-

genlied werden nur die für die Handlung relevanten Einzelheiten erwähnt, die Begegnung mit Brünhild fehlt ebenfalls. Sigfrid
erscheint dagegen als höfisch erzogener Königssohn, der eine
Braut gewinnen will und deshalb nach Worms zieht.

Aufbau und Erzählstruktur

Der letzte Bearbeiter des mhd. Nibelungenliedes hat mit Sinn
für proportionale Gestaltung die beiden Handlungsteile in etwa
gleichem Umfang gestaltet. Von den 39 (unterschiedlich großen)
Aventiuren des Gesamtwerks fallen 19 auf den ersten Teil, der
mit Hagens letztem Unrecht an Kriemhild endet, der Versen-
kung des Nibelungenhortes, der Morgengabe Kriemhilds, in
den Rhein; 20 (20. 39.) Aventiuren bilden den zweiten Teil, der
mit Etzels Werbung um Kriemhild anhebt. Läßt man Teil 2 mit
Kriemhilds Ortswechsel in der 21. Aventiure beginnen und die
20. Aventiure als Zwischenstück gelten, so umfaßte Teil 2
ebenfalls 19 Aventiuren. Über die Gliederung des Nibelungenliedes bestehen unterschiedliche Auffassungen (z. B. bei Nagel,
1965; Wiehl, 1966; Horacek, 1979); doch bieten sich auch
verschiedene Kriterien für die Einteilung an: z. B. Handlungseinheiten, Ortswechsel, Zeiteinheiten. So bilden nach den beiden Einleitungsaventiuren die Aventiuren 3–5 mit Sigfrids Ein-
leben in Worms und seinen Sorgen um Kriemhild sowie die
Aventiuren 6–11 mit Gunthers Werbung um Brünhild und
Sigfrids Hilfe dabei bis zu den beiden Hochzeiten solche Handlungseinheiten. Ein weiterer Block wird von den Aventiuren
12–18 gebildet, die den Besuch Sigfrids und Kriemhilds, den
Streit der Königinnen, die Ermordung Sigfrids, Kriemhilds
Klagen und den Hortverlust umfassen. Die Sonderstellung der
19. Aventiure ist schon betont worden (auch von Nagel und
Wachinger).
In Teil 2 lassen sich die (überlange) 20.–22., die 23.–27., die
28.–31. und die 32.–39. Aventiure zusammenfassen, durch die
Kriemhilds Brautfahrt und Hochzeit, ihre trügerische Einladung an die Brüder und an Hagen, deren Aufenthalt am Hof

Etzels vor dem Kampf und schließlich die Kämpfe selbst als
Handlungseinheiten deutlich werden. Diese inhaltliche Bin-
nengliederung steht der Hervorhebung einzelner Aventiuren
nicht im Wege, die durch ihre Bedeutung für das Gesamtwerk
besonderen Wert besitzen, wie etwa die 14. Aventiure mit dem
Streit der Königinnen, der die Wende des Geschehens herbei-
führt, oder die 37. Aventiure mit dem Einsatz und Tod Rüdegers, des Inbegriffs höfischer Ritterlichkeit.

Die inhaltliche Gliederung wird überlagert durch eine Reihe
textimmanenter Klammern, etwa den zahlreichen Vorausdeutungen durch den Erzähler (oft in der Schlußzeile einer Strophe)
oder durch Handlungselemente (Träume, Nixen, andere Figuren) oder in bestimmten Parallelen in den Handlungsabschnit-
ten, die quantitative wie inhaltliche Proportionen unterstrei-
chen. So wird z. B. zweimal um Kriemhild geworben (Sigfrid,
Etzel), zweimal wandelt sich Freude in Leid, in beiden Teilen
finden jeweils zwei Heiraten statt (Sigfrid – Kriemhild / Brünhild – Gunther : Etzel – Kriemhild / Giselher – Rüdegers
Tochter). Auch innerhalb der Teile gibt es Parallelen mit Dop-
pelungen. So wird Brünhild zweimal durch Gunther und Sigfrids Hilfe betrogen, Kriemhild zweimal durch Hagen bitter
gekränkt. Rüdeger verpflichtet sich zweimal gegenüber Etzel
und Kriemhild und zweifach auch gegenüber den Burgunden
(als Schwiegervater Giselhers und als Gastgeber und Reise-
begleiter). Hagen erhält Nodungs Schild als Geschenk und gibt
ihn später an Rüdeger zurück.

Untersucht man die Darbietungsform der Dichtung, so begegnet uns eine Reihe unterschiedlicher makrostilistischer Elemen-
te. Dominierend sind epische Berichte und Handlungsschilde-
rungen, die den Fortgang des Geschehens kennzeichnen. Dabei
setzt die Berichtform meistens dort ein, wo Orts- und Zeiten-
wechsel vorliegen (vgl. z. B. 2 ff., 19 ff., 74 ff., 144 ff., 171 ff.,
333 ff., 751 ff. usw.). Von der zusammenfassenden oder aufzäh-
lenden Berichtform wechselt der Erzähler häufig in Handlungs-
schilderungen über, die das Geschehen im einzelnen wiedergeben. Von besonderem Wert ist auch der Sinn des Erzählers für

symbolische Gesten; man denke z. B. an die erste Liebesbegegnung zwischen Sigfrid und Kriemhild (299 f.) oder an Hagens trotzige Grußverweigerung gegenüber Kriemhild (1832).

Rund ein Drittel des Textes besteht allerdings aus Redeszenen, also aus unmittelbaren szenischen Vergegenwärtigungen, mitunter von recht dramatischem Charakter. Man denke etwa an Sigfrids Ankunft in Worms (110 ff.) oder an den Frauenstreit (an. *senna*) in der 14. Aventiure. Schließlich finden sich im Nibelungenlied auch immer wieder beschreibende Strophen (sog. Schneiderstrophen), die dem Interesse des adligen Publikums an der Beschreibung kostbarer Kleider, Waffen und Rüstungen entsprechen. Besonders bei Reisevorbereitungen, Empfängen und Festen betont der Erzähler so den höfischen Glanz und ritterliche Sitten, die mitunter in merkwürdigem Kontrast zur Unerbittlichkeit des Mord- und Kampfgeschehens und dem großen Sterben am Ende stehen, auf das vorausdeutend immer wieder verwiesen wird.

Alle diese erzählerischen Eigenheiten sind die Leistung eines geschickten Dichters, der es verstand, die überlieferten Erzählteile und -formen zu bewahren und sie gleichzeitig dem inzwischen höfisch geprägten Publikumsgeschmack anzugleichen. Wiederholt meldet sich dieser auktoriale Erzähler unmittelbar zu Wort, in der programmatischen Eingangsstrophe etwa oder in den Schlußstrophen (2449–51), in manchen Geschehenseinheiten (z. B. 791, 1322, 1345, 1702 u. ö.), aber auch in den vielen Charakterisierungen und Wertungen der Figuren und ihrer Handlungen, wobei allerdings viele konventionelle Formeln des mündlichen Erzählens tradiert werden. So sind die männlichen Hauptfiguren stets »kühn, tapfer, schön, stark« usw., die Frauen stets »edel, schön, gut, tugendhaft« usw. In der unmittelbaren Bewertung der Vorgänge hält sich der Erzähler jedoch weitgehend zurück. Seinen Standpunkt legt er mitunter einzelnen Figuren in den Mund. So entspricht Kriemhilds Ausspruch (17,3), daß sich zeigt, »wie Liebe mit Leide am Ende lohnen kann«, auch seinem Denken (vgl. 2449,4 »wie die Freude gerne am Ende sich wandelt in Leid«).

Das Erzählkonzept der Nibelungengeschichten

Das Nibelungenlied ist schon von den frühesten uns erhaltenen
Sagenzeugnissen her eine Kombination von Liebes-, Mord- und
Rachegeschichten der Hauptfiguren Sigfrid/Sigurd, Brünhild,
Kriemhild/Gudrun, Gunther/Gunnar, Hagen/Högni, Gernot/
Guttorm und Etzel/Atli. Erst die mhd. Fassungen haben eine
Reihe weiterer Figuren ins Spiel gebracht, die jedoch bis auf
Giselher, Rüdeger, Dietrich von Bern und Hildebrand weniger
handlungsentscheidend sind. Die Figuren sind ursprünglich mit
bestimmten Handlungen und Ereignissen verknüpft, ohne daß
die Handlungsweise für die Rezipienten der Dichtung ausführlich erläutert wurde. Das Faktische hatte seine eigene Wirksam-
keit für Hörer jener Zeit. In der durch die zeitgenössische
höfische Epik beeinflußten veränderten Erzählweise des mhd.
Nibelungenliedes ist dieser Mangel der alten Sagenepik an Psy-
chologisierung und Handlungsmotivierung zu einem großen
Teil abgebaut worden, wenn auch einzelne Begründungsdefizite
noch spürbar sind (so ist z. B. Gunthers Werbung um Brünhild
kaum motiviert). Die Frage, ob die Ereignisse oder die Figuren
maßgebend für das vertiefte Verständnis des Textes sind, ist
allerdings in der Nibelungenlied-Forschung nie klar entschieden worden. Wer jedoch diese Dichtung zu sehr von den Ereignissen her betrachtet und die Figuren dementsprechend als bloße
Rollenträger sieht, wie z. B. A. Heusler, W. J. Schröder, H.
Hempel, G. Kaiser (entsprechend Heuslers Dictum: »Die Rolle
prägt den Kopf.«, vgl. W. Hoffmann, 1987, S. 45), erfaßt zu
wenig die um 1200 schon übliche Individualisierung und innere
Motivierung der Figuren, deren Eigenart als »Charaktertypen«
andere Forscher (so z. B. F. Panzer, G. Weber, K. H. Halbach,
W. Hoffmann und z. T. auch M. Wahl-Armstrong) hervorhe-
ben, die dann auch das Handeln weitgehend von den Figuren
aus begründen. Es ist sicher sinnvoll, beides im Blick zu behalten, Vorgänge wie auch deren personale Motivationen, wie wir
dies im folgenden in aller Kürze versuchen wollen.

Sigfrid und seine Liebesgeschichte

In der nordischen Sagenüberlieferung gelangt der erfolgreiche Waisenknabe Sigurd nach Drachentötung und Horterwerb zunächst zur schlafenden Walküre Brynhild (bzw. Sigdrifa), erlöst und liebt sie. Er trennt sich dann (nach einem Heiratsversprechen) wieder von ihr und gelangt zu den Gjukungen, wo er mit Gunnar und Högni Blutsbrüderschaft schließt und (teilweise nach einem Vergessenstrunk) von Gunnar zur Hochzeit mit seiner Schwester Gudrun überredet wird (teilweise nach Beschenkungen, in der *Thidreksaga* mit der Hälfte des Reiches). Der Nibelungenlied-Dichter verzichtet auf die ihm wohl bekannte Jugendgeschichte und die Begegnung Sigfrids mit Brünhild und beginnt sogleich mit dem Werbezug zu Kriemhild (vgl. 47 ff., den er allerdings 111 ff. in einer Art Kraftmeierei Sigfrids anders motiviert). Dadurch kann er das hier durchscheinende archaische Brautraubmotiv zur um 1200 moderneren höfischen Liebesgeschichte umstilisieren. Sigfrid wird so sehr zum liebesblinden Minnehelden, daß er um Kriemhilds willen alles tut, wozu ihn die Burgundenkönige und auch Hagen drängen. Um Kriemhilds willen zieht er in den Sachsenkrieg und besiegt in lebensgefährlichen Kämpfen den Dänen- und den Sachsenkönig; bei dem Siegesfeiern darf er dafür (nach einem Jahr) erstmals Kriemhild sehen und sprechen und seine Liebe kundtun (295 ff., 310). Um ihretwillen hilft er Gunther aber auch mehrfach auf betrügerische Weise, Brünhild zu gewinnen und schafft so die Grundlagen für den eigenen Tod. Der Nibelungenlied-Dichter weist vorausdeutend auf die Folgen dieser Minneblindheit Sigfrids hin (330,3: »Daß ihn zwang die Minne, das schuf ihm viele Not. / Darum dereinst der Kühne lag zu großem Jammer tot.«). Daß diese Liebesblindheit aber auch mit Sigfrids sonstiger naiver Unbekümmertheit einhergeht, zeigt sich auch an anderen Beispielen, etwa in der Weitergabe von Brünhilds Ring und Gürtel an Kriemhild, die diese Gaben im Frauenstreit als Beweisstücke präsentieren sollte. Und weder dabei noch nach Brünhilds öffentlicher Entehrung durch

Kriemhild bedenkt Sigfrid die Folgen der Ereignisse und begreift dementsprechend auch nicht Hagens Verschwörung und Mordabsicht gegen ihn – ebenso wie Kriemhild, die unbedacht sogar die einzige verwundbare Stelle Sigfrids seinem späteren Mörder verrät. Beide machen sich so unbewußt mitschuldig an Sigfrids Ermordung.

Das Bild vom unschuldigen, offenen und ehrlichen, kraftvollen, unbekümmerten Sigfrid, der stets Gunther die Treue hält und trotzdem heimtückisch ermordet wird, das die ältere Nibelungenlied-Forschung und die popularisierenden Deutungen gern zu zeichnen suchten, läßt sich angesichts seiner Betrügereien an Brünhild nicht mehr ganz nachvollziehen. Doch ist ihm auch ein politisches Machtstreben fremd, das man – wohl unter Einfluß sagengeschichtlicher Grundstrukturen – Sigfrid unterstellt hat, um ein Motiv für seine Ermordung zu finden. So verzichtet er (709 f.) sogar großmütig (oder großspurig?) auf Kriemhilds Erbe und den ihm angebotenen Anteil am Burgundenreich.

Daß Sigfrid aufgrund seiner märchenhaften Fähigkeiten (Tarnkappe mit Zwölfmännerkraft, Zauberschwert) und seiner fast vollständigen Unverwundbarkeit eine menschliche Ausnahmeexistenz ist (darin Brünhild vergleichbar), läßt der Nibelungenlied-Dichter bis auf wenige funktional bedingte Stellen (Werbung um Brünhild) zurücktreten.

Kriemhilds Liebe und Rache

Unter diesem Titel könnte das gesamte Nibelungenlied zusammengefaßt werden, denn schließlich handelt es sich um Kriemhilds Lebensgeschichte vom jungen Mädchen, das nichts von der Liebe zu einem Mann wissen will, bis zur alternden Königin, die nahezu alle ihrer Rache opfert und so zur *valandinne* (Teufelin) wird, die schließlich selbst getötet wird. Einzelne Handschriften tragen denn auch den Namen »Kriemhild« im Titel. Kriemhild ist weiterhin die einzige Figur im Nibelungen-

lied, die eine Entwicklung bzw. Wandlung erfährt (da einige
Forscher die Gültigkeit eines psychologischen oder historischen
Entwicklungsbegriffs für das Mittelalter ablehnen), wobei manche späteren Züge Kriemhilds schon früh sichtbar werden, wie
z. B. die Unbedingtheit ihrer Entscheidungen.

Kriemhild erscheint erstmals persönlich im Gespräch mit ihrer
Mutter Ute über die Auslegung des Falkentraums, wobei sie die
Liebe eines Mannes ablehnt, um nicht aufgrund des damit
verbundenen Leides ihre jetzige (jungfräuliche) Schönheit zu
verlieren. Der Falkentraum, den der Dichter geschickt als vor-
ausdeutendes Kompositionselement an den Anfang des Werkes
stellt, widerspricht jedoch einem solchen Entschluß. Als Sigfrid
um ihretwillen in Worms bleibt, verliebt sie sich bald in den
einzigartigen Helden, wahrt jedoch die höfischen Konventionen
bis zur öffentlichen Verlobung. Zu ersten Konflikten kommt es,
als Brünhild sich darüber erregt, daß ihre künftige Schwägerin
einem Vasallen, ja Eigenmann, den sie in Sigfrid sehen muß,
anverlobt wird. Gunthers abwiegelnde Worte klären die Situation nicht. Brünhilds Unzufriedenheit dauert fort bis zum
Frauenstreit in der 14. Aventiure. – Ein anderer Zwist ergibt
sich, als Kriemhild (nach Sigfrids Verzicht auf ihren Land- und
Herrschaftsanteil) auf einem Anteil an Vasallen besteht und
dann Hagen und Ortwin dazu fordert, was Hagen erzürnt und
wohl seine Feindschaft zu Kriemhild begründet.

Im Frauenstreit beginnt Kriemhild (830) voller Selbstbewußt-
sein und Stolz auf ihren Mann die Auseinandersetzung mit dem
Hinweis, daß Sigfrid eigentlich alle Reiche untertan sein müßten. Brünhild kann sich dagegen auf Sigfrids eigene Aussage
berufen, nach der er Gunthers *man* sei, weshalb sie ihn für einen
Eigenmann hält, der Gunther Zins leisten müßte. Der zunächst
in gemäßigtem Ton geführte Dialog wird immer heftiger und
spitzt sich schließlich auf den allen sichtbaren Vorrang beim
Betreten der Kirche zu. Dort bezeichnet Kriemhild – im Wissen
um ihre »Beweise« für eine Defloration Brünhilds durch Sigfrid
– ihre Schwägerin als »Kebse« (Nebenfrau) eines »Eigenmannes«, betritt dann vor der Schockierten die Kirche und demon-

striert so öffentlich ihren höheren Rang. In Wirklichkeit werden
in diesem Streit auf beiden Seiten Scheinbeweise einander gegenübergestellt, die von beiden Königinnen als Wirklichkeit genommen werden: Brünhild nimmt Sigfrids Aussage und den
von ihr beobachteten Strator- und Botendienst Sigfrids als
Beweise für lehnsrechtliche Unterordnung; Kriemhild dagegen
sieht in Ring und Gürtel (dem Symbol der Virginität) Beweise
für Sigfrids Vereinigung mit Brünhild.

Die Folgen der irreparablen öffentlichen Entehrung der burgundischen Königin sind wohl bekannt. Der Stolz auf den geliebten
Mann, der Kriemhild die Grenzen des höfisch Zulässigen weit
überschreiten ließ, macht sie, die zuvor von Sigfrid wegen dieses
ehrverletzenden Geredes geschlagen worden war, auch blind
gegen Hagens Intrigen. Später muß sie sich deshalb der Mitschuld am Tod des Gatten zeihen, weiß dadurch aber auch
sogleich, daß Hagen der Mörder war (1026) und denkt fortan –
trotz ständiger Gebete und Messen für den Toten – an Rache am
Mörder Sigfrids. Sie bleibt in Worms und zieht nicht zu ihren
Schwiegereltern und ihrem Sohn nach Xanten (und der Hs. C
gemäß auch nicht zu ihrer Mutter ins Kloster Lorsch), obwohl
ihr Hagen und auch die mitschuldigen Burgundenkönige
Genugtuung verweigern, ihr vielmehr durch die Hortentlok-
kung und -versenkung neues schweres Unrecht zufügen. (Die
Rolle des Hortes wird oft verkannt: er ist nicht nur ihre
Lebensgrundlage – als Morgengabe und spätere Witwenrente –,
sondern als Erbe Sigfrids zugleich auch Symbol für diesen
selbst.)

Nach 13 Ehejahren mit Sigfrid und 13 Witwenjahren in Worms
willigt sie schließlich in Etzels Ehewerbung durch Rüdeger ein,
nachdem dieser angeboten und eidlich bekräftigt hat (1283 ff.),
»er wolle ihr vergüten, was ihr je geschah« und »der nächste« zu
sein, »der rächte« ihr »Leid« (1285,3). Während Rüdeger hierbei weniger an eine konkrete Situation denkt, hat Kriemhild nur
die Rache an Sigfrids Mörder im Sinn. Aber sie wartet wiederum
13 Jahre, bis sie die Realisierung dieses Vorhabens einleitet,
ohne Etzel in ihre wahren Pläne einzuweihen. Kriemhilds Ziel

ist es, Hagen allein für den Mord an Sigfrid und für den
Hortraub mit dem Leben büßen zu lassen (2153,3). Aber der
Teufel wollte es, so heißt in der Hs. C (2153,4), daß alle
einbezogen wurden. Dafür trieb Kriemhild die Helden und
Kämpfer des Hunnenhofes mit Versprechungen und Befehlen
und in der Gegenwehr auch die Burgunden, ja ihre eigenen
Brüder, die aus Gefolgschaftstreue nicht von Hagen lassen
wollen, in den Tod, bis schließlich nur noch Hagen und Gunther übrigbleiben, die von Dietrich von Bern gefangen und
gefesselt Kriemhild mit der Bitte um Schonung übergeben werden. Am Schluß steht Kriemhilds vieldiskutierte Forderung an
Hagen nach Herausgabe des Nibelungenhortes, die nicht nur
traditionelles Motiv, sondern Kriemhilds letzte Rechtsforde-
rung an ihren Schädiger ist und darin symbolischen Wert
besitzt. In Umkehrung der Rollen der Gefangenen läßt Kriemhild zunächst Gunther töten, bevor sie selbst Hagen mit Sigfrids
Schwert erschlägt. Mit dem von ihr veranlaßten Mord an ihrem
Bruder, dessen Haupt sie Hagen zeigt, und dem eigenhändigen
Mord an Hagen, den selbst Etzel als »allerbesten Degen«
(Kämpfer) bezeichnet, entäußert sich Kriemhild völlig jeder
höfischen Humanität, so daß Hildebrands Schwertstreich gegen
die dämonisierte Königin als gerechtfertigt empfunden wird.

Hagens Gegenspiel

Mit der Abwandlung der wohl älteren nordischen Figurenkon-
stellation der Nibelungen-Lieder mit Sigurd, Brynhild, Gunnar,
Guttorm und Atli zugunsten Sigfrids und Kriemhilds erlangte
auch Hagen jene überragende Rolle, die besonders nach der
Senna der 14. Aventiure das Geschehen im Nibelungenlied
prägt.
Die Figur Hagens, der im Nordischen an Giselhers Stelle trat,
ist historisch nicht bezeugt. Seine vermutete Identität mit dem
historisch nachweisbaren Hakon von Trondheim ist ebensowe-
nig beweisbar wie seine angenommene Herkunft aus Kirchheim

im Elsaß. Da er bereits im lateinischen *Waltharilied* des 10. Jahrhunderts neben Gunther als einstige Geisel Etzels vorkommt (wie auch Etzel im Nibelungenlied Hagen noch als frühere Geisel wiedererkennt), ist davon auszugehen, daß es sich um eine recht frühe germanische Sagenfigur handelt. Hagens Auftreten und Handeln ist in der Forschung bisher recht kontrovers behandelt worden. Man hat in ihm ebenso den Prototyp des unerschrockenen germanischen Helden sehen wollen wie den klugen »Realpolitiker«, aber auch die Verkörperung des Bösen schlechthin, sofern man überhaupt eine Einheit der Figur konstatiert. Ständisch gesehen, scheint er der treueste Vasall der Burgundenkönige zu sein, obgleich er deren Verwandter ist. Seine Bedeutung geht aber weit über die eines Kronvasallen hinaus; denn er ist zugleich Berater, Minister und Heerführer der Könige, die mehr die passive Statistenrolle von ausschließlich repräsentativen Monarchen einnehmen.

Hagen sucht von Anfang an den berühmten Helden Sigfrid an den Burgundenhof zu binden, auch wenn dadurch seine eigene Stellung geschwächt wird. Er sieht in ihm das rechte Mittel zum Zweck, beim Sachsenkrieg wie bei der Werbung um Brünhild. Das ändert sich erst, als er Brünhild gelobt, ihre Schmach zu rächen (878), und gegen alle Bedenken, auch die Gunthers (880), den Mordplan durchsetzt (890 ff.). An Hagens vorgeblichem Mordmotiv der Rache für die Ehrabschneidung seiner Königin ist wiederholt gezweifelt worden: eigennützige Motive wie die Wiederherstellung der eigenen (ohnehin ja nicht gefährdeten) Vorrangstellung, Vorgehen gegen eine Machterweiterung Sigfrids, Beseitigung eines Mitwissers am Betrug gegenüber Brünhild sind vorgebracht worden, lassen sich kaum als Beweise erhärten. Die Verletzung der Ehre der Königin war wohl ein hinreichender Grund im archaischen Denken Hagens. Wie kaltblütig Hagen nun vorgeht, zeigen die Entlockung der verwundbaren Stelle Sigfrids ebenso wie die inszenierte Kriegserklärung der Sachsen und die Jagd mit dem eingeplanten Quellentrunk. Gesichert durch die Mittäterschaft und die Entschlußlosigkeit Gunthers, des Königs und obersten Gerichtsherrn, den Mörder zu ermitteln und zu bestrafen, kann Hagen das zynisch-rücksichtslose Spiel nun gegen Kriemhild weitertreiben, in dem er ihr schließlich ihre Witwengabe, den Nibelungenhort, durch den sie auch Gegner bezahlen kann, entlockt und dann im Rhein versenkt. Auch hierbei kümmert er sich nicht um die matten Einwände der Könige, die nichts weiter gegen ihn unternehmen.

Realpolitisch vorausschauend sind seine Einsprüche gegen eine Wiederverheiratung Kriemhilds wie gegen die Annahme der späteren Einladung an Etzels Hof. Daß er schließlich doch mitzieht und das Heer führt, entspringt eher seiner Auffassung von Pflicht und Treue als Vasall gegenüber seinen Herren denn der Widerlegung des Feigheitsvorwurfs (1496 ff.). Hagens und seiner Gefährten Entschlossenheit, die Reise ohne Wiederkehr fortzusetzen und ihr Leben am Hunnenhof so teuer wie möglich zu verkaufen, d. h. bis zum letzten kämpfend, ist in der älteren Nibelungenlied-Forschung und -Rezeption oft als germanischer Schicksalstrotz bewundert – und ideologisch ausgenutzt worden. Wie sehr dieses Verhalten aber mit Brutalität, Lüge und Mord verbunden ist, zeigen etwa die Ermordung des Fergen, der Mordversuch am Kaplan und die Ermordung des kleinen Ortlieb (2022) vor seinen Eltern. Der Dichter scheint dennoch auch am Schicksal der todgeweihten Burgunden und ihres Anführers Hagen (nicht Gunther), des »helflichen Trost der Nibelungen«, Anteil zu nehmen. In manchen Einzelheiten zeigt er Hagen sogar in einer völlig anderen Sicht, etwa wenn dieser vor dem Kampf die Burgunden ermahnt, zur Messe zu gehen und die Sünden zu bereuen (1908 f., was man allerdings auch aus der Rolle des Heerführers und dem Fehlen des Kaplans erklärt hat), oder wenn er Verständnis für Rüdegers Gewissenskonflikt zeigt und den Schild mit ihm tauscht (2263), zudem sich gemeinsam mit seinem Kampffreund Volker weigert, gegen Rüdeger zu kämpfen (2269 ff.). In den Schlußcharakterisierungen hebt der Dichter denn auch Hagens Tapferkeit rühmend hervor (2423) und läßt dieses Lob durch Etzel (2445) und Hildebrand (2446) wiederholen.

Zur Rezeption des Nibelungenliedes

Man kann die Rezeptionsgeschichte des Nibelungenliedes bereits mit der Entstehung der mhd. Textfassungen beginnen lassen. Schon die Hs. C (die Genzmers Übersetzung zugrunde liegt) stellt gegenüber den älteren Hss. A und B eine in einigen Details höfisch stilisierte und metrisch glattere Fassung dar. Die Tendenz, Kriemhilds Schuld zu mildern, die Hagens dagegen zu verstärken, findet sich noch ausgeprägter in der *Klage*, einer um 1230 entstandenen zumeist mit den Nibelungenlied-Hss. zusammen überlieferten Reimpaardichtung von rd. 4400 Versen, in der die Reaktion auf den bekanntgewordenen Untergang der Burgunden geschildert wird. Im 15. und 16. Jahrhundert suchte man im Lied und in Hans Sachs' Drama vom »Hürnen Seyfrid« die Jugendgeschichte Sigfrids, durch die Entführung Kriemhilds durch einen Drachen und die Befreiung durch Sigfrid bereichert, darzustellen. Erst 1755 wird dann das Nibelungenlied (Hs. C) durch den Lindauer Arzt Jakob Hermann Obereit in Schloß Hohenems wiederentdeckt; die Öffentlichkeit wurde allerdings erst durch Johann Jakob Bodmer informiert, der 1757 auch Teile publizierte. 1767 wurde die Hs. B entdeckt, 1779 die Hs. A. Bodmers Schüler Christoph Heinrich Myller (oder: Müller) suchte 1782 den gesamten Text zu publizieren. Aufgrund einer Verwechslung in Hohenems veröffentlichte er jedoch den ersten Teil nach Hs. A, den zweiten Teil nach Hs. C.

Mit dem wachsenden Interesse für das Mittelalter in der Romantik wuchs auch das Interesse für das Nibelungenlied, besonders nachdem August Wilhelm Schlegel es in Vorträgen als das »deutsche Nationalepos« mit den Epen Homers verglichen hatte. Eine neue, allerdings unkritische und sprachlich leicht modernisierte Ausgabe veranstaltete 1807 Friedrich Heinrich von der Hagen. Weitere Ausgaben folgten, darunter 1815 sogar eine »Feld- und Zeltausgabe« für die Soldaten der Befreiungskriege gegen Napoleon. Seit 1816 beschäftigte sich der Altphilologe und Mitbegründer der Germanistik Karl Lachmann mit einer textkritischen Ausgabe. Er übertrug die in der Altphilologie von Friedrich August Wolf begründete »Liedertheorie« zu Homers *Ilias* auf das Nibelungenlied und meinte, daß dieses aus 20 Einzelliedern zusammengefügt sei, die z. B. in der von ihm 1826 edierten Ausgabe nur noch 1437 Strophen ausmachten, die übrigen 879 Strophen der Hs. hielt Lachmann für unecht. Im 19. Jahrhundert hat es erbitterte Streitigkeiten unter den Forschern über diese Liedertheorie sowie über die Priorität der Hss. A, B oder C gegeben, bis Andreas Heusler (1920) die Einheit des Nibelungenliedes und der verschiedenen Vorstufen endgültig betonte und auch die Hs. B., für die sich Karl Bartsch und Wilhelm Braune entschieden hatten, als älteste Hs. allgemein anerkannt wurde.

Das Nibelungenlied ist die am häufigsten übersetzte oder nhd. nacherzählte mhd. Dichtung. Zwischen 1810 und 1890 erschienen 29 verschiedene Nibelungenlied-Übersetzungen und über 120 verschiedene vollständige oder teilweise Textbearbeitungen (Nacherzählungen usw.) anderer Art. Der erfolgreichste Übersetzer war Karl Simrock (1802–76), dessen poetisch nachgestaltende Übersetzung (die auch auf die Übertragung Felix Genzmers in der vorliegenden Ausgabe eingewirkt hat) seit 1827 insgesamt 46 Auflagen erlebte. Beeinflußt wurde die Popularität des Nibelungenliedes auch dadurch, daß es zeitweise im Original wie in Bearbeitungen zur Pflichtlektüre an den Höheren Schulen gehörte.

Seit der erstmaligen Popularisierung als »deutsches Nationalepos« durch A. W. Schlegel ist es wiederholt zu anachronistisch ideologisierenden Identifizierungen mit Figuren oder Haltungen aus dem Nibelungenlied gekommen. Zwei verhängnisvolle Fälle seien kurz erwähnt: So hat 1914 der Deutsche Kaiser Wilhelm II. die Zusicherung der deutschen Bündnistreue gegenüber Österreich nach dem Mord von Sarajewo als »Nibelungentreue« deklariert und so mit dem Festhalten der Burgunden an dem Mörder und Räuber Hagen verglichen. (Daß der folgende Erste Weltkrieg – ähnlich dem Geschehen im Nibelungenlied – zum Untergang der Hohenzollernmonarchie führte,

hatte Wilhelm II. sicher nicht bedacht.) 1943 hat Hermann
Göring in einer Durchhalterede die in Stalingrad eingekesselte 6.
deutsche Armee mit den im brennenden Saal eingeschlossenen
und trotzdem weiterkämpfenden Burgunden verglichen, um so
den Widerstandswillen zu steigern (den völligen Untergang der
Burgunden erwähnte er wohlweislich nicht). Wie stark auch
germanistische Nibelungenlied-Deutungen von Ideologien beeinflußt waren, bedürfte noch der Untersuchung.

Zur vorliegenden Übersetzung

Wie schon erwähnt, steht Felix Genzmers vorstehende Übersetzung in der Tradition Karl Simrocks, der in seinen zahlreichen
Übertragungen mhd. Dichtungen den poetischen Charakter,
der beim Lesen poetischen Genuß vermitteln sollte, durch
Rekonstruktion der Reime, des Vers- und Strophenbaus und
vor allem der Verwendung vieler archaischer Wörter und Satz-
strukturen zu wahren suchte. Dabei richtete sich Simrock nach
den archaisierenden Geschmacksvorstellungen der Spätroman-
tik, die heute weitgehend als anachronistisch empfunden und in
Übersetzungen gemieden werden. Die Verse Genzmers können
als eine zeitgebundene Annäherung an den mhd. Originaltext
gesehen werden, der dadurch leichter verständlich wird. Daß
hier zugleich eine sonst nicht greifbare Übersetzung der Hs. C
geboten wird, erscheint als zusätzlicher Gewinn.

Inhalt

Erster Teil
Sigfrids Tod

1. Wie Kriemhild bei den Burgunden aufwuchs   5
2. Wie Sigfrid erzogen ward   8
3. Wie Sigfrid nach Worms kam 12
4. Wie Sigfrid mit den Sachsen stritt 26
5. Wie Sigfrid Kriemhild zum ersten Male sah 44
6. Wie Gunther gen Island zu Brünhild fuhr 53
7. Wie Gunther mit seinen Gefährten nach Island kam . 62
8. Wie Sigfrid zu den Nibelungen, seinen Recken, fuhr . 77
9. Wie Sigfrid nach Worms gesandt ward 83
10. Wie König Gunther zu Worms mit Frau Brünhild
    Hochzeit feierte 90
11. Wie Sigfrid sein Weib zu seinem Heimatlande brachte
    und wie sie daheim ihre Hochzeit feierten 107
12. Wie Gunther Sigfrid und Kriemhild nach Worms
    einlud, wo man ihn später erschlug 112
13. Wie Kriemhild mit ihrem Mann zum Hofgelage zog . 120
14. Wie sich die Königinnen überwarfen 125
15. Wie man zu Worms Fehde ansagte 134
16. Wie Sigfrid ermordet ward 140
17. Wie Kriemhild ihren Mann beklagte und wie man ihn
    begrub 153
18. Wie Kriemhild dort blieb und ihr Schwäher von
    dannen ritt 163
19. Wie der Nibelungenhort nach Worms gebracht ward . 167

Zweiter Teil
Der Nibelungen Not

20. Wie der König Etzel nach Frau Kriemhild zu Worms
    seinen Boten sandte 175

21. Wie Kriemhild von Worms schied, als sie zu den Hunnen fuhr 197

22. Wie Kriemhild und Etzel in der Stadt Wien Hochzeit feierten 204

23. Wie der König Etzel und Frau Kriemhild zu ihren Gefreundten nach Worms sandten 211

24. Wie die Boten zum Rheine kamen und wie sie von dort schieden 217

25. Wie die Könige zu den Hunnen zogen 229

26. Wie sie mit Else und Gelfrat stritten und wie es ihnen da gelang 242

27. Wie der Markgraf die Könige mit ihren Recken in seinem Hause empfing und wie er sie dann versorgte . 252

28. Wie die Nibelunge zu Etzels Burg kamen und wie sie da empfangen wurden 261

29. Wie er nicht vor ihr aufstand 267

30. Wie die Könige mit ihren Recken schlafen gingen und was ihnen da geschah 277

31. Wie die Herren zur Kirche gingen 281

32. Wie Blödel mit Dankwart in der Herberge stritt . . . 293

33. Wie Dankwart die Nachricht seinen Herren zum Hofe brachte 298

34. Wie Iring erschlagen ward 309

35. Wie die drei Könige mit ihrer Schwester über die Sühne redeten 317

36. Wie Rüdeger erschlagen ward 325

37. Wie Dietrichs Recken alle erschlagen wurden 340

38. Wie Dietrich Gunther und Hagen bezwang 353

Anmerkungen 362

Literaturhinweise 384

Nachwort 386